KB042050

니체, 철학적 정치를 말하다

이 책은 2014년 정부(교육부)의 재원으로 한국연구재단의 지원을 받았음(NRF-2014S1A6A
4024654).

니체, 철학적 정치를 말하다

국가, 법, 정의란 무엇인가

백승영 지음

책세상

일러두기

1. 주석에서 니체전집과 니체의 저작·유고는 약어로 표시했으며, 약어가 가리키는 온전한 제목은 책 앞머리의 약어표에 제시했다.
2. 주석에서 언급되는 문헌은 저자와 출판연도만을 밝혔다. 온전한 서지 사항은 참고문헌에 명시되어 있다.

— 또 한 권의 연구서를 세상에 내보내며

《니체, 디오니소스적 긍정의 철학》(2005)이 출간된 지 10년이 훌쩍 지났다. 많은 관심과 사랑을 받았다. 니체 철학에 대한 진지한 학적 담론을 촉발했다는 과분한 평가도 들었지만, '실천철학은 어디에?'라는 질문도 받았다. 이 모든 소리에 진심으로 감사드리며, 감사의 마음을 이제 또 한 권의 연구서에 담으려 한다.

앞의 책은 니체의 사상 중에서 이론철학만을 다루었다. 니체의 철학적 방법론, 존재론과 인식론, 예술론 그리고 도덕론의 일부만을 소개하기에도 지면이 턱없이 부족했기 때문이다. 니체 철학의 또 다른 부분인 실천철학을 다루자면 이론철학에 버금가는 양의 지면이 따로 필요하다고 생각했다. 물론 그 책의 〈허무주의의 도래와 극복〉 부분과 〈비도덕주의 윤리학〉 부분에서 실천철학을 살짝 스치기는 했지만, 그것은 빙산의 일각에 불과했다. 스스로 훗날을 기약했지만, 반쪽 니체만을 소개했다는 자책감은 매우 컸다. 니체가 19세기 유럽의 병리성을 진단하고 해결책을 모색한 비판적 실천철학자이자 철학적 계몽가이자 철학적 의사였다는 사실이 계속 무겁게 의식되었다. 그래서 실천철학의 중요한 주제들에 대해 학술 논문을 발표하기도 했고,《니체, 건강한 삶을 위한 긍정의 철학을 기획하다》(2011)의 몇 부분을 통해 실천철학의 토대와 밑그림을 제공하기도 했다. 그러면서 이 책의 첫 장도 쓰게 되었다.

하지만 예기치 않은 여러 상황들이 집필을 지연시켰다. 불현듯 찾아온 암이라는 손님과 길고도 긴 여정을 함께했고, 회복과 휴양을 위한 시간도 충분히 가져야 했다. 서서히 힘이 생기면서부터는 인문학의 대중화를 위한 일에 동참하기도 했다. 게다가《니체, 디오니소스적 긍정의 철학》을 집필할 때 나를 고통스럽게 했던 니체의 경고가 이번에도 어김없이 찾아왔다.

> 가장 나쁜 독자는 약탈하는 군인들처럼 행동한다 : 그들은 자기들이 사용할 수 있는 몇 가지만 취하고, 나머지는 더럽히고 엉클어뜨리며, 전체를 모독한다(MA II-VM 137).

이러한 경고 때문에, 이 책에서도 니체 자신의 글을 독자에게 직접 보여주면서 분석하는 '작품 내재적 분석' 방식을 사용할 수밖에 없었다. 이 방식은 니체라는 철학자를 포장지가 아니라 사다리로 활용하려는 독자에게도, 니체에 대한 글을 쓰는 고통을 조금이라도 덜고 싶어 하는 저자에게도 적절하면서 필요한 것 같다.

무거운 어깨와 머리로 쓰다가 쉬고, 다시 일어나 쓰고, 지우고 고치고 하다 보니 어느 순간 끝이 보이기 시작했다. 홀가분한 마음이 들 줄 알았는데, 늘 그렇듯 아쉬움이 더 크다. 차라투스트라가 권유하는, 피와 넋으로 쓰여 독자의 피와 넋으로 직접 파고드는 글은 언제나 가능할까?

이 부족한 책이 완성되기까지, 가족들을 포함해 일일이 거론하기 어려울 정도로 많은 분들이 내 곁을 지켜주셨다. 온몸을 파고드는 통증 속에서 자꾸 흐려져만 가는 기억을 부여잡으려 안간힘을 쓰던 내 고통과 절망의 시간. 삶 자체가 흔들리던 그때에 학자로 남아 있을 수 있었던 것은 따뜻히 배려해주시고 지원해주신 〈플라톤아카데미〉의 최창원 이사장님 덕택이다. 그분께 르네상스라는 꽃을 피워낸 건강한 토양에 고개를 숙이는 마음으로 각별한 감사를 드리고 싶다. 환하고도 좋은 기운을 만들어내는 〈플라톤아카데미〉의 모든 식구들, 이 부족하기만 한 지도교수와 함께 행복한 인문공동체를 만들어준 〈대학인문학술 PAN+〉 회원들, 초롱초롱한 눈으로 내 길동무가 되어 학문의 세계 이곳저곳으로의 여행을 즐기는 홍익대학교 대학원 미학과의 학생들… 그 모두에게 사랑과 감사의 말을 전한다. 굳은 신뢰로 든든한 버팀목이 되어주신, 창의적 정신의 소유자 강신장 〈모네상스〉 대표님께도 이 자리를 빌려 인사드린다.

이 모든 분들의 힘으로 이 책은 완성되었다. 언어의 한계를 새삼 느끼게 하는 그 큰 후의에 이 책이 작은 보답이라도 되었으면 하는 바람이다.

2018년 2월

백승영

| 차 례 |

제1부

철학적 정치론의 과제와 방법론

제2부

개인과 국가

제 3 부

법, 범죄, 형벌

제4부

사회 정의와 법적 정의

— 니체 저작 약어표(연대순)

전집

KGW Giorgio Colli · Mazzino Montinari (Hg.), 《고증판 니체전집*Nietzsche. Werke. Kritische Gesamtausgabe*》, bisher 40 Bände in 10 Abteilungen(Berlin · New York : Walter de Gruyter, 1967~)

KSB Giorgio Colli · Mazzino Montinari (Hg.), 《문고판 니체 서간집*Nietzsche. Sämtliche Briefe. Kritische Studienausgabe*》, bisher 8 Bände(Berlin · New York : Walter de Gruyter, 1975~)

저서 및 단편

GT 《비극의 탄생*Die Geburt der Tragödie*》

GS 〈그리스 국가Der griechische Staat〉

PHG 〈그리스 비극 시대의 철학Die Philosophie im tragischen Zeitalter der Griechen〉

UB 《반시대적 고찰*Unzeitgemässe Betrachtungen*》

  DS 〈다비드 슈트라우스, 고백자와 저술가David Strauss, der Bekenner und der Schriftsteller〉

  HL 〈삶에 대한 역사의 이로움과 해로움Vom Nutzen und Nachtheil der Historie für das Leben〉

  SE 〈교육자로서의 쇼펜하우어Schopenhauer als Erzieher〉

  WB 〈바이로이트의 리하르트 바그너Richard Wagner in Bayreuth〉

MA I 《인간적인 너무나 인간적인 I *Menschliches, Allzumenschliches I*》

MA II 《인간적인 너무나 인간적인 II *Menschliches, Allzumenschliches II*》

  VM 〈혼합된 의견과 잠언들Vermischte Meinungen und Sprüche〉

  WS 〈방랑자와 그의 그림자Der Wanderer und sein Schatten〉

M 《아침놀*Morgenröthe*》

FW 《즐거운 학문*Die fröhliche Wissenschaft*》

Za 《차라투스트라는 이렇게 말했다*Also sprach Zarathustra*》

JGB 《선악의 저편*Jenseits von Gut und Böse*》

GM 《도덕의 계보*Zur Genealogie der Moral*》

WA 《바그너의 경우*Der Fall Wagner*》

GD 《우상의 황혼*Götzen-Dämmerung*》

EH 《이 사람을 보라*Ecce Homo*》

AC 《안티크리스트*Der Antichrist*》

NW 《니체 대 바그너*Nietzsche contra Wagner*》

유고

N II 1 Philologische Schriften 1857~1873

N II 2~II 5 Vorlesungsaufzeichnungen 1869~WS 1878/79

N III 1~III 4 Nachgelassene Fragmente Herbst 1869~Ende 1872

N IV 1~IV 3 Nachgelassene Fragmente Anfang 1875~November 1879

N V 1~V 2 Nachgelassene Fragmente Anfang 1880~Sommer 1882

N VII 1~VII 4/2 Nachgelassene Fragmente Juni 1882~Herbst 1885

N VIII 1~VIII 3 Nachgelassene Fragmente Herbst 1885~Anfang Januar 1889

서문

니체의 '철학적 정치'를 소개하며

1. 니체 철학은 현대성 자체로의 전환점이자 철학적 현대성을 대표하는 철학이다. 현대 정신과 현대 문화에서 때로는 시금석과 선구자 역할을, 또 때로는 결정체 역할을 한다. 그런 역할에 걸맞게 니체 철학은 우리 시대의 여러 문제들에 대해 '현대적인 너무나 현대적인' 분석과 해명을 제공한다. 이런 면모는 존재론에서부터 인식론과 예술론을 거쳐 도덕론의 이론 부분에 이르기까지, 니체의 이론철학 모든 분야에서 확인된다. 생기生起존재론Geschehensontologie, 관점주의 인식론Perspektivische Erkenntnistheorie, 예술생리학Physiologie der Kunst, 비도덕주의Immoralismus 윤리학은 그 각각의 분야를 대변하는 명칭들이다. 그렇다면 사회 · 정치론, 국가론, 법론, 정의론 등을 포함하는 니체의 실천철학은 어떠한가? 흔히 사회철학-정치철학-법철학이라고 불리는 실천철학의 제 영역에서도 니체는 철학적 현대성을 보여주는가? 만일 그렇다면, 어떤 식으로 시금석과 선구자와 결정체의 역할을 수행하는가? 또 어떤 실천적 유용

성을 보여주고, 어떤 울림과 영감을 주는가? 바로 이런 문제를 해명하는 것이 이 책의 과제다.

그런데 니체 철학은 일종의 거대담론 기획이다. 즉 인간과 세계를 그 자체로 긍정하려는 철학적 모색인 '긍정의 철학 구축'이라는 원대한 기획 속에서 움직인다. 거기서는 인간과 세계의 건강성 확보가 중심 요소가 된다. 이런 특징은 그의 이론철학에서부터 나타나며, 실천철학은 말할 것도 없다. 그의 실천철학은 차라투스트라가 염원했던 '건강한 인간이 부르는 영원한 긍정의 노래'를 구체적 삶의 현실 속에서 부를 수 있는 지반을 마련해준다. 니체의 '긍정의 철학'의 한 축은 이렇듯 그의 실천철학이며, 이것은 앞에서 제기한 문제들에 답하면서 니체 식 거대담론을 완성한다.

2. 이 책은 니체의 실천철학을 '철학적 정치론'이라는 명칭으로 부르려 한다. 이것은 사회철학과 정치철학과 법철학을 엄격하게 구분하지 않고 한데 통합하는, 넓은 의미의 명칭이다. 물론 법적 통치의 근거, 통치권의 법적 구속력, 통치 절차의 합리성 등의 문제는 법철학의 영역에 속하고, 국가와 통치권의 본질, 정치적 의무의 토대와 구속력 등의 문제는 정치철학의 전통적 주제들이다. 하지만 자유와 평등, 권리와 정의 등의 기본 주제는 개인-공동체-법-정치-국가가 연계된 사회적 실천 영역 전체를 고려해서 해명되어야 한다. 특히 니체의 경우에는 이 모든 주제와 논의들이 분리 불가능하게 얽혀 있다. 게다가 니체는 법, 국가, 사회 체제, 정의 등의 주제를 다룰 때 그것의 구체적 실행 절차나 현실적 장치나 제도의 측면에 대해서는 거의 무관심하다. 그의 관심은 '철

학적'인 것으로, 그는 그 주제들의 근본 원리를 살펴보고, 그 주제들이 과연 인간과 세계의 건강성 확보를 위해 어떤 모습을 갖추어야 하는지를 묻는다. 니체는 그런 물음을 '위대한 정치Die große Politik'라는 교육적 기획 속에서 제기하기도 한다. 니체는 여기서 '정치'를 권력 창출이나 현실적 지배를 위한 정치적 실천술로 생각하지 않는다. 오히려 인간을 건강하게 만들고 국가와 세상을 건강하게 만드는 교육적 기획의 다른 표현으로 본다. 그렇기에 니체의 실천철학 전체를 '철학적 정치론'이라고 부를 수 있다. 이 책이 국가론과 법론과 정의론을 각각 분리해서 다루는 것은 편의적인 것일 뿐이다.

3. 그런데 이 책의 과제를 수행하기에 앞서 규명되어야 할 점이 있다. 바로 '과연 니체에게서 사회철학을, 정치철학을, 법철학을 논할 수 있는가?' 하는 것이다. 이 질문에는 두 가지 의문이 내포되어 있다. 하나는 국가와 사회, 정치와 법과 정의에 관련된 니체의 글들에서 '의미 있는' 사회·정치철학적, 법철학적 담론을 구성하는 것이 과연 가능한가 하는 것이고, 다른 하나는 비체계주의자이기를 선언한 니체에게서 '체계적인 이론'을 말하는 것 자체가 의미 있는 일인가 하는 것이다. 이런 의문이 오랫동안 지속되며 니체에 대한 학적 편견을 형성했기에, 이 책의 서문에서 이 문제를 간략하게라도 짚고 넘어갈 필요가 있다.

4. 첫 번째 의문. '과연 니체에게서 의미 있는 실천철학을 구성할 수 있는가?' 이 의문은 니체의 실천철학적 주제들 각각에서 다른 방식으로 제기되기에, 연구사적 배경과 맥락을 주제별로 분리해 이해할 필

요가 있다.

먼저 사회 · 정치철학적으로는 아이러니하게도, 니체 철학에 대한 지나칠 정도로 다양하고 모순적인 해석들이 '공존'하는 탓에 이러한 의문이 생겨났다. 19세기 철학자 중에서 헤겔이나 마르크스 빼고는 니체만큼 현실적 관심을 받은 이가 드물다. 니체가 살아 있던 때부터 현재까지 그의 사회 · 정치철학적 주제들은 다양한 이름을 얻고 다양한 맥락에서 해석되어, 때로는 우호적으로 수용되고 때로는 비판적으로 검토되거나 배척되었다. 정치적 귀족주의, 헤겔 좌파의 한 경우, 반사회주의, 반민주주의, 아나키스트, 반제국주의 등의 다양한 명칭이 니체 당대부터 이미 니체에게 부여되기 시작했고, 나치즘과 파시즘 역시 '필요한 경우'에 '필요한 만큼' 니체라는 이름을 이용했다. 그런 만큼 니체의 사회 · 정치철학은 그의 이름이 철학사에서 한자리를 차지하기 전부터 이미 예외적인 관심의 대상이었으며, 넓게 잡아 100년에 걸친 '니체 르네상스'에서도 그의 사회 · 정치철학은 현실과의 관련성에서 꾸준히 재조명되고 있다. 그것의 내포와 외연은 '사회주의 국가의 주적'으로서의 니체, '나치즘과 파시즘의 사상적 토대'이자 '종족주의자와 반유대주의자'로서의 니체, '정치적 플라톤주의자' 니체, 유대주의에 긍정적 영향을 끼친 '유대주의자' 니체, '정치학의 기초 닦기에 단초를 제공하는' 니체, '반민주주의자' 니체와 '급진적 민주주의자' 니체, '포스트모던 정치이론가' 니체 등 상당히 폭넓고 다양하다. 니체의 사회 · 정치철학이 국제적으로 유행이 되었다 해도 무방할 정도지만, 그 속에서 온갖 유형의 국지적 해석과 피상적 담론들이 우후죽순으로 저마다의 목소리를 내고 있는 괴이한 상황이 펼쳐지고 있다. 거기에는 물론 여러 이유가 있지만,

니체의 글을 파편화해 분절적으로 읽는 것이 큰 영향을 미친다.

물론 니체에 대한 사회·정치철학적 해석에는 의미 있는 것도 있다. 민주주의에 대한 니체의 비판을 민주주의 발전의 모색이라는 틀 속으로 끌어들이는 경향이 대표적인 예다. 거기서는 니체가 제시했던 몇 가지 주제들, 즉 획득 권리로서의 자유와 평등 개념, 개인과 개인 및 개인과 공동체 간의 상호성 등을 재조명해, 그것들을 민주주의 발전을 위한 제언으로 받아들인다. 주로 영어권에서 대두되어 유럽으로 수입된 그 연구 경향에 의해, 영어권 논의가 의도적이든 아니든 간과했던, 니체 철학 '전체'를 고려한 체계적이면서도 정합적인 논의가 촉발되었다. 주로 독일어권에서 이루어진 이 논의는 다시 영어권 논의에 확대된 지평과 새로운 시각을 제시하고 있다. 하지만 이것은 예외적인 경우로, 니체에 대한 다양하고 모순적인 해석들의 상당 부분은 니체를 나치 이데올로기와 연계시키거나 현실정치론 및 보수적 신귀족주의와 연계시키는 등 니체에게 공정하지 않았다. 그런 다양성과 복잡함은 니체의 사회·정치철학을 '진지한' 학적 담론의 대상으로 만드는 데 기여했지만, 다른 한편으로는 '정치철학적으로 의미 없는 니체 철학'이라는 적절치 않은 평가를 도출시키는 근거로 작용하기도 한다.[1]

반면에 법철학의 경우에는 다른 상황이 연출되고 있다. '니체의 법철학'이 과연 가능한가 하는 의문은 니체의 법 관련 담론들이 오랫동안 무시되고 냉대받은 데서 비롯된다. 니체는 사회·정치에 대해서 그랬듯

---

1 정치철학자 누스바움M. Nussbaum은 니체 철학에 대해, 정치철학을 위해서 아무것도 제공하지 못하는 철학이라고 평가한다. M. Nussbaum (1997), 1쪽.

이 법과 관련해서도 완결됐거나 체계적이거나 지속적인 법 이론이나 철학을 제공하지 않았다. 또한 그는 법에 대한 관심과 법 이론에 필요한 지식을 갖고 있었지만, 법에 관한 그의 글은 사회·정치 관련 글에 비해 상대적으로 빈약하다. 게다가 다른 어느 영역에 대한 글보다 더 파편적이며, 사유들 사이의 연결 고리나 사유의 근거 제시 과정 및 정당화 과정 등은 거의 숨겨지거나 생략되어 있다. 더군다나 법에 대한 니체의 관심도 여타의 법론이나 법철학의 법에 대한 관심과는 완전히 달랐다. 니체의 관심은 실정법에 있지 않았다. 또한 그는 법 제도와 법 절차의 실질적 구현 절차 및 과정에 대해서는 묻지도 않는다. 그는 오히려 법을 의미있게 만들고 유용하게 만드는 조건에 대해, '법과 건강성의 관계'에 대해 묻는다. 그러면서 전통적인 법 담론과 첨예한 대립각을 세우기도 한다.

그래서일까? 니체의 입장은 주목조차 받지 못했으며, 전통적인 법철학은 니체의 그것을 포섭이 허용되지 않는 것으로 간주하여 아예 간과하거나 무시해버렸다. 그 결과 전통적 방식으로 (철학적이든 법학적이든) 법론을 소개하는 그 어떤 서적에서도 니체라는 이름은 찾아볼 수 없다. 이런 상황은 소위 니체 르네상스에 와서도 마찬가지다. 그래서 사회·정치철학과 달리 현대 법 이론이나 법학 혹은 법철학에서 니체의 직접적 영향을 말하는 것이 거의 예외적인 경우라고 할 수 있다. 물론 20세기 후반에 비판법학critical legal theory, 법현실주의, 포스트모던 법론postmodern jurisprudence은 니체라는 이름을 법학 서적에 처음으로 등장시킨다. 하지만 거기서도 니체라는 '이름'만이 필요에 따라 산발적으로 '언급'될 뿐, '니체의 법'에 대한 진지한 학적 논의는 거의 진행되지 않는다. 여기서 니체는 "어디에든 있지만 아무 데도 없는everywhere and nowhere"[2] 처지인 것이다.

하지만 법에 관한 니체의 철학적 사유는 법론 및 법철학의 영역에서 정당하게 다루어져야 할 만큼, 그 영역과 관련해 면밀히 살펴볼 만한 내용을 갖고 있다. 사회·정치철학과 논의를 공유하는 개인, 개인의 자유, 자율성, 책임 같은 주제들뿐만 아니라 법의 생성, 범죄, 형벌, 형법의 목적과 사회적 기능, 형벌의 폐기 가능성, 정의, 자연법과 이성법 등 법론에서 진지하게 고려하는 주제들에 대해서도 철학적 통찰을 제시하기 때문이다. 또한 니체의 사유는 당대의 법사상가들인 예링R. v. Jhering·포스트A. H. Post·콜러J. Kohler·리스트F. v. Liszt 등과의 사상적 연계하에서 형성되었고, 법본질주의·법존재론·법실증주의 등 근대 법철학의 기본 토대를 파괴하고, 자연법·이성법과의 직접적인 맞대결 구도를 형성하며, 탈근대적 법철학의 가능성을 제공한다. 니체가 보여주는 법철학적 근대성과의 비판적 맞대결은 한편으로는 전통적인 법 제도와 법의 전제를 의심하고 파괴하여, 법철학의 새로운 도식과 새로운 사유 범주들을 제공함으로써 법철학적 현대성의 모태가 된다. 다른 한편으로는, 법철학적 근대성의 내용을 창조적으로 수용하는 반성적 형태의 법철학적 근대성을 제공하기도 한다.

이런 이중적 역할은 '건강한 개인과 공동체를 위해 법이 어떤 역할을 수행해야 하는지'에 대한 니체의 철학적 반성을 토대로 한다. 따라서 니체의 법철학을 법철학의 어제와 오늘 사이에 위치시키는 것은 정당한 일이자 필요한 일이다. 바로 이런 점들에 주목해서 최근에 니체의

---

2 P. Goodrich · M. Valverde (2005), viii쪽.

법철학 및 법 이론에 대한 진지한 고찰들이 시도되고 있다. 니체와 그의 동시대 법사상가들인 예링 · 포스트 · 리스트 · 콜러 등과의 사상적 관계에 대한 연구, 현대의 법현실주의와 비판 법론에 미친 니체의 영향에 대한 연구, 니체를 형벌론의 고전적 인물로 보는 연구, 행위 이론이나 근대의 법사회학적 제도 이론과 니체와의 관계에 대한 연구 등이 대표적인 예라고 할 수 있다. 이런 상황은 '니체와 법'에 대한 연구의 전망이 밝다는 것을 시사한다.

니체의 정의론이 실천철학의 관점에서 본격적으로 주목받기 시작한 것은 비교적 최근의 일이다. 하지만 그 짧은 연구 기간과 연구 결과물의 수적 열세에도 불구하고 니체의 정의론에 대해서는 어느 정도 규명되어 있다. 정의에 관한 니체의 사유가 한편으로는 고전적 전통 속에서 이루어지고, 다른 한편으로는 새로운 정의 개념을 제공한다는 것, 그래서 니체 식 분배 정의와 교환 정의를 제시한다는 것, 그것은 '힘에의 의지'의 관계론의 틀 속에서 이해되어야 한다는 것, 정의에 대한 기존 담론의 틀로는 담기 어려운 모험적 시도를 보여주고 이상적 상황을 제시한다는 것 등은 그 대표적 결실이다. 여기서 특이한 점은 사회 · 정치철학적으로 니체를 연구할 때와 달리 니체 철학의 '전체'를 고려하는 연구 경향이 비교적 빨리 자리 잡았다는 것이다. 그의 정의 개념과 '힘에의 의지'라는 개념을 결합시키는 것이 결정적인 예다. 그래서인지 맥락을 이탈한 뜬금없는 분절적 연구는 상대적으로 적다. 사회 · 정치철학적 연구와는 완전히 다른 양상이다.

이런 연구 상황은 이른바 '니체 르네상스'를 거치면서도 불모지로 남아 있던 니체의 정의 담론을 그의 실천철학의 주요 주제로 자리매김하는 견실한 토대가 된다. 하지만 니체의 정의론이 서양의 어느 전통에서도 찾아볼 수 없는 방식으로, 즉 '관계 정의-인정하는 정의-사랑하는 정의'가 트라이앵글을 이루고, 그 중심에 인간의 의지적 노력이 놓여 있는 형태를 통해서 설명된다는 것, 이 형태가 전제되어야 니체 식 분배와 교환의 정의도 비로소 구현 가능하다는 것, 오로지 그런 형태로만 정의론은 니체의 '위대한 정치' 기획과 연계되어 사회정치론과 법론을 완결시키면서 니체 실천철학의 정점을 이룬다는 것 등, 이 책에서 중점적으로 다루는 내용에 대한 연구는 여전히 부족하다고 할 수 있다. 정의론의 완결성을 위해서나 니체의 실천철학에 대한 정합적 이해를 위해서나 그러한 연구가 불가결한데도 말이다.

이상과 같은 연구사적 배경은 니체의 '철학적 정치론'에 대한 의미있는 담론이 가능할 뿐만 아니라 필요하다는 판단을 내리게 한다.

5. 두 번째 의문. '비체계주의자 니체에게서 법 이론이나 정치 이론을 **체계적**으로 구성해내는 것이 과연 가능하며, 그것이 과연 니체적인가?'《니체, 디오니소스적 긍정의 철학》과《니체, 건강한 삶을 위한 긍정의 철학을 기획하다》에서 이미 밝혔듯이, 이러한 의문에 대해서는 긍정적 답변이 가능하다. 니체의 후예를 자처한 데리다 식의 해체론적 니체 읽기가 유행시킨 것과는 달리, 니체 철학의 체계화는 가능하며, 심지어 필요하기까지 하다. 주지하다시피 니체 철학 전체에서 '완결된' 형태, '체계화된' 형태, '이론'의 형태로 제공되는 논의는 아무것도 없다. 그는 체계를 만드는 것을 사상가의 체면을 깎는 일이자 우둔함의 소치 혹은 지적 성실성의 결여라고 보기 때문이다.[3] 하지만《힘에의 의지》라

는 주저를 쓰고자 했던 니체의 열망이나 노력의 흔적들은 '체계화된 이론'의 가능성과 필요성을 그 역시 절감하고 있었음을 알려준다. 물론 니체는 3년에 걸쳐 진행된 그 저술 계획을 결국 포기해버렸지만, 니체에 대한 학적 연구는 니체가 포기해버린 그것을 가시화시키고 있다. 그러면서 '이론 없는 철학'이라는 포스트모던적 불명예를 니체에게서 벗겨냈고, 니체 철학의 내용을 이론의 형태로 체계화해 제공하고 있다. 그 결과 '긍정의 철학'으로서의 니체 철학의 모습이 밝혀졌고, 그 모습 속에서 그의 존재론·인식론·도덕론·예술론이 이야기되고 있다. 그가 그 어떤 '이론'도 제공한 적이 없음에도 말이다. 니체의 정의론이나 법론이나 사회·정치론을 말할 수 있는 것도 같은 맥락에서 가능하다.

물론, 니체의 정치 이론이나 법 이론을 체계화하는 것은 생기존재론, 관점주의 인식론, 비도덕주의 도덕론, 예술가-형이상학·예술생리학이라는 전·후기 예술론을 구성해내는 것보다 힘들다. 그 이유는 첫째, 법과 정의와 국가와 정치 등에 대한 니체 자신의 언급이 이론철학적 주제들에 대한 언급에 비해 상대적으로 빈약하기 때문이다. 하지만 그의 후기 예술론인 예술생리학에서 알 수 있듯이, 자료의 부족은 그 자료에 담긴 철학 내용의 의미나 가치와는 무관하며, 이론화의 문제와도 무관하다. 둘째, 니체의 후예들에게서 니체의 법 및 사회·정치론은 니체의 존재론·인식론·도덕론·예술론보다 더, 이차적으로나 선택적으로, 혹은 매우 협소한 관점에서 분절되어 읽히는 경향이 강했기 때문이다.

---

3 N : KGW VIII 2 9[188], 114쪽 ; VIII 2 10[146], 204쪽 ; VIII 2 11[410], 431쪽 ; VIII 3 15[118], 271쪽 ; GD 〈잠언과 화살〉 26 : KGW VI 3, 57쪽 등.

니체 철학의 큰 주제와 목적과 방법론 등을 도외시한 니체의 아류들이 니체라는 이름을 대신하고, 그 아류들이 서로 일치점을 찾지 못함으로써 화해 불가능한 복수의 니체 상像들이 난립하고 있는 현실은 상황의 심각성을 말해준다.

이렇듯 체계화된 실천철학, 즉 철학적 정치론이라는 이론을 구성하는 것은 가능하다. 아니, 가능할 뿐만 아니라 요청되기까지 한다. 난립하고 있는 다양한 평가들을 균형 있는 잣대로 판단하고 평가할 필요가 있기 때문이다.

6. '실천철학의 구성 가능성과 필요성을 전제하고, 그것을 긍정의 철학 기획 속에서 현실화시켜, 의미 있는 철학 이론의 형태로 제공한다. 즉 철학적 정치론의 모습으로.' 이런 과제를 갖고 있는 이 책은 다음과 같이 구성된다.

1부는 철학적 정치론의 과제와 방법론을 다룬다. 1장에서는, 니체의 실천철학적 숙고는 현상 세계를 기술하는 측면과 현상 세계에 규범을 제시하는 측면을 다 갖고 있지만, 후자가 더 강하다는 것, 철학적 정치론은 '긍정의 철학 구축'이라는 니체의 철학적 기획의 일환으로, '인간과 세계의 건강성'을 사회적 실천의 장에서 확보한다는 것을 보여준다. 이에 대한 증거로 2장에서는 철학적 정치론이 '위대한 정치'라는 니체의 기획과 연계된다는 점, 그 기획이 건강한 개인을 육성하는 교육 프로그램이라는 점을 2부의 서곡과도 같이 스케치한다. 3장에서는 '힘에의 의지의 관계론'을 철학적 정치론의 방법론으로 제시한다. 힘에의 의지의 관계론에서 철학적 정치론의 기본 특징과 노선이 드러나기에, 비교적 상세하고 분석적으로 다룬다. 4장에서는 철학적 정치론을 전기와 후기로 구분하는 것이 어째서 정당한지 설명하고, 아울러 세 시기로 구분하는 구도와 비교한다. 5장에서는 철학적 정치론의 구조를 다루어, 철학적 정치론의 여러 주제들이 퍼즐처럼 구조적 밀착성이 크다는 것을 개략적으로 설명한다. 마지막으로 6장에서는 철학적 정치론 중에서 긍정적이든 부정적이든 많은 관심을 받았던 대표적인 논의 지평들을 제시한다. 다만 2~4부에서 독립적으로 고찰되는 주제들은 몇 가지 예외를 제외하고는 다루지 않는다.

2부에서는 ① 국가의 필연성과 계보, 국가의 의미와 과제, ② 19세기 유럽의 정치 현실에 대한 비판, ③ 개인과 국가의 이상적 관계라는 세 가지 주제를 해명하고, 이 중에서 세 번째 주제가 니체 논의의 핵심임을 밝힌다. 이를 위해 국가의 계보에 대한 해명에서 출발하지만, 1장에서는 전기 니체의 사유만을 독립적으로 다루어 '문화국가'론과 '미적 정치'의 형태로 제공한다. 이런 분리는 유독 젊은 니체가 보여준 그 주제에 대한 사유의 독특성과 집중도 때문이며, 2장부터는 니체의 사유를 전기와 후기로 분리하지 않고 통합적으로 제시한다. 2장에서는 후기 니체에게서 특징적으로 표현되는 '교육국가'라는 이상과 '국가유기체론'을 소개한다. 먼저 니체가 자신의 철학을 "전도된 플라톤주의"[4]라고 했음에도 불구하고 실천철학적 지평에서 (부분적으로) 플라톤을 모범으로 삼는 이유를 설명하는 것으로 시작한다. 그리고 국가가 유기체인 이유를 힘에의 의지의 관계론이라는 방법론을 적용해서 밝히고, 동일한 방

4 N : KGW III 3 7[156], 207쪽.

법적 절차에 따라 개인의 공동체성 및 사회성을 자연적인 것으로 설명한다. 그 후 국가의 계보를 사회계약 대신 '힘경제적 계약'에서 찾으며, 바로 그 지점에서 자연적 국가 계보와 폭력적 국가 계보의 차이, 국가의 수단적 성격과 긴장체적 성격, 개인과 국가의 두 가지 유형(건강성과 병리성), 수단으로서의 국가와 긴장체로서의 국가라는, 개인과 국가의 기본적인 특징을 추출해낸다. 이에 더하여 국가가 교육국가라는 특징을 갖추어야 하는 이유를 밝히고, 교육국가의 이념인 '정신적 귀족주의'를 소개한다. 정신적 귀족주의 역시 힘에의 의지의 관계론을 전제하며, 정신적 귀족성을 지닌 주권적 개인(=귀족적 개인)의 배출을 목표로 한다. 그런 개인에 대한 다른 명칭이 '건강한 개인'이다. 건강한 국가와 사회는 건강한 개인의 존재에 전적으로 의존하며, 그런 개인에게 지배권을 부여해도 무방하다. 니체에게 '누가 지배하는가?'라는 질문과 '사람에 의한 지배'라는 고전적 사유가 중요해지는 것은 바로 그런 이유에서다. 이 내용은 정치철학의 핵심 문제인 지배권의 정당화에 대한 니체 식 논거로 이해할 수 있다.

이를 전제로 3장에서는 '위대한 정치'라는 니체의 기획을 교육적 기획의 일환으로 제시한다. 그러면서 '위대한 정치'가 정치적 실천술을 의도하지도, 현실적인 사회계급론을 제시하지도 않는다는 점을 밝힌다. 니체가 보여준 훈육과 양육에 대한 강조, 반자연적 도덕에 대한 비판, 자연권에 대한 거부, 자유와 평등에 획득 권리라는 성격을 부여하기 등이 그것의 논거로 제공된다. 19세기 유럽을 데카당스와 허무주의가 판치는 곳으로, 천민 사회이자 천민들의 세상으로 규정하고 그에 맞서는 모습도 같은 맥락에서 제시된다. 그래서 여기서는 니체가 보여준 규범 제시의 측면과 현실 기술의 측면 중에서 후자에 더 큰 비중을 둔다. 이런 내용을 통해 니체의 독특한 면모도 밝혀진다. 한편으로는 플라톤이라는 고전적 사유와 마키아벨리라는 근대적 사유 사이에서 교묘하게 자리를 잡고 있지만, 다른 한편으로는 플라톤적이지도 마키아벨리적이지도 않은 철학적 정치론자 니체의 모습이 드러나는 것이다.

3부에서는 니체의 법철학을 다룬다. 1장에서는 '니체의 법철학'이라는 말이 그간의 견고했던 학적 편견에도 불구하고 학적 정당성을 갖는 이유를 설명하고, 니체의 법철학이 니체의 법 지식과 법 인식에 영향을 주었던 기존 법론과 어떤 관계에 있는지를 개관한다. 2장은 법 일반론에 관한 것이다. 먼저, '법에 의한 지배'보다 '사람에 의한 지배'라는 이상 속에서 법의 수단적 성격 및 임시적·가변적·예외적 성격이 설명되고, 법이 자연법과 대립각을 세운다는 점이 제시된다. 이어서 법의 '힘경제적' 계보에 관한 설명이 이어진다. 법존재론이 제시하는 바와 달리 법은 힘에의 의지의 주체들의 '일정 정도 동등한 힘 관계'를 전제하는 계약의 산물이다(물론 여기서의 계약은 사회계약론의 계약과는 차별화된다). 그런 법은 채권법에서 출발하며, 그런 법이 정당화되는 경우는 오직 건강한 개인과 건강한 긴장 공동체를 구현하고 유지할 때뿐이다. 마지막으로, 니체가 제시하는 건강한 법을 '눈에는 눈, 이에는 이'라는 '탈리오 원칙lex talionis'을 전제한 응보법과 차별화하고, 차별화의 근거를 보복 기제라는 병리성의 유무에서 찾는다.

3장에서는 형벌론을 다룬다. 니체가 법론의 다른 영역에서와는 달리 유독 형벌론에서 '고전적 인물'이 될 수 있었던 이유를 형벌에 관한 현상론 및 처벌 욕구의 병인론에서 찾아낸다. 니체가 '죄와 벌' 개념의 필연적 인과 관계를 해체하고, 그것이 법적 개념이기 이전에 경제적 개념이었음을 밝히고, 형벌의 병리적 성격과 형량산정 시에 발생하는 여러 논리적 문제에 주목했음을 먼저 설명한다. 그 후 형벌의 효과에 대한 니체의 이의 제기를 형벌의 목적론 및 예방론에 대한 반박의 형태로 제공하고, 많은 논란을 유발하는 그의 범죄인 유형론과 형벌 대안론을 살핀다. 이런 내용을 토대로, 책임 원칙을 전제하는 죄형법정주의와 공형벌에 대해 이의 제기를 하는 니체의 사유가 근대법에 맞서는 것임을 설명한다. 마지막으로, '형벌 없는 사회'라는 니체의 사유실험에 대한 분석을 통해, 그의 법철학의 지향점이 '철학적 정치론'이라는 대과제 속에서 결정되며, 그 과제를 수행하는 하나의 축이 된다는 점을 확인한다. 또한 니체의 이런 입장은 19세기에 정점을 찍은 근대적 법의식 및 법문화의 대안이자, 법존재론 및 법본질주의 대신 법에 대한 새로운 의식과 설명 범주를 찾아보려는 현대의 흐름을 선취하는 것임을 결론적 고찰의 형태로 추가한다.

4부는 철학적 정치론으로서의 니체의 실천철학을 완성시키는 부분이다. 1~3부가 뿌리와 줄기와 잎에 해당한다면, 정의를 다룬 4부는 바로 꽃이자 열매라고 할 수 있다. 먼저 1장에서는 니체의 정의론에 대한 학적 주목이 비교적 최근에야 가능해진 배경을 간단히 설명한다. 그 후 니체에게서 정의가 매우 핵심적인 주제였다는 점을, 그가 정의 개념을 삶과 인식과 사유 그리고 개인의 덕목과 태도에 이르기까지 넓은 스펙트럼 속에서 고찰했음을 근거로 설명한다. 2장에서는 정의론을 본격적으로 다룬다. 먼저 '처벌적-보상적 정의Richtende, strafende Gerechtigkeit(iustitia correctiva)' 개념에 대한 니체의 거부에서 시작한다. 그

후 니체가 옹호하는 법적 정의와 사회 정의의 내용을 분배 정의Verteilungs-gerechtigkeit(iustitia distributiva)와 교환 정의Tauschgerechtigkeit(iustitia commutativa)와 관계 정의Relationsgerechtigkeit(iustitia relativa)의 형태로 구체화한 뒤, 관계 정의를 분배 정의와 교환 정의의 토대이자, 분배 정의와 교환 정의를 복수 기제로부터 방어하는 핵심적인 역할을 하는 것으로 제시한다.

더 나아가 관계 정의를 사랑과 연계시켜, 니체가 '정의와 사랑의 일치'를 선언하는 이유와, 사랑하는 정의가 곧 인정Anerkennung하는 정의라는 것, 정의 추구가 결국은 '정의를 원하는 좋은 의지'의 문제로 귀결된다는 것을 힘에의 의지의 관계론을 토대로 구체적으로 밝힌다. 그 과정에서 정의와 사랑에 대한 이원적 대립 전통을 해체하고, 사랑의 의지적 측면을 강조하는 이유, 그리고 처벌과 보상 기제가 정의의 이념을 훼손하는 이유도 설명한다.

이런 내용을 통해, 정의로운 사회는 분배와 교환이, 인정하는 관계 정의와 함께 트라이앵글을 이루고 그 내부에 인간의 의지적 노력이 놓일 때 비로소 가능하다는 결론을 이끌어낸다. 그래서 니체의 정의론 역시 그의 철학적 정치론이 그리는 '정신적 귀족성을 갖춘 건강한 개인'을 위한 인간교육론으로 수렴되지 않을 수 없음을 밝힌다. 마지막으로, 현대가 안고 있는 여러 가지 실천적 숙제들에 대한 답변을 니체의 정의론 속에서 찾아내면서 니체의 정의론이 갖고 있는 현대성을 살펴본다.

7. 이 책은 이렇게 총 4부로 구성되었지만, 다루지 못한 내용들이 여전히 남아 있다. 미진한 부분도 있을 것이다. 그것들이 '피와 넋으로 쓰여 피와 넋으로 받아들여지는 글'로 표출되기를 바라며 훗날을 기약해본다.

제 1 부

철학적 정치론의 과제와 방법론

국가라는 공동체와 개인의 기본 성격은 무엇이며, 양자는 어떤 관계에 있는가? 지배권은 어떻게 정당화되는가? '법에 의한 지배'라는 이념을 갖고 있는 국가에서 법은 정의의 구현과 늘 일치하는가? 법적 정의를 넘어서는 정의가 있는가? 이는 개인과 국가, 정치와 사회, 법과 정의의 문제를 다루는 실천철학이 제기하는 근본적인 질문들이다. 니체 역시 18 · 19세기 유럽 사회를 바라보면서 이 질문들을 던진다. 유럽의 당대를 데카당스와 허무주의의 시대로, 유럽인을 데카당이자 허무주의자로 진단하면서 말이다. 플라톤이 소크라테스의 죽음 앞에서 아테네 민주주의의 퇴락을 보고 국가와 법과 정치에 대한 처방적 논의를 제공한 것처럼, 니체 역시 데카당스와 허무주의에 물든 유럽의 한복판에서 그 병증에 대한 치유책을 제시하려 한다. 철학적 의사이자 철학적 계몽가로서 유럽을 건강하게 만들고 싶어 하는 것이다. 2부부터 제시되는 내용들을 통해 알 수 있듯이 니체의 실천철학은 유럽의 환부를 도려내는 그의 철학적 메스이며, 유럽의 면전에 들이대는 그의 철학적 처방전이자, 그의 계몽의 목소리다.

일반적으로 실천철학은 앞의 질문들을 다루면서 한편으로는 현상 세계가 어떻게 되어 있는지를 보여주는 기술적 요소를, 다른 한편으로는 그 현상 세계가 어떻게 되어야 하는지를 제시하는 규범적 요소를 동시에 갖추게 된다. 니체의 '철학적 정치론' 역시 마찬가지다. 환부의 실체를 직접 보여주면서 곪은 부분을 도려내는 철학적 메스와, 그 환부에 어떤 치료를 추가해야 유럽이라는 환자가 건강해질 수 있는지를 엄중하게 말하는 계몽의 목소리를 모두 보여주기 때문이다. 이 두 측면은 동전의 양면과도 같으며, 니체가 다루는 주제에 따라 그중 한쪽에 무게중심이 놓이게 된다. 하지만 전체적으로 보면 기술적 측면보다는 규범적 측면이 더 강조된다. 그래서 니체의 철학적 정치론은 유토피아적 색채를 띠기도 한다. 그렇다고 해서 그가 정치 세계에 대해 완벽히 비현실적이고 공상적인 비전을 제시했다는 것은 아니다. 구현할 가치가 전혀 없는 단순한 사고실험 혹은 진지함이 결여된 지적 유희에 머물렀다는 것도 아니다. 오히려 그는 현실적 조건에 얽매이지 않는 자유로운 사고실험을 통해 인간과 세계의 건강성 확보라는 가장 현실적이고 가장 구체적인 목적을 추구한다. 그 목적을 달성하는 것이 어렵게 생각될수록 그 목적이 이상적이거나 유토피아적으로 여겨질 것임은 자명하다. 물론 니체는 그 목적이 인간 의지를 강화하는 교육에 의해 달성될 수 있다고 생각한다. 그래서 니체의 철학적 정치론이 제시하는 규범적 내용이 공상으로 남을 것인지 아니면 현실이 될 것인지는 오로지 인간 교육과 인간 의지의 몫이다.

제1장
철학적 정치론의 과제, '긍정의 철학'의 실천 영역에의 적용

니체의 철학적 정치론은 국가론, 사회정치론, 법 일반론 및 형벌론, 정의론으로 불릴 수 있는 내용들로 구성된다.[1] 핵심 소재들은 개인과 사회의 관계, 사회와 국가의 목표 및 정체성, 정치 이데올로기와 정치적 실천의 지향점 및 현실적 효용성, 지배권의 정당화, 법의 존재 의미 및 법의 목표, 형벌의 유용성 및 의미, 실질적 의미의 정의와 그것의 구현 가능성 등이다. 물론 니체는 이 모든 내용을 아우르는 담론을 제시하지도 않았고, 그중 어떤 소재와 관련해서도 정합적 설명을 시도한 바 없다.《군주론》,《리바이어던》,《폴리테이아》 등에 비견할 만한 책이 그에게는 없다. 그 대신에 니체는 우리를 혼란스럽게 만드는 사유 파편들을 자신의 저작과 유고 여기저기에 산발적으로 흩뿌려놓는다. 그것도

1 도덕론(혹은 윤리학)의 주제 역시 실천철학의 범주에 속하고 '철학적 정치론' 역시 도덕 비판과 매우 밀접한 관련이 있지만, 이 책에서는 필요한 경우로만 제한해서 다룬다. 니체의 도덕론에 대한 상세한 설명은 백승영 (2005/^{6}2016), 541~619쪽 참조.

"니체의 사적 언어"[2]라는 평가를 들을 정도의 언어를 사용해서 말이다. 게다가 때로는 모순적인 내용을, 때로는 일정 정도 일관성 있는 내용을, 때로는 뜬금없는 내용을, 논증의 과정을 생략하고 사유의 맥락이나 배경, 심지어 출처조차 숨긴 채로 펼쳐놓는다. 그래서 니체는 '이해 불가!'라는 판정을 받기도 하고, 심지어 양립 불가능한 니체 상들이 동시에 존재하는 불가사의한 일이 벌어지기도 한다. 또한 니체가 보여주는 정치에 대한 신랄한 비판과 정치 해체적 선언은 그를 '탈정치'의 철학자로 오해하게 하고, 그가 정치 현실과 관련해 적극적이고 현실적인 대안을 제시하지 않는다는 점은 의미 있는 사회정치철학을 결여했다고 그를 비판하게 한다.

하지만 서문에서도 밝혔듯이 '니체의 실천철학' 혹은 '니체의 철학적 정치론'은 학적 정당성을 갖는다. 그 정당성은 실천철학과 관련된 니체의 단편적 글들을 '니체의 철학 전체'가 보여주는 구도 속에서 읽어내는 데서 일차적으로 확보된다. 니체의 실천철학 관련 글은 그의 철학적 기획의 목표를 공유하고, 그 방법을 따르며, 그 구도 속에서 움직인다. 그렇다면 니체 철학은 무엇을 목표로 하는가? 《니체, 디오니소스적 긍정의 철학》에서 밝혔듯이 니체 철학의 목표는 '긍정의 철학을 구축'하는 것이다.

있는 것은 아무것도 버릴 것이 없으며, 없어도 좋은 것이란 없다.[3]

---

2 D. Just (1998), 155쪽.

3 EH 〈나는 왜 이렇게 좋은 책들을 쓰는지〉-GT 2 : KGW VI 3, 309쪽.

이 철학적 모토로 대변되는 '긍정의 철학'은 이 세계를 그 자체로 긍정할 수 있는 지반을 철학적으로 모색한다. 그 모색은 소위 이론철학의 전 영역에 걸쳐 철저하게 수행된다. 이성주의 철학을 의지의 철학으로 전환하는 것, 형이상학적 이원론을 파기하고 생기존재론이라는 일원론을 제공하는 것, 인식적 절대주의를 관점적 해석주의로 대체하는 것, 보편주의적-절대주의적 도덕론을 도덕적 자연주의와 비도덕주의로 극복하는 것, 예술과 아름다움에 대한 이성주의 관점과 도덕적 관점을 예술생리학으로 대체해버리는 것은 그 노력의 일환이다. 그런데 이 모든 노력의 중심에는 인간과 인간의 삶이 있다. 니체에게 인간과 인간의 삶은 철학이 중심에 놓아야 하는 그 무엇이다. 그것도 인간을 건강하게 만들고 삶을 건강하게 유지시키려는 의도를 가져야 한다. 존재하는 것의 본성과 양태에 관한 존재론적 설명도, 진리가 무엇이며 진리에 접근하는 방법은 또 무엇인가 하는 인식론적 질문도, 선과 악에 관한 도덕론의 물음도, 아름다움과 예술의 의미에 관한 예술론의 담론도 모두 마찬가지다. 그래서 니체에게는 '삶에 대한 진리의 우위', '삶에 대한 도덕의 우위', '삶에 대한 지식의 우위', '삶에 대한 예술과 미의 우위' 따위는 있을 수 없다. 오히려 니체에게는 진리든 지식이든 도덕이든 예술이든 모두 '건강한 인간의 건강한 삶'에 봉사하는 수단이자 도구에 불과하다. 이렇듯 니체의 '긍정의 철학'은 곧 '건강한 인간의 건강한 삶을 위한 철학적 기획'이며, 그런 모습으로 '이 세계에 대한 긍정과 그 속에서 살아가는 인간의 자기 긍정'을 가능하게 하는 것이다. 그의 철학적 정치론은 "있는 것은 아무것도 버릴 것이 없으며, 없어도 좋은 것이란 없다"라고 말할 수 있는 건강한 인간에 대한 니체의 희망 그 자체다. 니체가 인류의 미래를 위해 확보하고 싶어 하는 '위대한 건강'을 갖춘 인간에 대한 희망 말이다.

> 아직 증명되지 않은 미래의 조산아인 우리는 하나의 새로운 목적을 위해 하나의 새로운 수단을 필요로 한다. 말하자면 새로운 건강을, 이전의 어떤 건강보다도 더 강하고 더 능란하고 더 질기며 더 대담하고 더 유쾌한 건강을 필요로 한다 […] 즉 위대한 건강을. ―이는 사람들이 보유하는 것만이 아니다. 끊임없이 획득하고 또 획득해야만 하는 것이다.[4]

철학적 정치론은 그 희망을 인간 삶의 실천적 양상들을 파헤치면서 현실화하고자 한다. 이 일의 시작은 철학적 질문 방식 자체를 변경하는 것이다. '국가는 무엇이고 개인은 무엇이며 법과 정의는 또 무엇인가?'라는 질문은 이제, '건강한 개인에게서 나오고 개인을 건강하게 만드는 국가와 법과 정의는 어떤 모습인가?'라는 질문으로 대체된다. 즉 국가와 법에 관한 '정의定義적' 질문이 '건강을 위한 효용성을 측정하는 질문'으로 변경되는 것이다. 그에 대한 답변이 바로 2부에서부터 제시될, '건강한 개인이 부르는 인간과 삶과 세계에 대한 무한한 긍정의 노래'로 인도하는 사유들이다. 자기 자신과 삶과 세상이 영원히 반복되고 영원히 회귀하기를 염원하게 만드는 사유들인 것이다. 이렇듯 니체의 철학적 정치론은 다음과 같이 표현된 '긍정의 철학'의 대과제를 실천적 영역에서 수행하고 완성시키는 것이라고 할 수 있다.

---

4 EH 〈나는 왜 이렇게 좋은 책들을 쓰는지〉-Za 2 : KGW VI 3, 335~336쪽.

내 가르침이 말하는 바 : 다시 살기를 원하지 않을 수 없는 그런 삶을 사는 것, 그것이 바로 과제다.

제2장

철학적 정치론과 교육적 기획으로서의 '위대한 정치'

니체의 철학적 정치론이 '긍정의 대상이 될 만한, 건강한 인간과 건강한 삶 그리고 건강한 세상'이라는 니체 철학의 대주제를 중심에 두고 있다는 것은 개인과 공동체, 국가, 법과 형벌, 정의에 대한 니체의 논의에서 매우 특징적으로 나타난다. 거기서 니체는 '권력국가 및 법에 의한 지배'라는 근대적 사유를 '교육국가 및 사람에 의한 지배'라는 고대적 사유로 되돌리고, 법질서와 법 제도를 차선책으로 제시한다. 또한 개인과 국가의 계약적 대등성을 계약 주체인 개인과 국가의 건강성에서 확보하고, 법적 정의와 사회 정의의 최후의 보루를 인간의 의지적 노력에서 찾는다. 그 과정에서 니체는 '개인을 건강하게 교육하고 육성하는 것'이 모든 것에 앞서는 가장 중요한 과제이자 공동체의 목적이라고 보게 된다. 니체가 후기 사유에서 '위대한 정치Die große Politik'라는 기획을 명시적으로 제시하는 것도 바로 이런 맥락에서이며 철학적 정치론은 '위대한 정치' 기획의 의도와 방향성을 공유하게 된다('위대한 정치'에 대해서는 2부 3장에서 상세히 설명할 것이다).

'위대한 정치' 기획의 의도와 방향성을 간단히만 제시하자면, 그것은 니체가 환부를 들어낸 후에 제공하는 적극적 치료 행위이자, 건강한 인간을 배출하려는 교육적 기획이다. 여기서 '위대함'은 문화의 위대함, 궁극적으로는 인간 자체의 위대함을 말하는 것으로, 특히 정신적 측면에서의 위대함인 정신적 귀족성에 주목한다. 정신적 귀족성을 갖춘 개인이 바로 건강한 개인이며, 니체는 이런 건강한 개인을 정신적 귀족이라고 부를 뿐만 아니라 '주권적 개인-강자-주인-위버멘쉬'라는, 제각각 건강한 개인의 특정 측면을 강조하는 이름들로 부르기도 한다. 니체는 이런 건강한 개인이야말로 공동체의 건강성 유지에 결정적인 요소라고 생각한다. 심지어 그에게 지배권을 부여해도 무방하지 않겠느냐고 주장한다. 그렇기에 위대한 정치의 목적은 '위대한 개인의 배출'일 수밖에 없다.

> 위대한 정치는 [···] 인류를 전체로서 그리고 좀 더 높은 존재로서 훈육할 정도로 막강한 힘을 창출하고자 한다. 퇴화되고 삶에 기생하는 것들에 대해서는 [···] 가차 없이 냉엄하게 대하는 힘을 [···] 위대한 정치를 위해 충분히 강력한 삶의 당파를 창출한다 : 위대한 정치는 [···] 인류를 전체로서 훈육하고자 한다. 그것은 종족과 민족과 개별 인간의 서열을 [···] 그들의 내부가 삶의 일원인지의 여부에 입각해서 평가한다.

"인류를 전체로서 그리고 좀 더 높은 존재로서" 훈육하고 양육하는 것을 과제로 하는 것이 '위대한 정치' 기획이기에, 그것은 현실적 지배나 권력 사용을 위한 구체적인 정치 실천술이 아니다. 약자에 대한 강자의 지배를 정당화하는 현실정치론과도 무관하다. 또한 선택된 정치적·경제적·문화적 소수의 현실계급 형성이나 그들에 의한 지배를 옹호하는 보수적 엘리트주의 혹은 신귀족주의적 보수주의 등과도 무관하다. 정신적 귀족은 소수의 선택된 자일 수도 없고 그럴 필요도 없으며, 정신적 귀족에게 절대적인 계급적 우위나 계층적 우위를 부여할 필요도 없다. 니체는 이런 일에는 일체 관심을 두지 않는다. 그가 제시한 '위대한' 정신적 귀족은 오히려 우리 모두의 실존적 과제다. 설령 그 과제를 성취하는 사람이 소수에 불과하더라도 그것은 부차적인 문제다. 니체는 그런 존재가 되는 것을 인간의 보편적 과제, '인류 전체'의 과제로 제시한다. 물론 그것은 국가와 사회가 가장 힘써야 하는 과제이기도 하다. 법도 그 과제를 위한 것이어야 하며, 정의 또한 그 과제를 고려해서 규정되어야 한다. 이렇듯 '위대한 정치' 기획은 모든 인간의 정신적 귀족화를 위한 계몽의 기획이자 교육적 기획인 것이다. 이 기획이 니체에게서 명시적으로 등장하는 것은 1880년대 후반의 일이지만, '교육'과 '국가의 목적'을 연계시킨 젊은 니체에게서부터 이미 그것은 시작되었다고 할 수 있다. 따라서 '위대한 정치' 기획을 전적으로 니체의 후기 사유로 국한시킬 필요는 없다.

'위대한 정치'가 건강한 개인의 배출을 목적으로 하는 만큼, 수단적 절차도 고심의 대상이 된다. 니체가 '훈육과 양육Zucht, Züchtung'의 필요성을 강조하는 것은 이런 맥락에서다. 훈육과 양육 개념은 생물학적-동물학적 영역으로 환원되는 것도 아니고, 쇼비니즘이나 우생학을 정당화하는 것도 아니다. 오히려 그것은 플라톤의 파이데이아paideia 개념의 니체 버전이라 할 수 있는 포괄적 교육 개념이다. 플라톤이 그랬듯이 니체 역시 인간을 교육하는 것에서 건강한 인간과 건강한 공동체의 가능성을 찾고 싶어 하는 것이다.

> 훌륭하고 건강한 귀족주의의 근본 신념은 사회가 사회를 위해 존재해서는 안 되며, 오히려 선택된 부류의 인간 존재를 좀 더 차원 높은 과제로 이끌고, 대체로 보다 높은 존재로 고양시킬 수 있는 토대나 발판이어야 한다는 것이다.[5]

5 JGB 258 : KGW VI 2, 216~217쪽.

제3장
철학적 정치론의 방법론

1. '힘에의 의지'라는 설명 원리의 적용, 정치론의 존재론적 토대

니체의 철학적 정치론은 니체 철학의 대과제를 실천적 영역에서 수행하는 것인 만큼, 니체 철학의 방법적 절차를 그대로 따른다. 즉 여기서도 '힘에의 의지Der Wille zur Macht'라는 방법적 원리 하나로 모든 문제를 해명하는 방법적 일원론이 선택된다. 자연 · 삶 · 진리 · 종교 · 예술 · 도덕은 물론이고 인류 전체를, 심지어 신[6]마저도 "힘에의 의지의 형태론Morphologie"[7]으로 구상하겠다는 니체의 의도는 매우 철저하게 진행된다. 국가론이나 법 일반론이나 정의론에 이르기까지 모두 힘에의 의

6 N : KGW VIII 2 10[138], 201쪽.
7 N : KGW VIII 3 14[72], 46쪽.

지의 형태론의 일환으로 구상되고 전개되는 것이다. 이렇게 힘에의 의지라는 설명 원리를 매개로 하여 니체의 철학 전체는 세계 전체에 대한 거대담론이 된다.

그런데 '힘에의 의지'라는 방법적 원리는 일차적으로 존재론적인 것이다. 즉, 존재론적 문제의식에서 나온 것이고, 존재론적 사유 패러다임을 제시하기 위한 것이다. 달리 말하면 그것은 '존재=생성=관계'라는 등식을 제공하면서, '존재와 생성'에 대한 서양 형이상학의 이원적 사유 패러다임을 전복시킨다. 그러면서 실체형이상학이나 이성형이상학을 막론하고 견고히 유지되었던 실체론과 본질론을 관계론Relationalismus으로 대체한다. 이런 존재론적 성과가 니체 자신의 표현대로 철학적 '다이너마이트'처럼 작용하여, 철학의 모든 주제에서 연쇄적 지각 변동을 일으키는 것이다. 철학적 정치론의 주제들도 마찬가지다.

이런 방법적 절차의 적용은 '존재론과 정치론의 분리'를 말할 수 없게 한다. 오히려 존재론적 토대 위에서 축조된 정치론을 등장시킨다. 플라톤이 국가에 대한 설명에서 보여주었던 것처럼 말이다. 플라톤에게서 '이원적 세계관' 및 '좋음의 이데아'라는 존재론적 장치가 이성적 지배자의 통치권이나 교육국가론 기획의 전제였다면, 니체에게서 힘에의 의지의 관계론은 탈근대적 개인관, 개인과 공동체의 동형적 관계, 개인과 공동체 유형론, 인정과 관계를 핵심으로 하는 정의에 관한 논의들의 토대가 된다. 이렇듯 존재론 모델로서의 힘에의 의지의 관계론은 이론철학을 넘어서 니체의 실천철학 전 영역을 관통한다. 그렇기에 힘에의 의지는 니체 철학에서 "가장 핵심적인 견해들 중 하나"[8] 정도가 아니라 '가장 핵심적인 견해'라고 할 수 있다. 그렇다면 롤스J. Rawls가《정치적 자유주의*Political Liberalism*》[9]에서 보여준 시도, 즉 정치 문제를 종교나 도덕이나 형이상학으로부터 분리시켜 정치 영역 자체에서 해결하려는, '형이상학적이지 않은 정치' 혹은 '존재론 대 정치론'의 시도는 니체에게서는 전개되지 않는다고 할 수 있다. 또한 정치철학의 독립성과 자율성이라는 것도 니체에게는 가능하지 않다. 니체가 마키아벨리의 경험주의적 현실정치론이 보여준 정치 현상과 권력 간의 밀접한 관계 설정을 수용하면서도, 정치학의 자율성 회복을 통해서 근대 정치사상의 출발점이 된 마키아벨리의 역할에 대해서는 완전히 무심한 것은 그의 이런 성향 때문이라고 할 수 있다(니체와 마키아벨리의 관계에 대한 설명은 2부 3장의 〈1. '위대한 정치' 프로그램의 시작과 의도〉를 보라).

2. '힘에의 의지'의 관계론, 철학적 정치론의 프레임

니체의 철학적 정치론에 대한 이해는 힘에의 의지의 관계론을 면밀히 검토하는 것에서 시작해야 한다. 철학적 정치론이 힘에의 의지의 형태론의 일환이며 존재론과 분리될 수 없다는 것이 단지 형식과 관련된 이야기만은 아니기 때문이다. 힘에의 의지의 관계론 속에서 철학적 정치론의 여러 주제들이 어떤 색채를 띨 것인지, 또 어떤 방향의 실천적 문제 해결을 제시할 것인지를 예견할 수 있다.

---

8 A. Nehamas (1985), 77쪽.

9 J. Rawls (1993).

철학적 관계론의 기본 입장은 '존재하는 모든 것(사물이든 사태든 사건이든)의 존재와 본성과 의미와 기능은 관계적 구축의 형태로 이해되어야 한다'는 것이다. 그래서 관계론은 실체론(및 본질론)과 근본적으로 대립한다. 이런 관계론적 사유는 서양 철학사에서 제법 오랜 전통을 갖고 있다. 그것은 헤라클레이토스의 만물유전설까지 소급되고, 15세기에 니콜라우스 쿠자누스Nicolaus Cusanus가 관계론적 사유의 시도를 보여주기도 했다. 하지만 실체론과 본질론을 대체하는 기능을 일정 정도의 체계성을 갖춘 형태로 보여준 관계론적 사유의 모델은 근대 철학에 와서 등장한다. 그러나 라이프니츠의 탈실체론적 시·공간 이론 및 '활동하는 힘vis activa' 개념, 개체들의 관계에 대한 스피노자의 이해는 물론이고, 리케르트H. Rickert의 대상 이론에서도 관계론은 여전히 실체론적 사유 방식의 잔재를 지니고 있다. 관계론에서 이런 잔재를 완전히 해소하고 관계론의 고유 기능을 적극적으로 구성하는 일은 니체가 담당한다. 니체 이후 현대 철학의 몇 부분은 (의도했든 아니든) 관계론적 사유의 연장선상에 있다고 할 수 있다. 구조주의와 포스트구조주의는 물론이고, 하이데거의 후기 철학과 들뢰즈의 존재론, 현상학과 해석학, 화이트헤드의 과정 철학을 예로 들 수 있다. 그런데 힘에의 의지의 관계론은 이런 전통과는 다른 매우 독특한 성격을 갖는다.

니체에 의하면 이 세계는 힘에의 의지'들'의 긴장과 싸움과 갈등이라는 관계에 의해 구성된다.[10] 이 세계 속의 그 어느 것도 예외일 수 없

10 힘에의 의지에 의해 세계를 설명하는 것은 '생기生起존재론'으로 집약된다. 생기존재론의 구체적인 내용에 대해서는 백승영 ([6]2016), 〈3부 생기존재론〉 참조.

다. 힘에의 의지들의 관계는 인간과 자연, 유기체와 무기체 전체, 아니 세계의 본성 그 자체이자, 니체는 꺼리지만 우리에게는 친숙한 철학 용어로 말하자면 세계의 '본질' 그 자체인 것이다.

> 이 세계는 힘에의 의지다. 그 밖에는 아무것도 아니다! 너희 역시 이 힘에의 의지다. 그 밖에는 아무것도 아니다![11]

> [힘에의 의지] 세계는 본질적으로 관계-세계다.[12]

힘에의 의지는, '항상 지배를 원하고 더 많이 원하며 더 강해지기를 원하는 의지 작용Herr-Werden, Mehr-Werden, Stärker-Werden-Wollen'을 말한다.[13] 그래서 늘 생생하게 살아 있으며, 그 생생한 활동력이 물리적 힘과 심리적 힘, 일체의 다른 힘의 형태로 표출된다. 그런 힘에의 의지는 독자적이거나 자존적인 그 무엇일 수 없다. 오히려 특정 힘에의 의지를 힘에의 의지로 존속시키는 것은 그 의지와 관계를 맺고 있는 다른 힘에의 의지들이다. 달리 말하면 하나의 힘에의 의지를 생생하게 살아 있는 힘으로 만드는 것은 그것과 대립하고 충돌하면서 긴장 관계를 맺는 다른 힘에의 의지들인 것이다. 즉, 늘 힘의 상승과 강화와 지배를 원하는 의지들은 힘의 상승과 강화와 지배를 위해 서로 힘 싸움을 하며, 그 힘 싸움이 각각의 의지들을 힘에의 의지로 유지시킨다. 이렇듯 힘에의 의지

---

11 N : KGW VII 3 38[12], 339쪽.
12 N : KGW VIII 3 14[93], 63쪽.
13 N : KGW VIII 3 14[81], 53쪽.

는 원자적 존립도 불가능하고, 자기 원인적인 것도 아니며, 불변하는 그 무엇도 아니다. 한마디로 실체Substanz일 수 없다. 오히려 그것은 힘 싸움 관계에 의해 비로소 구성되고 만들어지는 관계체다. 따라서 힘 싸움 '관계'와 그 관계를 맺는 다른 힘에의 의지들의 '있음'이야말로 힘에의 의지를 힘에의 의지로 존립하게 해준다고 말할 수 있다. 힘에의 의지는 이렇듯 그 자체로 관계체이며, 바로 그런 힘에의 의지가 구성해내는 세계는 힘에의 의지의 거대한 관계 네트워크다. 그래서 세계 역시 본질적으로 관계적이며, 관계가 비로소 본질을 구축해내는 세계다.[14] 니체는 이런 점을 힘에의 의지의 작용 방식을 통해서 매우 흥미로운 형태로 다시 한 번 설명해내며, 여기서 드러나는 힘에의 의지의 관계적 특징은 니체의 철학적 정치론의 기본 노선을 이해하는 데 결정적 역할을 한다.

(1) 힘에의 의지의 '관계적 역동 운동'과 실천적 문제 해결의 키워드

힘에의 의지는 '힘'을 매개로 하는 '관계적 역동 운동Dynamismus'이라는 독특한 운동 양식을 가지며, 그 역동 운동의 특징인 '동시적-쌍(다)방향적-조정coordination[15]'은 개인과 국가의 관계, 상대에 대한 인정

---

14 N : KGW VIII 3 14[93], 63쪽.

15 '조정'은 니체의 용어 'coordination'에 대한 대표 번역어다. coordination은 조정, 조직화, 병렬, 협조 등의 사전적 의미를 갖고 있다. 니체는 힘에의 의지의 운동 방식이나 인간 내부의 유기적 체계 혹은 도덕 등을 다루면서 의지들의 '힘 질서의 형성'과 연계해 이 용어를 사용한다. 즉 coordination은 힘들의 '질서'를 조정하고 조직하는 것이며, 힘에의 의지들의 힘 싸움 및 긴장 관계로서의 상호 관계에 의해 가능해진다. '저항하는 복종-명령'이나 '힘 사용의 극대 경제의 지속'은 대립적 힘들이 '힘 상승과 강화와 지배'를 추구하기에 가능한 것이며, 그 추구는 힘에의 의지들의 상호 관계가 보증한다. 단독적 힘에의 의지의 단독적 상승 추구라는 것은 불가능

가능성 확보 등의 실천적 주제들을 해명하는 키워드가 된다.

니체는 힘에의 의지 운동을 인과론이나 기계론이 말하는 운동과 차별화한다.[16] 주지하다시피 인과론과 기계론은 운동에 대한 전통적인 설명의 근본 패러다임이다. 그런데 니체는 인과론과 기계론에 대해 다음과 같은 최종적 평가를 내린다. "원인과 결과에 대한 믿음은 핵심 사항을 언제나 망각한다 : 생기生起Geschehen 자체를."[17] "기계론은 불완전한, 한갓 잠정적 가설에 불과한 것으로 간주되지 않으면 안 된다."[18] 니체가 인과론과 기계론에 불만을 갖는 것은 다음과 같은 이유에서다.

먼저 전통적인 인과론은 세 가지 측면에서 힘에의 의지의 '생기 현상 자체를 망각'하는 해석 방식이기 때문이다. 첫째, 전통적인 인과론은

하기 때문이다. 이런 힘에의 의지들의 상호 작용에서는 당연히 힘의 위계질서가 매 순간 결정된다. 그래서 힘에의 의지들의 단순 병렬이나 아나키적 카오스는 있을 수 없다. 니체의 용어 coordination은 이렇듯 질서를 가져오는 조정과 조직, 대립적 힘들의 상호 작용이라는 의미를 모두 담고 있다. 그렇기에 일종의 '협조'이자 '협력'이기도 하다. '조정'이라는 번역어가 이런 내용을 모두 담아내지는 못하지만, 잠정적으로 coordination을 '조정'으로 번역하고자 한다. 이런 coordination의 의미를 잘 보여주는 글들은 다음과 같다. "최고 형식의 건강 일반을 동반하는 지배적인 격정 : 여기서는 내부 체계들의 coordination과 그것들의 한 체계에 봉사하는 작업이 가장 잘 달성되고 있다 ―그런데 이것이야말로 건강의 정의 아닌가."(N : KGW VIII 3 14[157]). 또한 니체는 좋은 기분이나 작업 성공의 조건 역시 "생리적 힘과 체계의 제대로 잘 이루어지는 coordination"이라고 본다(N : KGW VIII 3 14[179]). "충동의 다양성과 분산, 그것들 사이의 체계의 결여가 '약한 의지'로 귀결되며 ; 그것들 사이의 어느 하나의 지배를 받는 coordination이 '강한 의지'로 귀결되는 것이다"라는 말도 질서 조정이라는 측면을 보여준다(N : KGW VIII 3 14[219]).

16 인과론과 기계론 운동 모델에 대한 니체의 비판은 백승영 ([6]2016), 350~359쪽에서 상세히 설명되었기에, 여기서는 필요한 부분만 제한적으로 언급할 것이다. 그리고 니체가 인과론의 심리적-권력적 유용성을 말하는 대목이나 흄의 인과율 비판을 넘어서는 지점, 인과율에 대한 형이상학적 비판을 독립적으로 제공하는 부분 등에 대해서는 백승영 ([6]2016), 301~308쪽 참조.

17 N : KGW VIII 3 14[81], 53쪽.

18 N : KGW VIII 3 14[188], 168쪽.

'행위자 모형'을 전제한다. 즉 아리스토텔레스 이후 인과율의 고전적 형태에서 행위자는 특정 행위와 운동을 '야기'하고 '촉발'하는 것, 즉 '접촉작용action-at-contact'의 담지자이며, 그 행위나 운동과 분리될 수 있고, 그 행위나 운동이 중지되어도 여전히 존립하는 '그 무엇'으로 상정된다. 그래서 행위자는 곧 행위자-실체를 의미하게 된다. 둘째, 원인과 결과 모형은 '조건 지음과 조건 지어짐', '촉발하고 촉발당함'의 관계에 있다. 그래서 능동과 수동, 작용과 반작용이 구분될 뿐만 아니라 분리된다. 이런 관계는 '조건 짓는 것에서 조건 지어지는 것'으로의, '촉발하는 것에서 촉발당하는 것'으로의, 운동의 일방향성을 도출한다. 셋째, 전통적인 인과론은 시간의 선후 관계를 전제한다. 원인이 되는 사태는 결과적 사태에 선행한다. 그래서 원인 사태와 결과 사태는 시간의 순서대로 발생하는 '차례차례Nacheinander, Hintereinander' 운동을 보이는 것이다. 이런 세 가지 설명 장치를 전제하는 인과론은 니체에게는 "착각"[19]에 불과하다. 힘에의 의지 운동에 대한 해명은 바로 그런 내용들을 배제해야 한다. 그래서 니체는 다음처럼 말하는 것이다.

> 차례차례Nacheinander의 문제가 아니다 ― 오히려 상입Ineinander의 문제이며, 개개의 것들이 이어지는 시점에서 원인과 결과로 서로를 조건 짓지 않는 과정의 문제인 것이다.[20]

19 N : KGW VIII 3 14[98], 67쪽.
20 N : KGW VIII 1 2[139], 134쪽.

기계론의 경우도 마찬가지다. 18세기까지 유지되던 데카르트적 기계론 프로그램이나, 물리학의 역동적 원자주의Dynamischer Atomismus도 여전히 전제하는 기계론은 힘에의 의지의 역동적 운동에 대한 적절한 설명을 제공할 수 없다. 그 이유는 첫째, 데카르트가 제시하고 18세기 프랑스에서 만개한 기계론은 힘을 포함하지 않고 물체의 운동을 분석하는 방식인 운동학Kinematics에 속하기 때문이다. 《철학 원리*Principia philosophiae*》에서 데카르트는 물리 현상을, 물질들의 '압력'과 '충돌'의 관계를 토대로 하는 운동과 자기 보존 명제로 환원하려고 한다. 모든 운동은 외적 원인이 변화시킬 때까지 현 상태를 유지하려 하고, 운동은 직선적 형태로 이어지며, 충돌 시 운동의 크기는 유지된다. 이러한 운동에서는 압력을 가하고 충돌하는 '원자'적 질료-개체가 전제된다. 그래서 압력과 충돌 운동은 질료적 개체인 '원자들의 춤' 같은 것이다. 니체는 이런 유의 기계론의 전제들, '압력과 충돌', '무엇인가가 무엇인가를 움직이게 한다'는 것, '작용을 가하는 어떤 작용 주체' 및 '외적 원인'을 인정하지 않는다. 하지만 기계론은 그런 "작은 덩어리 원자"[21]를 여전히 버리지 못하며, 그래서 행위자-실체라는 표상과 인과론의 설명 모델을 여전히 따르고 있을 뿐이다.

> 그러므로 세계에 대한 기계론을 이론적으로 견지하려면 [⋯] 두 가지 허구를 유보 조건으로 달아두어야 한다 : 운동 개념(우리의 감각 언어에서 얻은)과 원자=단일성 개념(우리의 심적 '경험'에서 유래한).[22]

---

21 N : KGW VIII 3 14[79], 50쪽.

둘째, 뉴턴이 만유인력의 '힘'을 인정하고 그 힘의 사용을 '원격 작용action at a distance'으로 상정한 이후 데카르트적 프로그램은 동역학 프로그램으로 대체되지만, 이 프로그램은 '질료'들 사이의 끌어당기고 충돌하는 '힘'에 의해 모든 현상을 설명하려 하는 역동적 원자주의를 형성시킨다. 니체가 '질료에 대한 힘의 승리'라고 이해한 보스코비치R. Boscovich마저도 '질료적 원자' 개념을 사용하면서 역동적 원자주의의 대표주자가 된다.[23] 그래서 이런 역동적 원자주의라는 물리학적-자연철학적 운동 설명 방식 역시 니체는 받아들이지 못한다. "거기[기계론]서는 무언가가 무언가를 움직이게 한다는 것이 우리 생각의 바탕에 언제나 깔려 있다. —그것이 작은 덩어리-원자라는 허구이든, 아니면 언제나 작용을 가하고 있는 어떤 것이든 간에."[24] 인과론과 기계론의 이런 특징 때문에 니체는 그것들이 힘에의 의지의 관계적 운동에 대한 적절한 설명 모델일 수 없다고 보았고, 비인과적이고-비기계적인 운동의 '구체화'에 대해 고민하기 시작한다.

> 나는 출발점이 필요하다. 운동의 원인으로서의 '힘에의 의지'. 따라서 운동은 외부에 의해 조건 지어져서는 안 된다 —촉발되어서는 안 된다… 나는 의지가 퍼져 나오는 운동의 단초와 운동의 중심들이 필요하다.[25]

---

22 N : KGW VIII 3 14[79], 51쪽.
23 JGB 12 : KGW VI 2, 20쪽.
24 N : KGW VIII 3 14[79], 50쪽.
25 N : KGW VIII 3 14[98], 66쪽.

니체의 고민은 힘에의 의지의 역동성을, '동시적-쌍(다)방향적-조정' 모델로서의 관계성에서 찾으면서 해소되는 것처럼 보인다. 특정 힘에의 의지 A의 운동은 A와 나머지 전체(힘에의 의지 B, C, D… 등 전체)와의 '동시적'이고 '쌍(다)방향적'인 '조정' 관계의 산물이라는 것이다. 그것은 인과론과 기계론의 설명 범주들, 예컨대 운동의 일방향성, 질료 및 원자적 개체, 시간상의 선후 관계, 외적 원인, 능동과 구분되고 분리되는 수동 등에 '대립적'인 설명 범주를 찾아내는 방식으로 진행된다. "차례차례가 아니라 상입"[26], "원인과 결과 대신에 조정"[27], "병존Nebeneinander이자 함께하는miteinander 의존성Abhängigkeit"[28] 등이 그 예들이다. 이런 설명 장치를 사용해 니체가 보여주려는 관계적 역동 운동의 특징은 다음과 같다.

첫 번째 특징은 힘에의 의지 운동이 '동시적gleichzeitig' 관계 운동이라는 것이다. 힘에의 의지의 관계 세계에서는, 특정 힘에의 의지 A가 '먼저' 움직이고 그것이 외부의 움직임을 '나중에' 촉발하는 일이 일어나서는 안 되며, 그 역의 경우도 발생해서는 안 된다. '먼저'와 '나중'이라는 것은 이미 시간상의 선후 관계를, 그것을 토대로 하는 '차례차례Nacheinander, Hintereinander' 운동을 인정하는 것이다. 이것의 부적절함을 이미 인지하고 있는 니체에게 힘에의 의지 운동은 당연히 '차례차례가 아닌 운동'이어야 할 것이다. 시간적 선후 관계의 '차례차례'가 아닌 운동, 그것은 '동시적' 운동이다. 그러한 운동은 마치 모든 것이 동시에 응

---

26 N : KGW VIII 1 2[139], 134쪽.

27 N : KGW VII 2 26[46], 157쪽.

28 N : KGW VIII 1 2[143], 135쪽.

축되었다가 한꺼번에 폭발하는 것과 같은 양상을 보인다.

두 번째 특징은, 이런 힘에의 의지의 운동에서는 능동-수동, 작용-반작용, 외적 관계inter-relation와 내적 관계intra-relation를 엄밀히 분리할 수 없다는 것이다. 이 특징은 힘에의 의지의 운동에 '촉발하고-촉발당하는' 혹은 '조건 짓고-조건 지어지는' 관계를 적용해서도, 실체성과 원자성을 부여해서도 안 된다는 데서 도출된다(물론 역동 운동의 '동시성'도 능동과 수동, 작용과 반작용의 구분 자체를 무의미하게 만든다). 그래서 힘에의 의지 A는 전적으로 능동적이거나 수동적인 운동을 할 수 없으며, 또한 '작용을 가하는 어떤 것'도 아니고 그 작용에 반응하여 비로소 움직이는 '반작용을 하는 어떤 것'도 아니다. A의 역동적 운동에는 능동과 수동이, 작용과 반작용이 분리 불가능하게 혼융되고 융합되어 있다. 또한 힘에의 의지 A의 운동에서는 A에 고유한 내적 원인이 따로 있어서 그것만이 A를 움직이게 하지도 않고, A가 맺고 있는 외적 관계만이 원인으로 작용하여 A를 움직이게 하지도 않는다. A가 힘에의 의지인 한, 소위 '내적' 원인이라거나 '외적' 원인이라거나 하는 말 자체가 이미 형용의 모순이다. A의 내부는 이미 A의 외부(나머지 전체)와의 동시적 역동 관계에 의해 구성되기 때문이다. 즉 A의 힘 상승 추구는 나머지 전체와의 힘의 긴장 관계가 없다면 아예 발생하지 않는다는 것이다. A의 소위 내부 동인이라는 것은 그래서 이미 관계적 동인이다. 따라서 내부와 외부를 투명하고 분명하게 구분하는 지점 같은 것은 없다.

세 번째 특징은 힘에의 의지 운동이 쌍방향적이자 다방향적이라는 것이다. 원인과 결과, 능동과 수동, 작용과 반작용, 내적 관계와 외적 관계의 구분이 사라지고 동시에 일어나는 운동은 당연히 쌍방향적이어야 한다. 그 쌍방향성은 그런데 원칙적으로는 다방향성이다. A가 '나머지 전체'와 '한꺼번에' 관계를 맺기 때문이다. 비록 가시적으로는 특정 힘에의 의지 B, C하고만 관계를 맺는 것처럼 보이거나, 'B 다음에 C와 관계하는' 것처럼 보이더라도, 거기에는 이미 나머지 전체 힘에의 의지들과의 관계가 응축되어 있다. 일방향적 직선 운동과는 대립되는 그러한 다방향적 동시 운동은 힘에의 의지의 네 번째 특징을 통해 강화된다.

네 번째 특징은, 힘에의 의지 운동에서는 '힘'의 '원격 작용'이 이루어진다는 것이다. 이것은 니체가 동역학적 운동 설명의 전체를 받아들인 것이다. 직접적 접촉에 의한 작용이 아니면서 중간 매질도 필요하지 않은, '먼 거리에서도 영향'을 미치는 힘의 작용이라는 것이야말로 힘에의 의지 운동을 설명하는 데 유효한 시각이라고 그는 판단한다.[29] 힘에의 의지 A의 운동은 A가 관계되어 있는 관계 네트워크 전체와의 원격 작용의 총체인 것이다.

이런 특징을 갖는 관계적 역동성에 대해 니체는 '상입相入Ineinander'이라는, 철학적으로 낯선 표현을 사용하기도 했다. 기존의 설명 장치와 개념을 사용하기 꺼리던 니체의 고민을 느낄 수 있는 대목이다. 상입 운동은 어떤 요소들이 서로 불가분하게 얽혀서 서로의 내부로 침투해 들어가는 운동이다. 거기서는 관계 맺고 있는 제 요소들이 자신의 힘을 다른 힘들과 비교하고 측정해 힘의 질서를 설정하는 조정 활동을 하고,

29 N : KGW VII 3 36[34], 288쪽. 하지만 '원격 작용'을 추가한 역동적 원자주의의 힘 개념 역시 질료적 개체성이라는 구상에서 완전히 벗어나지는 못한다. 그래서 니체는 물리적 힘에는 '내적 성질 및 내적 세계'가 여전히 필요하다고 보며, 그것을 바로 탈원자적-탈질료적 의지의 힘, 즉 힘에의 의지로 이해하는 것이다. N : KGW VIII 3 14[79], 51쪽.

이 활동은 '함께 그리고 동시에' 이루어지며, 그렇기에 힘에의 의지들은 '함께' '동시에' 각자의 힘의 증대를 꾀한다. 이런 관계적 역동성은 힘에의 의지들에게 조정 능력과 조직성이 있음을, 이것이 상호 관계의 산물임을 다시 한 번 보여준다.[30]

힘에의 의지 운동이 상호적 관계성을 보인다는 것, 그것도 '동시적' '함께'이며, '다방향적' '상입'이자 '조정'이라는 것은 분명해 보인다. 그런데 그것은 곧 힘에의 의지들의 힘 싸움Machtkampf 방식에 대한 다른 설명이다. 힘 싸움이 그렇게 이루어진다는 것이다. 그런 방식의 운동에서는 힘에의 의지 A가 움직였다는 것은 곧 그것이 속해 있는 관계 세계 전체가 '동시에' 움직였다는 것을 의미할 수밖에 없다. 그 역도 마찬가지다. 그래서 특정 힘에의 의지가 속해 있는 관계 세계 전체의 움직임은 그 힘에의 의지의 움직임과 '함께', '동시에' 일어난다.

관계적 역동 운동이 이런 것이라면, 매우 흥미로운 결론 하나가 '논리적으로' 도출된다. A는 그것이 힘에의 의지인 한, 결코 B나 C의 무화나 멸절을 의도할 수 없다는 것이다. 물론 A의 B에 대한 명령과 지배가 압제적이거나 폭력적으로 이루어질 수는 있다. 혹은 C의 무화나 멸절이 발생할 수도 있다. 하지만 A가 B와 C를 완전히 패퇴시켜 저항적 힘의 무기력 상태를 의도할 수는 없다. 만일 그것을 의도한다면, A와 B의 '저항하는 복종-명령'의 형식을 갖고 있는 '힘 싸움 관계'가 어느 시점에서는 종결되어버릴 것이기 때문이다.[31] B 없이 A 혼자서 힘 싸움을 한

30 니체는 힘에의 의지의 운동 방식을 '폭발explosion'로 설명하기도 한다. 힘에의 의지는 한데 어우러져 서로의 내부에 침투해서 응축됨과 동시에 한꺼번에 분출되기도 하기 때문이다.

31 힘 싸움의 형식인 '저항하는 복종-명령'의 의미에 대해서는 백승영 ([6]2016), 343~345쪽 참조.

다거나, B 없이 A 홀로 원자적 개체로서 운동한다는 것은 A가 힘에의 의지임을 포기하는 것과 마찬가지다. A가 힘에의 의지인 한, 즉 '늘' 힘의 강화와 상승과 지배를 추구하는 의지 작용인 한, 대적적 힘의 존재는 불가결하다. 게다가 A의 힘 상승 추구는 그것에 대적하는 B의 힘이 클수록 더 강해진다. 그래서 B의 무화나 멸절이 아니라 B의 대적적 힘을 강화하고 고무하는 것이 A에게 더 유리하다. 경쟁자가 훌륭할수록 나를 발전시키려는 욕구가 더 강해지는 것처럼 말이다. 그래서 힘에의 의지들의 세계에서는 A가 B의 진정한 적이라면 A는 B의 진정한 벗이다.[32] 이런 상황에서 A는 B의 존재를 인정하고 B의 지속적인 힘의 상승을 꾀하지 않을 수 없다. 일종의 윈-윈 게임이 벌어지는 것이다. 동시적-쌍(다)방향적-조정 운동은 이렇듯 적대적 힘과의 일종의 협조 체제를 구축한다. 적대적 힘의 존재와 그 힘의 세기가 A의 힘 상승 운동의 정도와 강도를 결정하는 데 핵심적인 역할을 하며, 그러한 한 A의 입장에서 B는 협조자나 마찬가지이기 때문이다. 물론 B는 A에게 '적대적' 협조자이자 '긴장 관계를 형성해주는' 협조자다. 그래서 힘에의 의지들의 조정은 일종의 '협조적 조정'이라고도 할 수 있다.

이런 내용은 힘에의 의지 개념에서 폭압적 착취와 폭력적 지배에 대한 옹호를 추출해내어 정치적으로 매우 "잔혹한bloody"[33] 니체의 얼

32 Za I 〈싸움과 전사에 대하여〉: KGW VI 1, 55쪽. "적을 갖되, 증오할 가치가 있는 적만을 가져야 한다. 경멸스러운 적은 갖지 말도록 하라. 너희는 적을 자랑스럽게 생각해야 한다: 그러면 적의 성공이 곧 너의 성공이 된다."

33 M. Warren (1991), 211쪽. 워런M. Warren은 '잔혹한bloody 니체'라는 얼굴과 '신사적인gentle 니체'라는 얼굴을 동시에 니체에게 귀속시키며, 그 두 얼굴 다 힘에의 의지의 철학에서 파생된다고 본다.

굴을 만드는 해석이 불충분하다는 것을 드러내준다. 물론 니체는 여기저기서 힘에의 의지를 설명하면서 '동화', '자기 것으로 삼는 것', '착취', '압제', '무자비함' 같은 표현을 동원하기도 한다. 하지만 그 거친 표현에도 불구하고, 힘에의 의지는 관계적 협조를 본성으로 한다. 관계적 협조는 힘에의 의지가 '무자비할 정도로' 철저하게 자기 이익적 활동, 이기적 활동을 하는 과정 중에도 수반된다. 좀 더 정확히 말하면, 힘에의 의지가 무자비할 정도로 이기적이기에 관계적 협조는 불가결하다. 힘에의 의지가 존립하려 하고, 더 큰 힘을 얻으려 하고, 지배를 원하는 한, 대적하는 힘의 존재가 전제되어야 하고, 대적하는 힘을 자신을 위해 최대한 활용해야 한다. 그래야 이기기 위한 힘 싸움에서 이기고자 하는 자신의 힘도 더 상승한다. 그리고 동시에 대적하는 힘도 (그것 역시 이기려는 의지이기에) 상승시킨다. 한마디로 힘에의 의지는 위에서 말했듯 윈-윈 게임 속에서 운용되는 것이다. 그래서 니체의 거친 표현들은 힘에의 의지의 정상적인 활동에 대한 표현일 뿐이다. 또한 니체의 거친 표현들은 힘에의 의지의 정상적인 활동이 아니라, 힘에의 의지의 퇴락과 병리적 상태에 대한 것인 경우도 많다. 힘에의 의지는 관계체인 한, 결코 저항력을 상실한 복종도, 멸절을 의도한 무자비한 압제도 의도하지 않는다. 비록 결과가 그렇게 나온다고 하더라도 말이다.

이렇듯 동시적 조정 운동 및 협조 운동과 적에 대한 적극적 인정. 이것이 힘에의 의지의 역동적 운동이 담보하는 관계론의 논리적 귀결이자 핵심이며, 뒤에서 설명될 '내재적 필연성'과 함께 실천철학의 주요 주제를 풀어가는 프레임 역할을 한다.

(2) 내재적 필연성, 그 실천적 문제 해결의 가능성

힘에의 의지의 역동 운동은 세계의 모든 계기와 사건 및 사태의 필연성을 주장하는 매우 강한 논거가 된다. 힘에의 의지의 세계에서는 우연도 없고, 불필요한 것도 없다.[34] 그 세계의 모든 계기와 사태는 '필연'이다. "있는 것은 아무것도 버릴 것이 없으며, 없어도 좋은 것이란 없다"라는 니체의 유명한 표현처럼 말이다. 니체가 "우연의 지배로부터 벗어나는 것"[35]을 자신의 철학적 과제 중 하나로 제시하는 것은 결코 우연이 아니다. 이 세계의 필연성 확보는 두 가지 맥락에서 이루어진다.

먼저 힘에의 의지의 동시적 상입 운동을 구성해내는 각 계기들(힘에의 의지들)은 그것들이 이루어내는 세계 전체에 동등한 자격으로 참여한다. 거기서는 힘의 크고 작음이 전혀 문제시되지 않는다. 그래서 힘에의 의지들의 세계에서는 '하나'의 중심이라는 것은 없고, 중심은 '어디에나' 있다.[36] 모든 계기가 중심이기에 없어도 되는 것도 없다. 물론 여기서의 '동등'이 힘의 원칙적이고 산술적인 동등이나, 개체적 행위자로서의 모든 면에서의 평등을 말하는 것은 아니다. 단지 다른 것들과 함께 관계 세계를 구성해가고 변화시키는 '참여'의 동등을 의미하며, 이런 참여의 동등은 힘에의 의지의 관계론에서는 '원칙적'인 것이다. 또한 각

---

34 "모든 것이 단적으로 연결되고 조건 지어진 실제 세계 속에서 무엇인가에 대해 유죄 판결을 내리고 그것을 없는 것으로 생각한다는 것은, 모든 것을 없는 것으로 생각하고 유죄 판결을 내린다는 것을 의미한다." N : KGW VIII 3 14[153], 129쪽.

35 EH 〈나는 왜 이렇게 좋은 책들을 쓰는지〉-M 2 : KGW VI 3, 328쪽.

36 Za III 〈건강을 되찾고 있는 자〉 : KGW VI 1, 269쪽. "매 순간 존재는 시작된다 ; 모든 여기를 중심으로 저기라는 공이 굴러간다. 중심은 어디에나 있다."

계기들의 동등한 참여는 철저히 힘에의 의지의 작용 법칙에 입각한 합법칙성을 보여준다. 그 합법칙적 운동은 예외를 허락하지도 않고, 임의적으로나 자의적으로 변경할 수도 없다. 우연으로 보이는 것도 결국은 힘에의 의지의 합법칙적 관계망에서 벌어지는 원격 작용, 예컨대 베이징에서의 나비의 날갯짓이 브라질에서 폭풍을 일으키듯 멀리서도 영향을 미치는 힘에의 의지의 관계적 활동의 결과인 것이다. 이렇듯 세계의 모든 계기와 사건의 필연성은 힘에의 의지의 합법칙적 운동이 보증한다. 힘에의 의지의 관계망에서는 아래 인용문의 표현처럼, "불가능한 것은 결코 가능할 수 없다". 힘에의 의지가 힘에의 의지의 본성과 작용 법칙을 따르지 않는 경우는 없다는 말이다.

> 세계의 운행 및 그 밖의 모든 것에서도 영원한, 동일한 생기의 절대적 필연성은 생기에 대한 결정론을 말하는 것은 아니다. 그것은 단지 불가능한 것은 결코 가능할 수 없다는 점을 표현할 뿐이다… 그리고 특정 힘은 바로 그 특정 힘 외의 다른 것일 수 없다는 점을 표현할 뿐이다. 그 힘은 저항하는 어떤 힘 양자에 자신의 힘에 합당하지 않은 방식으로는 힘을 방출하지 않는다는 점을 표현할 뿐이다. 생기와 필연적 생기는 동어 반복이다.[37]

이렇게 확보된 세계의 필연성은 내재적 필연성이자, 자기 목적적이면서 자기 구성적인 필연성이다. 힘 의지 세계를 초월해서 있다는 어

37 N : KGW VIII 2 10[138], 201~202쪽.

떤 초월적-외재적 목적과의 관계에서 비로소 확보되는 필연성도 아니고, 초월적-외재적 필연성의 보증을 받아야만 하는 반쪽짜리 필연성도 우연성도 아니며, 특정 초월적-외재적 목적을 달성하기 위한 과정이나 단계도 아니다. 이렇게 해서 니체는 완전성-불완전성, (외적)목적-수단, (외적)목표-단계 도식을 갖고 있는 초월적-외재적 목적론teleologie 및 그와 연계되어 있는 이원적 형이상학의 사유와 그 사유의 잔재를 완전히 벗어나는 것이다.[38]

힘에의 의지 세계의 필연성은 '힘에의 의지에 의해 모든 것이 결정된다'는 주장을 가능하게 한다. 그래서 언뜻 결정론의 냄새를 풍긴다. 하지만 '힘에의 의지에 의한 결정'은 전통적인 결정론 모델과 구분할 필요가 있다. '힘에의 의지에 의한 결정'은 앞서 설명되었듯 힘에의 의지의 합법칙성 및 필연성, 달리 말하면 '불가능한 것은 가능하지 않다'는 점을 의미하는 것이기 때문이다. 그래서 모든 것이 (전통적인 의미에서) '인과적으로' 결정되기에 자유 선택의 가능성은 배제된다는 결정론과도 다르고, 그리고 모든 것이 '신에 의해서나 타고난 운명에 의해서 처음부터 미리' 결정되어 있어 능동적인 변화의 가능성은 배제된다는 숙명론적 결정론과도 다르다. 힘에의 의지의 세계에서는 의지들의 합법칙적 관계가 모든 것을 결정하지만, 그 관계 자체가 쌍(다)방향적 협조이고, 관계 맺는 부분 계기들과 전체가 동시적인 상호 의존성을 보이기에, 그때그때 새롭게 구성되고 변화할 수 있다. 힘에의 의지 세계는 힘에의 의지들의 자유로운 선택의 결과이자 열려 있는 과정인 것이다.

38 백승영 (^{6}2016), 139~143쪽.

관계 세계의 필연성, 모든 계기들의 존재에 대한 인정, 참여의 동등, 자유로운 선택의 결과 같은 내용은, 바로 앞의 〈(1) 힘에의 의지의 '관계적 역동 운동'과 실천적 문제 해결의 키워드〉에서 언급된 협조 운동이나 적에 대한 인정 같은 내용과 함께 실천철학적 문제에 대한 니체식 해결이 어떤 색채를 띨 것인지를 예상하게 한다. 그것의 바탕색은 공동성과 상호성을 인정하고, 나와 타인 및 개인과 공동체의 우선순위 없는 유기적 공조 관계를 강조하고, 관계 세계의 제 요소들에 대한 '인정'을 촉구하며, 관계 세계에 대한 책임을 요청하는 것이 될 것이다. 그 위에 건강한 개인과 국가, 정의로운 법과 사회를 환한 빛깔로 채워 넣고, 인간의 의지적 노력에 차라투스트라가 그러했듯 자줏빛 축복의 방점을 찍는 그림이 그려질 것이다. 이것이 존재론의 틀 위에 건축된 니체의 실천철학의 모습이다.

제4장
철학적 정치론의 시기 구분 —전기와 후기

니체의 철학적 정치론이 니체 철학의 큰 틀 속에서 전개되는 만큼, 그것의 전개를 시기상으로 어떻게 구분해야 하는지의 문제는 여기서도 발생한다. 니체의 철학을 '긍정의 철학'으로 규정하게 되면 1881년이 기점이 된다는 것, 그리고 그것을 기준으로 전기와 후기로 구분하는 2시기론이 적절하다는 것은 이미 밝혀져 있다.[39] 이런 구분은 니체 사유의 전개에 대해 일반적으로 통용되었던 3시기론(니체의 첫 글~1876년/1876~1882년/1883~1888년)의 형식적인 약점을 넘어서면서, 니체 철학에서 본질적인 단절이나 완전한 반동은 없다는 점을 고려한 것이다. 철학적 정치론이 '긍정의 철학'의 일환인 한, 전기와 후기로 나누는 2시기론을 그대로 수용해도 무방할 것이다.

물론 니체의 철학적 정치론을 세 시기로 구분하는 것이 필요한 경

39 백승영 ([6]2016), 113~114쪽.

우도 있다. 니체의 다양한 시선 중에서 주목점이 종종 바뀌기도 하고, 그에 따라 설명의 주안점이 바뀌거나 새로운 설명 장치가 추가되기도 하기 때문이다. 세 시기 구분의 가장 적절한 시도는 독일의 정치철학자 오트만H. Ottmann에 의해 이루어졌다.[40] 그는 위에서 제시된 니체 철학의 세 시기 구분을 약간 수정한다(1858~1876년/1876~1882년/1880(82)~1889년). 그의 구분에 의하면, 첫 시기는 소년 니체의 첫 글부터 1876년까지인데, 특히 1870년대에는 니체의 정치적 입장에서 '반시대성'이라는 성격이 강하게 드러난다. 이때 그는 문화와 정치의 관계에 특별히 주목하여, 18 · 19세기 유럽 사회에서 문화가 퇴락한 이유를 정치와 문화, 국가와 문화의 뒤바뀐 위치에서 찾으려 한다. 국가와 정치가 문화에 봉사하지 않고 문화의 지배자가 되어버린 시대의 병증을 옛 그리스의 비극 정신과 귀족적 공동체의 부활, 그리고 문화 창조 능력을 갖춘 개인을 통해 치료하려 한다.[41] 이때부터 그의 사유 전체를 지배하게 될 '권력에 대한 문화의 우위', '정치에 대한 문화의 우위'가 '정치는 권력 투쟁이 아니라 문화 정치여야 한다'는 생각을 낳으며 스케치 형식으로 제시되기 시작한다.

40 H. Ottmann (^{2}1999). 오트만은 후에 첫 시기를 다시 둘로 나누어 네 시기로 구분하기도 한다. H. Ottmann (2008), 233~253쪽.

41 학생 시절의 니체는 시대의 조류에 어긋나지 않는 정치적 의견을 지니고 있었으며, 그것을 주목과 고려의 대상이 될 만한 사유 형태로 제시하지도 않았다. 단지 독일의 1848년 3월 혁명 Vormärz 이전 시대(1815~1848)에 대한 회상, 위대한 개인과 비극적 영웅에 대한 피상적 생각, 귀족주의 등이 혼합되어 불분명하게 등장할 뿐이다. 그리고 1866~1868년에는 프로이센의 성공과 비스마르크의 영향 아래 민족주의자이자 독일주의자로서의 모습이 나타나기도 하지만 곧 사라져버린다. 니체의 실천철학 전개에서 주목할 만한 글은 1870년 이후에야 비로소 발견된다.

청년 니체의 이런 생각은 국가를 높은 문화가 구현되는 정치적 고향이자 휴머니즘이 구현되는 역사적 장소로 이해하는 부르크하르트J. Burckhardt의 영향을 받은 것이다. 그러한 맥락에서 니체는 프로이센과 독일의 전쟁을 권력 투쟁이 아닌 문화 투쟁으로 이해했고, 독일의 통일도 정치적 통일이라기보다는 정신과 문화의 통일로 간주한다. 그가 프로이센에 대해 거리를 두기 시작하는 것 역시 프로이센을 문화를 위협하는 힘으로 판단했기 때문이다. 이 외에 청년 니체는 시대정신을 이루고 있는 것들에 대한 비판도 시작한다. 평등 이념에 기초한 시민 사회와 사회주의 사회, 행복주의와 낙관주의, 진보 사관과 자본주의, 민족주의와 제국주의 정치, 종족주의나 반유대주의 등이 독일은 물론이고 유럽 전체를 병들게 하고 있다고 생각하기 때문이다.[42]

두 번째 시기는 1876~1882년으로, 니체의 주요 관심이 예술과 신화에서 인식과 학문으로, 쇼펜하우어와 바그너와 낭만주의에서 계몽주의와 자유정신으로 옮겨 간다. 실천철학적으로는 스토아주의와 에피쿠로스와 볼테르의 사유가 근대적 형태의 플라톤주의와 결합되어 개인적 귀족주의라는 새로운 정치적 모델이 실험된다. 더불어 자유정신이라는 모토 아래 시민적 세계와 사회주의, 민주주의, 공리주의, 자유주의 등에 대한 거리 두기가 행해지고, '좋은 유럽인'이라는 이상 아래서 프랑스 문화를 염두에 둔 자유정신과 유럽 정신의 결합이 꾀해지기도 한다.[43] 마지막 시기는 1880(82)~1889년으로, 이전 시기에 비해 정치론이 니체

42 H. Ottmann (^{2}1999), 22~117쪽.
43 H. Ottmann (^{2}1999), 121~232쪽.

가 제시한 '긍정의 철학'과의 밀접한 관련 속에서 전개되어, 구체적으로는 '위대한 정치론'의 형태로 등장하게 된다. 여기서는 첫 시기에 단초에 머물렀고 두 번째 시기부터 점차 구체화된 문화국가라는 이상, 정치적 플라톤주의, '좋은 유럽인'으로서의 자유정신, 그리고 니체적 의미의 계몽에 대한 사유들이 그가 극복하려는 유럽 문화의 허무적 파국 상태와 관련해 다시 다루어진다. 이에 더하여, 유럽 사회가 아나키와 평준화 그리고 인간의 왜소화를 야기한다는 것, 그런 허무적 파국에 대한 치유책은 다름 아닌 인간의 계몽과 교육이라는 것, 그래서 인간과 세계의 허무적 귀결을 극복하기 위해서는 인간의 주인화와 주인적 인간의 세계지배가 가능해야 한다는 것이 주요 주제로 부각된다. '영원회귀' 사유나 '힘에의 의지', '위버멘쉬' 등의 사유도 그 주제를 위한 보조 장치로 활용된다. 이런 내용을 품고 있는 마지막 시기는 위대한 정치론이라는 교육 프로그램으로 대변될 수 있다.[44]

니체 철학에 대한 3시기론이 그렇듯이, 오트만의 이런 시기 구분 역시 형식적이라는 한계를 갖고 있다. 각 시기의 니체의 글 각각에 대한 오트만의 분석이 잘못되었다는 것은 아니다. 단지 시기 구분의 형식성이 사유의 연속성과 발전적 측면을 희석한다는 것이 문제가 된다. 실제로 니체가 남겨놓은 저작과 유고를 보면, 첫 시기를 제외하고는 사유의 단절보다는 사유의 지속적 전개와 발전의 성격이 강하며, 게다가 첫 시기에도 주안점과 설명 방식의 차이는 있지만, 법이나 정의 같은 주제처럼 발전과 보완의 과정 속에서 이해해야 하는 내용이 상당수이기 때

44 H. Ottmann (^{2}1999), 236~394쪽.

문이다. 게다가 니체의 철학에서 '긍정의 파토스'가 명시적으로 드러나 '긍정의 철학'이 모색되는 시작점이 1880/81년이라는 점을 유념하고, 니체의 철학적 정치론을 '긍정의 철학 수립'이라는 과제의 일환으로 이해한다면, 첫 시기와 그 이후의 시기를 구분해 전기와 후기로 구분하는 것이 적절하다. 물론 그 구분도 단절이나 반동을 의미하는 것은 아니다. 오히려 전기의 사유는 후기 사유를 잉태하기 위한 초석의 역할을 한다고 이해하는 것이 더 적절할 것이다. 전기에 강하게 등장하는 문화정치론도 후기의 위대한 정치 기획에 전격적으로 수렴되기 때문이다.

제5장
철학적 정치론의 구조
—퍼즐 맞추기

철학적 정치론은 '개인-국가-법-정의'라는 큰 주제들로 구성되고, 이것들은 내용상으로나 구조상으로나 서로 분리 불가능하게 얽혀 있다. 이러한 철학적 정치론은 전체로서는 개인과 사회와 국가, 더 나아가 세계 전체의 '건강성'을 위한 철학적 계몽의 기획의 일환이며, 그렇기에 '위대한 정치'라는 기획 그 자체이기도 하다. 또한 각각의 주제들은 그 기획의 전체 그림을 완성시켜가는 퍼즐 조각의 역할을 한다. 게다가 그 조각들은 다른 조각들과 유기적으로 연계된다. 그래서 하나의 조각에 대한 고찰은 다른 조각들에 대한 고찰로 자연스럽게 연결된다. 그 구조적 밀착성과 연계성은, 비가시적 체계를 니체가 숨겨놓았다고 할 정도로 매우 강하다. 예컨대 개인의 근원적 사회성을 '힘경제적 교환'으로 제시하는 부분을 보자면, 그 사유 조각 하나에서 국가와 법과 정의와 심지어 도덕을 넘나드는 다양한 내용들이 각각 도출되기도 하고, 그것들이 다시 서로 얽혀 다른 주제를 지시하기도 한다. 즉 '죄'가 도덕적-

종교적 개념이 아니라 경제적 개념인 이유, 양심과 양심의 가책의 차이, 인간의 병리성과 건강성, 쌍무 계약으로서의 법, '가치의 등가'를 원칙으로 하는 교환 정의가 즉각 도출되고, 그것들이 어우러져 법의 채권법적 성격과, 그것을 토대로 하는 채권자-국가라는 국가 유형이 구상된다. 물론 이 예는《도덕의 계보》라는, 니체의 실천철학의 여러 내용들이 결집된 책에서, 그것도 실천철학적 중요성이 큰 부분에서 등장하는 만큼 구조적 밀착성이 선명할 수밖에 없다고 볼 수도 있다. 하지만 구조적 밀착성을 보여주는 것은 이뿐만이 아니다. 실천철학의 논의들 대부분이 다른 주제들과 아주 긴밀하게 유기적으로 연계되어 있다. 게다가 니체 자신이 그 주제들을 혼합해서 다루는 경우도 많다. 이런 특징 때문에 각각의 주제들을 인위적으로 구분해서 설명하기에는 어려움이 따른다. 또한 구분해서 설명할 때에는 부득이하게 설명이 반복되거나 중첩되기도 한다. 그럼에도 불구하고, 주요 주제들을 각각 체계화해 이론의 형태로 제공하는 것이 이 책의 과제이기에 편의상 주제들을 분리하여 다루게 될 것이다.

제6장
철학적 정치론에 대한 논의 지평

서문에서 밝혔듯이 니체의 철학적 정치론은 특정 주제에 집중해서, 그것도 특정 관점을 통해서 파편적으로나 분절적으로 읽히곤 했다. 그런 만큼 실천철학자 혹은 정치철학자로서의 니체에 대한 평가도 다양하다. 니체를 실천철학의 역사에서 (부정적으로든 긍정적으로든) 자리를 차지하게 해준 대표적인 논의 지평은 다음과 같다(2~4부에서 다루어질 내용들은 대부분 제외한다).

1. 국가사회주의, 파시즘, 나치즘과 니체

니체와 국가사회주의의 관계는 늘 초미의 관심사였다. 이에 대한 관심은 힘에의 의지를 비합리주의의 총괄 개념으로 이해한 루카치G. Lukács[45]와 니체에게서 종족적 무력 사용에 대한 옹호와 영웅적 실재론을 읽어내어 국가사회주의와 연계시킨 보임러A. Baeumler[46] 이후, 지금까지도 지속 중이다.[47] 니체와 국가사회주의를 연결 짓는 시각은 두 가지 상이한 방향을 갖고 있다. 한 방향은 보임러나 루카치처럼 니체가 국가사회주의(파시즘 및 나치즘)에 책임이 있다고 보고(알게르미센K. Algermissen, 바르텔E. Barthel, 플라케O. Flake, 잔트포스E. Sandvoss, 놀테E. Nolte 등), 다른 한 방향은 니체를 국가사회주의나 나치즘의 잠정적 대립자로 이해한다(몬티나리M. Montinari, 바타유G. Bataille, 들뢰즈G. Deleuze, 카우프만W. Kaufmann 등). 첫 번째 방향은 1차 세계대전에 대한 책임의 한 부분을 니체에게 물으며 그를 정치적으로 오용했던 것처럼, 2차 세계대전을 전후하여 오랫동안 니체에 대한 심각한 정치적 오해를 유발한다.[48]

니체와 국가사회주의의 연계는 독일과 이탈리아를 구분해서 살펴볼 필요가 있다. 먼저 독일의 나치즘과 니체의 연계는 결코 학적 정당성을 획득하지 못한다. 니체의 실천철학은 독일의 국가사회주의 이데올로기에 그 어떤 실질적 영향을 미치지 않았으며, 나치적 '세계관을 그리는 자'로 불리던 로젠베르크A. Rosenberg 같은 이데올로그들은 니체를 잘 알지도 못했다. 히틀러도 마찬가지다. 그가 니체를 세 차례(혹은 두 차례) 언급했는지는 몰라도, 그가 니체를 한 번이라도 읽었다는 것은 누구도 입증한 바 없다.[49] 어쨌든 히틀러는 자신의 구상에 니체 철학을 직

45 G. Lukács (1934/1955), (1962).

46 A. Baeumler (1931/^{3}1940). 보임러의 연구는 하이데거에게 영향을 미쳐 '최후의 형이상학자이자 허무주의의 완성자'라는 니체 상을 형성하는 데 일조한다.

47 그런 만큼 이에 대한 수많은 저술이 있다. 대표적인 것은 H. Rauschning (1940) ; O. Flake (1946) ; K. Algermissen (1947) ; E. Bartel (1947) ; A. v. Martin (1948) ; E. Sandvoss (1969) ; K. R. Fischer (1977) ; B. H. F. Taureck (1989) ; J. Golomb · R. S. Westrich (2002).

48 B. H. F. Taureck (1989), 9쪽.

접 연결시키지 않았고, 그럴 수도 없었다. 물론 히틀러는 1934년에 니체 문서보관소Nietzsche Archiv를 방문하고, 니체 기념홀 건립을 위해 기부를 하기도 했다. 히틀러가 철학자의 명성을 등에 업고 싶어 했기 때문이며, 바로 그런 이유에서 니체의 '이름'이 제3제국의 문화 정치의 장에 등장하게 된 것이다. 그 과정에서 니체 관련 산업도 등장한다. 《힘에의 의지》라는 위작이, 그의 여동생(엘리자베트 푀르스터 니체Elizabeth Förster Nietzsche)과 그의 친구이자 편집인이었던 페터 가스트(본명은 하인리히 쾨젤리츠Heinrich Köselitz)의 주도로 출간되었고, 그 위작에서 종족주의와 훈육 정치, 새로운 법, 강력한 지도자에 대한 열망, 유대인에 대한 비판 등, 독일제국이 필요로 할 만한 것들이 선택적으로 강조되기도 한다.[50] 하지만 나치의 공식적인 정당 이데올로그였던 로젠베르크조차 니체를 활용하기에는 역부족이었다. 실제로 니체가 말한 자유정신이나 '좋은 유럽인', 그리고 니체의 통렬한 반유대주의 비판 및 독일 비판은 제3제국 이데올로기와 엮을 수 있는 내용이 아니다.

독일의 국가사회주의와 달리 이탈리아의 파시즘은 니체를 적극 활용한다. 니체는 독일보다 이탈리아에서 먼저 주목받았으며, 특히 무솔리니는 니체를 직접 읽으면서 그에게서 사회주의와의 유사성을 찾아내

49 히틀러는 니체에 대해 간단한 언급만 남겼을 뿐이다. 그는 1936년 1월 15일의 데트몰트 연설에서 "니체의 말은 강한 사람을 더 강하게 만드는 일격이다"라고 했고, "사람들은 니체를 잘 이해하지도 못하면서 위버멘쉬를 인용한다"라고 그가 툴툴거렸다는 기록도 있다. 또한 "위버멘쉬를 새로운 생물학적 종으로 볼 수 있지만 니체는 그것을 확실하게 보여주지 않았다"라고 그가 말했다는 라우슈닝H. Rauschning의 전언도 있다. 하지만 히틀러와 관련된 라우슈닝의 말은 신빙성이 낮다고 평가되기에, 히틀러가 니체에 대해 그런 말을 했다는 그의 전언 역시 불신의 대상이 된다. 상세한 설명은 H. Ottmann ([2]1999), 2~4쪽 참조.

50 백승영 ([6]2016), 378~395쪽 참조.

려 했다. 무솔리니에게 니체의 위버멘쉬는 마르크스의 계급투쟁을 수행하는 '프롤레타리아적 엘리트 영웅'의 모습으로 이해된다. 그래서 니체의 이론은 프롤레타리아적 실천에 관한 가르침이 되어 프롤레타리아 연대에 이용된다.[51] 또한 무솔리니는 니체를 자신의 삶의 지침으로 삼았음을 술회했다고도 한다.[52]

2. 마르크스주의와 니체

정통 마르크스주의는 니체를 프롤레타리아의 적으로 본다. 메링F. Mehring의 《니체와 사회주의*Nietzsche und der Sozialismus*》(1897)는 니체에 대한 사회주의의 공식적 적대 선언이라고도 할 수 있다. 거기서 니체는 자본주의를 옹호하는 자이자 자본주의의 첨병으로 제시된다. 이런 이해 경향은 옛 동독에서도 유지되어, 니체라는 이름이 '국가의 주적'처럼 터부시된다.

프랑크푸르트학파만큼 니체에 대한 이해와 수용에서 첨예한 내부적 대립을 보여주는 경우는 드물다. 그 대립은 비판이론 1세대인 아도르노, 호르크하이머와 비판이론 2세대인 하버마스 사이에서 결정적이다. 물론 아도르노와 호르크하이머 사이에도 수용 방식의 차이는 있지

---

51 E. Nolte (1960), 307쪽, 309쪽.

52 "나는 '위험하게 살라'는 니체의 말대로 살았다"라는 무솔리니의 말은 니체 문서보관소의 욀러M. Oehler가 1920년대 말에 쓴 글인 〈무솔리니와 니체Musollini und Nietzsche. Ein Beitrag zur Ethik des Faschicmus〉에 인용되어 있다. GSA 100/1187, 1쪽.

만, 적어도 그들은 니체를 비판이론의 특정 형식을 제시한 사람으로, 즉 이데올로기 비판과 해방적 철학을 발전시킨 철학자로 이해한다. 하지만 하버마스는 그런 이해 방식 자체를 거절한다. 계몽의 변증법이라는 막다른 길에서 나오려는 하버마스에게 니체는 넘어야 할 적대자에 불과했던 것이다.

니체를 통해서 '탈이데올로기적인 사회주의'라는 프로젝트를 추진한 아도르노에게 니체는 '가장 일관된 계몽가'의 얼굴로 등장한다.[53] 물론 아도르노는 처음에는 니체를 비합리주의자이자 국가사회주의의 선구자로 이해했다. 하지만 1930년대 중반에 《도덕의 계보》를 비판이론의 기본 텍스트로 받아들이면서 그런 니체 상을 폐기했으며, 점점 더 니체를 비판이론 쪽에서 수용할 것이 많은 철학자로 여기게 된다. 아도르노의 이런 생각은 1930년대 후반의 〈바그너 시론Die musikalische Monographien. Versuch über Wagner〉에서부터 명백해진다. 이 글에서 아도르노는, 히틀러가 바그너의 음악 속에서 자신의 정치적 이념을 인식할 수 있었던 이유를 비판적으로 고찰하는데, 이때 니체의 바그너 비판이 범형이 된다.[54] 1940년대에 들어서면서 니체를 사회 비판이론으로 끌어들이려는 아도르노의 의도는 좀 더 분명해진다. 이때 아도르노는 마르크스를 넘어 좀 더 발전되고 확장된 계몽 개념과 사회주의 개념을 찾으려 했다. 그것도 단기적인 유물론에서가 아니라 이데올로기 비판과 미학에서 말이다. 그의 이런 시도에 니체는 좋은 모범이 된다. 니체의 사회주의 비

53 Th. W. Adorno (1970①), Bd. 7, 418쪽.
54 Th. W. Adorno (1970②), Bd. 13.

판과 민주주의 비판이 사회주의와 민주주의가 이데올로기화되는 과정을 밝혀주기 때문이다. 이런 방식으로 아도르노는 '마르크스 혹은 니체'가 아니라, '마르크스뿐만 아니라 니체와도 함께하는' 비판을 제시하려 한다. 이것은 또한 '계몽 대신 니체', '니체에 반하는 계몽'이 아니라 '니체와 함께하는 계몽'의 길을 찾는 과정이기도 했다. 이 과정은 아도르노와 호르크하이머의 공저인 《계몽의 변증법*Dialektik der Aufklärung*》에서 구체적으로 모색되었고, 그 결과 계몽의 변증법을 이해하는 몇 안 되는 철학자로서의 니체 상이 성립된다.[55]

호르크하이머는 《계몽의 변증법》에서는 아도르노의 니체 상에 많이 접근하지만, 니체에 대해 아도르노와는 다른 생각을 견지하고 있었다. 1930년대의 그에게 니체는 단적으로 '지배 계급의 철학자'[56]였다. 그는 니체의 철학적 목표가 프롤레타리아의 양성이 아니라 유토피아적 귀족의 양성에 있다고 보았기에, 그에게 니체는 시대의 고민에 역행하는 사이비 시대인에 불과했다. 또한 니체는 경제 법칙에 대한 무지로 인해 실패한 역사 이론을 제공한 자이기도 했다.[57] 하지만 그 후 호르크하이머는 니체에 대해 매료의 탄성과 비판적 회의를 동시에 보내는 이중적 태도를 취하게 된다. 그는 한편으로는 니체의 심리학적 영민함, 반형이상학적 급진성, 철저한 반시민성 등에 대해 경탄하면서도, 다른 한편으로는 니체의 반계몽적 · 반민주주의적 · 반사회주의적인 모습 등에 거리를 두었던 것이다. 하지만 그는 적어도 니체에 대해 초기에 가졌던 사

55 M. Horkheimer · Th. W. Adorno (1981), Bd. 3, 59쪽.
56 M. Horkheimer (1974), 248쪽.
57 M. Horkheimer (1968), 89쪽.

이비 시대인이라는 관점을 지양하고, 니체를 역사적 관점에서 파악하여 헤겔·마르크스·쇼펜하우어와 더불어 19세기 독일의 위대한 사상가로 인정한다. 특히 산업화나 정치와 관련된 니체의 분석이 현대 사회의 전체적인 흐름에 대해서도 여전히 유효하다고 평가한다. 물론 호르크하이머에게 니체는 프로이트에 앞서 현대의 심리학을 정초한 자이기도 하다.

이런 차이점에도 불구하고《계몽의 변증법》에서 아도르노와 호르크하이머는 니체에 대해 서로 상당히 근접한 견해를 제시한다. 아도르노는 여기서 니체를 클라게스L. Klages나 슈펭글러O. Spengler 등이 제시한 문화 파시즘의 맥락으로부터 완전히 탈출시킨다. 그에게 니체는 계몽의 변증법을 이해하고 있는 철학자이며, 지배에 대한 계몽의 이중적 관계에 대해서뿐만 아니라, 역사의 근본 원리로서의 계몽의 이중성에 대해서도 명백히 인지하고 있는 선구자다. 또한 아도르노와 호르크하이머가 도구적 이성 비판의 형태로 발전시킨 사유는,《도덕의 계보》에서 제시된 인식과 도덕 비판 그리고 도덕 역사에 관한 연구의 필요성을 받아들인 결과라고 할 수 있다. 그래서《도덕의 계보》는 그들의 비판이론을 위한 직접적인 모델 역할을 하게 된다. 물론《계몽의 변증법》에서 호르크하이머와 아도르노가 견해차를 좁히지 못한 지점이 없다고는 할 수 없다. 아도르노가 니체와 파시스트적 광신주의는 무관하다고 선언한 반면, 호르크하이머는 계속해서 니체에게 의혹의 시선을 보낸다.

그런데《계몽의 변증법》이후 호르크하이머가 제시한 후기 사유는 아이러니하게도 니체에게서 직접적인 영향을 받았으며, 그는 니체 자신보다 더 철저하게(혹은 급진적으로) 니체적 행보를 보여준다. 그것은 칸트와 쇼펜하우어와 마르크스와 니체에 대한 숙고인《이성의 부식 *Eclipse of Reason*》에서부터 이미 나타나기 시작한다. 여기서 그는 변증법적·사변적 숙고가 아니라 회의적·계몽적 숙고를 선보이며, 니체보다 더 급진적인 사유를 펼치다가 결국에는 더 이상 사유 자체를, 그리고 심지어 철학마저 신뢰하지 않게 된다. 그가 보기에 철학은 진리를 말하지 않는다. 칸트도 니체도 마르크스도 그리고 어느 누구도 진리를 말하지 않는다. 니체에 의해 동요된 호르크하이머의 비판이론은 이렇게 해서 '반철학적 철학'이라는 특징을 갖게 된다. 반면에 아도르노는《미니마 모랄리아*Minima Moralia*》나《미학 이론*Ästhetische Theorie*》이 보여주듯 니체에 의해 동요되었지만, 결코 '반철학적 철학'으로 빠지지 않는다. 니체의 이데올로기 비판, 문화 진단, 미적 현대에 대한 입장 등을 모범으로 삼는 그에게, 니체의 철학은 오히려 비판이론이 추구하는 미학 이론 형성에 결정적 역할을 하는 것으로 받아들여진다. 니체의 반형이상학적 철학이 미학과 예술철학을 대안으로 제시한다고 이해하기 때문이다. 아도르노의 이런 입장은 일관된 계몽가 니체, 그리고 반변증법적·패러독스적 미학을 추구하는 니체라는 상을 제공했지만, 니체 철학과의 비판적인 거리 두기에는 실패한 것이라고 할 수 있다.

마르쿠제H. Marcuse는 니체의 철학을 '로고스에 의한 힘에의 의지 억압을 비판하면서 존재론 전통을 넘어서려는 철학'[58]으로 이해하고 다음과 같이 비판한다. 니체의 진단과는 달리 로고스는 힘에의 의지를 억압했다기보다는 오히려 자유롭게 해주었고, 힘에의 의지야말로 원래

58 H. Marcuse (1979), 105쪽.

갇혀 있는 것이어서, 니체의 힘에의 의지 철학은 결국 폐쇄된 원으로 귀결될 뿐 결코 진보를 이루어낼 수 없다는 것이다.

비판이론 2세대인 하버마스에게 니체는 '반계몽을 극단화하는 자'에 불과하다.[59] 그의 초기 사유를 담은 논문 〈인식과 관심Erkenntnis und Interesse〉은 인식과 관심의 관계에 대한 니체의 주목을 긍정적으로 평가하면서도 니체를 반계몽의 변증가로 바라보는 이중적 태도를 보여준다. 이 이중적 태도는 17년 후 《현대성의 철학적 담론*Der philosophische Diskurs der Moderne*》에서는 니체에 대해 완벽하게 거리를 두는 것으로 바뀐다. 그에게는 니체의 영향을 받은 아도르노와 호르크하이머의 후기 사유가 아주 위험한, 데리다 식의 철학처럼 보인다. 그래서 《현대성의 철학적 담론》에서 그는 니체를 위험한 반계몽의 맥락에서 새롭게 고찰하게 된다. 니체 철학은 이제 "포스트모던적 이성의 혼란으로의 전환점"[60]일 뿐이다. 니체가 주체 중심적 이성에 대한 내재적 비판을 포기하고 이성의 타자를 제시함으로써, 계몽의 변증법과 결별하고 포스트모던적 이성비판으로 진입하는 길을 열어주었다고 하버마스는 생각하기 때문이다. 또한 니체가 근대에서 상실된 통일성의 회복을 예술에서 찾고, 개별화와 동일성을 포기한 주체의 자기 망각과 자기 상실에 불과한 디오니소스적 상태에 희망을 거는 '디오니소스적 메시아주의'를 제시한다고 보기 때문이다. 이런 니체 이해는 니체 철학에서 철학적인 자기비판의 힘이 결코 상실되지 않는다는 점이나, 니체의 이성 비판이 갖는 함의 등을

59 J. Habermas (1985), 145쪽.
60 J. Habermas (1985), 104쪽.

무시한 결과라고 할 수 있다.

3. 민주주의와 니체

니체를 민주주의 이론가로 자리매김하는 경향도 있다(니체의 민주주의 비판에 대해서는 2부 3장의 〈3. 시민 사회와 정치 이념〉에서 따로 다룬다). 이는 주로 영어권 연구에서 발견되는데, 니체 철학이 급진적 민주주의의 토대로 적절한지를 따지기도 하고(캐리얼H. S. Kariel)[61] 혹은 그것을 '경기競技Agon적 민주주의'의 형태로 읽어낼 수 있는지를 고찰하기도 한다. 후자는 다시 니체 식 경기적 민주주의가 평등보다는 차이를 강조하는지, 민주주의의 참여적-과정적 요인을 인정하는지(해텁L. J. Hatab)[62]를, 아니면 칸트와 초기 롤스의 '토대적 자유주의'에도 대립하고 로티R. Rorty와 후기 롤스의 '반토대적 자유주의'와도 대립하는 '정치적 경기주의'이자 시민적 공화주의인지(오언D. Owen)[63]를, 명백하고 동일한 목표의 구현을 포기하는 '급진적인 자유정치론'인지(코널리W. Connolly)[64]를, 그것도 아니면 특히 (후기)니체 철학이 지극히 개인주의적이어서 실천적·정치적 질서의 '목표' 자체를 거부하는 것인지(콘웨이D. Conway)[65]를 살피는 등 상이한 형태로 진행된다. 이 연구들은 모두 토대주의와 보편성의 지평을 떠

---

61 H. S. Kariel (1964).
62 L. J. Hatab (1995).
63 D. Owen (1995).
64 W. Connolly (1988).
65 D. Conway (1997).

난 현대성의 맥락에서 니체를 읽는 것이다. 특히 워런M. Warren은 니체에게서 개인성-상호 주관성-평등주의-다원성이라는 네 가지 정치적 가치와 정치적 비전을 찾아내면서[66], 안셀-피어슨K. Ansell-Pearson[67], 오언[68], 해텁[69]과 더불어 다원주의 담론의 철학자로 니체를 부각시킨다. 거기서 니체의 반토대주의적 관점주의는 의견의 다양성에 대한 민주적 옹호로 이해되고, 반면 민주주의가 탁월하고 위대한 개인을 억제한다는 니체의 염려는 근거 없는 것으로 치부된다. 안셀-피어슨은 영어권에서는 최초로 정의의 문제를 니체 후기 사유의 핵심 테마로서 주목하기도 했다.

반면, 로티는 니체에게서 민주주의를 정치적으로 대하는 것이 아니라 미적으로 대하는 태도를 찾아낸다. 로티에게 민주주의는 개인들의 자기 창조 요구를 최고로 구현할 수 있는 체제다. 거기서는 모든 신념이 상대적이다. 모든 시민은 자유로운 아이러니스트들이고, 자신의 신념을 스스로 문제시하면서 관용과 다원주의라는 분위기를 형성한다. 목표는 공통의 진리 탐구가 아니라, 의견의 차이에도 불구하고 다 같이 잘 지낼 수 있는 것to get along이다. 이런 생각을 갖고 있는 로티이기에 《우연성, 아이러니, 연대성*Contingency, Irony and Solidarity*》 5장에서 니체를 거론할 수밖에 없다.[70] 로티는 니체에게서 객관적·일반적인 진리 요구에 대한 거리 두기 및 개인의 자율적 삶에 대한 강조를 본다. 객관적·일반적인 진리 요구를 포기한다는 것은, 로티가 주장하는 인간 삶과 지식

66 M. Warren (1988/²1991).
67 K. Ansell-Pearson (1994).
68 D. Owen (1995).
69 L. J. Hatab (1995).
70 R. Rorty (1989).

의 우연성을 인정하는 전제가 된다. 더 나아가 니체가 주장한 개인의 자율적이고 영웅적인 삶, 자기 창조적인 삶은 로티가 말하는 시적 문화 창달의 주체인 개인의 삶의 이상과 맞닿아 있다. 물론 로티는 니체를 전적으로 자신의 모범으로 여기지는 않는다. 니체가 아이러니한 삶의 이상을 말하면서도 그런 이상의 보편적 유효성을 여전히 주장하고 있다고 생각하기 때문이다. '힘에의 의지' 이론가로서 니체가 그 자신의 관점주의를 망각해버렸다는 것이다. 이런 공정하지 않은 이유를 들어 로티는 니체가 역설적으로 아이러니한 이론가의 모습을 보여줄 수밖에 없었고, 그것이 니체의 한계였다고 평가한다.

4. 자유주의 정치 이론과 니체

니체의 철학을 자유주의 정치 이론의 맥락에서 이해하는 경향도 있다. 이 역시 영어권 연구에서 주로 나타나는 경향인데, 스트롱T. B. Strong은 니체를 철저하게 개인주의적-반정치적 실존을 완성시킨 철학자로 보며, 니체의 정치론은 도리아적 폴리스 혹은 루소적 시민 삶의 형식을 반영하고 있다고 본다.[71] 이와는 달리 뎃와일러B. Detwiler는 니체 철학을 귀족적 급진주의를 옹호하는 정치적인 철학으로 이해하고, 거기서 극단적인 반민주주의 정치학을 찾아낸다. 하지만 그는 '반민주적'인 니체의 미적 귀족주의를 인간의 성장과 문화적 역량의 강화를 목적으

71 T. B. Strong (1975).

로 하는 것으로 수용하기도 한다.[72] 로젠S. Rosen은 니체 철학에서 개인의 삶의 최고 규범에 대한 숙고와, 이 규범을 공적 영역에서 관철시키려는 정치적 숙고를 찾아내면서, 정치적 플라톤주의가 니체의 인식론적 허무주의에서 완성된다고 본다.[73] 오언은 니체를 칸트와 롤스와 로티를 능가하는 자유주의자로 인식하고, 그를 자유주의와 공동체주의의 논쟁에 끌어들여 시민적 휴머니스트로 만들어버린다. 반면에 해텁은 니체를 자유주의 전통에서 빼버린다.

5. 반유대주의와 니체

니체와 국가사회주의의 관계만큼이나 많은 논란을 일으키면서 니체 철학에 대한 관심의 한 축이 되어온 것이 바로 니체와 반유대주의의 관계다. 브란데스G. Brandes, 지멜G. Simmel, 요엘K. Joël, 뢰비트L. Löwith, 카우프만W. Kaufmann 등이 그 관계에 주목한 대표적인 사람들이다. 니체는 반유대주의자가 아니었고, 오히려 유럽의 반유대주의에 대한 철저한 비판자였다(이에 대한 상세한 설명은 2부 3장의 〈3. 시민 사회와 정치 이념〉 참조). 그렇다고 그가 정통 유대주의자나 시오니스트인 것도 아니다. 그런데도 니체는 제3제국과 연결되면서 반유대주의를 공유하는 것처럼 인식되었고, 그와는 정반대로 동유럽의 유대인들에게 많이 읽히

72 B. Detwiler (1990).
73 S. Rosen (1993).

면서 유대 정신의 재활을 자극하는 것으로 받아들여지기도 했다. 원한 감정과 노예 도덕에 대한 니체의 비판을 유대주의를 위한 새로운 시각으로 받아들인 베르디체프스키M. J. Berdyczewski, '유대적 니체주의'라는 개념 자체를 만들어내고 유대적 위버멘쉬를 통해 유대 문화의 재탄생을 꾀한 시오니스트 논객 아하드 하암Ahad Ha'am(본명은 긴즈베르크A. H. Ginsberg), 이와 유사하게 '독일의 아하드 하암'으로 불리며 니체의 '창조의 파토스'에서 유대 영혼이 재탄생할 가능성을 보는 부버M. Buber 등이 대표적인 예다.

6. 포스트모더니즘의 정치철학적 함축과 니체

20세기 중·후반에 니체는 프랑스 포스트모더니즘 속에서 푸코, 리오타르, 데리다, 바타유, 들뢰즈 등의 이름과 연계된다. 메타 이야기와 형이상학과의 결별 및 차이와 다원성에 대한 강조에서 니체는 리오타르와 같이 언급되고, 계보학이라는 니체 특유의 방법론을 수용하고 권력의 위험성을 주목하는 데서 푸코는 니체와 함께 등장한다. 들뢰즈는 전통적인 동일성 철학의 우위를 뒤집는 사건에서, 데리다는 차연의 철학으로 발전시킬 수 있는 지점에서 니체를 주목한다. 이런 포스트모더니즘은 정치철학적으로도 다원주의, 소수자에 대한 인정, 차이에 대한 관심이라는 주요한 테제를 던져주었으며, 니체는 바로 거기서 토대적 사유를 제공한 철학자로 자리매김한다. 물론 리오타르는 니체와의 연계를 스스로 부정하고, 푸코는 니체가 중시했던 정당한 권력과 정당하지 않은 권력 사이의 차이를 간과하며, 데리다는 니체의 긍정의 철학과는 완전히 다른, 해체적 길을 걷지만 말이다.

7. 교양 및 교육 이론과 니체

교양 및 교육 이론으로 니체를 평가하는 시도 역시 주목할 만하다. 니체 철학에서 개인의 주권성이나 신뢰성, 자기 배려 등을 중시하면서 니체 철학을 인간 삶을 위한 교육 이론으로 제시하는 쿠퍼D. E. Cooper[74], 삶의 이상인 실험적 창조성을 가능하게 하는 교육 이론으로 파악하는 머피T. F. Murphy[75], 이와 유사하게 개인의 주권성을 교육하는 철학으로 이해하는 파버C. N. Pavur[76], 인간 삶의 근원적 힘과 창조적인 자기 형성을 인간의 본성적인 형이상학적 활동으로 이해함으로써 니체 철학을 일종의 교육학적 인간학으로 재정립하는 알로니N. Aloni[77] 등이 대표적이다. 교육 및 교양 이론의 맥락에서 주목받았던 개인과 개인성의 문제는 문화 비판 영역으로 확대된다. 어헌D. R. Ahern[78]은 니체 철학이 그의 당대에 허무주의 현상을 치료했듯이, 여전히 병들어 있는 현대 문화에 치료적이면서도 교육적인 기능을 한다고 본다. 그래서 비극적이면서도 디오니소스적인 문화를 건설할 수 있는 건강한 인간을 육성할 수 있다

74 D. E. Cooper (1983).
75 T. F. Murphy (1984).
76 C. N. Pavur (1990).
77 N. Aloni (1991).
78 D. R. Ahern (1995).

고 한다. 또한 니체의 교육과 교양 개념을 현대 문화를 위한 규범적 개념으로 삼는 경우도 있다(러빈P. Levine).[79]

이 밖에, 공공연한 주적이었던 니체를 기이하게도 집합주의·평등주의와 연계시키는 사회주의, 개인의 자유와 국가에 대한 적대 관계에서 니체와의 연계를 말하는 아나키즘, 슈펭글러O. Spengler·윙어E. Junger·만T. Mann에 의해 대표되는 보수적 시각의 니체 이해도 가세하지만, 주목할 만한 연구 경향은 아니다.

79 P. Levine (1995).

제 2 부

개인과 국가

철학적 정치론의 첫 대상은 개인과 국가다. 이에 대한 니체의 논의는 전기와 후기를 막론하고 다음 범주 안에서 움직인다. 첫째, 국가 발생의 필연성과 국가의 계보, 그리고 국가의 의미와 과제. 둘째, 19세기 유럽의 정치 현실에 대한 비판. 셋째, 개인과 국가의 이상적 관계. 넷째, 지배권의 정당화. 이로써 니체는 실천철학이 다루어야 하는 개인과 국가에 관한 기본적인 사항들을 거의 다 검토하고 있는 셈이다. 하지만 그 내용들은 무척 산발적이고 파편적이며, 결코 상세하지 않고, 신중한 노력을 기울이지도 않는 것처럼 보인다. 게다가 정치철학의 전통적인 주요 주제 중 하나인 입법권, 사법권, 행정권의 상호 견제나 균형에 관한 권력분립론 같은 것은 고려조차 되지 않는다. 니체는 국가의 현실적 체제에 관해 세부적으로 논의하는 것에는 전혀 관심이 없다. 심지어 정치공동체와 경제공동체를 분리해 고찰하지도 않는다. 경제공동체가 구성원들의 자유와 평등을 전제하는 반면에 정치공동체에는 지배자와 피지배자가 있고 정치권력의 위계와 불평등이 존재하기 때문에, 그 둘은 일정 정도 분리해 이해할 필요가 있다. 하지만 니체의 시선은 거기로 향하지 않는다.

니체에게는 더 중요한 것이 있다. 앞의 네 가지 사유 범주 중 세 번째 범주인 개인과 국가의 이상적 관계가 바로 그것이다. 이것이 다른 세 사유 범주를 이끌어 가고, '개인의 건강성을 유지하기 위해 국가와 정치는 어떤 목적을 가져야 하고, 어떤 역할을 해야 하는가?'라는 문제가 중심이 된다. 그래서 개인의 건강한 삶을 위한 정치적 입장이 부각되며, 거기서 니체는 '옳음=유용성=덕'이라는 등식을 불변의 전제로 삼는다. '옳음과 유용성과 덕'의 통일적 관계를 말하는 그 등식은 니체가 서양의 고전적 사유와 근대적 사유를, 특히 결코 어울릴 것 같지 않은 플라톤과 마키아벨리의 사유를 부분적으로 추출하여 교묘하게 절충시키고, 거기에 자신만의 방법론인 힘에의 의지의 관계론을 추가하여 확보한 것이다.

먼저 니체는 고전적 정치론의 특징이자 플라톤에게서 부각되었던 'eu zen(좋은 삶, 잘 삶)을 정위해야 하는 정치와 국가'라는 규범적 측면을 주목한다. 플라톤의 《폴리테이아》는 개인의 차원에서나 공동체 전체의 차원에서나 좋은 삶의 내용과 조건을 철학적으로 정초하려 한다. 니체가 건강한 삶이라고 부르는 것은 바로 그런 고전적 정치론의 언어에 대한 니체 식 표현이다. 정치와 국가는 이제 건강한 삶을 과제로 삼아야 하며, 그 과제가 실현되려면 '옳은 것이 곧 유용한 것이자 덕'이 되어야 한다고 니체는 생각한다. 이 신조에 대해서도 그는 고전적 사유에서 단초를 찾아낸다. 플라톤의 《폴리테이아》에서 옳음을 따르는 것(정의)은 개인과 국가의 '잘 삶'을 위해 '유용'한 것이나 다름없다. 그것은 개인과 국가의 탁월함arete/excellence을 의미하는 '덕'과도 결코 마찰을 일으키지 않고 대립적이지도 않다. 오히려 덕 그 자체다. 플라톤이 제시하는 이성적 지배자(혹은 철인왕哲人王)의 존재 자체가 그 통일성에 대한 보증이다. 키케로 역시 《의무론》에서 옳음과 선과 유용성을 통일적인 것으로 제시한다. 그것들 사이의 대립이나 마찰은 단지 가상적 차원의 것일 뿐이다. 이렇듯 니체는 고전적 사유에서 '옳음과 유용성과 덕'의 일치 가능성을 확인하지만, 그것들을 액면 그대로 수용하지는 않는다. 오히려 옳음과 유용성과 덕에 고전적 사유와는 다른 내용을 채워 넣는다. 옳음이든 유용성이든 덕이든 힘에의 의지에 의해 규제되고 인도되는 건강한 삶을 위한 것으로 설명하는 것이다.

비록 니체가 고전적 사유를 주목하기는 하지만, 그것이 포함하고 있는 도덕주의적 측면까지 수긍하는 것은 아니다. 플라톤이든 키케로든 그들의 '옳음과 유용성과 덕'을 매개하는 것은 도덕이었다. 그것도 이원적 형이상학과 불가분적으로 연계되어 있는 '절대적-반자연적-이성적-선과 악의 도덕'이었다. 예컨대 플라톤의 이성적 지배자는 정의가 무엇인지를 아는 자이자 정의로운 자 그 자체일 뿐만 아니라, 동시에 불변의 선이 무엇인지를 아는 자이자 선한 자 그 자체, 즉 도덕적인 존재이기도 하다. 그 조건이 충족되어야 '좋은 삶'이라는 이상이 개인의 차원에서나 공동체 전체의 차원에서나 비로소 가능해진다. 니체는 바로 여기서 고전적 사유의 결정적 패착을 본다. 플라톤의 도덕은 니체가 생각하는 좋은 삶인 '건강한 삶'을 위한 것이 결코 아니기 때문이다. 비도덕주의자인 니체가 보기에 그런 도덕은 오히려 '삶을 독살하는' 것에 불과하다. 그런 도덕은 진정한 덕일 수 없다. 이런 니체의 눈에 들어온 것이 다름 아닌 마키아벨리다.

마키아벨리는 고전적 정치론의 이상을 와해시켜버린 장본인이다. 그는 권력과 힘과 정치에 관한 경험주의적 현실론자다.[1] 그에게서 '좋은 삶'이라는 고전적 이상은 현실 권력의 쟁취라는 목적에 자리를 내어준다. 그래서 《군주론》에서 표명된 마키아벨리의 과제는 지배자를 좋은 인간이나 도덕적인 군주로 교육하는 것은 아니었다. 오히려 마키아벨리는 군주가 어떻게 현실 권력을 획득하고 유지할 수 있는지를 충고한다. 그러면서 지배권의 정당성을 형이상학적-신학적 맥락에서 분리시키려 한다. 지배권은 신의 뜻도, 이성의 간지奸智도, 인류 역사가 추구해야 하는 특정한 목적을 위한 것도 아니다. 지배권은 오로지 현실 속의 힘과 권력에서 정당성을 확보한다. 마키아벨리의 군주는 권력 유지를 위해 종교는 물론이고 도덕과의 투쟁도 불사하며 잔인해질 필요도 있다. 그래서 니체는 "이성을 '현실성'에서 보려고 하는 무조건적인 의지에 의해서 투키디데스와 그리고 아마도 마키아벨리의 《군주론》은 나 자신과 가장 유사할 것이다 —이들은 이성을 '이성' 안에서 보려 하지 않으며, '도덕' 안에서는 더더욱 보려 하지 않는다"[2]라고 말하며, 마키아벨리가 보여준 도덕(및 종교)으로부터 정치를 분리해내는 것을 매우 높

1 마키아벨리는 경험주의적 현실론자, 애국주의자, 공화론자 등의 다양한 모습을 보인다. 그중에서 '경험주의적 현실론자'로서의 마키아벨리를 최초로 주목한 사람은 베이컨이었으며, 니체 역시 같은 시각을 취한다. 니체는 마키아벨리의 현실주의적 측면을 주목하면서도, 그가 보여준 정치론과 존재론의 분리, 정치와 덕의 분리는 받아들이지 않는다. 오히려 그것의 통일적 관계를 자신의 방식으로 제시하고자 한다.

2 GD 〈내가 옛사람들의 덕을 보고 있는 것〉 2 : KGW VI 3, 150쪽.

게 평가한다.

하지만 이런 마키아벨리도 니체에게는 여전히 불만스럽다. 비록 고전적인 정치적 사유가 도덕과 밀착되어 있는 것이 마뜩잖지만, 니체는 '좋은 삶'이라는 이상이나 '옳음과 유용성과 덕'의 통일적 관계 자체를 포기할 마음이 없다. 오히려 그것들을 니체적 의미의 '건강한 삶'이라는 목표와 관련해 다시 해명하고자 한다. '좋은 삶으로서의 건강한 삶을 위한 옳음과 유용성과 덕의 일치.' 이런 규범적 그림을 니체는 여전히 제시하고 싶어 하는 것이다. 그것도 존재론적 보증을 받는 것으로서 말이다. 그런데 마키아벨리는 도덕(및 종교)과 정치를 분리하는 데서 끝나지 않고, 바로 이런 니체의 지향점 자체마저 포기해버린 것이나 다름없다. 그래서 니체는 권력과 힘에 대한 마키아벨리의 현실주의적이고 경험주의적인 고찰의 특정 측면은 받아들이면서도, 건강한 삶을 위한 유용성과 옳음(정의)과 덕의 통일 자체를 와해시키는 측면을 문제시하는 것이다. 이렇듯 니체는 마키아벨리가 열어놓은 정치적 근대의 한복판에서 고전적 정치론의 이상을 자신의 방식으로 전개한다(마키아벨리에 대한 상세한 설명은 2부 3장의 〈1. '위대한 정치' 프로그램의 시작과 의도〉 참조).

개인과 국가에 관한 니체의 사유는 이런 방식으로 고전성과 근대성 사이에서, 플라톤과 마키아벨리를 교묘하게 절충하고 있다. 그리고 그 교묘한 절충의 가교는 힘에의 의지의 관계론이다. 그렇기에 니체가 완결된 형태로 제공하는 등식은 새로운 매개 항 하나를 추가한, '옳음=유용함=힘에의 의지=덕'이다. 덕에 대한 니체의 다음과 같은 표명은 바로 이런 내용을 담고 있다.

'덕'이라는 개념이 르네상스 덕, 허위 도덕으로부터 자유로운 덕처럼 울릴 만큼 그렇게 다르게 느끼는 높이가 생각될 수 있을 것이다.[3]

이렇게 니체는 개인과 국가에 대한 건강성과 규범성이 강조된 철학적 정치론을 제공한다. 그 내용을 수렴하면, 니체의 전기 사유에서 문화국가라는 이상을, 후기 사유에서 교육국가라는 이상을 추출할 수 있다. 하지만 그 두 이상이 완전히 분리되어 나타나는 것은 아니다. 문화국가라는 이상은 니체의 전기 사유에서는 예술가 형이상학 및 미적 정치와 관련해 등장하지만, 후기 사유에서는 '위대한 정치'라는 기획과 연계되어, 약간의 변화를 거쳐 교육국가라는 큰 틀 속에 수용된다.

---

3 N : KGW VIII 2 10[45], 143쪽.

제1장
젊은 니체의 '문화국가' 이상과 미적 정치

주지하다시피 국가는 혈연적 씨족 사회로부터 시작하여, 부족 국가와 도시 국가, 봉건 국가, 민족 국가의 근대적 형태인 민족적 전제군주 국가를 거쳐, 근대에서 현대에 이르는 민주 국가로 변모해왔다. 국가의 이런 발전 양상과 거기서 드러나는 국가의 목적이나 계보에 대해서는 다양한 설명들이 제시되어왔다. 헤겔 식의 형이상학적 설명, 자연법론을 전제한 사회계약적 설명, 마르크스나 엥겔스 등에 의한 계급적 설명, 복리국가론 및 국가법인설 등이 대표적인 예라고 할 수 있다. 니체는 이런 설명들과는 차별화된 생각을 갖고 있다. 그 변별성은 니체의 후기 사유에서 매우 특징적으로 제시되지만, 젊은 니체에게서도 그것의 단초가 부분적으로 발견된다.

1. 국가의 이상—문화국가

니체의 전기 사유에서 명백히 제시된 국가의 이상은 '문화국가Kulturstaat'[4]다. 문화국가라는 개념 자체가 보여주듯, 국가는 인간을 자연 상태에서 문화 상태로 이끄는 책략이자 문화라는 목적을 위해 수립되는 것이라고 니체는 생각한다. 국가가 이런 수단이 아니라면 무슨 의미를 가질 수 있겠느냐고 물을 정도로 니체의 생각은 확고하다.[5] 그런데 이런 문화국가 이상은 특이하게도 심미적 귀족주의 및 문화적 천재론과 연계된다. 즉 문화는 다수가 향유할 수 있는 것이라기보다는, 설령 소수만이 향유할 수 있다 하더라도 좋은 삶 자체를 가능하게 하는 것이어야 하며, 소수의 창조적 개인이, 구체적으로는 예술적이고 문화적인 영역에서의 천재적 개인이 이런 좋은 삶의 향유자가 된다. 그래서 국가의 정치 제도는 문화 발전을 위한 것이자 문화천재의 육성을 위한 것이어야 한다. 이렇게 해서 니체의 문화국가 이상은 곧 문화천재의 육성 및 배출과 불가분의 관계를 맺게 된다. 국가의 정당성도 바로 거기서 확보된다. 이런 내용을 니체는 (옛 그리스 국가를 염두에 두면서) 다음과 같이 제시한다.

> 국가는 천재의 산출 및 그에 대한 이해의 지반을 마련해야 한다.[6]

---

4 N : KGW III 4 30[7], 343쪽 : "오늘날 국가라고 명명되는 거짓 국가에 대립하는 문화국가의 정초." 그리고 N : KGW III 3 7[25], 151쪽.

5 GS : KGW III 2, 263쪽.

6 N : KGW III 3 7[23], 150쪽.

가장 높은 개인은 창조적인 인간이다 […] 가장 순수한 유형이자 인류의 개선자다. 어떤 대가를 치르더라도 국가를 보존하는 것이 아니라, 최고의 유형이 국가 안에서 살 수 있고 창조할 수 있게 하는 것. 이것이 공동체의 목표다 […] 국가가 문화의 토대를 제공하게 될 것이다. 짧게 말해 : 고귀한 인간이 국가의 목표다. 국가의 목적은 국가 외부에 존재한다. 국가는 수단이다.[7]

이런 문화국가론은 니체의 몇 가지 사유를 배경으로 한다. 첫째, 니체는 (전기와 후기를 막론하고) 자신을 당대 문화의 병증을 진단하고 치유하는 의사로 이해한다. 자본주의가 전개되고 사회주의라는 조류가 밀려오던 시대, 게다가 제국주의 정치가 모습을 드러내던 시대, 그런 19세기 유럽에서 니체는 문화의 쇠퇴를 읽어낸다.《비극의 탄생》(1872)과《반시대적 고찰》(1873)의 시기에 그가 세계에 대한 미적 정당화와 비극의 부활을 꿈꾼 것, 쇼펜하우어 철학과 바그너 음악에서 새로운 문화 창출의 씨앗을 본 것, 유럽의 새로운 교양 창출을 모색하면서 헤겔좌파이자 신학자인 다비드 슈트라우스David Strauß를 "교양 있는 속물Bildungsphilister"[8]의 전형이라고 비판한 것 등은 쇠퇴한 문화를 치료하려는 문화의사 니체의 젊은 날의 처방이다. 둘째, 니체는 (전기와 후기를 막론하고) 인류 역사를 만드는 위대한 힘을 현실 권력이나 무력이나 화폐나 경제력보다는 문화와 정신에서 찾는다. 문화와 정신이야말로 정치

7 N : KGW III 4 30[8], 333~334쪽.

8 UB I-DS 2 : KGW III 1, 161쪽, 167쪽, 169쪽.

보다, 경제보다 우위에 있다. 하지만 니체의 눈에 들어온 유럽은 그것과는 대립되는 모습을 보인다. 민주주의와 사회주의 그리고 자본주의 이념 속에서 사람들은 노동하는 기계가, 일상의 소소한 향유에 만족하는 대중이 되었고, 국가는 경제 논리에 지배되는 공간이 되었다. 거기에 제국주의적 가치가 가세하면서 국가는 권력 논리의 공간이 되어버리기도 했다. 그런 공간에서 정신과 문화의 가치는 폄훼되고, 문화를 추구하는 힘은 억제되고 무기력해진다. 비스마르크가 이끄는 독일도 마찬가지였다. 그래서 젊은 니체는 "독일제국을 위해 독일 정신이 박멸되고 있다"[9] 라고 일찌감치 분통을 터트리는 것이다.

셋째, 청년 니체는 그리스를 문화적 이상이자 모범으로 삼는다. 물론 니체가 주목하는 그리스는 민주주의-그리스가 아니라, 시기상 도리아인의 이동부터 페르시아 전쟁까지에 해당하는 초기 그리스로, 니체는 이 시기를 진정한 그리스적 정신이 구현되었던 때로 이해한다. 그리스에 대한 이런 이해는 빙켈만-괴테가 대표하는 고전주의적 그리스 이해가 아니라, 부르크하르트적인 그리스 이해, 즉 '영웅적-경기Agon적' 인 그리스 상을 받아들인 것이다. 그 토대 위에 니체는 '비극적'이라는 특징을 추가한다. 고상함과 단순함과 위대한 평온함, 진선미의 통합, 온화한 휴머니즘이라는 이상이 구현된 독일 고전주의의 그리스 상은 니체에게는 대단히 고상하고 교과서적이기는 하지만 매우 그릇된 것으로 보인다. 옛 그리스인이 보여주었던, 거친 자연적 충동에 대한 염세적 수긍, 싸움과 유혈에서 얻는 기쁨, 복수 본능과 잔인성이라는 비도덕적 성

9 UB I-DS 1 : KGW III 1, 156쪽.

향, 이것들의 경기 본능과 경쟁 본능으로의 승화, 고통스럽고 불합리한 삶에 대한 명랑한 긍정 등을 이해하지 못했기 때문이다.[10] 그래서 니체는 "괴테는 그리스인을 이해하지 못했다"[11]라고 단언하기도 한다. 그런데 괴테가 이해하지 못했던 바로 그것들이야말로 옛 그리스 문화를 만들어낸 결정적 요소였으며, 니체는 거기서 이성중심주의, 낙관주의, 진보 사관에 의해 지배되는 근대 문화의 폐해를 극복할 가능성을 본다. 《비극의 탄생》이 시도한 세계에 대한 미적 정당화 및 예술적 정당화라는 기획은 바로 그 토대 위에서 전개된다.

이런 사유를 배경으로 전개된 '문화국가' 이상은 물질에 대한 정신의 우위, 정치와 국가에 대한 문화의 우위라는 생각을 견고하게 전개시킨다. 니체가 프로이센-프랑스의 전쟁을 권력 투쟁이 아니라 문화 투쟁으로 보는 것, 독일의 통일을 정신과 문화의 통일로 이해하는 것, 프로이센을 문화에 적대적인 힘으로 비판하는 것도 그런 맥락에서다.[12] 니체의 문화국가 이상은 1880년대 초반에 이르기까지 큰 변화 없이 (비록 그사이 니체에게서 쇼펜하우어 철학과 낭만주의 대신 계몽가와 자유정신이 부각되기는 하지만) 유지된다. 국가가 문화에 봉사하는 대신에 문화의 지배자가 되어버린 것, 이런 전도를 니체는 19세기 유럽 국가의 정치적 현실로 이해한다. 문화의 수단이 아니라 문화의 지배자인 국가. 그런 국가는 결국 문화를 창조해내는 개인의 정신적 힘을 국가에 봉사하는 수단으로 전락시켜버린다. 니체에게 그런 국가는 "진리가 아니라, 늘 언제나

---

10 백승영 (2007②), 77~79쪽.

11 GD 〈내가 옛사람들의 덕을 보고 있는 것〉 4 : KGW VI 3, 153쪽.

12 UB I-DS 1 : KGB III 1, 155쪽.

자신에게 유용한 진리에만 근거"[13] 하는 국가일 뿐이다.

> 최근 곳곳에서 설파된 학설, 즉 국가는 인류 최고의 목표고 국가를 위해 봉사하는 것이 인간에게 주어진 최고 의무라는 학설의 영향 : 그런데 이 학설에서 나는 이교주의Heidentum로의 후퇴가 아니라 어리석음으로의 후퇴를 인식한다. 국가를 위한 봉사를 자신의 최고 의무로 생각하는 사람은 정말 더 높은 의무를 알지 못할 수도 있다 [⋯] 문화의 세계를⋯[14]

국가의 과제가 창조적인 천재적 개인을 육성하고 양성하는 것이고, 사회와 국가의 정당성 역시 오로지 그 과제의 달성 여부에 달려 있다는 문화국가론의 기본 입장은 니체의 시대 진단에도 그대로 적용되며, 심지어 학문에 대한 니체의 경고마저 이런 맥락에서 나온다. "학문이 문화를 위해 시간을 내지 않는다면 학문은 도대체 무엇이란 말인가? 최소한 여기서 다음의 물음에 대답해달라 : 학문이 문화로 이끌지 않는다면, 그 모든 학문은 도대체 어디서 와서 어디로 가며, 무엇을 위해 존재하는가? 그런 학문은 아마도 우리를 야만으로 이끌 것이다!"[15] 또한 그 기본 입장은 사회 구조와 관련된 니체의 생각에서도 중심에 놓인다. 《인간적인 너무나 인간적인》에서, "좀 더 높은 문화"를 창출해내야 한다는 점을 전제하고서, 그런 문화를 위한 사회적 조건으로 '강제노동 계층(생존을 위해 노동하는 다수, 일반적 의미의 노동자)'과 '자유노동 계층(생

13 UB III-SE 8 : KGW III 1, 418쪽.
14 UB-SE 4 : KGW III 1, 361쪽.
15 UB I-DS 8 : KGW III 1, 199쪽.

존의 필요로 인한 노동 요구에서 벗어난 소수, 한가한 자)'의 존재를 말하는 것이 단적인 예다. 후자가 높은 문화 창출의 주체이고 전자는 그것을 위한 발판의 역할을 한다는 것은 니체에게는 의문의 여지가 없는 사실이다. 그는 "좀 더 높은 문화를 창출하는 것이 문제가 될 경우에는 행복의 분배에 대한 관점은 중요하지 않다"라는 단언마저 서슴지 않는다.[16] 이런 생각은 니체의 후기 사유에서도 그대로 유지되어, 《안티크리스트》에서 니체는 "높은 문화"를 형성할 수 있는 사회 구조로서, 마누 법전을 예로 들어 세 계층이 존재하는 구조를 제시하기도 한다. "높은 문화는 일종의 피라미드다"[17]라는 말은 이런 맥락에서 나온다(마누 법전의 예는 사실 니체가 생각하는 '현실 국가'의 모범은 아니다. 이에 대해서는 2부 2장의 〈3. 정신적 귀족주의와 교육국가〉 참조).

2. 문화국가와 미적 정치

문화국가에 대한 젊은 니체의 사유는 '미적 정치ästhetisierende Politik' 라고 부를 만한 내용으로 전개된다. 니체는 〈그리스 국가〉에서 문화국가의 모범을 옛 그리스의 도시 국가나 북이탈리아의 르네상스 공화국에서 찾는다. 거기서는 문화라는 토대를 세우는 일에 국가적 힘을 사용했기에, 바로 그곳에서 문화 재건의 희망을 다시 찾을 수 있다고 생각하

---

16 MA I 439 : KGW IV 2, 296~297쪽.

17 AC 57 : KGW VI 3, 242쪽.

는 것이다. 반면, 로마제국이나 당대의 독일 같은 제국주의-군국주의 국가는 문화라는 목적을 결여한 국가와 다를 바가 없다고 니체는 진단한다.[18] 그런데 흥미롭게도 니체는 (르네상스 시대에 대한 그 자신의 애정에도 불구하고) 르네상스 시기의 북이탈리아 공화국보다 옛 그리스를 더욱 주목한다.

> 예술의 발전을 위한 넓고 깊고 비옥한 토양이 있으려면, 엄청난 다수는 소수를 위해 일해야 하고, 자신들의 개인적 욕구를 넘어서, 삶의 노고에 노예처럼 예속되어 있어야 한다. 저 특별한 계급은 이 다수의 희생과 잉여 노동을 딛고 생존 투쟁에서 벗어나, 이제 새로운 욕구의 세계를 만들어내고 만족시켜야 하는 것이다. 따라서 우리는 문화의 본질에는 노예제가 속해 있다는 것을 잔인하게 울리는 진리로 평가하는 것을 이해해야 한다 […] 바로 여기에 공산주의자들과 사회주의자들 그리고 더욱 창백한 그 후예들, 즉 '자유주의자들'이라는 백인 종족이 예술과 고전적인 옛 그리스에 대해 품었던 원한의 원천이 있다.[19]

물론 니체가 여기서 문화와 노동을, 그리고 특별한 소수 계급과 노예를 구분하는 것은 현실적 노예제를 옹호하려는 의도에서가 아니다. 그는 단지 문화적 천재의 등장이 얼마나 어려운 일인지를, 국가 전체가 그것을 위해 총력을 기울여야 한다는 점을 말하려는 것이다. 국가의 구

---

18 "로마는 전형적인 야만 국가다. 거기서는 의지가 좀 더 높은 목표에 도달하지 못했다." N : KGW III 3 7[37], 155쪽.

19 GS : KGW III 3, 216~262쪽.

성원 대다수가 그것을 위해 여러 가지 노고를 마다하지 않을 정도로 말이다. 옛 그리스의 피라미드적 계층 구조에서는, 특별한 소수와 노예가 분리되고 그 소수가 다수 노예의 노동과 희생과 봉사에 힘입어 문화적 정점에 설 수 있었다. 그래서 니체는 "문화의 본질에는 노예제가 속해 있다"는 표현을 주저 없이 할 수 있는 것이다. 이런 생각은 일견 소수의 문화적 천재를 중심에 놓는 '문화적 귀족주의'로 보일 수도 있다. 하지만 그 귀족주의는 현실적인 귀족주의 체제를 지향하지는 않는다. 문화국가에서 정점에 서는 자는 현실적 정치권력이 아니라 문화 권력을 지닌 자라는 것, 그 문화 권력은 문화를 창출하고 발전시키는 힘 때문에 갖게 된다는 것, 국가는 문화의 형성에서 지배자의 역할을 해서는 안 된다는 것, 국가의 정당성 역시 그런 문화적 천재를 만들어내는 데서 확보된다는 것을 의미할 뿐이다. 그런데 〈그리스 국가〉에서 전개된 니체의 이런 생각은 플라톤이 《폴리테이아》에서 보여준 국가에 대한 생각과 묘한 대비를 이룬다. 플라톤이 폴리스의 피라미드 구조를 통해 최고로 이성적인 지배자인 철인왕의 현실적 통치를 정당화했다면, 니체는 문화적 창조의 힘을 지닌 정신적 지배를 정당화한다. 또한 플라톤이 정의롭고 이상적인 국가를 만드는 핵심 요소로 이성적 지배자 혹은 철인왕의 양성을 지목했다면, 니체는 이상적인 문화국가의 핵심 요소로 문화적 천재의 양성을 지목한다. 니체는 이런 차이를 염두에 두고 다음처럼 말하기도 한다. "플라톤의 국가는 모순이다. 그것은 '사유가의 국가Denkerstaat'로, 예술을 배제한다."[20] 이성적 지배자가 정점에 서는 플라

20 N : KGW III 3 7[25], 151쪽.

톤의 국가에서 예술이 검열과 규제의 대상이 되는 것을 보면서, 니체는 거기서 옹호되는 이성을 의심할 수밖에 없었던 것이다.

청년 니체가 생각하는 문화국가는 권력 정치가 아니라 '미적 정치'가 이루어지는 곳이다. 고급한 문화의 창출을 목적으로, 그리고 고급한 문화를 창출해내는 사람들의 양성을 중심으로 이루어지는 정치 말이다. 미적 정치가 이루어지는 국가는 곧 문화적 천재, 문화적 영웅을 배출하는 데서 정당성을 얻는 국가인 것이다.[21] 따라서 니체의 문화국가와 미적 정치를 "플라톤적 이상을 미학적으로 고쳐 쓴 것"[22]이라고 보는 오트만의 견해는 제한적 타당성만을 갖는다.

그런데 니체는 미적 정치의 여러 계기들, 문화적 천재나 비극적 영웅 등에 관한 생각을 곧 포기해버린다. 1876년의 《인간적인 너무나 인간적인》에서부터 이미 더 이상 그런 요소들은 부각되지 않는다. 니체가 쇼펜하우어, 바그너와 결별하면서 《비극의 탄생》의 기획을 곧 포기했기 때문이기도 하지만, 니체의 실천철학적 관심 자체가 세계에 대한 미적 정당화보다는 인간의 계몽과 인간의 해방으로 옮겨 가면서 개인주의적 색채를 띠게 되었기 때문이기도 하며, 그의 관심이 좀 더 현실적이고 실천적인 문제 영역으로 옮겨 갔기 때문이기도 하다. 그런 맥락에서 니체는 민주주의를, 개인을 국가로부터 해방시켜주는 것으로 평가하기도 한다.[23] 하지만 이때의 개인은 사적 존재이지, 프롤레타리아나 부르

---

21 N : KGW III 3 7[23], 150쪽. 그리고 N : KGW VIII 3 14[191] 참조. "플라톤은 전적으로 마누 법전의 정신 속에 있다 : 그는 이집트에서 그것을 배웠다."

22 H. Ottmann (^{2}1999), 277쪽.

23 MA I 472 : KGW IV 2, 315~316쪽.

주아라는 집단이나 계층이 아니다. 니체에게서 이런 사적 개인의 자기 해방과 자기 계몽에의 요구가 점차 특정 국가에 대한 개별적 관심을 대체해버린다. 그러면서 그는 특정 국가의 경계를 넘어 유럽 전체를 바라보기 시작한다. '좋은 유럽인'[24]에 대한 관심과 유럽의 '평화'[25]에 대한 생각, 그리고 유럽의 동맹의 필요성과 독일의 역할에 대한 고민 등은 그런 배경에서 전개된다.[26] 그 속에서 반유대주의에 대한 격렬한 비판 및 민족주의에 대한 거부,[27] 자유주의와 사회주의에 대한 비판적 시각도 등장한다. 이런 내용들은 후기의 사유에서 조금 더 세련된 형태로 재등장한다.

3. 국가의 다양한 계보

국가의 성립에 관한 니체의 전기 사유는 하나로 통일되어 있지 않다. 오히려 니체는 몇 가지 분석을 동시에 제공한다. 여기서 주의할 점은 니체가 국가를 공동체Gemeinschaft와 대립되는 의미에서의 연합체Gesellschaft로는 보지 않는다는 것이다. 하나의 공동 목적을 위해 의도적으로 조직된 집단인 연합체를, 특정한 일련의 목적을 지니고 있지 않고 계획적으로 조직될 필요가 없는 공동체와 구별하는 구분법에서 국가는

24 MA I 475 : KGW IV 2, 319쪽.
25 MA II-WS 284 : KGW IV 3, 316쪽.
26 MA I 475 : KGW IV 2, 319쪽.
27 MA I 475 : KGW IV 2, 319쪽.

연합체 중에서 최고 형태의 조직을 보여주는 연합체가 된다. 하지만 니체는 사회성과 공동체성을 인간의 자연 본성으로 이해하면서, 국가 역시 그 자연 본성에서 나오는 것으로 본다. 국가의 공동체적 성격을 제시하는 셈이다. 한편으로 니체의 국가는 연합체적이기도 하다. 그가 국가를, 구성원 전체가 인정하는 공동의 목적을 설정하고, 그 목적에 대한 의식적인 추구와 노력을 촉구하는 것으로 간주하기 때문이다. 어쨌든 니체에게서 확실히 드러나는 것은, 국가는 (공동체든 연합체든 간에) 인간의 자연성의 발로라는 시각이다. 그런 국가에 대해 젊은 니체가 제시한 계보 중에서 의미 있는 것은 다음 세 가지다.

(1) 심리 분석으로 찾아낸 국가 계보

젊은 니체는 국가의 발생을 개인의 사회적 충동이 개인의 사적 충동을 압도하는 데서 찾는다. 이것은 두 가지 심리 분석의 형태로 제시된다. 먼저 니체는 투키디데스의 입장을 빌려 인간 심리의 모순적 본성에 주목한다. 즉, 인간은 이기적인 존재이자 질투하는 존재지만, 자신의 이기적 이익 추구와 자신의 질투로부터 상대를 보호하는 일이 충돌하지 않도록 이기심과 질투를 잘 처리할 수 있다. 하지만 인간은 즉각적 흥분이나 충동적 감정의 소유자이기도 하며, 이러한 감정을 지배하지 못할 경우 자신의 질투와 이기심으로 상대를 해치게 된다. 이런 자율적 통제가 불가능한 상황에서 인간은 제3의 통제 기제를 필요로 하며, 국가는 이런 필요에 의해 등장한다. 이 국가는 법에 의해 지배된다.[28]

두 번째 심리 분석은 '쾌감과 사회적 본능의 관계'를 설명하는 가운

데 이루어진다. "인간은 자기 자신에게서 얻는 쾌감에 더하여 다른 사람과의 관계에서 새로운 종류의 쾌감을 추가로 얻는다 […] 공동의 기쁨, 함께 즐긴 쾌감은 쾌감을 한층 더 높여준다 […] 쾌감을 같은 양식으로 표현하는 것은 감정이 동일한 어떤 것으로 공감된다는 판타지를 불러일으킨다 […] 그것을 기초로 가장 오래된 동맹이 결성된다 : 동맹의 의미는 모든 개인을 위해 위협적인 불쾌감을 공동으로 제거하고 개인을 방어한다는 것이다. 사회적 본능은 이처럼 쾌감에서 나온다."[29] 물론 여기서 국가가 직접 거론되지는 않지만, 공동체 성립과 사회성의 밀접한 관계를 염두에 둘 때 국가 역시 쾌감과 사회적 본능의 관계에서 예외일 수 없다. 어쨌든 여기서 니체는 인간의 사회성을 본능으로 전제하고, 이 본능을 쾌감의 추구와 불쾌감의 제거라는 심리적 동기에 기초하는 것으로 제시한다. 연대나 동맹이라는 것은 어떤 유형이든 이런 심적 동기에 의해 결성되고, 국가 결성을 위한 동맹 역시 마찬가지다.

이 두 가지 심리 분석에 의거하면, 인간은 이기적인 존재일 뿐만 아니라 사회적인 존재이며, 이기심이 자연적 본성이듯 사회성 역시 자연적 본성이다. 국가는 인간의 자연적 사회성의 소산인 것이다.

(2) 힘의 균형 원리에 입각한 국가 계보

니체는 앞의 내용과는 무관해 보이는 또 다른 국가 계보도 제시한

---

28 N : KGW IV 1 12[21], 332~333쪽.

29 MA I 98 : KGW IV 2, 93쪽.

다. 국가는 '힘의 균형 원리'에 의거해 성립된 '약자들의 공동 사회'라는 것이다. 그에 의하면 공동 사회는 원래 "위험한 세력들과 균형을 이루기 위한 약자들의 조직"이다. 약자들은 이 조직에서 권력자가 된 지배자에게 종속되거나 아니면 그와 공조하게 된다. 니체는 이 두 가능성 중에서 전자가 우세하다고 본다. 종속의 방식으로 약자들은 외부 세력과의 힘 균형이 보장해주는 평화와 안전이라는 이익을 누리게 된다. 반면에 지배자는 균형 유지를 약속하면서 권력을 행사한다. 공동 사회는 이렇듯 힘의 균형, 그리고 힘의 균형이 제공하는 안전과 평화를 원하는 약자들의 요구로 인해 발생하지만, 일단 결성된 이후에는 지배자와 피지배자, 정치적 권력의 위계와 정치적 권력의 불평등이 존재하는 전형적인 정치공동체가 된다.[30] 여기서 이야기되는 '힘의 균형'은 후에 법과 도덕과 정의의 문제를 해명하는 키워드의 하나가 된다.

(3) 동등의 오류에 기초한 국가 계보

국가 계보에 대한 또 다른 설명은 사회계약론에 대한 암묵적인 이의 제기가 전제된 것으로, 다음처럼 간접적으로만 표명된다. "자신의 안전을 이유로 공동 사회를 건설하기 위해 서로를 동등하게 설정했다는 그 생각은, 근본적으로 개인의 본성에 어긋나는 것이자 뭔가 강제성이 개입된 것으로, 일반적 안전이 더 많이 보증될수록 우위를 점하려는 옛 본능의 싹이 다시 움트게 된다."[31] '국가는 자유로운 개인들이 자신들의

30 MA II-WS 22 : KGW IV 3, 193~195쪽.

안전과 평화를 위해 결성하는 것으로, 거기서 개인들은 서로를 동등한 계약의 주체로 설정한다'는 니체의 글은 사회계약론의 기본 입장을 그대로 제시한 것이다. 하지만 니체는 '동등한 개인'이라는 계약론의 전제 자체를 의심한다. 이유는 두 가지다.

첫째, '동등한 개인'은 인간의 자연성에 어긋나고, 자연적인 질서도 아니다. 그것은 오히려 계약의 필요성으로 인해 '고안'된 것에 불과하다. 왜냐하면 인간의 자연 본성은 동등보다는 타인보다 '우월'하기를, '우세'하기를, '비교 우위를 점하기'를 추구하기 때문이다. 그런데도 공동체를 결성하는 것은 오로지 안전과 평화라는 이익 때문이지만, 그것이 동등한 주체라는 전제를 갖는 한 공동체 결성은 인위적이고 추가적이고 강제적인 행위가 된다. 둘째, '동등한 개인'이라는 것은 '다수'의 전략적 구상에 불과하다. 즉 그것은 '다수'의 필요에 의해 제시되거나 유보될 수 있는 것일 뿐이다. 니체가 앞의《인간적인 너무나 인간적인 II》 인용문에서 공동체의 안전도가 높아지면 개인의 자연적 본능이 활동하게 되어, '동등'보다는 '우월'과 '우세'가 추구될 것이라고 하는 것은 그런 이유에서다. 물론 그런 추구는 관철되기 어렵다고 니체는 생각한다. 공동체에는 이미 소수 지배자와 다수 피지배자라는 질서가 구축되어 있기 때문이다. 그 불평등 질서 속에서 우세와 우월에 대한 다수 피지배자의 추구는 좌절되기 쉽다. 하지만 공동체의 안전과 평화가 교란되면 다수 피지배자들의 '동등'에 대한 요구가 다시 전면에 나서게 된다. "공동체가 다시 위험해지자마자, 다른 안전 상태에서 자신의 우월을 관철

31 MA II-WS 31 : KGW IV 3, 201쪽.

시킬 수 없었던 다수의 사람들이 동등 상태를 다시 전면에 내세우게 된다."[32]

이렇듯 니체에게 '개인의 계약적 동등'이라는 것은 한편으로는 반자연적이고, 다른 한편으로는 다수의 임시적인 전략적 구상에 불과하다. 공동 사회 혹은 국가는 이런 전제 위에서 성립한다. (사회계약론에 대해 니체는 전기와 후기를 막론하고 비판적 태도를 견지한다. 후기의 성숙한 비판에 대한 상세한 설명은 2부 2장 2절의 〈(3) 힘경제적 계약〉 참조.)

이상과 같은 세 가지 국가 계보와 관련해 니체의 전기 사유에서는 더 이상의 발전적 논의가 추가되지 않는다. 하지만 동등한 '개인'이라는 개념 자체에 대한 회의, 힘의 균형 원리, 인간의 자연성의 일환으로서의 사회성, 사회계약이 갖는 문제점 등과 관련한 사유의 단초는 후기로 이어져 좀 더 구체적이고 설득력 있는 설명을 얻게 된다.

4. 국가와 개인의 관계

젊은 니체에게서 주목할 만한 또 하나의 주제는 국가와 개인의 관계다. 그는 이 주제를 두 가지 방식으로 다룬다. 하나는 앞서 언급한 문화국가 이상과 관련해 국가의 수단적 성격을 강조하는 것이고, 다른 하나는 국가가 개인을 대중으로 만드는 위험성을 지적하는 것이다. 먼저, 니체에게서 국가는 개인의 창조성을 육성하고 양성하는 목적을 이루기

32 MA II-WS 31 : KGW IV 3, 201쪽.

위한 수단이기에 결코 목적 그 자체일 수 없다. 따라서 국가는 개인에 대해 권력적 우위를 점할 수도 없다. 국가를 위해 봉사하는 것이 개인의 최고 의무일 수도 없다.[33] 개인은 자유인이자 자율적 존재, 개별성과 독특성과 유일성을 지닌 존재로, 결코 사회보다 열등한 존재도 아니고 사회의 구성원으로서만 의미를 갖는 존재도 아니기 때문이다. 국가는 오히려 그런 개인을 위한 수단의 역할을 해야 한다. 니체가 개인을 미적 영웅으로 표현하든 자유정신으로 표현하든 간에 개인과 국가의 그런 관계 자체는 변함이 없다. 개인을 위한 수단이 되어야 하는 것은 정부도 마찬가지다.

> 정부라는 것은 국민의 기관 외에 다른 것이 아니며, 겸손에 길든 '아래'에 대비되는 용의주도하고 존경할 만한 '위'가 아니라는 사실을 배워야 한다.[34]

그런데 니체는 그와는 반대되는 현상을 목격한다. 국가나 정부가 '위'의 자리를 차지하고서 개인의 자율성과 자유를 침해하여 개인들의 독립적이고 개별적인 실존에 대한 노력을 저해하는 현상, 일반적인 규제와 규범과 가치를 강요하여 개인을 무리 동물 같은 존재이자 대중으로 약화하고 전락시키는 현상 말이다.

---

33 UB III-SE 4 : KGW III 1, 361쪽.
34 MA I 450 : KGW IV 2, 302쪽.

> 나는 국가적, 사회적인 경향에서 개별화에 대한 억제를 본다. 호모 코무니스homo communis의 양성을 :[35]

개인들의 자율적 힘을 무력하게 만들어 개인을 대중이라는 무리의 한 부분으로 만드는 국가, 그래서 니체가 그 면전에 대고 "가능한 한 작은 국가!"[36]를 외칠 수밖에 없는 국가. 그런 국가가 근대 유럽의 여기저기서 목격되는 데에는 천부인권으로서의 평등 이념이 큰 역할을 한다고 니체는 생각한다. 그가 보기엔 평등 이념이야말로 개인을 하향평준화된, 평균적인 보통 인간으로 만드는 것이다. 니체의 이러한 생각은 후기에 대중성 비판 및 대중 인간 비판의 형태로 발전한다.

---

35 N : KGW V 1 6[163], 568쪽.

36 N : KGW V 1 6[377], 624쪽.

제2장
교육국가 이상과 국가유기체론

니체의 후기 사유에서 제시된 국가에 대한 논의는 '긍정의 철학' 수립이라는 니체 철학의 과제와 밀접하게 연계되어 전개된다. 긍정의 철학은 세계와 인간을 힘에의 의지의 관계체로 제시해 인간의 자기 긍정과 세계 긍정을 철학적으로 보증하려는 기획이었다. 이를 위해 니체는 개인과 국가를 유기체로 파악하고, 개인의 자기 긍정과 세계 긍정을 위한 교육국가라는 이상을 제시한다. 거기서 국가는 긴장 공동체를 지향하며, 그 국가를 이끌어 가는 이념은 정신적 귀족주의Die geistige Aristokratie다. 국가에 대한 이런 사유는 전기에서 스케치 정도로 묘사되었던 문화국가 및 교육국가라는 모델에다가 힘에의 의지의 관계론이라는 색을 입힌 것이다. 플라톤의 '교육국가' 이상과 '사람에 의한 지배'라는 이념과 그 이념의 귀족주의적 측면을 수용하면서 말이다. 이런 식으로 국가에 대한 니체의 설명은 부분적으로《폴리테이아》에서 제시된 플라톤의 의도를 공유하게 된다. 이 점은 니체의 실천철학을 ("전도된 플라톤주의"[37]

라는 니체 철학의 전반적인 특징에도 불구하고) "근대적 플라톤주의"[38]라고 명명하게 만드는 근거가 되기도 한다. 하지만 이성의 철학자 플라톤과 의지의 철학자 니체가 보여주는 근본적 차이, 니체가 플라톤과는 양립하기 어려운 마키아벨리적 측면을 수용한다는 점, 그리고 힘에의 의지의 관계주의라는 방법론이 보여주는 고유한 특색들을 고려하면, 니체의 철학적 정치론 전체를 근대적 플라톤주의라고 부를 수는 없다. 따라서 '근대적 플라톤주의'라는 명칭은 제한적으로만 사용해야 한다.

1. 제한적 모범으로서의 플라톤

니체는 국가에 관해 논하는 이유를 《폴리테이아》에서 드러나는 플라톤의 의도와 유사하게 설정한다. 플라톤은 '최선의 국가'의 모습을 그려내면서 그것의 실현성 자체보다는 이른바 아름다운 나라의 '본paradeigma'을 갖는 것에 의미를 둔다.[39] 플라톤은 그러한 국가의 실현을 신의 도움이나 신적 우연에 의한 것으로 묘사하기도 하지만, 그 실현 가능성을 완전히 배제하지는 않는다. 그것은 플라톤의 논의에 의하면 "어렵지만", "불가능한 것은 아니다".[40] 플라톤에게 '좋음의 이데아'가 도달 가능하지 않은 이상이나 완전한 공상일 수 없는 것처럼, 이데아론을 토대

---

37 N : KGW III 3 7[156], 207쪽.
38 H. Ottmann (^{2}1999), 280쪽.
39 Platon ②, 472a~474e.
40 Platon ②, 499d.

로 하는 이상국가론도 완전히 비현실적인 유토피아적 담론일 수 없다.[41] 따라서 플라톤이 최선의 국가에 대한 이론을 제공하는 이유는 니체의 그것을 선취하고 있다고 할 수 있다. 즉, 니체나 플라톤이나, 현실적으로 실현하기 어렵다 하더라도 우리가 추구해야만 하는 국가의 본을 보여주기 위해서 '최선의 국가'의 모습을 그려보는 것이다. 그런데 이런 의도는 정치철학의 규범적 요소를 중시하는 이론들에서는 결코 낯설지 않기에, 플라톤과 니체의 관계를 규명하는 데 소극적인 역할을 한다고도 볼 수 있다. 반면, 아래의 내용은 니체가 국가에 대한 논의를 전개할 때 (비록 내용 면에서는 결코 간과할 수 없는 차이가 있을지라도) 플라톤을 모범으로 삼았다고 말할 수 있게 하는 근거들이다.

첫째, 니체는 플라톤에게서 "최고의 철학적 입법가Gesetzgeber와 철학적 국가 건설가Staatgründer"[42]의 모습을 본다. '철학적 입법가'는 '철학적 노동자'와는 달리 인간 삶의 창조적 고양이라는 목적 아래 인간의 "방향과 목적을 규정"하는 존재로,[43] 니체가 미래를 위해 요청하는 철학자 유형이자 동시에 니체 자신이 되고 싶어 하는 존재다. 또한 '철학적 국가 건설가'는 인간 삶의 창조적 고양이라는 목표를 위해 국가가 갖추어야 할 조건에 대해 철학적으로 성찰하는 것을 임무로 하며, 이 역시 니체의 관심사다. 이런 철학자 본연의 임무를 성실히 수행했기에 플라톤은 니체의 모범이 되지 않을 수 없다.

---

41 반면, 플라톤의 국가론을 유토피아론으로 이해하는 경우도 있다. H.-G. Gadamer (1991) ; H. Flashar (1988).

42 MA I 261 : KGW IV 2, 219쪽.

43 N : KGW VII 3 38[13], 339~340쪽.

둘째, 플라톤이 제공한 이상국가론은 최선의 국가를 구성해내는 핵심 요소를 인간 교육에서 찾는 교육국가론이다. 그 국가의 성공은 전적으로 이성적 지배자의 존재 여부에 달려 있으며, 이성적 지배자는 교육에 의해서 가능하다. 그래서 그런 존재를 교육하는 문제는 국가에 대한 논의에서 결정적이지 않을 수 없다.[44] 바로 이 지점에서 니체는 자신이 추구하는 '주권적 개인으로의 인간 육성 프로그램'의 모범을 보았던 것이다.

> 철학자라는 존재는 인간을 얼마나 고양시킬 수 있는지 알아보기 위해 극도의 노력을 기울이는 사람이라고 볼 수 있다. 특히 플라톤이 그랬다.[45]

셋째, 플라톤의 국가론은 귀족주의의 요소를 선취하고 있다. 물론 플라톤이 '능력ergon에 따른 지배'를 말하기는 하지만, 그가 말한 국가의 3계층론은 이성적 지배자의 현실적 지배권을 정당화한다. 이러한 플라톤의 국가론에 대해 니체는 국가와 이성성의 관계에 대한 "심오하고 영원히 해석되어야 할 비밀 교의의 위대하게 경이로운 상형문자"[46]라고 표현한다. 그러면서 철학적 지배자의 이성성을 강조하면서도 예술에 대한 부정적 편견을 노골화하는 플라톤의 약점을 "다분히 표피적이고

---

44 플라톤의 이상국가는 인간 형성을 위한 교육에 기초해 수립되며, 플라톤은 인간의 영혼과 육체에 관한 교육 내용을 예비 단계의 교육과 이후의 두 단계 교육으로 나누어 상세히 제시한다. 니체 역시 인간의 총체적 교육을 중시하며, 그러한 총체적 교육은 일상생활부터 제도적 교육과 교양 형성 과정까지 모두 포괄한다. 플라톤과 니체의 교육에 대한 이런 생각은 독립된 논의의 장을 요하는 것이기에 여기서는 이 정도의 언급에 그치겠다.

45 N : KGW VII 3 34[74], 163쪽.

46 N : KGW III 2, 271쪽.

거의 우연적인 결합"[47]으로 치부해버린다. 플라톤의 국가론에서 드러나는 공산주의적 특징이나 플라톤의 교육 과정에서 나타나는 일방성이나 획일성이나 자율성 억제라는 약점[48]까지도 플라톤에 대한 니체의 경외에 영향을 미치지 않는다. 물론 니체는 플라톤의 귀족주의를 '정신적' 귀족주의의 형태로 전개시킨다.

넷째, 플라톤의 이상국가론은 국가의 수립 목적 및 정당성을 근대적 의미에서의 인간의 선천적 자유와 평등의 보장에서 찾지 않는다. 그래서 플라톤의 이상국가는 자유의 오용과 불평등 상태를 '제도적 강제'를 통해 규제하거나 '법에 의한 지배'를 통해 규제하는 근대적 의미의 권력국가나 법률국가와는 다른 토대를 갖는다. 물론 플라톤은《폴리테이아》이후 '사람에 의한 지배'가 이루어져 정의가 실현되는 최선의 국가가 아니라, 법이 지배하는 차선의 국가를 논한다. 국가에서 이성적 지배가 어려워질 경우, 질서를 여전히 가능하게 하는 법률이 필요해지기 때문이다.《정치가》에서 플라톤은 무법 지배보다는 낫다는 이유로 법에 의한 지배에 가치를 부여하기는 하지만, 법에 의한 지배가 이성에 의한 지배와 경쟁할 수는 없다고 본다. 그러면서 현실적 정치가politikos가 아니라 왕도적 치자basilikos를 요구하기도 한다.《법률》에서도 마찬가지다. 거기서 그는 국가에서 법이 갖는 중요성과 법의 지배의 필요성을 인정하면서 구체적인 법률국가를 선보이지만, 여전히 법에 의한 지배는 이성적 지배자에 의한 지배보다는 차선책으로 고려된다.《법률》에서도

47 N : KGW III 3 7[156], 207쪽.
48 MA I 473, 474 : KGW IV 2, 317쪽, 318쪽.

그가 구상하는 최선의 국가는 이성적인 '사람에 의한 지배'가 이루어지는 국가인 것이다. 자유와 평등을 자연적 소여로 인정하지 않고[49] 국가에 관한 논의에서도 자유와 평등 이념을 문제시하는 니체에게 플라톤의 입장은 환영할 만한 것이다. 그 역시 플라톤과 마찬가지로 국가의 최선의 상태는 '사람에 의한 지배'가 이루어지는 상태라고 생각하며, 권력이나 법에 의한 지배의 정당성 역시 지배하는 자의 자격에 의해 확보된다고 생각한다. 그래서 니체는 근대라는 시점에서 자유와 평등, 권력국가와 법률국가라는 근대적 이념을 전복하고 싶어 하고, 플라톤은 근대 이전의 시점에서 그 모범을 보여주는 것이다.

다섯째, 플라톤은 니체가 의도하는 '덕의 정치'의 근본 '틀'을 제한적으로나마 보여준다. 물론 니체는 정치를 도덕이나 종교와 분리시켜 정치 영역의 독자성과 자율성을 역설한 마키아벨리를 수용한다. 하지만 니체는 정치의 현실권력중심주의나, 경험 현실에서 나오는 힘과 권력의 정당성을 무조건 옹호할 마음은 없다. 그에게 정치는 건강한 개인과 건강한 국가라는 규범적 목표를 지향해야 비로소 정당화된다. 그렇기에 ('위대한 정치' 프로그램에서도 분명하게 드러나듯) 그는 현실 권력과 무관한 '덕의 정치' 혹은 '정치의 덕'을 여전히 고수한다. 그런 그에게 도덕주의적 측면을 제외한 플라톤의 실천철학은 매우 매력적이다. 그것이 덕과 정치의 상관관계를 암시하기 때문이다. 이 상관관계는 국가의

---

49 플라톤에게 자유는 가능적인 것으로서, 자신의 능력 발휘와 내적 주권성의 확립을 통해 현실화해야 하는 것이다(Platon ②, 569). 니체에게서도 유사한 논의가 전개된다. 니체에게서 자유와 평등은 선천적 요소일 수 없다. 이런 입장은 민주주의에 대한 두 철학자의 유사한 대응의 이유가 되기도 한다.

정의가 개인의 올바름을 전제하는 형태와, 정치가 선정치적 영역인 개인 행복의 조건과 연계되는 형태로 제시된다. 니체의 '건강한 국가'라는 모델도 한편으로는 개인적 완성을 전제하고, 다른 한편으로는 개인의 좋은 삶과 행복이 국가의 좋은 상태와 행복과 결코 분리될 수 없음을 말하려 한다.

이런 이유로 니체에게 플라톤은 모범이 된다. 하지만 모범이라는 것이 '내용상의 전적인 일치'를 의미하는 것은 아니다. 실제로 플라톤 국가론이 '통일체로서의 국가-능력의 귀족주의-권력과 이성의 통일'이라는 내용으로 구성되는 반면, 니체의 국가론은 '긴장 관계로서의 국가-정신적 귀족주의-권력과 의지의 통일'이라는, 플라톤과는 대립적인 내용으로 구성된다. 이런 차이는 국가론이 전제하는 니체와 플라톤의 존재론의 차이에서 상당 부분 연유하는 것으로서[50] 필연적이라고 할 수 있다. 플라톤과 니체는 고대와 근대라는 시기상의 차이를 넘어 사유 내용의 차이를(이성주의 대 의지주의, 실체론 대 관계론, 통일에 대한 추구 대 차이에 대한 추구 등) 보이는 것이다. 이렇듯 니체는 플라톤에 대해 한편으로는 그를 모범으로 삼지만 다른 한편으로는 그에게서 벗어나는 이중적 태도를 취한다. 이런 점은 "플라톤에 대한 [니체의] 개인적 대처가

50 플라톤의 국가론은 개인적 덕과 정치적 덕의 통일성을 확보할 뿐만 아니라, 존재론 없이 성립될 수 없는 정치론 및 도덕론의 모형을 제공한다고 볼 수 있다. 플라톤의 국가론에서 이원적 세계관과 좋음의 이데아라는 존재론의 틀이 교육국가와 철인 정치 구상의 토대를 이루고 있고, 개인과 공동체가 영혼에 대한 심리학적 고찰을 통해 동형적 관계로 제시되기 때문이다. 니체는 '힘에의 의지의 관계주의'라는 존재론적 일원론, 그리고 신체Leib에 대한 생리학적 고찰에 입각한 개인과 공동체의 동형적 관계를 국가론의 토대로 사용한다. 그러므로 니체는 플라톤처럼 '존재론 없는 국가론의 불가능성', 더 나아가 '존재론 없는 정치론의 불가능성'을 보여준다.

플라톤주의에 대한 비개인적 대처와 대립한다"[51] 같은 플라톤과 니체의 관계에 대한 주장이 피상적임을 확인시켜준다.

플라톤이 모범이 되는 맥락에서 니체에게 중요한 주제로 부각되는 것은 플라톤에게서도 중요했던 '누가 통치해야 하는가?'라는 물음이다. 이것은 지배의 정당성에 대한 물음으로, 니체의 답은 '건강한 개인=정신적 귀족=위대한 개인'이다. 이런 문제의식과 구도 속에서 니체는 우리가 추구해야만 하는 좋은 국가, 즉 건강한 국가의 모습을 구축하려 한다. 플라톤과는 차별화된 방식으로 말이다.

2. 국가라는 유기체

(1) 국가, 살아 있는 그 무엇

젊은 니체가 국가의 계보를 보여주기 위해 몇 가지 장치를 병렬적으로 동원한 것과는 대조적으로, 후기에 전개된 국가에 대한 니체의 논의는 국가라는 공동체의 성립을 힘에의 의지의 관계론의 틀 속에서 설명해내는 것에서 출발한다. 물론 이런 논의 방식은 국가뿐만 아니라 실천철학의 다른 주요 주제들에 대한 고찰에서도 그대로 적용된다. 니체의 다음 글은 이런 맥락에서 나온다.

---

51 R. Wiehl (1998), 136쪽.

(자기 보존 의욕이 아니라 성장 의욕인) 생명에 관한 표상에서 출발해서, 나는 우리 유럽의 정치적, 정신적, 사회적 운동의 근본 충동을 파악했다.[52]

주지하다시피 니체에게 생명이란 상승 운동을 하는 힘에의 의지 자체이자 힘에의 의지의 수행 현상, 즉 '생기生起Geschehen'의 다른 명칭이다. 니체에게서는 (상승적) 힘에의 의지=생기=생명이라는 등식이 성립하는 것이다. 그래서 니체가 정치와 사회 현상을 생명이라는 개념에 의거해 파악했다는 것은, 곧 정치와 사회 현상을 생명이 갖고 있는 특징, 즉 힘에의 의지의 생기 현상으로 설명했다는 말이 된다. 그래서 국가를 위시한 여러 유형의 공동체 역시 '살아 있는 그 무엇', 즉 힘에의 의지의 유기체가 된다. 그런데 힘에의 의지는 단순한 자기 보존 의지가 아니다. 그것은 늘 '좀 더'를, 성장을, 상승을 원한다. 그것은 다른 힘에의 의지들과의 상호 작용인 힘 싸움 형식의 관계 맺음을 통해서 발휘된다. 국가라는 유기체 역시 바로 이런 (힘에의 의지의) '관계적' 유기체다.

힘에의 의지들의 관계적 유기체로서의 국가. 이곳에서 힘을 확보하기 위한 지속적인 경쟁과 긴장의 상태는 자연스럽다. 그런 국가는 평화를 유지하는 유기체일 수 없다. 거기서 평화는 곧 힘들의 긴장 관계와 힘을 위한 싸움이 사라지는 것을 의미하며, 그것은 곧 힘에의 의지의 활동이 더 이상 지속되지 않는다는 것에 대한 표현일 뿐이다. 유기체 국가는 힘 위계를 위한 싸움 관계가 지속되는, 그래서 경쟁과 긴장이 지속되는 긴장의 세계이자 갈등의 세계인 것이다. 싸움과 긴장이 끝나는 곳,

---

52 N : KGW VIII 1 2[179], 153쪽.

그곳에서 국가의 유기체로서의 생명도 끝난다. 《선악의 저편》에 나오는 다음의 유명한 글은 바로 이런 유기체로서의 국가를 설명해준다.

> 생명 그 자체는 본질적으로 낯선 것과 좀 더 약한 것을 탈취하는 것이고, 침해하고 제압하고 억압하는 것이며, 냉혹한 것이고, 자기 자신의 형식을 강요하고 동화시키는 것이며, 가장 부드럽게 말한다 해도 적어도 착취Ausbeutung다 […] 내부에서 각 개인이 서로 동등하게 행동하고 있는 저 조직체 또한 ―이것은 모든 건강한 귀족 체제에서 행해지는 일인데― 그것이 살아 있는 조직체이지 죽어가는 조직체가 아니라고 한다면 […] 그 조직체는 살아 있는 힘에의 의지가 되어야만 할 것이다. 그것은 성장하고 뻗어가려 하고 자기 쪽으로 끌어당기고 우위를 차지하고자 할 것이다. ―이런 일은 어떤 도덕성이나 비도덕성으로부터 발생하지 않는다. 오히려 그 조직체가 살아 있기 때문이며, 생명이야말로 힘에의 의지이기 때문이다. 그러나 […] 사람들은 오늘날 곳곳에서 심지어는 학문의 가면까지 쓰고서 '착취적 성격'이 없어져야만 하는 장래의 사회 상태에 대해 열광하고 있다 : ―이것은 내 귀에는 마치 사람들이 유기적 기능을 멈추게 하는 하나의 생명을 만들어낼 수 있다고 약속하는 것처럼 들린다. '착취'란 부패한 사회나 불완전한 원시적인 사회에 속하는 것이 아니다 : 이것은 유기체의 근본 기능으로서, 살아 있는 것의 본성에 속한다. 이것은 생명 의지이기도 한 본래의 힘에의 의지의 결과다. ―이것이 이론으로는 혁신이라 할지라도― 현실에서는 모든 역사의 근원적 사실이다 : 이것을 인정할 정도로 우리 자신에게 정직해지자![53]

침해, 폭력, 폭압, 압제, 착취 등 휴머니즘의 관점에서 이미 거부감을 일으키고, 민주적 사회 체제에서는 당연히 사회악으로 규정되는 것들이 오히려 정상적인 현상으로 이해되고 있다. 그런 현상들이야말로 생명 있는 것들의 작용 방식이자, 힘에의 의지의 작용 방식이기 때문이다. 힘에의 의지는 살아 있는 것이며, 살아 있는 것이기에 철저히 이기적 활동을, 즉 자신의 힘을 확대하기를, 다른 것들보다 우세하기를, 그리고 힘 싸움에서 이겨서 지배하기를 꾀하지 않을 수 없다. 그것을 위해 상대의 힘을 빼앗기도 하고 그 힘을 남김없이 우려먹기도 하며(착취), 상대를 압제하기도 한다. 하지만 자신은 그런 일을 당하지 않으려 최선을 다해 방어한다. 결코 자신의 힘을 무기력하게, 아무런 마찰이나 저항 없이 이양하지 않는다. 저항력을 상실한 복종도, 무기력한 체념도 하지 않는다. 힘에의 의지는 이렇게 이중적으로 작용하며, 그런 힘에의 의지들의 싸움은 무자비하다. 하지만 바로 그러하기에 힘에의 의지는 늘 살아 있는 힘 그 자체일 수 있다. 게다가 힘에의 의지의 싸움은 쌍방향적 혹은 다방향적으로 발생한다. 거기서 어느 한쪽의 일방적인 복종이나 일방적인 승리, 어느 한쪽의 무기력한 침체나 와해나 멸절은 의도되지 않는다. 아니, 의도될 수가 없다. 그 이유는 간단하다. 침체나 멸절이 발생하게 되면 힘에의 의지의 '관계' 자체가 유지되지 않기 때문이다. 그러면 힘에의 의지는 더 이상 힘에의 의지가 아닌 것이 되어버린다. 대항력 없는 의지의 힘 행사나, 대항력 없는 힘의 상승은 불가능하기 때문이다. 따라서 니체가 말하는 '압제'나 '폭압'이나 '폭력'은 힘에의 의지

---

53 JGB 259 : KGW VI 2, 217~218쪽.

의 관계 세계에서는 서로의 상승 의지를 고무하고 긴장 자체를 유지시키기 위한 것이라고 이해할 수 있다. 적대적 힘의 멸절이나 패퇴는 결코 지향점일 수 없다. 그래서 니체는 이렇게 말할 수 있는 것이다. "생장하지 않을 수 없다는 것—자신의 힘을 확대하고 그 결과 낯선 힘들을 자기 안에 받아들이지 않을 수 없다는 것. 이것들은 생명 있는 것이라는 개념에 속한다."[54] 이렇듯 힘에의 의지의 무자비함은 상대의 힘을 성장시켜 자신의 힘을 성장시키기 위한, 그리고 힘에의 의지의 관계 자체를 유지시키기 위한 필연적 요소이기도 하다.

힘에의 의지의 힘 싸움 관계가 국가 유기체의 근본 원리이기에, 국가 역시 힘의 행사를 시도하고 욕망하는 장소다. 국가의 내부에서나 국가들 상호 간의 관계에서도 마찬가지다. 그래서 국가 역시 폭압과 침해와 폭력을 행사하게 되지만, 그것은 위에 제시한 의미에서다. 그래서 국가를 힘에의 의지로서 유지시키려는 힘 관계 자체의 존속과 강화, 국가의 긴장 상태의 유지를 위한 폭압과 침해만이 정당화된다. 결코 모든 형태의 대내적·대외적 폭압과 폭력이 허용되는 것이 아니다.

(2) 공동체적 존재로서의 개인

개인은 어떤 상황에서 어떤 이유로 국가라는 공동체를 형성하는가? 이 문제에 대해 니체는 인간은 '자연 본성상 공동체적'이라는 답변을 제시한다. 그리고 이를 뒷받침하기 위해 첫째, 개인과 국가의 동형성

54 N : KGW VIII 3 14[192], 170쪽.

을 전제하고, 둘째, 사회성 및 공동체성이 인간의 '자연적' 본성인 이유를 해명한다.

니체에 의하면 개인과 국가는 동형적이다. 플라톤은 '폴리스는 큰 개인이고, 개인은 작은 폴리스'라고 보았는데[55] 이는 니체도 마찬가지다. 물론 니체가 개인을 바라보는 시각은 플라톤과는 다르다. 플라톤이 인간의 생명 활동의 중추를 영혼으로 이해하고 개인의 특징과 구조도 거기서 찾은 것과 달리, 니체는 인간을 '신체(몸)'로 이해하기 때문이다. 니체에게서 신체라는 개념은 인간 전체를 지칭하는, 인간에 대한 총체적 개념으로 사용된다. 신체로서의 인간은 정신과 육체와 힘에의 의지가 유기적으로 결합하고 힘에의 의지가 규제적 기능을 하는 살아 있는 유기체이자 유기적 관계체다. 그래서 힘에의 의지가 이성 활동과 육체 활동 일체를 미리 규제한다. 그런 인간의 내부 전체는 힘에의 의지의 작용 법칙과 작용 방식에 전적으로 의존한다.[56] 그래서 인간은 힘의 질서가 그때그때 형성되는 힘 싸움의 장소이기도 하다. 만일 그런 질서가 유지되지 않으면 인간은 내적 아나키 상태에 빠지게 된다. 이런 상태를 니체는 개인의 병리적 상태로 묘사하기도 한다. 니체는 개인의 이런 특징을 곧 국가 전체의 특징으로 전이시킨다.

니체에게서는 공동체적 존재로서의 개인의 모습이 매우 특징적으로 나타난다. 그 모습은 니체를 "인간 삶의 사회성에 대한 이론가"[57]라

55 "우리들 각자 안에는 나라에 있는 것들과 똑같은 종류와 성격이 있다는 것을 인정할 수밖에 없지 않은가? 이곳 이외의 다른 어떤 곳에서 나라의 것들이 유래했다고는 할 수 없으니까." Platon ②, 435e~436a.

56 백승영 ([6]2016), 431~450쪽 참조.

57 V. Gerhardt (1992), 135쪽.

고 명명할 수 있을 정도다. 니체 철학이 관계주의Relatinonalismus라는 사유의 틀을 갖고 있기에, 굳이 다른 근거를 제시하지 않고도 인간의 사회성을 말할 수 있다. 하지만 공동체 성립과 관련된 사항을 분리시켜 제시해보면, 인간의 사회성은 다음과 같은 형태 속에서도 확인된다.

첫째, 앞서 언급했듯이 니체는 인간을 신체로 이해한다. 그런 맥락에서 인간은 관계적 힘들의 상호 작용이 발생하는 장소이며, 이런 상호 작용이야말로 신체로서의 인간을 특징짓는 것이다. 이런 관계적 힘들의 상호 작용은 한 개인의 내부에서만 이루어지는 것은 아니다. 그가 힘에의 의지의 관계체인 한, 즉 신체인 한, 그는 외부의 개인들과도 신체 대 신체로 관계 맺는다. 이런 존재 방식을 포기하는 인간은 니체에게는 더 이상 인간일 수 없다. 인간으로서의 삶 자체를 유지할 수 없다. 그래서 니체는 다음처럼 말할 수 있는 것이다.

> 삶이 있는 곳에 공동체의 형성이 있다. 구성원들이 양식과 공간 때문에 투쟁하는 곳에, 약자가 복종하고 더 빨리 죽고 더 적은 자손을 갖는 곳에 공동체의 형성이 있다.[58]

둘째, 니체가 인간을 '약속하는 짐승animal promissible'으로 이해하는 데서도[59] 인간의 공동체성이 확인된다. 니체에 의하면, ① 인간은 본성적으로 관점적perspektivisch 존재, 즉 가치를 평가하고 측정하는 존재다.

---

58 N : KGW V 2 11[132], 388쪽.

59 《도덕의 계보》 두 번째 논문에서 집중적으로 다루어지는 이 논점은 철학적 정치론의 다양한 주제 영역 속에서 다양한 맥락으로 고찰될 수 있다.

달리 말하면 인간은 무엇이 자신의 상승적 삶을 위해 유용한지를 측정하고 평가한다. 그런데 ② 관점적 존재로서의 인간의 가치 평가 행위는 힘경제적인 것이다. 즉 관점적 평가 행위는 오로지 평가 주체의 힘에의 의지를 상승시키려는 이기적 동기와 목적을 가지고 수행된다. 그러한 한, 인간은 관점적이면서 동시에 힘경제적인 존재가 된다. ③ 힘에 대한 경제적 고려는 가치에 대한 평가를 넘어서 가치의 교환 행위를 실현시킨다. 여기서는 서로에게 가치 있는 것을, 즉 각자의 힘 상승을 위해 유용하다고 평가되는 것을 교환함으로써 서로를 만족시키는 행위가 전방위적으로 이루어진다. 이것은 교환이 '가치의 등가Äquivalenz der Werte' 원칙에 입각해서 이루어진다는 것을 의미한다. 즉 주고받는 당사자들은 서로의 기대 가치와 효용 가치를 만족시키는 교환 행위를 한다. 이렇듯 교환에는 가치의 등가원칙을 준수하겠다는 약속, 그래서 등가적 교환을 통해 계약 당사자들을 만족시키겠다는 약속이 신용Kredit의 형태로 '이미' 전제되어 있다. 니체에게서 이 약속은 계약Vertrag이라는 말로 대체 가능하다.[60]

이렇게 해서 니체는 힘경제적 가치의 측정과 등가적 가치 교환의 계약이 이미 전제된 교환 관계를 인간의 근원적 관계이자 자연적 관계로 상정한다. 그렇다면 인간은 본성상 사회적인 존재이고, 사회성은 인간의 자연성에 속한다. 이렇듯 니체는 '약속-계약'이 전제된 '관점적perspektivisch-힘경제적Machtökonomisch' 관계 맺음에서 인간의 자연적 사회성

60 물론 이 계약은 근대 계약 이론에서 말하는 사회계약은 아니다. 사회계약의 전제인 '자연권으로서의 평등과 자유' 자체가 니체에게는 불가능한 개념이다.

을 보는 것이다. 이런 내용을 담아 니체는 다음처럼 말한다.

> 존재하는 가장 오래되고 가장 근원적인 개인 관계 […] 여기서 비로소 개인이 개인과 상대했으며, 여기서 비로소 개인이 스스로를 개인과 견주었다. 이러한 관계를 알아차릴 수 없을 정도로 저급한 문명은 발견된 적이 없다. 값을 정하고 가치를 측정하고 등가물을 생각해내며 교환하는 것 — 이것은 어떤 의미에서는 사유라고 할 수 있을 만한, 인간의 가장 오래된 사유에 이미 자리 잡고 있었다 […] 인간이란 가치를 재고 평가하고 측정하는 존재, '평가하는 동물 자체'로 묘사된다. 사고파는 것은 심리적인 부속물과 더불어 심지어는 어떤 사회의 조직 형태나 집단의 시초보다도 더 오래된 것이다.[61]

셋째, 니체는 인간 의식과 인간의 공동체적 본성이 비례 관계에 있다고 본다.

> 내가 말하고자 하는 사상 : 의식은 인간의 개인적 실존에 속하는 것이 아니라, 오히려 그에게 있는 공동체 본성과 무리 본성에 속한다는 것이다 ; 이로부터 도출되는 결론은 의식은 공동체와 무리를 위해 유용성을 지니는 한에서만 세련된 발전을 이룬다는 것이다.[62]

---

61 GM II 8 : KGW VI 2, 321~322쪽.
62 FW 354 : KGW V 2, 274쪽.

의식의 피상성과 언어의 유한성을 비판하려는 의도로 작성된 이 유명한 글에서도 니체가 공동체성을 인간의 본성적인 것으로 이해하고 있음을 확인할 수 있다. '자기 보호'나 '자기 방어'라는 것은 생명 있는 것 자체의 숙명이며, 인간도 여기서 예외일 수 없다.[63] 그래서 인간은 자신의 필요를 타인에게 이해시켜야 하며, 그것을 '가급적 빨리' 오해 없이 전달할 필요가 있다. 이를 위해 의식적 차원의 모든 것이 발전하며, 기호 규칙과 기호 체계의 공유와 교환은 그중에서도 특히 효과적인 수단일 수 있다. 그래서 니체는 앞의 인용문에서 의식은 개인적 실존이 아니라 공동체 본성에 속하는 것이라고 말하고 있는 것이다. 만일 인간에게 공동체를 이루려는 본성이 없다면, 인간의 의식적 차원은 세련된 발전을 이룰 필요가 없게 된다.[64]

이렇듯 니체는 신체적 인간의 관계성, 의식의 발전, 약속 존재 등을 인간의 사회적·공동체적 본성을 보증하는 장치로 제시한다.

(3) 힘경제적 계약

그렇다면 공동체 형성을 자연 본성으로 하는 개인들은 국가를 어떤 방식으로 결성하는가? 이에 대한 니체의 답은 '힘경제적 계약(약속) Macht-ökonomischer Vertrag'이다. 이 대답은 앞서 제시한, 인간학적 관점과 힘경제적 관점이 결합되어 있는 인간의 사회성에 관한 담론을 포함하며,

---

63 N : KGW VIII 3 14[192], 171쪽.

64 백승영 (⁶2016), 484~488쪽.

이것을 가지고 니체는 근대적 사유인 사회계약론과 전면전을 벌인다.

가. 국가의 두 계보

인간을 관점적-공동체적-힘경제적 교환의 주체로 이해하게 되면, 국가 성립에 관한 (원칙적) 자연주의, 그리고 폭력에 의한 국가 성립론이라는 두 가지 상이한 국가 성립 논거가 동시에 도출된다.

먼저 니체는 인간의 사회성에 관한 입장에 '건강한 주권적 존재'와 '병든-원한적 존재'라는 그의 독특한 인간 구분을 결합시킨 국가 계보를 제시한다. 니체에게 주권적 존재는 힘경제적 약속(계약)을 준수할 능력이 있고, 실제로 준수하는 인간 유형이다. 그럴 수 있으려면 그는 자신의 약속을 기억해야 한다. 니체에게 기억은 망각보다 더 고급한 의지의 활동이다. 기억도 망각도 힘에의 의지의 소산인 것이다(이에 대한 상세한 설명은 아래의 〈마. 개인과 국가, 그것의 두 가지 유형〉 참조). 정상적인 경우라면 기억 의지가 망각 의지를 제어해야 하며, 이런 자연적 질서가 내부에서 이루어지는 개인을 니체는 건강한 개인(혹은 주권적 개인)으로 여긴다. 이런 개인들이 힘경제적 교환 행위를 할 경우, 국가라는 정치공동체 역시 자발적이면서 자유로운 동의 아래 결성된다. 국가의 결성은 강압적 선택 사항도 인위적 추가 조치도 아닌, 자연적 행위의 연장일 뿐이다.

반면, 관점적-힘경제적 교환 주체들이 가치의 등가원칙을 지키겠다는 약속을 이행하지 않는 경우가 있다. 그들은 자신의 약속을 의도적이든 비의도적이든 망각한다. 망각 의지가 상위의 기억 의지를 압도해 버리는 것이다. 그것은 곧 내부의 정상적 위계 관계가 깨지는 것을 의미한다. 이런 경우를 두고 니체는 병리적 상태라고 부른다. 이런 병든 존재가 관점적-힘경제적 행위를 할 경우, 국가라는 정치공동체는 '폭압'이나 '폭력'에 의해 형성된다. 건강한 주권적 개인들 사이에 유지되었던 등가적 교환이라는 힘경제적 질서의 상태가 깨지고, 타인의 힘경제적 행위에 대한 침해나 적의가 발생할 수 있기 때문이다. 공동체 결성은 그런 위험을 완화하고 평화의 길을 가능하게 한다. 개인은 공동체 속에서 살아가면서 공동체가 제공하는 보호와 평화와 신뢰라는 이익을 누리게 되며, 그 대신에 가치의 등가원칙에 입각하여 자신의 자유로운 삶을 저당 잡히고 의무를 지게 된다.[65] 이런 경우 개인과 국가는 자연적이고 건강한 관점적-힘경제적 관계에 있지 않다. 오히려 채무자-채권자 관계가 된다. 개인이 계약을 파기하고 자신의 의무를 이행하지 않는 존재이기에, 국가는 채권자가 되고, 기만당한 채권자 국가는 그런 개인을 공적인 약속을 깨버린 '범죄자'로 다루게 된다.

이렇듯 니체가 제기한 국가 계보는 인간학적-힘경제적 관점이 결합된 것으로, 인간의 관점성 및 힘경제적 행위, 그리고 독특한 인간 유형론을 적용해 자연주의적 국가성립론과 폭력적 국가성립론이라는 차별화된 내용을 제시한다. 물론 이상적인 국가 계보는 니체에게는 자연주의적 국가성립론이 적용되는 경우다. 그러한 국가 성립은 '약속할 수 있는' 개인들, 즉 주권적 개인들의 존재에 전적으로 의존한다.

---

65 GM II 17 : KGW VI 2, 340~341쪽.

나. 긴장 공동체로서의 국가

그렇다면 국가의 건강성은 어디서 확보되는가? 이에 대한 니체의 답은 긴장 공동체다. 국가가 힘경제적 계약 관계에서 발생하는 한, 힘에의 의지들의 차이와 싸움과 갈등이 빚어내는 '긴장'은 자연스러운 귀결이다. 그런 긴장은 변화를 야기하며, 국가가 살아 있는 관계적 유기체임을 알려주는 증거이기도 하다.

> 국가를 발전시키는 가장 강력한 요소에는 이웃 민족과의 싸움과 방어력의 발전이 속할 뿐만 아니라 : 계급 구성원들 사이의 경쟁과 계급들 간의 경쟁도 속한다.[66]

정태보다는 동태, 안정보다는 변화, 평화보다는 긴장을 국가의 이상적인 상태로 설정하는 이런 생각은 힘에의 의지로서의 국가의 가장 자연적인 상태 그 자체를 반영한 것이다. 앞서 인용되었듯이 국가가 '죽어 있는 조직체가 아니라 살아 있는 조직체'인 상태 말이다. 이렇듯 국가의 이상적 상태는 '살아 있는 긴장체'다. 그렇기에 국가가 유기체인 것이다.

다. 국가가 수단인 이유

'살아 있는 긴장체로서의 건강한 국가'는 그런데 니체에게서는 '건강한 개인(=정신적 귀족=주권적 개인)'을 만들어내는 수단이다. 게다가 국가의 건강성은 그런 개인의 양성에 전적으로 의존하며, 그 역도 성립

---

66 N : KGW VII 1 7[191], 311쪽.

한다. 즉 건강한 개인의 양성은 건강한 국가를 토대로 하고, 건강한 국가의 실현은 그런 개인의 양성에서 결정된다. 그래서, 다시 한 번 말하지만, 니체에게 건강한-귀족적 개인으로 인간을 양성하는 교육 프로그램이 중요해지는 것이다. 건강한 개인은 정신적 귀족성을 갖춘 개인이며, 이런 개인들의 존재야말로 건강한 국가의 불가결한 전제다. 니체의 전기 사유에서도 강조되었던 교육이, 후기에 이르러 '위대한 정치'라는 기획으로 명시되는 것은 그래서 결코 우연이 아니다. 니체는 현실정치가 아니라 교육에서 긴장 공동체로서의 건강한 국가의 가능성을 찾을 수 있다고 생각하는 것이다.

> 훌륭하고 건강한 귀족주의의 근본 신념은 사회가 사회를 위해 존재해서는 안 되며, 오히려 선택된 부류의 인간 존재를 좀 더 차원 높은 과제로 이끌고, 대체로 보다 높은 존재로 고양시킬 수 있는 토대나 발판이어야 한다는 것이다.[67]

만일 국가가 개인보다 자신의 유지를 우선시하거나 개인의 발전을 저해한다면, 국가의 정당성은 결여된다. "개인이 사회 전체보다 가치가 덜하다고 전제"[68]되거나 "인간은 [개인으로서의] 자신을 발전시켜서는 안 된다"[69]라는 모토를 갖는 국가는 온전한 국가일 수 없는 것이다. 건강한 국가는 "우리 모두는 더 이상 사회를 위한 재료가 아니다"[70]라는

---

67 JGB 258 : KGW VI 2, 216~217쪽.
68 N : KGW VII 1 7[240], 325쪽.
69 N : KGW VII 1 7[242], 326쪽.

선언이 정말로 실현될 수 있는, 개인들을 정신적 귀족으로 형성하고 고무하는 형태여야 한다.

라. 사회계약론의 문제

국가라는 유기체가 힘경제적 계약에 의한 것이라는 니체의 생각은 근대적 이념인 사회계약론에 대한 다양한 반박으로 이어진다. 사회계약의 근대적 모델은 흄, 홉스, 로크, 루소, 칸트 등이 제공한다. 그 모델은 단일하지 않지만, 모델들 모두가 동일하게 약한 이론이라는 비판을 받는다. 만인의 만인에 대한 투쟁이자 위험의 상태인 자연 상태와 그 상태에서의 계약이라는 전제 때문이다. 그 전제들 자체가 가상적이고, 그렇기에 사회계약 자체는 개인들을 제재하고 의무를 요구하는 근거가 될 수 없다는 것이다.[71] 니체 역시 그런 전제에 대해 의심을 품는다. 하지만 그의 이유는 철저히 힘에의 의지의 관계주의에 근거한다.

ㄱ. '자기 보호'와 '자기 방어'—생명과 유기체의 자연성

> 생장하지 않을 수 없다는 것, —자신의 힘을 확대하고 그 결과 낯선 힘들을 자기 안에 받아들이지 않을 수 없다는 것. 이것들은 생명 있는 것이라는 개념에 속한다 […] 자기 보호 권리와 공격 권리 모두 —후자가 전자보다 훨씬 더— 생명 있는 모든 것에 필수적이기 때문이다 —공격적 이

70 FW 356 : KGW V 2, 279쪽.

71 예를 들어 드워킨R. Dworkin은 사회계약은 가상적 합의이며, 그렇기에 계약일 수 없다고 말한다. R. Dworkin (1977), 151~152쪽.

기주의와 방어적 이기주의는 선택의 문제나 '자유 의지'의 문제가 아니라 삶 자체의 숙명인 것이다 […] 자기 방어와 자기 보호는 계약을 토대로 하는 것은 아니다.[72]

먼저, 사회계약의 내용인 '안전을 위한 자유로운 합의와 추가적 선택'이라는 것이 니체의 불신을 받는다. 다음과 같은 이유에서다. '개인의 안전'이란 니체에게는 개인의 자기 방어와 자기 보호의 다른 이름이다. 그런데 자기 방어와 자기 보호는 생명 있는 것들, 즉 힘에의 의지의 관계체가 갖고 있는 자연적 본성이다. 그것들은 늘 힘 싸움이라는 긴장과 갈등과 싸움 속에서 자신을 유지한다. 달리 말하면 대립적 힘들에 대항해 자신의 힘을 보호하고 방어하려 하며 자신의 힘을 행사하고자 하는 것이다. 그것이 바로 생명이 살아 있는 그 무엇일 수 있는 이유다. 이런 특징은 단순 유기체에서부터 인간 유기체, 그리고 사회 유기체에 이르기까지 예외 없이 공유한다. 그래서 생명 있는 것들에게서 자기 보호와 자기 방어는 자연적 상태일 뿐만 아니라 자연적 권리이기도 하며, 자연적 의무이기도 하다. 살아 있기에 획득한 권리이자, 살아 있기 위해서 해야 하는 의무인 것이다. 그래서 그것은 생명을 위한 이기적 본성이기도 하다.[73] 그렇다면 '공격적 이기주의'와 '방어적 이기주의'는 살아 있는 모든 것의 자연성이며, '숙명'이라고까지 말할 수 있다. 이런 생각에

72 N : KGW VIII 3 14[192], 170~171쪽.

73 여기서의 이기성은 '모든 것을 나를 위해'라는 천박하고 퇴화된 이기성이 아니라, 힘에의 의지의 활동이 보증하는 관계적 이기성이다. 이에 대한 설명은 2부 2장 3절의 〈(3) 귀족적 개인의 지배와 그것의 정당성〉 참조.

서 니체는 자기 보호와 안전은 자유로운 선택도 아니고 추가적이고 인위적인 계약의 문제도 아니라고 하는 것이다. 그런데 인간이 자연 상태라는 존재적 상황이 야기하는 위험 속에서 자기 보호와 안전을 위해 자신들의 자연권을 포기하는 자유로운 계약을 맺고, 자신들의 행위를 규제하는 법적 통치 집단에 정당성과 권위를 부여한다는 것은 흄, 홉스, 로크, 루소 등의 계약 이론가들의 전제다. 물론 이것은 논리적 가설일 뿐, 실제 상황도 역사적 상황도 아니다. 자연 상태에서 살아가는 인간에 대한 그림을 그려놓고 질서와 평화가 유지되는 시민 사회의 필요성을 강조하기 위한 전략적 가설인 것이다.[74] 그래서 국가가 실제로 어떻게 생겨났는지를 설명하는 모델이라기보다는, 통치권의 권위와 정치적 의무가 무엇을 의미하는지를 설명하려는 데에 주안점을 둔다고 할 수 있다.

그럼에도 불구하고 '자유로운 계약적 합의와 추가적 선택'이라는 것 자체가 국가를 자연적-관계적 유기체로 이해하는 니체에게는 결코 수긍할 수 없는 허구이자 잉여 개념에 불과하다. "인간의 절대적 조건이 공동체라면, 인간에게서는 그 공동체를 유지시키려는 충동이 가장 강력하게 전개된다."[75]

ㄴ. 개인에 관한 '영혼-형이상학적' 가설의 문제

사회계약론이 문제시되는 또 다른 이유는 그 계약이 실체적 개인

---

74 그래서 '어느 나라도 실제로 사회계약에 의해 생겨나지 않았기에 역사적으로 계약론은 허구'라는 반론은 진부하다. 사회계약은 역사적 기원에 대한 이론이 아니기 때문이다.

75 N : KGW VII 2 27[30], 283쪽.

을 전제한다는 데 있다. 즉 자존적이면서 독립적인 개체로서의 개인 말이다. 니체에게 그러한 개인은 '영혼-형이상학적' 가설의 소산에 불과하다. 옛 형이상학에서는 인간의 중심이자 육체의 모든 활동을 관장하고 육체의 소멸 이후에도 영원히 지속되는 것을 영혼(혹은 정신)이라고 일컫는다. 니체는 인간은 "신체일 뿐 다른 것이 아니다"라는 단언을 통해, 영혼이 결코 입증되지도 않고 입증될 수도 없는 '가설'에 불과하다고 진단한다. 하지만 이런 형이상학적 가설이 근대에 이르러 개인이라는 명칭 속에 그대로 잔존한다고 니체는 생각한다. 그 증거가 바로 개인을 자존적이고 독립적인 원자적 개체로, 즉 실체적 존재로 이해하는 것이다. 니체는 원자적 개체나 실체적 존재로서의 개인을 '행위-행위자 모델'을 통해 부정한 바 있다.[76] 그런 개인 개념은 인간의 자연적 관계성을 간과하고, 외부와의 관계와 연대를 이차적이고 부차적이고 임의적이고 추후적인 그 무엇으로 간주한다. 그래서 개인이 외부와 맺는 관계는 단절과 파괴의 가능성에 늘 노출되어 있다. 그 관계는 서양의 개인주의가 보여주듯, 원자Atom 모래알과 원자 모래알이 맺는 관계가 될 가능성도 크다.[77] 개인을 이렇게 보는 것을 경계하기에 니체는 그런 의미를 이미 포함하고 있는 '개인Individuum'이라는 개념 대신 "사적 인간Privatperson"이라는 표현을 사용하기도 한다.[78] 니체에게 원자-단일체나 힘 관계를 배제하는 개인 개념, 즉 고립된 자아주의egologie를 전제하는 개

76 백승영 (^{6}2016), 444~450쪽.
77 Za III 〈왜소하게 만드는 덕에 대하여〉: KGW VI 1, 210쪽.
78 MA I 472 : KGW IV 2, 315쪽. "사적 인간의 해방(나는 개인이라고 말하지 않으려 조심한다)…"

인 개념은 단적으로 말해 "오류"다.[79]

하지만 사회계약은 그런 개인을 여전히 전제한다. 니체는 거기서 사회계약이 개인을 '오로지 자신의 이익만을 추구하는 존재'로 상정할 수밖에 없는 불가피성을 본다. 하지만 '오로지 자신의 이익만을 좇음'은 니체에게 심리적 사실일 수 없다. 앞에서 이야기했듯이 인간은 본성상 사회적 동물이자 관계적 동물이기 때문이다. 물론 인간은 이기적 존재다. '공격적 이기주의'와 '방어적 이기주의'를 동시에 갖고 있는 존재인 것이다. 하지만 (니체의 관계주의가 보여주듯) 그런 인간은 동시에 자신의 힘의 유지라는 이기적 목적을 위해서라도 적대적 힘을 인정하지 않을 수 없으며, 그 적대적 힘과의 관계를 존속시키고 유지하기를 추구하지 않을 수 없다. 물론 홉스에게서도 인간의 이기적 본성이 결코 고립주의적인 것은 아니다. 홉스는 "본질적으로 인간은 태어나자마자 고립(고독)과 적이 된다고 나는 분명히 말하지 않을 수 없다. 따라서 사람들은 함께하기를 원하며 심지어 자연이 그렇게 요구한다는 점을 부인할 수 없다"[80]라고 말하기도 한다. 하지만 사회계약을 허구로 바라보는 니체에게 그런 점은 전혀 고려의 대상이 되지 않는다. 그래서 니체는 한마디로 이렇게 말할 수 있는 것이다.

사회는 개체들로부터 형성되는 것이 아니며, 개체들의 계약 같은 것으로

---

79 GD 〈어느 반시대적 인간의 편력〉 33 : KGW VI 3, 126쪽 ; N : KGW VIII 2 9[30], 13쪽. 이 밖에도 N : KGW VII 3 34[123], 40[37], 43[2] ; N : KGW VIII 2 9[7], 9[144], 10[57], 11[111], 11[156] 등 참조.

80 T. Hobbes (1642), 110쪽.

이루어지는 것이 아니다.[81]

니체의 힘경제적 계약은 개인을 자연적 관계체로 이해한다. 이 생각은 개인의 형성에서 전체와의 상호 작용이 갖는 중요성을 알려주기도 한다. 관계적 개인의 구체적 모습은 과거와 현재라는 긴 계보 속에서, 다양한 환경과 조건 속에서, 달리 말하면 전체와의 관계 속에서 서로 영향을 주고받으면서 만들어지는 것이다. 그래서 (1부에서 밝혔듯이) 개인은 전체와의 '조정-협력-협조-상호 작용'의 소산이다. 이런 생각을 전제하면서 니체는 다음처럼 말한다.

> 사회계약의 '심층적 부정의'가 이야기된다 : 마치 어떤 자는 유리한 상태로 태어나고 어떤 자는 불리한 상태로 태어났다는 사실이 정의롭지 않다는 듯이 말해지고 : 또는 어떤 자는 이런 성질을, 어떤 자는 저런 성질을 가지고 태어났다는 것마저도 정의가 아닌 것처럼 말해진다… 이에 대해서는 무조건 맞서 싸워야 한다. '개인'이라는 잘못된 개념이 이러한 불합리로 이끈다. 한 인간이 자라는 환경을 그에게서 떼어내고, 그를 마치 '영혼적 모나드'이기라도 한 것처럼 환경에 집어넣거나 환경으로부터 분리되게 놔두거나 하는 것 : 이것은 가련한 영혼-형이상학의 결과다. 어느 누구도 개인에게 특정 성질을 부여하지 않았다. 신도 아니고 그의 부모도 아니다 ; 그라는 것, 그가 어떠하다는 것, 그가 그 상태에 처해 있다는 것에 대해서 어느 누구도 책임이 없다…[82]

81 N : KGW V 2 11[182], 409쪽.

위에서 제시된 '사회계약의 심층적 부정의'에 대한 운운이 정확히 누구의 생각을 염두에 둔 것인지는 알 수 없다. 하지만 적어도 니체의 이 글이 계약론에 대한 정당하지 않은 비판을 제거하면서 동시에 사회계약의 전제가 잘못되었음을 보여주려는 의도를 지닌 것만큼은 명확하다. 개인은 전체와의 동시적 상호 작용이라는 거대한 관계망 속에서 비로소 그 자신이 된다. 그래서 한 개인이 존재하고, 그가 이러저러한 성질을 갖고 태어나고, 그가 특정 상황과 특정 환경에 처해 있다는 것은 "이미 존재했었고 또 앞으로도 존재할 모든 것의 숙명에서 분리될 수 없다".[83] 그렇다면 적어도 '누구는 부자로 태어나고 누구는 가난하게 태어났다. 이것은 정의롭지 않다. 게다가 그런 불평등한 개인들이 동등한 주체로서 계약을 맺는다는 것은 불가능하다'는 식의 관점은 불가능하다.

ㄷ. 병리적 국가 출현의 가능성

사회계약에 대한 니체의 또 다른 비판은 두 번째 비판의 연장선상에 있는 것으로, 사회계약이 병리적 국가를 만들 가능성이 있다는 것이다. 개인을 철저히 고립된 자아로 상정하거나 원자적 개체로서의 이기성만을 갖고 있는 존재로 상정하고, 공동체와의 관계를 추후의 임의적인 것으로 설정하면, 거기서의 계약은 당연히 구속력이 약할 수밖에 없다. 거기서 상정된 개인은 자신의 약속을 파기할 위험에 늘 노출되기 때문이다. 그래서 국가가 채권자이자 폭력의 주체가 될 가능성 또한 매우

82 N : KGW VIII 2 11[156], 315~316쪽.
83 GD 〈네 가지 중대한 오류들〉 8 : KGW VI 3, 90쪽.

높다. 예컨대 홉스가 말하듯이 국가라는 정치공동체는 방어와 평화와 신뢰라는 과제를 수행하기 위한 것, 즉 동물적 존재에서 사회적 존재로 나아가고자 하는 인간의 사회성의 소산이고, 개인은 국가가 제공하는 보호와 평화와 신뢰라는 이익을 누리는 구성원이 되는 대가로 자신의 자유로운 삶을 저당 잡힌다고 치자. 그런 상태에서는 이기적 개인의 자기 이익에 대한 고려와 계약 준수 의무가 충돌하게 되면, 계약을 파기하려는 충동이 우세해질 가능성이 높다. 그것이 현실화되면 국가는 그에게 계약 위반의 책임을 물어 여러 형태의 변제 요구를 하게 된다. 법률 국가에서 그것은 법적 제재가 될 것이다. 개인에게 그런 요구와 제재가 폭압이자 폭력으로 다가갈 것은 당연한 일이다. 이상에서 제시된 이유를 모두 담아 니체는 다음처럼 말한다.

> 국가가 계약으로 시작되었다는 저 열렬한 몽상은 정리되었다고 나는 생각한다.[84]

마. 개인과 국가, 그것의 두 가지 유형

국가의 계보에 대한 생각이나 계약론에 대한 비판에서 제시되듯, 니체는 개인과 국가를 두 가지 유형으로 구분한다. 건강한 개인과 건강한 국가, 그리고 병리적 개인과 병든 국가. 전자는 개인과 국가의 자연적 상태이자 정상적 상태다. 건강성은 원래 그래야 하는 정상적 상태가 유지되는 것이고, 병리성은 그런 상태에 문제가 생기는 경우이기 때문

---

84 GM II 17 : KGW VI 2, 340쪽.

이다. 이렇게 니체는 건강성과 병리성을 구분하지만, 그것은 고정적인 것도 확정적인 것도 아니다. 한 인간에게서도 그 두 가지 속성은 늘 공존한다. 국가 공동체에서도 마찬가지다. 그래서 개인과 국가는 늘 건강할 수도, 늘 병리적일 수도, 건강하다가 병들 수도, 병들어 있다가 건강해질 수도 있다. "인간은 아직 확정되지 않은 짐승Das noch nicht festgestelltes Tier"[85]이라는 니체의 표현은 국가에도 적용된다. 하지만 개인과 국가가 늘 건강한 상태를 지향해야 한다는 것은 니체에게는 당연한 일이며, 그것은 과제이자 목표이기도 하다. 니체가 건강성과 병리성에 대해 심혈을 기울여 설명하는 것은 바로 그런 이유에서다. 그런 니체의 노력이 집약되어 표출된 것이 바로《도덕의 계보》의 두 번째 논문이다. 이 논문은 법적 질서나 형벌, 그리고 정의의 문제와도 직접적으로 연계되는 것으로, 니체의 실천철학을 이해하는 데 결정적인 내용들을 상당 부분 포함하고 있다. 그래서 좀 더 상세히 고찰할 필요가 있다. 법질서와 정의와 관련해서는 3부에서 다시 논할 것이기에, 여기서는 개인과 국가의 건강성과 병리성의 문제에만 집중한다.

ㄱ. 양심분석론이 제공한 개인의 건강성과 병리성

《도덕의 계보》의 두 번째 논문은 유명한 양심분석론을 제공한다. 양심분석론은 '건강한-주권적 개인'과 '병든-원한Ressentiment 개인'이라는 니체의 구분을 염두에 둔 것이며,[86] 양심분석론의 내용을 토대로 국

---

85 JGB 62 : KGW VI 2, 79쪽.

86 '주권적 개인-원한 개인'이라는 인간 유형 구분은 니체의 도덕론이 제공하는 '주인적 존재-노예적 존재'라는 인간 유형 구분과 동전의 양면과도 같은 관계에 있다. 후자가 가치 평가의

가의 계보나 국가의 형태에 대한 분석도 진행된다.

양심분석론의 내용은 비록 가설이기는 하지만[87] 부채Schuld 이론과 내면화Verinnerlichung 이론, 그리고 약속Versprechen 이론의 형태로 구성할 수 있으며, 핵심은 다음과 같다. '원한 개인에게서 양심의 가책이 발생하며, 이런 양심의 가책은 병리적 현상이다. 반면에 가책 없는 양심의 소유자는 주권적 개인이며, 이 개인의 양심이 곧 자유 의식이다.'

양심의 가책에 대한 부채 이론은 인간의 힘경제적 계약을 토대로 하는 경제심리학적 가설이며, 내면화 이론은 인간의 사회성을 토대로 하는 사회심리학적 가설이다.[88] 하지만 두 가설 모두 '병든-원한 개인'을 전제한다. 먼저 부채 이론[89]은 앞서 언급된 인간의 힘경제적 계약 관계를 전제하고서 다음과 같이 전개된다. 정상적이고 자연적인 힘경제적 계약 관계가 채권자-채무자 관계로 전환되는 경우가 있다. 가치의 등가원칙을 지키겠다는 약속이 (의식적으로든 선의식적으로든 망각되어) 이행되지 않는 경우다. 이때 채무자가 된 개인은 채권자가 된 개인에게 무언가 빚지고 있다는 부채감을 갖게 된다. 이런 부채감이 바로 가책 받는 양심의 실체다. 이렇듯 양심의 가책은 힘경제적 현상이며, 그래서 일상적인 이해와는 달리 도덕과는 무관한, 도덕 이전적 현상이다. 그런데

주체라는 측면을 고려한 구별이라면, 전자는 인간 심리에 주목한 구별일 뿐이다. 물론 이 유형 구분이 확정적 유형을 말하는 것이 아님은 주지의 사실이다.

87 니체의 양심분석론은 샤흐트R. Schacht도 적절하게 지적하고 있듯이, 입증되거나 완결된 이론이라고는 할 수 없다. R. Schacht (1994), 130쪽. 오히려《도덕의 계보》전체가 그러하듯 양심분석론 역시 가설적 성격을 갖는다.

88 이 두 이론은《도덕의 계보》의 두 번째 논문의 뒷부분에 등장하는 신 개념의 계보 분석에서 비로소 연결된다.

89 부채 이론에 대한 상세한 설명은 백승영 (2007①), 107~122쪽 참조.

이런 부채감, 즉 양심의 가책은 자연스러운 현상은 아니다. 자신이 했던 약속을 기억하고 그것을 이행하는 경우에 부채감은 발생하지도 않고 발생할 필요도 없다. 어쨌든 양심의 가책을 받는 개인, 즉 채무자가 된 개인은 채권자가 된 개인에게 자신이 끼친 손해를 배상해야 한다. 그 배상 절차는 채무자-개인에게 고통스럽고 잔인한 과정이 된다. 자신의 뜻에 반하더라도 손해를 상쇄시킬 수 있는 무언가를 지불해 부채 청산을 해야 하며, 부채 청산을 요구할 권리가 채권자에게 있음을 인정해야 하기 때문이다. 그것은 곧 채무자가 채권자-개인이 자신에게 힘을 행사할 수 있고 자신의 우위에 있음을 인정하는 것이기도 하다. 그것은 채무자에게 타인의 힘을 인정해야만 하는 고통스러운 과정일 수밖에 없다. 반면, 채권자-개인은 채무자에게 고통을 가하면서, 그리고 고통받는 채무자를 보면서, 채무자에 대한 자신의 힘과 지배 감정을 느끼게 된다. 그 역시 고통을 가하면서 쾌감을 느끼는 잔인한 존재가 된 것이다. 그렇다면 채권자-채무자 관계는 곧 잔인함과 고통이라는 기제를 동반하는 힘경제적 계약 관계라고 할 수 있다. 자연적이고 정상적인 힘경제적 계약이 고통을 주고받는 잔인한 관계로 전환되어버리는 것이다. 니체는 이런 일이 발생하는 지점을 바로 병든-원한 개인에서 찾는 것이다.

병든-원한 개인은 자신의 약속을 망각한 사람이다. 약속의 망각은 니체에 의하면 인간에게 내재하는 원초적인 망각의 힘이 그것보다 좀 더 고급한 능력인 기억을 압도해버린 상태다. 그래서 인간의 자기 지배의 힘이 결여되거나 약화된 상태라고 할 수 있다. 자기 지배력의 부재와 결여. 니체는 바로 여기서 병리성의 시작을 보는 것이다. 병리적이기에 그는 고통스럽고 잔인한 부채 청산의 과정을 자신에게 귀속시키는, 원한

이라는 감정을 자신에게 돌리는 존재이기도 하다. 이런 방식으로 니체는 양심의 가책을 자기 지배력의 결여와 인간의 병리적 성격과 연결시키는 것이다. 반면, 건강한 주권적 개인에게는 이런 일이 발생하지 않는다.

부채 이론이 양심의 가책을 부채감으로 규정하면서 가책의 내용을 구체화한 것과 달리 내면화 이론[90]은 가책의 구체적 내용을 제시하지는 않는다. 단지 양심의 가책이 발생하는 조건을 제시할 뿐이다. 그 조건이 바로 사회화와 공동체 결성을 겪으면서 병든-원한 개인의 내면에서 일어나는 내면화 과정이다. 즉 그의 공격 충동이 자기 자신에게로 공격의 방향을 바꾸는 일이 생겨버리는 것이다. 원래 공격 충동은 의식 영역으로 완전히 흡수되지 않는 자연적 본능으로서, 외부 세계로 발산되어 충족되어야 한다. 하지만 공동체 결성은 공격 충동이 외부 세계로 방출되는 것을 억압한다. 그래서 공격 충동이 내부 세계로 공격의 방향을 바꾸게 되는 것이다. 이 공격 충동은 자신의 소유자를 혼란시키고 공격하고 파괴하면서, 즉 자기 파괴를 하면서 충족된다. 이런 자기 파괴를 위한 수단이 바로 양심의 가책이다.

이렇듯 니체는 부채 이론과 내면화 이론을 통해 양심의 가책을 오로지 병리적 개인에게만 귀속시킨다. 다음과 같은 니체의 짤막한 단언은 이 모든 내용을 담고 있다.

> 그러므로 사실상 어느 시대에나 공격적인 인간은 좀 더 강하고, 좀 더 용기 있고, 좀 더 고귀한 인간으로, 또한 좀 더 자유로운 눈과 좀 더 훌륭한

---

90 내면화 이론에 대한 상세한 설명은 백승영 (2007①), 122~125쪽 참조.

양심을 자기 것으로 갖고 있었던 것이다 : 이미 잘 알고 있는 바이지만, 이와는 반대로 도대체 양심에다 '가책'을 만들어낸 자는 누구인가? ―그는 원한 인간Der Mensch des Ressentiment이다![91]

여기 언급된 "좀 더 강하고, 좀 더 용기 있고, 좀 더 고귀한 인간", "좀 더 훌륭한 양심"을 지닌 인간으로 니체가 제시하는 것은 건강한 개인이자 주권적 개인이다. 건강한 주권적 개인은 망각이라는 충동을 기억 의지라는 고차적 기능에 의해 지배하고 제어할 수 있는 존재다. 즉 그는 자신의 내부에 대한 지배력을 갖는다. 그래서 자신의 약속, 가치의 등가원칙을 준수하겠다는 약속을 늘 기억하지 않을 수 없다. 그 약속을 늘 이행하지 않을 수 없다. 그래서 그의 양심은 가책 받을 일이 없다. 그는 자신의 약속에 대해 책임을 지는 개인인 것이다. 그래서 그가 맺는 경제적 교환 관계는 병리적인 채무자-채권자 관계로 변환되지 않는다. 그에게는 잔인한 고통의 과정도 필요하지 않다. 그는 건강하며, 타인도 건강한 상태로 유지시킨다. 니체는 이런 건강한 주권적 개인에게만 진정한 의미의 약속 권리가 있다고 생각한다. 니체에게서는 약속할 수 있는 권리는 인간이라면 누구에게나 부여되는 자연적 소여가 아니다. 오히려 주권적 개인만이 획득할 수 있는 '특권'이다. 약속이 특권이듯, 책임질 수 있는 권리 역시 특권이다. 약속 권리와 책임 권리의 소유자는 당연히 자유로운 존재다.[92] 니체는 이런 개인의 약속 권리와 책임 권리,

---

91 GM II 11 : KGW VI 2, 327쪽.

92 백승영 (2007①), 126~129쪽.

그리고 자유에 대한 의식을 바로 양심이라고 부른다. 건강한 주권적 개인의 양심은 이렇듯 도덕과는 무관한, 도덕에 앞서고 도덕을 넘어서는, 자유에 대한 의식이자 책임에 대한 의식이며, 약속 권리에 대한 긍지이자 책임 권리에 대한 긍지나 다름없다. 이런 내용을 니체는 다음처럼 요약한다.

> 책임이라는 이상한 특권에 대한 자랑스러운 인식, 이 희한한 자유에 대한 의식, 자기 자신과 운명을 지배하는 이 힘에 대한 의식은 그의 가장 밑바닥 심연까지 내려앉아 본능이, 지배적인 본능이 되어버렸다. —만일 이에 대한 한 단어가 필요하다고 했을 때, 이것을, 이 지배적인 본능을 무엇이라고 부르게 될 것인가? 그런데 의심할 여지 없이 : 주권적 인간은 그것을 양심이라고 부른다…[93]

양심분석론은 이렇듯 개인의 병리성을 자기 지배력의 부재, 원한 의식, 잔인한 보복 기제, 그리고 채무자-채권자 관계에서 찾으며, 그것은 국가의 병리성에 대한 해명에도 그대로 적용된다.

ㄴ. 건강한 국가와 병리적 국가

개인이 건강한 개인과 병리적 개인으로 구분되듯, 국가도 마찬가지다. 니체에게서도 플라톤에게서 그랬듯이 개인과 국가는 동형적이다. 그래서 니체는 개인과 개인의 관계를 바라보는 관점을 그대로 개인

---

93 GM II 2 : KGW VI 2, 310쪽.

과 국가의 관계에도 적용할 수 있다. 개인과 개인의 사적 관계는 개인과 국가의 관계를 이해하는 범형이 되는 것이다. 그 틀 속에서 니체는 앞의 〈ㄱ. 양심분석론이 제공한 개인의 건강성과 병리성〉에서 설명된 폭력적 국가라는 병리성에, 개인과 국가를 채무자-채권자 관계로 만드는 또 다른 병리성을 추가한다. 채권자-개인이 채무자가 된 개인에게 했던 그 모든 병리적 행위를 이제 채권자-국가가 하는 것이다.

반면, 건강한 국가는 원칙적으로는 채권자가 아니다. 책임 의식을 지닌 자유롭고 건강한 개인들이 만들어내는 공동체이기 때문이다. 그래서 거기서는 약속의 불이행이 일어나지 않는다. 설령 국가가 채권자가 된다 하더라도, 국가는 채권자로서의 권리를 포기하기도 한다. 이를 두고 니체는 "내 기생충이 도대체 나와 무슨 상관이 있다는 말인가?"[94] 라고 말할 수 있는 상태로 묘사하기도 한다. 건강한 국가는 혹여 개인의 약속 불이행이 일어나더라도 그 정도는 견뎌낼 수 있는 존속력과 방어력을 갖고 있기 때문이다. 이렇듯 채권자로서의 권리마저 스스로 포기할 수 있을 정도의 국가. 이런 국가는 오로지 건강한 구성원들이 전제될 때에만 가능하다. 물론 이런 상태는 니체에게도 가설이자 이상적인 상황일 뿐이다(이에 대해서는 3부 3장에서 법공동체 유형을 네 가지로 구분하면서 상세히 설명할 것이다).

---

94 GM II 10 : KGW VI 2, 325쪽.

3. 정신적 귀족주의와 교육국가

전기 사유에서부터 이미 니체는 개인이 사회나 국가를 위해서 존재하는 것이 아니라, 사회와 국가가 개인을 위해서 존재한다는 입장을 제시했다. 물론 이것이 개인과 국가, 개인과 사회의 상보적 관계를 부정하는 것은 아니다. 이것은 단지 국가와 사회의 목적을 어디에 두어야 하는지와 관련된 사유다. 개인들의 문화적 · 예술적인 창조 능력을 고양하는 것이 국가의 고유 과제라는 점에서 국가는 개인에게 봉사하는 수단이다. 만일 사회나 국가가 이런 과제를 방기하거나 개인의 고유한 창조적 능력을 억제한다면, 그런 국가에 대해서는 "가능한 한 작은 국가!"[95]를 선언해도 무방하다. 문화국가론에서 제시된 이런 입장은 개인과 공동체에 대해 집중적으로 논하는 후기로 갈수록 더욱 선명해진다. "우리는 더 이상 사회를 위한 재료가 아니다 : 이것이 이 시대의 진리다!"[96]라는 언명은 그 시작이다. 개인과 국가를 (확정되고 고정된 유형은 아니지만) 건강성과 병리성으로 구분하고, 건강한 사회와 국가는 개인의 건강성에 달려 있다고 생각하는 니체에게 그것은 당연한 일이다. 이런 건강한 개인을 니체는 정신적 귀족성을 지닌 '귀족적 개인Das aristokratische Individuum'으로 제시한다. 귀족적 개인은《차라투스트라는 이렇게 말했다》의 시기에 주로 등장하는 '위버멘쉬Übermensch'나 '좀 더 높은 인간Der höhere Mensch',《도덕의 계보》와《선악의 저편》에서부터 주로 사용되

95 N : KGW V 1 6[377], 624쪽.
96 FW 356 : KGW V 2, 279쪽.

는 '주권적 개인Das souveräne Individuum'이나 '주인Der Herr', '고귀한 자Der Vornehme', '강자Der Mächtige' 등의 명칭으로[97] 대체해도 무방하다. 그렇다면 이런 개인을 육성하려는 국가는 어떤 이념을 갖춰야 하는 것일까? 니체의 답변이 정신적 귀족주의일 것임은 예상 가능하다. 여기서의 귀족주의는 공화정이나 왕정이나 민주정이나 사회정 같은 하나의 새로운 정체를 이루는 것이 아니다. 그것은 오히려 그 모든 정치 체제가 지향해야 할 이상적인 이념이다.

(1) '누가 지배해야 하는가'라는 질문과 정신적 귀족주의

국가에 대한 니체의 논의는 '누가 지배해야 하는가'라는 질문에서 정점을 이룬다. 이 질문은 곧 지배의 정당성을 묻는 것이다. "모든 정치철학의 근본 문제는 지배의 정당성이라는 문제다"[98]라는 말처럼 그것은 실천철학에서 매우 중요한 문제이며, 니체에게도 마찬가지다. 이에 대해 니체는 '사람에 의한 지배'라는 고전적 이상을 수용하여 '귀족적 개인'이라고 답한다. 그러면서 '어떻게 지배해야 하는가'라는 정치철학의 또 다른 근본 문제는 등한시한다. 이것은 니체에게 결코 중요한 문제가 아니다. 지배의 정당성을 제도나 절차에서 확보한다고 해도 그것을 운용하는 '누구'의 성격에 따라 기대하지 않은 결과로 이어질 수 있기 때문이다. 그래서 니체에게서는 '누구'가 '어떻게'에 늘 앞서게 된다. 물론

97 《인간적인 너무나 인간적인》에서부터 이미 고귀한 영혼에 관한 논의들이 산발적으로 시작된다. MA I 397, MA II 35, MA II 325 등 참조.

98 R. Spaemann (1977), 104쪽.

니체에게서는 '누가 지배해야 하는가'라는 질문도, 귀족적 개인이라는 답도 가정법이다. 만일 누군가가 지배해야 한다면 '누가 그 역할을 담당할 것인가?'인 것이다. 그런데 누가 지배해야 하는가에 대한 니체의 생각은 국가와 지배권에 대한 '이상적'인 그림을 제시하는 것이기도 하다. 어떤 존재가 지배해야 제도와 절차가 잘 운용되어 국가가 건강해질 것인지에 대한 그림 말이다. 이것은 정신적 귀족주의라는 이념 속에서 전개된다.

정신적 귀족주의는 첫째, 국가를 '정신적 주인 유형-정신적 노예 유형(건강한 개인-병리적 개인)'의 이원 체제로 상정한다. 하지만 이러한 이원 체제는 선천적 계급 결정론이나 우생학적 결정론에 따른 것은 아니다. 또한 현실적인 정치권력이나 경제력에 좌우되는 것도 아니다. 게다가 한번 설정되었다고 변경 없이 고정되는 것도 아니다. 오히려 주인과 노예라는 구별 기준은 오로지 정신력과 그것의 실천이다. 즉 주인 의식을 갖고 주인적인 삶을 의식적-의지적으로 실천하면 주인 계층의 일원이 된다. 반면 노예 의식을 갖고 노예적 삶을 살아가면 노예 계층의 일원이 된다. 그렇게 형성된 계층은 물론 가변적이다. 정신의 힘이 가변적이기 때문이다. 그런데 니체는 주인적 존재의 지속에 대한 의식적 노력을 끊임없이 권유하고 강조한다. 비록 주인-노예의 이원 체제가 피할 수 없는 현실이라 하더라도, 모든 개인이 주인적 존재가 되려 노력하는 사회야말로 이상적인 상태라고 생각하기 때문이다. 니체가 오로지 주인적 존재에게만 일체의 긍정적인 덕목을 ─ 예컨대 거리距離의 파토스, 질서 구축, 통찰력, 용기, 공감력, 고독, 지배권 등 ─ 부여하고 노예적 존재에게는 복수심이나 원한 등의 부정적인 속성을 부여하면서 복종을 요구하는 이유가 여기에 있다. 이렇듯 니체는 정신적 계층론을 제시하면서 주인적 존재로의 고양이라는 교육적 목적을 갖고 있었다고 할 수 있다.

니체의 이런 주인-노예 계층론이 결코 현실적인 계층 구분론일 수 없다는 것은 주지의 사실이지만, 니체가 플라톤처럼 현실적인 3계층론을 주장하는 것처럼 보이는 글도 있다. 그것도 마누 법전과 플라톤과 카스트 제도를 한데 엮는 방식으로 말이다. 《안티크리스트》 57번의 글이나 《우상의 황혼》 중 〈인류를 '개선하는 자들'〉의 3번 글이 대표적인 예이다. 하지만 전자는 인도의 카스트 제도에 대한 그의 해석일 뿐이고, 후자에서는 마누 법전이 '반자연적 개선'의 도덕의 예로 활용되고 있을 뿐이다. 따라서 이것을 니체와 플라톤의 연계에 대한 근거로 삼아 니체가 플라톤처럼 3원 체제의 국가 구조를 주장한다고 보거나, 니체가 '현실적'인 계층 구분론을 주장한다고 보거나, 심지어 니체가 레이시즘racism을 주장한다고 보는 것은 결코 학적 정당성을 얻지 못한다. 니체는 오히려 《유고》를 통해서 보여주듯 마누 법전과 카스트 제도에 대해 비판적 견해를 갖고 있었다.[99]

정신적 귀족주의는 둘째, 앞서 설명한 것처럼 사회의 지속적인 긴장 상태를 자연적이고 이상적인 것으로 받아들인다. 주인 계층과 노예 계층의 내부에서도 그렇고, 주인 계층과 노예 계층 사이에서도 마찬가지다. 그 구성원들 개개인이 (주인이든 노예든) 힘에의 의지의 주체이기 때문이다. 즉 그 사회가 힘에의 의지의 거대한 관계 세계이기 때문이다.

---

99 N : KGW VIII 3 14[203], 15[45] 참조.

따라서 거기서는 지속적인 힘 상승 추구와 그로 인한 싸움이 늘 일어날 수밖에 없으며, 그로 인한 긴장 상태가 견고히 유지될 수밖에 없다. 니체는 이런 긴장 상태를 사회의 불안 요인이나 해체 요인으로 파악하지 않는다. 오히려 긴장은 사회의 지속과 발전을 위해 불가결한 요소다. 따라서 정신적 귀족주의는 평화나 안정보다는 긴장과 변화를, 닫힌 사회보다는 열려 있는 사회를 옹호하는 것이다.

> 나는 […] 귀족주의를 옹호한다 […] 귀족 사회가 성원들의 고도의 자유를 유지시키기 위한 전제로서 자신 안에 갖는 것은 극단적인 긴장으로, 이것은 모든 성원들에게 대적하는 충동이 있다는 점에서, 지배하려는 의지가 있다는 점에서 비롯된다.[100]

정신적 귀족주의가 이런 특징을 갖기에 귀족적 개인에게 지배 권리를 인정하는 것은 당연하다. "국가의 정점에는 좀 더 높은 인간이 서야 한다"[101]는 그 단적인 표현이다. 귀족적 개인에 대한 구상은 니체 사유의 전기부터 후기까지 지속적으로 유지되며, 사유가 진행됨에 따라 새로운 속성들이 추가된다. 초기에는 문화적 · 예술적 천재가 귀족적 개인 유형으로 제시되며, 이후 힘에의 의지의 관계주의 및 긍정의 철학이 구체화됨에 따라 '위버멘쉬, 좀 더 높은 인간, 주인, 고귀한 자, 강자' 등이 귀족적 개인의 제 유형으로 등장한다.《도덕의 계보》에서는 '주권적

---

100 N : KGW VIII 2 11[140], 307쪽.
101 N : KGW VII 1 14[3], 498쪽.

개인'이 귀족적 개인으로 제시된다.

(2) 주권적 개인

① 주권적 개인은 국가의 자연적 성립을 실제로 가능하게 하는 존재다. 그가 앞서 설명된 것처럼 책임 권리와 약속 권리의 주체이기 때문이다. 그래서 그는 자유로운 존재이기도 하다. 그의 자유는 한편으로는 자기 입법과 자기 복종에서 확보된다. "자신의 의지에 복종하는 것을 우리는 강요라고 부르지 않는다. 거기에는 즐거움이 있기 때문이다. 네가 너 자신에게 명령한다는 사실. 그것은 의지의 자유를 의미"[102]하기 때문이다. 다른 한편으로 그의 자유는 자기 지배에서 나온다. 자기 지배는 물론 자신의 명령에 스스로 복종하는 것과도 관계되지만, 니체는 여기에 한 가지를 더 추가한다. 개인의 내부에서 일어나는 수많은 충동과 욕구와 열정을 제어하는 힘 말이다. 열정이나 충동이나 욕구는 근대까지의 인간관에서 이성의 통제 대상이자 도덕적 금지의 대상이었지만, 니체는 그 사슬을 풀어버린다. 그것들이 신체로서의 인간의 한 축을 형성한다는 이유에서만은 아니다. 개인이 갖고 있는 힘의 정도가 그것들을 지배하는 정도에 비례한다고 생각하기 때문이다. 그것들 역시 힘에의 의지인 한, 그것들 사이의 싸움과 충돌은 불가피하다. 따라서 그 싸움 과정에서 인간은 내적 카오스를 경험할 수도 있다. 하지만 그것들이 힘에의 의지인 한 그것들 사이의 힘의 정도에 따른 질서와 위계는 실제

102 N : KGW VIII 1 1[44], 16쪽.

로 구현 가능하며, 이것을 니체는 자기 지배로 이해하는 것이다. "대립과 반대 충동의 종합은 한 인간이 가진 전체 힘의 표시다 : 그것이 얼마나 많은 것을 통제할 수 있는가?"[103]라는 니체의 물음은 단순한 물음이 아니라 사실 진술에 가깝다. 니체가 전제하듯 그런 자기 지배가 가능하다면, 욕구층과 열정의 무한한 확대는 오히려 바람직하다. 그것이 삶을 더 크게 성장시키고 역동적으로 만들고 확대하는 활력소가 되기 때문이다. 그런 상태에서 인간의 자유 의식은 더 커질 수 있다. 그래서 니체가 생각하는 가장 자유로운 인간은 가장 큰 싸움터를 내부에 갖고 있는 존재다. 그 싸움터에서 질서를 잡으면서 자기 자신에 대한 최고의 힘 느낌을 갖기 때문이다. 다음의 두 인용문은 바로 이러한 면을 표현한 것이다.

> 가장 자유로운 인간은 자신에 대한 최고의 힘 느낌을, 자신에 대한 최대의 앎을, 자신의 힘들의 불가피한 상호 투쟁에서는 최대의 질서를, 그것과 비례해서 개별적 힘들의 최대한의 독립성을, 그것과 비례해서 가장 큰 투쟁을 자신 안에 지니고 있다.[104]

> 요약하면 : 열정들의 약화나 절멸이 아니라 열정들에 대한 지배! 의지의 주인적 힘이 크면 클수록 열정에 더 많은 자유가 주어질 수 있다. '위대한 인간'은 자신이 지닌 욕구들의 자유로운 유희 공간 때문에, 그리고 이

103 N : KGW VIII 1 1[4], 7쪽.
104 N : KGW V 2 11[130], 386쪽.

러한 훌륭한 괴수들을 사용할 수 있는 더 큰 힘 때문에 위대한 것이다.[105]

이렇게 해서 니체는 이성을 가지고 욕구층과 충동층을 억제하고 제어하려는 이성적 금욕주의 사유 전통에 일침을 가하게 된다. 그 전통이 전제하는 욕구나 열정을 이성 능력과 엄밀하게 분리하는 것 자체가 불가능하다는 점을 넘어, 욕구와 열정에 대한 이성의 지배라는 전통적 사고방식 자체가 욕구와 열정들 사이의 자연적 질서를 구축하지 못하는 무능력을 인정한다는 점 때문이다. 그런 사고방식은 곧 인간에게 자기 지배력 자체가 없음을, 그래서 인간이 자유롭지 않음을 시인하는 것이나 다를 바 없다. 니체가 소크라테스를 비난하는 이유 중 하나는 바로 이런 점과 관련 있다. 니체에 따르면 소크라테스는 "어느 누구도 더 이상 자신을 지배하지 못하며 본능들이 서로 대적하고 있는 것에 대한 […] 극단적 경우였을 따름이다".[106] 그래서 소크라테스는 본능이라는 폭군에 대적하기 위해 이성이라는 또 다른 폭군을 "구조자"[107]로 제시한 것이다. 니체는 소크라테스뿐만 아니라 온갖 유형의 도덕적 금욕주의를 같은 맥락에서 웃음거리로 만들어버린다. "정열과 욕구들을 한갓 그것들의 우매함이나 우매로 인한 달갑잖은 결과들을 예방한다는 이유로 멸절시킨다는 것. 이것 자체가 오늘날 우리에게는 위급한 형태의 우매라고 여겨진다."[108] 이런 위급한 형태의 우매가 만연한 것은 자기 지

105 N : KGW VIII 2 9[139], 78쪽.
106 GD 〈소크라테스의 경우〉 9 : KGW VI 3, 65쪽.
107 GD 〈소크라테스의 경우〉 10 : KGW VI 3, 66쪽.
108 GD 〈반자연으로서의 도덕〉 1 : KGW VI 3, 76쪽.

배력이 결여되었기 때문이라고 니체는 비아냥거린다. “자기 자신 안에 척도를 세우기에는 너무나 의지가 약하고 너무나 퇴락한 인간들이 욕구와 싸울 때, 그들은 거세와 멸절이라는 수단을 본능적으로 사용한다.”[109] 달리 말해 그들이 그들의 욕망으로부터 결코 자유롭지 못한 존재였기 때문이다. 그래서 니체는 그들을 “치아의 통증을 없애버리기 위해 치아를 뽑아버리는 의사”[110] 정도로 치부해버린다. 그들은 다음과 같은 사실을 알지 못하고 있다.

> 인간은 동물과는 달리 서로 대적하는 다량의 충동들과 욕구들을 크게 키워왔다 : 이러한 종합에 힘입어 인간은 지상의 주인이다 [⋯] 최고의 인간은 가장 큰 충동의 다양성을 갖는 존재일 것이다.[111]

② 주권적 개인은 ‘거리의 파토스Pathos der Distanz’의 소유자다. 거리의 파토스 혹은 거리를 두는 파토스는, “적대화하지 않으면서도 분리하는 기술 : 아무것도 섞거나 ‘화해시키지’ 않는다 : 끔찍한 다양성. 그럼에도 불구하고 카오스와는 정반대의 것이다”[112]라는 짤막한 설명이 말해주듯, 인식적으로는 다양한 해석들의 특수한 차이를 혼합하거나 용해하지 않은 채로 가치의 위계를 설정하는 능력이다. 실천적으로는 자기 자신에 대한 거리 두기는 물론이고 “좀 더 높은 지배 종족이 좀 더 하위

---

109 GD 〈반자연으로서의 도덕〉 2 : KGW VI 3, 77쪽.
110 GD 〈반자연으로서의 도덕〉 1 : KGW VI 3, 76쪽.
111 N : KGW VII 2 27[59], 289쪽.
112 EH 〈나는 왜 이렇게 현명한지〉 9 : KGW VI 3, 292쪽.

의 종족, 즉 하층민에 대해 갖는 지속적이고 지배적인 전체 감정과 근본 감정"[113]을 의미하기도 한다. 즉 주권자 유형과 비주권자 유형의 존재적 차이, 가치의 차이, 그로 인한 위계질서에 대한 파토스인 것이다. 니체는 이런 파토스가 전제되어야만 인간의 자기 극복에 대한 욕구, 인간 유형의 향상에 대한 욕구가 가능하다고 생각한다. "거리를 두는 파토스가 없이는… 더욱 비밀스러운 파토스 역시 생겨나지 않을 것이다. 즉 한 영혼의 내부에서 항상 새롭게 거리를 확대시키려는 갈망, 점점 더 높이 점점 더 드물게 좀 더 멀리, 좀 더 긴장되고 좀 더 포괄적인 상태를 형성하려는 갈망은 생겨나지 않을 것이다. 짧게 말하자면 '인간'이라는 유형의 향상이자 '인간의 지속적인 자기 극복'에 대한 갈망 말이다."[114]

③ 주권적 개인은 주인 의식의 주체이며, 자기 긍정의 주체다. 자신의 힘과 그 힘의 건강한 사용에 대한 의식, 주인이 되고자 하는 건강한 갈망과 그럴 권리가 있다는 자부심, 충만해서 넘쳐흐르고 그래서 나눌 수도 있는 힘을 소유하고, 그 힘에 의해 삶의 주인이자 삶의 예술가일 수 있다는 자긍심을 지닌 존재다. 니체는 이런 것들을 갖춘 상태를 "본능적 건강이자 자기 긍정"[115]이라고 부른다. 주권적 개인은 이런 자기 긍정이 가능한 존재이기에, "모든 것을 나를 위해"라고 말하는 "퇴화된 이기심(사욕私慾Selbstsucht)"의 소유자일 수 없다.[116] 그의 관심은 늘 '힘 관계의 존속 자체'를 고려하지 않을 수 없는 "건강한 이기심"의 발로

113 GM I 2 : KGW VI 2, 273쪽.
114 JGB 257 : KGW VI 2, 215쪽 : KGW VIII 1 2[13], 71쪽.
115 N : KGW VIII 2 10[128], 196쪽.
116 Za I 〈선사하는 덕에 대하여〉 1 : KGW VI 1, 94쪽.

다.[117] 니체가 "자기 스스로 확고히 자리를 차지하고 있지 못하면 아무 것도 나누어 줄 수 없고, 손을 내뻗지도, 보호처나 지휘봉이 되지도 못 한다"[118]라고 할 때 염두에 두고 있는 것은 바로 그런 건강성이다. 그런 건강한 주인 의식과 자기 긍정의 주체가 자신을 존중하고 경의를 표하는 것은 자연스러운 일이다. "고귀한 영혼은 자기 자신에 대한 경외심을 갖고 있다."[119]

주권적 개인은 '힘 관계의 존속 자체'를 고려하는 존재이기에, 공동체 구성원들이 갖고 있는 힘의 의미와 기능을 인정하며, 그것의 지속적인 표출을 조장하고 촉발시킨다.

> 순진한 사람의 귀를 불쾌하게 만들지도 모를 위험을 무릅쓰고 나는 주장한다 : 내가 말하는 이기주의는 고귀한 영혼의 본성에 속한다 […] 고귀한 영혼은 […] 자기와 동등한 권리를 가진 사람이 있다는 것을 인정한다. 이 영혼은 […] 그런 사람들과 교류하며 […] 그런 사람들에게 권리를 주면서 자기 자신을 존경한다.[120]

④ 그래서 주권적 개인은 지배에 대한 '권리'를 얻는 존재이기도 하다. 그가 공동체 전체의 관계적 특징을 의식하고, 그 특징을 유지시키려는 정신력의 소유자이기 때문이다. 그가 철저히 관점적-힘경제적 존재

---

117 Za III 〈악 셋에 대하여〉 2 : KGW VI 1, 234쪽.
118 N : KGW VIII 2 10[128], 196쪽.
119 JGB 287 : KGW VI 2, 243쪽.
120 JGB 265 : KGW VI 2, 230쪽.

이긴 하지만, 그의 이기적 관심은 사회의 이익과 배타적인 관계에 있지 않다. 오히려 그는 자신의 개인적 목적 달성이 사회 전체의 힘 상승 속에서만 이루어질 수 있음을 인지한다. 그래서 "자기 자신과 사회 공동체의 성취를 동일시"[121]할 수 있다.

주권적 개인을 새로운 귀족의 예로 제시한 정신적 귀족주의는 결국 정신력과 권력의 통일이라는 이상을 보여준다. 플라톤에게서처럼 니체에게서도 지배는 무거운 짐이다. "명령은 복종보다 더 어렵다."[122] 지배자의 자기 자신에 대한 엄중함은 타인에 대한 엄중함을 능가하기 때문이며, 지배자의 내적 자기 지배가 전제되어야 환경이나 자연이나 타인에 대한 지배가 비로소 가능해지기 때문이다. 또한 지배자는 관계세계에 대한 책임 의식 역시 갖추고 있어야 하기 때문이다. 그래서 오로지 '자기 자신을 극복하고 지배하는 자'들, 즉 정신력이 가장 강한 자들에 의한 지배가 정당화된다. 이런 상태에서 권력은 폭력으로 귀결되지 않는다. 오히려 권력은 (카스트 제도의 제1계층이 그러하듯) 선의와 사치를 허용하며[123] 자비로울 수도 있다.[124] 힘에의 의지의 관계망에서 선의나 자비라는 개념은 매우 생소하게 들린다. 하지만 힘에의 의지의 관계망이기에 선의와 자비가 가능한 것이다. 선의나 자비라는 개념은 니체에게서 관대Großmut[125]나 베풂Freigebigkeit[126] 같은 말로도 표현된다. 충만

---

121 JGB 19 : KGW VI 2, 27쪽.
122 Za II 〈자기극복에 대하여〉 : KGW VI 1, 143쪽.
123 AC 57 : KGW VI 3, 242쪽 ; FW 3 : KGW V 2, 18쪽.
124 GM 10 : KGW VI 2, 324쪽.
125 FW 49 : KGW V 2, 88쪽 ; M 199 : KGW V 1, 173~174쪽.
126 N : KGW VIII 2 10[128], 196쪽.

한 힘으로부터 흘러나오는 관대하고 자비롭고 베푸는 정신. 그런 정신이야말로 '강자'의 상태이자 특권인 것이다.

(3) 귀족적 개인의 지배와 그것의 정당성

정신적 귀족주의는 주권적 개인으로 대표되는 귀족적 개인 유형에게 지배권을 허용한다. 귀족적 개인이야말로 진정한 강자이자 니체가 "국가의 정점에 세워야 한다"[127]면서 찾던 '좀 더 높은 인간'이다. 그의 지배권은 바로 그가 귀족적 개인이라는 사실 하나만으로, 그가 건강한 지배욕의 소유자라는 사실 하나만으로 이미 정당화된다. 즉 그가 지닌 가치가 그가 가질 수 있는 권리를 입증하는 셈이다.

> 한 인간이 지닌 가치는 입증해야 한다. 그가 어떤 권리를 자기 것으로 향유해도 되는지를. '대등하게 하는 것'은 좀 더 높은 인간들에 대한 경멸에서 나오는 것으로, 이들에 대한 일종의 범죄다.[128]

가치와 권리의 이런 관계는 앞서 설명한 바와 같은 귀족적 개인의 제반 특징 외에, 이기심(사욕)과 지배욕에 대한 니체의 분석에서도 다시 확인된다.

귀족적 개인에게 지배하려는 의지는 자연스러운 것이다. 그 역시

127 N : KGW VII 1 14[3], 498쪽.
128 N : KGW VII 25[343], 97쪽.

힘에의 의지의 주체이기 때문이다. 하지만 그의 지배 의지는 사람들에게 무조건적 복종을 강요하는 것도, 폭압이나 폭력을 행사하려는 것도 아니다. 오히려 그것은 긴장적 관계 세계를 인정하고 그것을 지속시키려는 지배욕이다. 반면, 그 반대를 원하는 병적 지배욕도 있다. 《차라투스트라는 이렇게 말했다》에 나오는 지배욕에 대한 이중적 고찰은 이런 점을 보여준다.

> 지배욕 : 그것은 최고로 허영에 찬 대중에게 달라붙어 있는 악의에 찬 등에다 […] 그 시선 앞에서 사람들은 기어 다니게 되고, 머리를 조아리며 전전긍긍하게 되고, 그리하여 뱀과 돼지보다도 더 비굴해진다 […] 그런데 그것은 매혹적으로 순수한 자, 고독한 자, 그리고 저 위쪽에서 자족하고 있는 높은 자에게 오른다. 지상의 하늘에 보랏빛 행복을 유혹하듯 그려 넣는 사랑처럼 그렇게 불타오르며 […] 높은 것이 아래로 내려와 권력을 열망할 때 누가 그것을 두고 병적 탐욕이라고 부르겠는가! 진정 그 같은 열망과 하강에는 병적인 것도 탐욕적인 것도 없거늘! 고독의 저 높은 경지가 영원한 고독에 자족해 머무르려고 하지 않는 것 ; 산이 골짜기로 내려오고, 높은 곳의 바람이 아래쪽으로 불어 내리는 것.[129]

비도덕주의자 니체가 지배욕에 대해 이중적 고찰을 하리라는 것은 충분히 예견 가능하다. 비도덕주의는 그 어떤 것도 정해진 가치를 갖는다고 보지 않고, 늘 '누구'의 것이고 '누구'의 행위인지를 묻기 때문이다.

---

129 Za III 〈악 셋에 대하여〉 : KGW VI 1, 233~234쪽.

지배 의지 역시 그 자체로는 가치중립적이며, 누구의 지배 의지인지가 평가의 관건이 된다. 누구의 것인지에 따라 지배 의지는 자신과 타인을 비천하게 만드는 '병적 탐욕'일 수도 있고, '지상에서의 행복'을 가능하게 해주는 건강하고 정의로운 것일 수도 있다. 귀족적 개인의 지배 의지가 후자임은 니체에게는 자명하다. 이것을 니체는 플라톤의 철인왕(혹은 이성적 지배자)을 염두에 두면서 '높은 자가 자족적 행복을 마다하고 아래로 내려와 권력을 열망'하는 상태로 묘사한다. 그는 최고로 이상적인 사람으로서 자신의 정신의 높이를 즐기며 자족적 행복을 찾을 것이다. 하지만 그는 자족적인 삶을 마다하고 인간들의 세상으로 온다. "높은 곳의 바람이 낮은 곳으로 불어 내리는 것"처럼 그의 지배 의지는 자연스럽다. 그가 바로 그런 사람이기에, 그의 지배 의지와 권력욕은 도덕적으로도 문제가 없고 정치적으로도 문제가 없다. 플라톤의 철인왕이 그렇듯이 말이다.

이기심(사욕)의 경우도 마찬가지다. 이기심 자체도 지배 의지의 경우처럼 가치중립적이다. "우리에게 혐오감을 불러일으키는 것은 에고 자체가 아니라 에고의 방식이다"[130]라는 니체의 말처럼, 언제나 '누구'의 이기심인지가 관건이다. 그가 다음처럼 단언하는 것은 바로 그런 이유에서다.

> 이기심을 갖는 자가 생리적으로 어떤 가치를 갖느냐에 따라 이기심의 가치가 결정된다 : 그것은 가치가 매우 클 수도 있고 무가치할 수도 있으

---

130 N : KGW V 2 12[13], 476쪽.

며 경멸받을 수도 있다. 각각의 인간은 그가 삶의 상승선을 나타내는지 하강선을 나타내는지에 따라 평가되어도 무방하다. 이것에 대한 판단이 그들의 이기심이 어떤 가치가 있는지를 결정하는 기준이 된다.[131]

귀족적 개인의 이기심은 앞서도 밝혔듯 "모든 것을 나를 위해"[132]라고 말하는 천박한 자아론에 입각한 자기중심적 이기심이 아니다. 오히려 그 반대다. 그 이기심은 관계 세계의 지속을 지향한다. 즉 '진정한 적이 곧 진정한 벗'이라는 통찰에서 나와서 자신의 힘 상승을 위해 타인의 힘 상승 역시 촉구하고 또 그것을 활용하려 한다. 이런 맥락에서 니체는 "위대함을 추구하는 인간은 자신의 진로 위에서 만나는 모든 사람을 수단으로 여기거나 지연시키는 것 또는 장애물로 여긴다 ―아니면 일시적인 휴식용 침대로 여긴다. 그의 고유한, 함께 사는 인간들에 대한 고차적 선의는 그가 그 높이에 이르러 지배하게 될 때 비로소 가능하다"[133]라고 말하기도 한다. 하지만 그 이기심은 상대의 힘을 강화한다는 점에서 상대에게도 유용하게 작용한다. 그래서 그의 이기심은 결코 이타심과 모순되지 않는다. 정신적 귀족이 보여주는 자비와 호의와 관대도 물론 그의 이기심의 소산이다. 하지만 그것 역시 상대를 위한 것이기도 하다. 니체의 말처럼 "관대함에는 복수와 마찬가지로 이기주의가 들어 있다. 그러나 이것은 질적으로 다른 이기주의다".[134]

---

131 GD 〈어느 반시대적 인간의 편력〉 33 : KGW VI 3, 125~126쪽.
132 Za I 〈선사하는 덕에 대하여〉 : KGW VI 1, 94쪽.
133 JGB 273 : KGW VI 2, 237쪽.
134 FW 49 : KGW V 2, 89쪽.

귀족적 개인의 이기심과 지배욕이 이런 것이라면, 그의 지배는 '관계 세계의 관계 정의'를 실현하는 장이 될 것이다. 그래서 "주권적 개인들의 공동체라는 이상적 상태에서는 타인에 의한 배타적 지배라는 문제가 생긴다"라는 바타유의 생각은 적절하지 않다.[135] 귀족적 개인들이 만들어가는 공동체에서는 "적의 성공이 곧 나의 성공"[136]이라는 내적 삶의 윤리가 사회적·정치적 행위의 격률로 확대될 것이기 때문이다. 니체는 그런 공동체야말로 귀족주의가 지배하는 곳이자 정의로운 곳이 될 것이라고 생각한다.

135 G. Bataille (1999), 240쪽.
136 Za I 〈싸움과 전사에 대하여〉: KGW VI 1, 55쪽.

제3장
'위대한 정치'라는 교육적 기획

1880년에서 1889년까지의 기간에 니체에게 점차 중요해지는 화두는 지배Herrschaft와 주인Herr이다. 이 화두는《차라투스트라는 이렇게 말했다》 4부와《선악의 저편》, 그리고《도덕의 계보》를 기점으로(시기상으로는 1884/5~1885/6년) 본격적으로 등장한다.《차라투스트라는 이렇게 말했다》에서 자유정신의 상징이었던 위버멘쉬는 서서히 지배자라는 정치적 색채를 입게 되고,[137]《도덕의 계보》부터는 '주인'이자 '주권적 개인'이 강조되면서 '사람에 의한 지배' 이념 역시 절정에 달하게 된다. 이것은 니체가 '좋은 유럽인'이 되기 위해 자유정신을 요청했던 전기 사유에다가 정신적 귀족주의라는 이념을 추가한 것이라고 할 수 있다. 물론 문화의 위대함이라는 전기의 사유도 이 시기에 계속 유지된다.

137《차라투스트라는 이렇게 말했다》 중 특히 4부(1884~1885)에서 지배와 통치에 대한 관심이 부상한다.

거기에 교육국가라는 이상도 가세하고, 독일 정신과 독일 정치에 대한 비판, 반유대주의나 대중성에 대한 비판 등도 더욱 첨예화된 형태로 추가된다. 특히 유럽의 정치 현실에 대한 비판이 여러 측면에서 이루어져, 니체는 유럽의 정치 현실을 가리켜 위대한 정치와는 거리가 멀고 독일에 책임이 있는 "작은 정치"라고 말하기도 한다.[138] 이런 여러 사유들이 한데 모여 '위대한 정치'라는 프로그램을 낳는 것이다. '위대한 정치' 프로그램은 '누가 지배권을 가져야 하는지'에 대한 니체의 답이기도 하다.

하지만 이 프로그램은 특정 국가나 특정 민족을 대상으로 하지 않는다. '위대한' 정치는 초국가적 이상이다. 게다가 오로지 정신적 귀족이라는 '위대한' 인간을 만들어내려는 교육의 중요성과 역할에 주목하는 것으로, 니체의 국가론을 교육국가론으로 완결시키는 데 결정적 역할을 한다. 이런 점은 니체의 정치론에 뚜렷하게 반시대적이고 반근대적인 색채를 입히게 된다. 그것이 자유와 평등이라는 천부인권에 대한 이의 제기와, 자유와 평등을 토대로 하는 모든 형태의 근대적인 지배 체제에 대한 반박으로 이어지기 때문이다. 민주주의와 사회주의에 대한 니체의 비판은 그것의 연장이다. 그래서 니체는 시민 정치, 자유주의 정치, 사회주의 정치, 아나키적 정치, 민주주의 정치 등의 근대적 차이를 주목하지 않는다. 오히려 그는 그것들의 공통된 토대이자 이념인 '자연적 소여로서의 자유와 평등'을 반대하면서 새로운 이념을 제시하고자 한다.

정치에 관해 다른 식으로 생각하는 시대가 도래한다.[139]

---

138 EH 〈나는 왜 이렇게 좋은 책들을 쓰는지〉-WA 2 : KGW VI 3, 358쪽.

1. '위대한 정치' 프로그램의 시작과 의도
—마키아벨리와 플라톤의 사이

'위대한 정치'라는 표현은 이미 《아침놀》에서부터 다음과 같이 등장한다. "위대한 정치에 개인들과 국민들의 이익과 허영심이 영향을 미친다고 하더라도 : 그것을 앞으로 나가게 몰아대는 가장 광폭한 흐름은 힘 느낌에 대한 욕구다."[140] 후기에는 위대한 정치에 관해 몇 가지 내용들이 산발적으로 제시되지만, 그것들은 하나의 퍼즐처럼 엮일 수 있다. 그중에서 《정치학 논고》라는 책을 쓰려는 의도를 밝히고 있는 유고는 위대한 정치라는 프로그램의 의도와 지향점을 알려준다.

덕의 지배에 대하여.

어떻게 덕이 지배하게 하는지.
《정치학 논고》
프리드리히 니체

이 밑에는 다음과 같은 서문이 달려 있다.

이 《정치학 논고》는 모든 사람의 귀를 위한 것은 아니다 : 이 논고는 덕

139 N : KGW VIII 1 2[57], 86쪽.
140 M 189 : KGW V 1, 161쪽.

의 정치와 그것의 수단 및 권력에 이르는 길을 다룬다. 덕이 지배를 추구하는 것을 누가 금할 수 있을 것인가? […] 우리는 이 논고를 사람들이 어떻게 덕 있게 되는지가 아니라 어떻게 사람들을 덕 있게 만드는지, — 어떻게 사람들이 덕의 지배를 돕는지에 대해 기꺼이 배우려는 자들에게 필요한 것으로 결정한다 […] 이 논고는 덕 안에서의 정치를 다룬다 : 이 논고는 이런 정치의 이상을 설정하고, 이 지상에서 무엇인가가 완전할 수 있으려면 그 정치는 어떠해야만 하는지를 기술한다. 어떤 철학자도 지금은 정치에 있어서 완전성의 전형이 무엇인지를 의심하지 않을 것이다 ; 그것은 바로 마키아벨리즘이다. 하지만 […] 그것은 인간에 의해서는 결코 달성되지 않으며 기껏해야 스칠 뿐이다… 또한 덕의 정치라는 협소한 종류의 정치 안에서도 이런 이상은 결코 도달되지 않았던 것처럼 보인다. 플라톤 역시 이 이상을 스쳤을 뿐이다 […] 그는 실천하는 비도덕주의자였어야 했다. 하지만 그의 위험은 그의 위장이 자신도 모르는 사이에 자연 본성이 되어버린 데에 있다. 그는 자신이 행하는 모든 것을 선이라는 상像 아래서 행해야만 했다.[141]

덕의 정치. 덕의 지배. 이 표현들을 통해서 니체는 정치가 덕 있는 자의 지배여야 한다는 점을 말하려 한다. 그래서 인용문에서처럼 '어떻게 사람들을 덕 있는 존재로 만드는지'가 관건이 된다. 물론 여기서의 덕은 강자이자 주인이자 귀족적 개인, 즉 건강한 개인에게서만 확보되는 것이다. 그래야 비로소 니체가 고전적 이상을 자신의 방식으로 발전

141 N : KGW VIII 3 11[54], 266~269쪽.

시킨 '정치와 덕의 통일'이, '옳음=유용성=덕=힘'이라는 등식이 가능해진다. 거기서의 덕은 당연히 니체가 원했던 "허위 도덕으로부터 자유로운 덕moralinfreie Tugend, 르네상스 덕"[142]이다. 선과 악이라는 이원적 구분을 넘어서 있는, '선악의 저편'의 덕, 서양의 지배적인 도덕적 가치 평가와는 무관하고 그것의 잣대를 적용할 수 없는 덕. 더 나아가 인간의 힘의식을 강화하고 관계적 실존을 공고히 하는 덕. 그래서 좋음이 곧 힘이자 옳음인 덕. 니체는 이런 덕을 생각하고 있다. 이런 덕을 니체는 '르네상스 덕'이라고도 부른다. 부르크하르트를 통해서[143] 르네상스를 접한 니체는 르네상스에서 새로운 인간에 대한 희망, 인간의 권력과 존엄에 대한 새로운 생각, 인간의 자기 창조와 문화 창조적 힘에 대한 존중을 본다. 그래서 르네상스는 "삶을 긍정하고 미래를 보증하는 고귀한 가치가, 그것과는 반대되는 하강하는 가치가 자리 잡았던 바로 그곳에서 승리한 순간"[144]이 된다. 또한 니체에게서 르네상스는 정치적으로는 전통적인 정치철학에 대한 도전이기도 하다. 인간에게 있는 권력욕과 지배욕을 전통적인 도덕과 종교의 잣대로 평가하지 않고, 자연성과 생명성에 대한 긍정 속에서 인정하기 때문이다. 르네상스의 이러한 두 측면에 근거해 '르네상스 덕'은 니체가 생각하는 새로운 덕의 이름이 될 수 있는 것이다.

건강한 귀족적 개인의 덕. 그것은 오로지 건강한 힘에의 의지에서 나오고, 힘에의 의지의 건강한 수행을 목적으로 한다. 그래서 건강한 지

---

142 N : KGW VIII 2 10[45], 143쪽.
143 부르크하르트의 《이탈리아 르네상스 문화*Kultur der Renaissance in Italien*》를 통해서.
144 EH 〈나는 왜 이렇게 좋은 책들을 쓰는지〉-WA 2 : KGW VI 3, 357쪽.

배 의지의 발휘와 관철이야말로 사적 영역을 넘어서 정치적 행위의 핵심이 된다. 여기서 니체는 자신을 마키아벨리, 플라톤과 차별화하는 지점을 본다. 그 두 사람은 결코 덕의 지배에는 도달하지 못했다고 니체는 생각한다. 그 이유는 물론 두 사람에게서 각각 다르며, 니체가 제시하는 이유를 통해 위대한 정치론이 마키아벨리와 플라톤 사이의 어디쯤에 자리를 잡고 있는지를 가늠해볼 수 있다.

니체에게 마키아벨리[145]는 경험주의적 현실정치론을 제공한 자로 각인되어 있다. 마키아벨리가 근대라는 시점에 정치 현상을 힘과 권력의 획득과 유지와 팽창만을 중심으로 고려하기 때문이다. 그에게 정치의 본질은 힘과 권력이며, 그것이 없으면 정치의 실체는 사라지게 된다. 게다가 힘과 권력은 그 어떤 형이상학적-목적론적 설명 장치를 통해 보증되는 것이 아니다. 거기에는 거대한 기획도, 신의 음성도, 형이상학적 이념도, 그 어떤 초월적 목적 자체도 없기 때문이다. 오히려 힘과 권력의 본성은, 만족을 모르기에 축적적akkumulativ이고, 그것에 대한 싸움이 지속되기에 역동적dynamisch이며, 그것의 일반적 구조와 논리가 늘 특수한 상황에 의존적situativ이고, 그것의 씨앗에 늘 몰락과 끝이 이미 깃들어 있기에 유한endlich하다는 데에서 찾을 수 있다.[146] 그런 힘과 권력의 창출과 사용에서는 윤리나 도덕이나 종교의 영향이 없고, 있더라도 극히 미미하거나 극히 제한적이다.

마키아벨리의 이런 생각은 정치(학)를 형이상학이나 도덕이나 종

---

145 니체가 마키아벨리의 《군주론》을 직접 읽었다는 것은 이미 밝혀져 있다. C. P. Janz (1981), Bd. I, 110쪽.

146 H. Wallat (2017), 90~94쪽.

교로부터 독립시키는, 정치(학)의 자율성 확보를 의미한다. 니체는 마키아벨리의 이런 특징을 경험주의와 현실주의라는 측면에서 긍정적으로 수용한다. 정치에서의 힘과 권력에 대한 강조, 권력의 탈도덕화, 아니, 정치에서의 '선악의 저편'과 '종교의 저편'은 니체와 마키아벨리를 잇는 대표적 가교다. 또한 니체는 마키아벨리가 그러했듯 힘에 대한 충족되지 않는 갈구와 욕망, 그로 인한 가해와 침해, 잔인성과 야생성을 정당화한다.[147] 물론 마키아벨리와는 다른 근거, 즉 니체 식의 건강한 개인 혹은 위대한 인간에 필연적으로 수반되는 것이라는 근거를 대지만 말이다.[148] 마키아벨리가 옹호했던 군주의 책략과 술책과 기만 역시[149] 니체에게서는 오로지 위대한 개인만이 사용할 수 있는 방책이 된다. "위험, 가혹, 압제, 위험, 권리의 불평등, 은폐, 스토아주의, 유혹술, 온갖 종류의 악행, 간략히 말해 무리가 바라는 것과는 반대되는 모든 것이 인간 유형을 고양하는 데 필수적이다 [···] 미래의 대지의 주인들을 육성하는 데···"[150] 게다가 마키아벨리가 체사레 보르자Cesare Borgia(1475~1507)라는 인물을 옹호했듯이[151] 니체도 그를 옹호한다. 다만 마키아벨리에게 체사레 보르자가 조국 이탈리아를 구할 가능성을 지닌 정치가였던 반

---

147 N. Machiavelli (2007), 118~119쪽. "군주는 모름지기 짐승의 방법과 인간의 방법을 모두 이용할 줄 알아야 합니다 [···] 많은 군주들이 반인반수의 케이론에게 맡겨져 양육되었습니다. 반인반수를 스승으로 섬겼다는 것은 군주가 이러한 양면적인 본성의 사용법을 알 필요가 있다는 점을, 그중 어느 한쪽을 결여하면 그 지위를 오래 보존할 수 없다는 점을 의미합니다. 그렇다면 군주는 짐승의 방법을 잘 이용할 줄 알아야 하는데, 그중에서도 여우와 사자를 모방해야 합니다."

148 "위대한 생각을 하는 인간은 모두 가해 행위를 한다." N : KGW VII 2 25[259], 75쪽.

149 N. Machiavelli (2007), 18장 등.

150 N : KGW VII 3 37[8], 307~308쪽.

151 N. Machiavelli (2007), 7장.

면, 니체에게는 그가 그리스도교를 파괴할 가능성을 지닌 혁명적 정신의 상징이자 영웅적 문화와 영웅적 도덕의 상징이 되지만 말이다. 즉 니체에게 체사레 보르자는 "축제 그 자체"[152]로 묘사해도 될 만한 인물이자, 선악의 저편에 있는 건강한 "맹수 같은 인간"[153]의 전형, 그리고 무엇보다도 그리스도교 가치와 도덕을 르네상스적 생명성과 동물성으로 전도시킨 인물이다. "내 물음은 르네상스의 물음이다 [⋯] 이보다 더 철저하고 직접적이며 강하게 적의 정면 전체와 중심을 돌파하는 공격 형식은 결코 없었다! 그리스도교의 결정적 지점과 본거지 자체를 공격하는 것, 거기서 고귀한 가치를 왕좌에 올리는 것, 말하자면 거기서 왕좌에 앉아 있는 자의 본능과 가장 심층적인 필요와 욕구에 고귀한 가치를 집어넣는 것 [⋯] 나는 하나의 광경을 보고 있다. 교황으로서의 체사레 보르자를⋯ 좋다. 이것이야말로 내가 오늘날 유일하게 요구하는 승리였을 것이다 [⋯] 이로써 그리스도교는 폐지되니!"[154]

마키아벨리와 니체의 이런 유사성은 다음과 같이 니체 스스로도 고백하는 바다.

> 아무것도 속이지 않으며 이성을 '현실성' 속에서 보려고 하는 무조건적 의지에 의해서 투키디데스와 그리고 아마도 마키아벨리의 《군주론》은 나 자신과 가장 유사할 것이다 — 이들은 이성을 '이성' 안에서 보려고 하지 않으며, '도덕' 안에서는 더더욱 보려 하지 않는다.[155]

---

152 AC 46 : KGW VI 3, 222쪽.
153 JGB 197 : KGW VI 2, 119쪽.
154 AC 61 : KGW VI 3, 249쪽.

니체의 솔직한 고백은 그의 철학이 마키아벨리의 확대판이라는 의혹을 불러일으킬 수도 있지만, 실상은 다르다. 네 가지 이유에서다. 먼저, 마키아벨리와 달리 니체에게서는 힘과 권력이 힘에의 의지의 관계론에 의해 존재론적 보증을 받는다. 그래서 힘과 권력은 이원론적—(초월적)목적론적인 구도에서와는 다른 목적의식과 규범적 지향점을 갖고 있다. 그리고 니체는 한 번도 그 어떤 민족이나 국가의 현실적인 구원자(혹은 군주)를 염두에 두지 않았다. 그것은 그의 관심 밖에 있다. 또한 《군주론》의 내용이 마키아벨리의 조국이 처했던 현실적이고 정치적인 곤경에서 벗어나게 하는 책략에 대한 정당화였다면, 니체는 동시대의 문화와 문명 일체를 고려한다. 체사레 보르자라는 인물에 대한 옹호가 니체에게서는 그리스도교와 도덕을 비판하기 위한 것이자 동시에 그것들을 토대로 하는 유럽의 온갖 문화적-문명적 자명성을 비판하기 위한 것이었던 것처럼 말이다. 마지막으로, 마키아벨리가 정치를 도덕이나 종교 등과 분리시키기는 하지만, 그는 니체가 옹호하는 '덕의 정치'라는 이상도, '옳음=유용성=덕'의 등식도 보여줄 수 없었다.

173쪽의 인용문에서도 이미 이런 차이가 드러나고 있다. 거기서 마키아벨리가 그려놓은 그림을 보면서 니체는 그것이 비록 '옳음=유용성'이라는 등식을 '순수하고 꾸밈없고 생생하고 격렬하게', 너무나 '초인적이기도 하고 신적이기도 하고 초월적이기도 하게' 제시하지만, 탈도덕적-비도덕적-르네상스적 덕이 되기에는 여전히 부족하다고 말한다. 마키아벨리는 '옳음=유용성'이라는 등식을 보여주는 데는 성공했지

155 GD 〈내가 옛사람들의 덕을 보고 있는 것〉 2 : KGW VI 3, 150쪽.

만, '옳음=유용성=새로운 덕=강자의 덕=관계적 힘'이라는 등식을 제공하는 데는 실패한 것이다. 왜냐하면 니체가 보기에 마키아벨리의 여러 '책략'들은 '약자'의 것이지, 강자에게 무조건적으로 필요한 것이라고는 할 수 없기 때문이다. 강자는 마키아벨리의 책략적 위장이 필요하지 않다. 도덕주의자라는 위장은 더욱 필요하지 않다. 위장은 약자에게 필요한 것이며, 도덕주의자라는 위장은 약자들에게는 가장 유용하다. 그런데 마키아벨리는 군주는 필요하면 도덕적 위장을 해야 한다고 본다. 그래서 마키아벨리도 그의 군주도 여전히 도덕주의자로 남게 된다. 이런 마키아벨리의 군주는 니체에게 진정한 강자가 아니다. 강자는 진정한 의미의 '선악의 저편'에 서야 하고, 책략이든 위장이든 수단이든 간에 도덕주의를 벗어나야 한다. 그래야 진정한 '르네상스 덕'을 갖추게 되는 것이다. 마키아벨리는 결코 진정한 '덕의 정치'를 보여주지 못한 것이다. 이렇듯 니체는 마키아벨리에게서 형이상학이나 종교나 도덕 같은 것들과 정치를 분리시켜버린 것을 전수받고, 정치의 '선악의 저편 및 종교의 저편' 메시지를 강화하며, 정치의 실천술을 힘에의 의지의 작용의 과정으로 흡수하지만, 그가 마키아벨리즘을 대표하는 것도 확대하는 것도 아니다.

반면, 플라톤은 마키아벨리보다 사정이 나아 보인다. 니체가 자신의 '덕의 정치'의 시원을 (비록 완전하지는 않지만) 플라톤에게서 찾는 것처럼 보이기 때문이다. 플라톤의 정치철학은 '좋은 삶eu zen, Das gute Leben'의 내용과 조건에 관한 철학적 정초를 목표로 하며, 좋은 삶에 대한 '이성적 앎'을 내용으로 한다. 거기서 개인의 사적 올바름과 건강성은 공동적 삶의 장 속에서 사회적-정치적 행위로 이어지고, 개인의 사적 삶의 덕목은 곧 정치적 삶의 덕목이 되며, 개인의 좋은 삶은 곧 사회 전체의 정의로운 상태와 동전의 양면의 관계를 형성한다. "지혜를 사랑하는 부류가 나라를 장악하게 되기 전에는, 나라에게도 시민에게도 나쁜 일의 종식은 없을 것이네"[156]라는 말에서 드러나는 이성적 지배자 혹은 '철인왕' 이념은 플라톤 정치철학의 정점이다. 니체는 바로 거기서 자신이 생각하는 정치의 '덕'을 목도하고, 그 '정치의 덕'이 곧 '개인의 덕'과 불가분의 관계에 있음을 주목한다. 좀 더 구체적으로 보면 다음과 같다.

플라톤이 제시한 이상국가는 정의dikaiosyne로운 국가다. 이 국가는 남녀의 교육과 기회의 완전한 평등이나[157] 지배층의 사적 소유 금지와 처자 공유와 공동생활 등의 공산주의적 조건을[158] 충족시켜야 한다. 하지만 정의 국가의 가장 중요한 조건은 국가를 구성하는 개인의 올바름dikaiosyne이다. 개인의 올바름은 내적이고 사적인 올바름과 공동 존재로서의 사회적·정치적 올바름이라는 두 측면을 갖고 있다. 이 두 측면이 공존해야 비로소 탁월한aretê 개인이 된다. 먼저 사적 측면의 올바름은 이성과 기개와 욕구라는 혼의 세 부분이 지혜와 용기와 절제라는 덕을 갖추고, 그것들이 '1업의 원리'에 따라 제각각 자신의 역할과 기능을 수행하면서 상호 간의 월권과 침해가 일어나지 않는 상태를 의미한다. 그 속에서 물론 이성에 의한 기개와 욕구의 지배라는 수직적 질서가 구현

156 Platon ②, 501e.

157 Platon ②, 452a, 466c~d, 456c~e. 물론 '성향physis과 능력ergon에 따라'라는 플라톤의 가장 기본적인 전제는 여기서도 유효하다. 그래서 여성과 남성은 똑같이 수호자의 업무에 참여해야 하고, 그러기 위해서는 같은 교육을 받고 똑같이 전쟁에도 참가해야 하지만, 여성들은 남성들보다 힘이 약하기에 그 힘에 맞는 비교적 가벼운 일을 맡아야 한다.

158 Platon ②, 416e~417a, 457d~e, 458c. 462b~c, 464a~b.

되어야 한다. 그럴 때 내적 조화가 이루어지며, 이 조화 자체가 이미 탁월한 상태다. 하지만 플라톤에게 인간은 '본성상' 공동 존재이기에[159] 또 하나의 조건이 추가된다. 즉 외적 업무 수행에서의 올바름이다. 개인은 자신이 갖고 있는 여러 능력들 중에서 '자신의 성향physis과 능력ergon'에 따라, 탁월한 상태에 도달할 가능성이 높은 '한 가지'를 자신의 '일'로 삼아야 한다. 즉 '1인 1업의 원리'를 개인의 사회적 행위의 원칙으로 삼아, 자신의 일을 탁월한 상태에 이르게 해야 한다.[160] 이렇듯 개인의 올바름은 내적 능력들의 조화에서 오는 탁월성과, 외적인 업무 수행의 형태로 표현되는 능력의 탁월성이라는 이중의 탁월성에 의해 가능해진다.[161] 이렇게 자신을 조화롭게 만들면서 동시에 자신의 일을 잘해내는 삶이 진정한 '올바른 삶'이며, '좋은 삶eu zen'이다. 이것은 곧 개인의 완성된 삶이라고도 할 수 있다. 이것은 개인의 '덕' 있음 그 자체에 대한 다른 이름이기도 하다.

그런데 개인의 내적 조화와 질서를 위해서나 외적 삶의 탁월한 수행을 위해서나 필요한 것이 있다. 통치자의 존재다. 통치자는 무엇이 각 개인을 탁월한 상태에 도달하게 하는지, 각 개인은 생산과 수호와 통치[162] 중에서 어떤 역할을 맡아야 하는지, 외적 질서와 내적 질서

---

159 개인의 사회성은 플라톤에게서는 개인의 결핍성과 비자족성에서, 그리고 니체에게서는 개인의 관점성과 교환성과 관계성에서 확보된다.

160 Platon ②, 370c. "각자의 것이 더 많이, 더 훌륭하게, 그리고 더 쉽게 이루어지는 것은 한 사람이 한 가지 일을 성향에 따라 적기에 하되, 다른 일들에 대해서는 한가로이 대할 때에 있어서네."

161 Platon ②, 443d.

162 생존에 필요한 일 및 교환과 금융 등 경제적 삶과 관계된 일은 생산자의 몫이고, 내적 경찰 임무와 외적 수호는 수호자의 몫이며, 통치는 통치자의 몫이다. 생산자, 수호자, 통치자라는 세

는 또 어떻게 구현해야 하는지, 그리고 국가의 올바른 상태는 어떠해야 하는지를 '아는' 지혜로운 이성적 존재자다. 그는 내적 조화에 어려움을 느끼는 개인을 조화로운 질서로 안내하고, 어떤 역할을 맡아야 하는지 스스로 알지 못하는 개인을 합리적 선택으로 유도한다. 그래서 통치자의 부재는 1인 1업의 실현은 물론이고 내적 올바름의 구현에도 상당한 어려움을 초래할 수밖에 없다. 그러면 개인이 혼란에 빠지는 것은 물론이고 국가 역시 분열과 아나키 상태에 빠지게 된다. 플라톤이 개인이라는 작은 폴리스나 국가라는 큰 폴리스 모두에게 기대하는 "갈등 없는 하나의 나라mia polis"[163]는 요원해진다. 플라톤이 생산자로만 구성된 최소필요 국가를 "건강한 국가"[164]라고 부르면서도 이상국가로는 인정하지 않는 것이나, 개인 욕망의 팽창 때문에 나타나고 수호자층이 가세한 "부풀어 오른" 국가를 "염증 상태"의 병리성으로만 평가하는 것[165]은 바로 이런 점 때문이라고 할 수 있다. 최소필요 국가나 부풀어 오른 국가의 공통점은 이성적 지배자가 없다는 것이다. 정의로운 국가에는 생산자와 수호자와 통치자라는 세 부류가 모두 존재해야 한다. 그렇다면 플라톤에게서 개인의 좋은 삶은 '생산자와 수호자와 통치자로 구성되고 이성적 지배자가 정점에 서는 국가에서, 각자가 자신의 역할을 잘 수행하는 상태'라고 할 수 있다. 플라톤에게서 개인의 올바름과 좋은 삶은

계층으로 구성되어야 비로소 이상적인 국가다. 이런 이상국가의 3계층설은 주지하다시피 혼의 삼분설과 유비적으로 제시된 것이지만, 개인과 국가의 이런 유비는 입증의 절차를 거친 것이 아니다. 개인과 국가가 '큰 글씨와 작은 글씨', 혹은 '축소된 폴리스와 확대된 개인'의 관계라는 것은 플라톤에게는 추가적 설명이 필요치 않을 만큼 자명했다.

163 Platon ②, 460b, 462b, 464b 등.

164 Platon ②, 372d.

165 Platon ②, 372e~373e.

국가의 올바른 상태를 떠나서는 확보될 수 없는 것이다.[166]

그런데 개인을 올바르게 살고 잘 살게 하기 위해 필요한 것이 무엇일까? 플라톤에게 그것은 물론 교육이다. 그가 《폴리테이아》의 방대한 양을 교육 과정에 할애한 데는 이유가 있는 것이다. 여기서 교육은 원칙적으로는 구성원 모두에게 개방된다. 그런데 문예mousikê 교육과 체육 교육, 그리고 지식 교육(수학, 기하학, 천문학 등)과 전쟁 참관 등으로 구성되는 20세까지의 청소년기 교육, 포괄적인 이해력 상승을 목표로 하는 20세에서 30세까지의 종합적 예비 교육, 거기에다 30세에서 35세까지 수행되는 변증술 교육 및 35세부터 50세까지 15년에 걸친 정치 실무 교육, 50세부터 시작되는 통치자를 위한 교육에 이르기까지 이 모든 교육 과정은 궁극적으로는 이성적 지배자의 배출로 이어진다. 이성적 지배자는 각 교육 단계를 거치면서 선별되고 또 선별되어, 좋음의 이데아를 보도록 이끄는 교육 단계에까지 도달한 자인 것이다. 대부분의 사람들은 그 단계에까지 이르지 못하기에, 이성적 지배자가 갖는 최고 수준의 앎에도 도달하지 못한다. 그래서 그 앎으로 인도하고 안내하는 존재인 이성적 지배자가 필요하다. 이렇듯 플라톤 식 교육의 성공은 곧 가장 지혜로운 자의 배출과 그의 통치로 이어지고, 이 교육의 실패는 곧 지혜롭지 않은 자의 통치로 이어진다. 그래서 교육은 가장 지혜로운 자의 통치를 위해 가장 중요한 역할을 하는 것이다. 플라톤의 이상국가론이 교육국가론이 되는 것은 당연한 일이다.

그렇다면 가장 지혜로운 자의 올바름은 무엇으로 측정되는가? 그

166 좀 더 구체적인 설명은 이상인 (2006) 참조.

의 내적 올바름은 그가 다른 사람들과 마찬가지로 자기 내부의 이성과 기개와 욕망의 부분들을 수평 · 수직 질서로 조화롭게 유지할 때 가능하게 된다. 그런 상태에서 그는 지혜로울 뿐만 아니라 용기도 있고 더불어 절제의 덕까지도 갖추게 된다. 이런 내적 올바름의 상태에 더해, 그는 '좋음의 이데아'에 최대한 근접하게 된다. 형상form적 인식을 할 수 있는 그의 교육받은 이성 능력 덕분이다. 그래서 그는 개인의 좋은 삶뿐만 아니라 국가의 정의로운 상태에 대해서도 그림을 그릴 수 있다. "철학자로서의 통치자가 신적인 본을 이용하는 화가가 되어 나라의 밑그림을 그려야 하네, 그래야 나라가 행복해지네."[167] 그가 이런 이성적 존재이기에 그에게 통치권이 부여되는 것이다.[168]

통치를 한다는 것은 앞서 잠시 언급했듯이 구성원들을 폴리스의 시민으로 만드는 것이다. 그래서 무엇보다도 구성원 각자에게 그들에게 맞는 역할과 기능을 알려주어야 한다. "철학자는 이데아를 보고 관상하며 그것과 함께 지내기 때문에 그 스스로 최대한 절도 있고 신과도 같은 사람이 되고, 나아가 시민들의 성격을 단련시켜 그들이 절제와 정의 등 일체의 시민적 덕을 갖게 해준다."[169] 그래서 그는 자신이 깨달은 좋음의 이데아에 입각해 시민들에게 각자의 소질과 성향이 무엇인지를 알려주고, 시민들이 각자의 역할을 탁월하게 수행하도록 유도한다. 거기에는 이러저러한 제도적 절차를 완비하는 것도 포함될 것이다. 물론

---

167 Platon ②, 500d.

168 플라톤은 철인에게 이 밖에도 많은 조건을 붙인다. 철인은 지혜와 경험을 겸비해야 하고, 진리에 대한 사랑과 거짓에 대한 혐오, 쉽게 배우는 능력과 좋은 기억력, 절도와 품위도 갖추어야 한다(Platon ②, 485b~487a). 이 모든 조건들을 겸비해야 그는 비로소 통치권을 얻는 것이다.

169 Platon ②, 500d.

구성원들 중에는 자신이 갖고 있는 능력들 중에서 무엇이 탁월한 상태에 이를 만한지를 아는 사람도 있을 수 있다. 그렇다 하더라도 통치자의 역할은 줄어들지 않는다. 그 구성원이 그 역할을 잘 수행하도록, 타인의 월권이나 침해나 간섭을 막아주는 역할도 해야 하기 때문이다. 또한 통치를 한다는 것은 국가의 수직적 질서를 유지시키는 것이기도 하다. 여기에는 피통치자가 질서의 필요성과 정당성을 인정하도록 유도하는 것도 포함된다.

플라톤에게 통치는 행복한 국가를 만들기 위한 것이기도 하다. 그것도 특정 개인만이 아니라 구성원 전체가 행복한 국가 말이다. 하지만 거기에는 올바른 개인이라는 단서가 붙어 있다. '올바른 개인이라면 그 누구를 막론하고 행복해야 한다'는 것이다. 이것이 '올바르지 않은 것(부정의不正義)이 이익이 된다'는 트라시마코스의 주장[170]에 맞서 플라톤이 진정 주장하고 싶어 했던 것이다. 올바른 개인이라면 누구든지 행복해지는 국가. 생산자든 수호자든 통치자든 그 누구도 그 원칙에서 예외가 아닌 국가. 그런 국가가 정의로운 국가라는 것은 의심의 여지가 없다.

> 행복한 나라는 소수의 사람들을 따로 분리해 그들을 행복하게 하면서 만들어지는 것이 아니라, 온 나라를 행복하게 하면서 만들어진다네.[171]

---

170 Platon ②, 347e~348a.
171 Platon ②, 420c.

플라톤이 이성적 앎과 지혜를 갖춘 철인을 관조의 행복에 머무르게 하는 대신, 그에게 통치라는 정치적 역할을 맡기는 이유가 바로 여기에 있다. 그가 통치를 해야 '올바른 개인=행복'이 가능해질 것이기 때문이다. 물론 그 역시 다른 사람들과 마찬가지로 공동 존재이고, 그렇기에 그의 좋은 삶은 내면의 관조라는 자족적인 기쁨만으로는 완성될 수 없다. 그 역시 사회적 역할을 하나 맡아야 하며, 그것이 바로 통치다. 하지만 그가 통치를 맡아야 하는 더 중요한 이유는, 그의 통치가 바로 '정의의 요구'라는 데 있다.[172] 그가 통치를 해야 특정 집단이 아니라 구성원 전체에서 '올바름=행복'이라는 등식이 구현된다는 것이다. 그래서 플라톤은 관조의 행복에 머무르려는 철학자를 설득하려 한다. "훌륭한 사람이 자신보다 못한 사람의 지배를 받을 수는 없어서"[173], "다른 시민들보다 더 훌륭하고 완벽하게 교육을 받았으니 […] 양육의 빚을 갚기 위해 열의를 다해야…"[174], "통치를 가장 덜 열망하는 자가 통치해야 나라가 잘 경영되기에…"[175] 등이 대표적인 설득의 논리다. 하지만 '그대는 통치해야 하고, 통치하면서 비로소 그대의 행복도 완성된다. 그대의 행복은 구성원 전체의 행복과 결코 분리될 수 없다'라는 것만큼 강력한 주장은 없다.

여기서, 자신의 '앎'과 정신의 행복에 만족하여 현실 권력을 원치 않는 철학자를 통치로 내모는 것이 과연 철학자의 행복에 도움이 되는

172 강성훈 (2006), 52쪽. "그들이 통치의 임무를 맡기로 결정하게 되는 것은 […] 그것이 정의의 요구라는 이유 때문이다."

173 Platon ②, 346e~347e, 520d.

174 Platon ②, 520a~c.

175 Platon ②, 520d.

가라는 의문이 제기될 수 있다. 좋음의 이데아를 관조하면서 찾아든 그의 기쁨이나 내적 평화가 깨지는 것은 물론이고, 그의 현실적 삶 자체도 많은 제약을 받게 되기 때문이다. 그는 재산을 형성하는 재미도 느끼지 못하고, 인간의 유대 관계의 기초인 가족과의 삶에서 즐거움을 누리는 것도 제한받는다. 이런 상황에서 통치를 하는 것이 그가 잃어버린 부분을 상쇄해줄 것인가? 만일 철인왕이 통치를 하면서 행복하지 못하다면 그 국가는 결코 정의로운 국가일 수 없다. 올바른 개인이 한 사람이라도 불행하다면 정의 국가가 아니기 때문이다. 하지만 플라톤은 철인왕이 행복해질 것이라고 생각한다. 통치 행위는 '정의의 요구'이고, 가장 지혜로운 자인 철학자는 그 점을 알기 때문이다. 그가 정의의 요구를 거절한다면, 그의 행복은 진정한 행복이 아니다. 정의가 무엇인지를 아는 사람이 그것을 실천하지 않는 것은 소크라테스가 말한 앎과 행위의 일치라는 원칙에도 어긋나며, 무엇보다 그는 구성원 전체의 행복과 자신의 행복이 분리되지 않는다는 것을 알기 때문이다. 올바른 개인이 불이익을 받고 불행해지는 국가에서는 자신도 결코 행복할 수 없다는 것 또한 알기 때문이다. 물론 그가 인간으로서의 자신의 올바름이 통치 행위를 통해서야 비로소 완성된다는 것을 알기 때문이기도 하다. 그래서 통치의 임무를 맡는 그는 행복하다. 그가 행복하기에 이상국가도 완전해진다.

물론 플라톤이 구상한 정의 국가는 행복을 최고 목표로 삼는 국가는 아니다. 개인의 행복도 개인의 최고 목표는 아니다. 정의로운 상태가 목표다. 하지만 개인의 올바름이나 국가의 정의는 '좋은 삶'을 위한 것이고, 이 좋은 삶이 개인에게 행복을 가져다준다는 것은 플라톤에게는 자명하다. 통치자의 좋은 삶도 마찬가지다. 그의 통치는 자기 자신에게도, 그리고 국가 전체에게도 행복이라는 선물을 주는 것이다. 플라톤은 올바름을 설명하면서 '그것은 그 자체로도 좋지만 결과로서도 좋다'고 말하는데,[176] 여기서의 '결과'에 구성원 전체의 행복을 추가할 수 있다. 이렇듯 플라톤은 개인적 좋음과 국가의 정의, 그리고 개인의 행복과 국가 전체의 행복의 상호 귀속 및 일치를 말하면서, 결코 어느 누구의 행복도 희생시키지 않는다. 생산자 개인도 수호자 개인도 통치자 개인도, 그들이 올바르다면 모두 행복해야 한다. 그것이 바로 정의로운 국가이며, 정의는 그 누구의 희생도 원치 않는다. 이런 정의 국가는 올바른 개인들이 만드는 것이다.[177]

플라톤의 이러한 사유는 개인의 '덕'과 정치의 '덕'이 서양의 이원적 도덕과 무관할 수 있음을 알려준다(플라톤에게서는 그 반대로 나타나지만). 물론 개인의 덕과 정치의 덕은 동전의 양면과도 같다. 본성상 공동존재이고 공동체를 떠나서는 살 수 없는 개인, 그 개인의 올바름과 좋은 삶은 정의로운 국가의 본질적 조건이다. 더구나 개인의 좋은 삶을 위한 덕목들은 곧 국가의 좋은 상태를 위한 조건이 된다. 정의로운 국가에서는 그 어떤 도덕적 책략이나 위장도 필요하지 않다. '덕의 지배'를 생각하는 니체에게 플라톤의 이런 생각은 매우 그럴듯해 보인다.

하지만 니체는 플라톤 역시 '덕의 지배'에는 도달하지 못한다고 생

---

176 올바름은 '그 자체로서 좋은' 본래적 가치를 지닌다는 점, 인간의 사랑이나 신의 사랑으로 보상받으므로 '결과로서도 좋은 것'이라는 점, 죽음 이후의 세계에서도 보상을 받는다는 점에 대해서는 순서대로 Platon ②, 357b~d, 612b~613e, 615a~b 참조.

177 O. Höffe (1997), 4쪽.

각한다. 그가 선악의 이원론과 도덕의 초월적 토대를 떠나지 못하기 때문이다. 그것은 '가장 지혜로운 자가 통치해야 한다'는 주장과 관련된 문제를 통해 표출된다. '가장 지혜로운 자의 통치'는 그리 낯선 것은 아니며, 우리의 상식에도 여전히 어긋나지 않는다. 물론 우리의 현실에서 그것이 구현되는 일은 드물며, 플라톤의 시대에도 마찬가지였던 것 같다. 소크라테스가 아테네의 민주 법정에서 사형을 언도받은 것이나, 플라톤이 자신의 이상을 실현하기 위해 시라쿠사의 디오니시오스 2세의 초청을 받아들인 것은 당시의 녹록지 않은 상황을 반영한다. 하지만 지혜로운 자의 통치에 대해 플라톤은 "어렵지만, 불가능한 것은 아니"[178]라고 생각했다. 그것이 어려운 것은 당대의 가짜 철학자들로 인해 형성된, 철학자에 대한 일반인들의 편견과 선입견을 교정해야 하거나[179], 통치의 임무가 정의의 요구임을 인지하도록 철학자를 설득해야 하기[180] 때문만이 아니다. 플라톤에게 진정한 어려움은 다른 데 있다. 즉 진짜 철학자가 등장한다고 하더라도 일반 대중들이 그의 통치를 '당연하고 자연스러운 사실'로 받아들일 수 있어야 한다는 것, 즉 통치에 대한 '사회적 합의'를 도출해야 한다는 것이다. 달리 말하면 통치의 정당성을 확보해야 한다는 것이다.

여기서 플라톤은 존재론(그리고 인식론)의 힘을 빌린다. 개인 혼의 삼분설을 통해 이성에 의한 욕망과 기개의 통제라는 수직적 지배를 올

---

178 Platon ②, 499d.

179 Platon ②, 473e. '철학자의 통치'라는 말을 들으면 사람들이 크게 반발할 것이라는 글라우콘의 지적은 당대 철학자들에 대한 세간의 평가가 결코 좋지 않았음을 알려준다. 플라톤은 이에 대해 가짜 철학자들이 진짜 철학자들로 대체되면 상황은 달라질 것이라고 말한다.

180 "좋음의 이데아를 본 철학자는 통치 행위를 꺼릴 것이다." Platon ②, 519d.

바른 상태로 보여준 것, 그리고 국가를 개인과 유비적인 것으로 그려낸 것, 가장 지혜로운 자의 이성적 앎이 '좋음의 이데아'에 대한 것이라는 동굴의 비유 등은 철학자 통치의 정당성을 확보하기 위한 수단적 장치다. 이로써 플라톤은 개인과 국가의 좋은 상태에 대한 형상적 인식을 가진 자와 이에 대한 피지배자의 인정을 보증하며, 이 보증이 자연스러운 '사회적 합의'를 위한 결정적 계기가 된다. 이렇듯 사회적 합의는 '좋음의 이데아'를 통해 존재론적(인식론적-도덕론적)으로 보증하는 작업에 의해 가능한 것이다. 피지배자 대중이 철인의 통치권을 자연스러운 사실로 받아들이는 것은 이렇듯 '좋음의 이데아라는 것이 있고, 통치자는 이것을 알고 있다'는 사실에 대한 인정에서 가능하다. 이 인정이 없으면 플라톤의 철인 지배 이념은 글라우콘의 말처럼 "사람들이 웃통을 벗어던지고 무기를 들어"[181] 반발하게 만들 만한 것에 불과하다.

그런데 플라톤이 말한 사회적 합의 과정은 그의 생각과는 달리 문제가 있다. 통치자가 '좋음의 이데아를 알고 있다는 것'을 피지배 대중이 과연 '알 수' 있는가, '어떻게' 알 수 있는가 하는 의문이 생기기 때문이다. 만일 피지배자 대중은 그것을 모르고 통치자 자신만 '내가 그것을 알고 있다'고 주장한다면, 통치자의 독단이라는 가능성을 배제할 수 없다. 그것은, 니체가 《우상의 황혼》에서 비아냥거리듯이, "나, 플라톤이 진리다"[182]라는 독단적 주장을 펴는 것이나 다를 바가 없다. 반면, 피지배자 대중들도 알고 통치자도 아는 상황이 있을 수 있다. 이런 경우에

181 Platon ②, 473e.
182 GD 〈어떻게 참된 세계가 결국 꾸며낸 이야기가 되어버렸는지〉 : KGW VI 3, 74쪽.

도 문제가 발생한다. 대중들과 통치자의 합의가 도출되려면 양측이 그리는 그림이 일치해야 하기 때문이다. 그렇지 않으면 통치자의 권력이 개입할 여지가 생긴다. 통치자가 권력을 행사해 임의로 그림을 그리거나 조작하고, 교육을 통해 대중들에게 그 왜곡된 그림을 세뇌하거나 주입할 수 있다.[183] 양측의 그림이 처음부터 일치한다고 하더라도 사정은 나아지지 않는다. 그 일치 역시 폭압에 의한 왜곡이나 조작의 가능성을 배제할 수 없기 때문이다. 두 경우 다 통치자의 폭력이라는 위험을 안고 있다.

독단과 폭력. 플라톤에게는 이런 두 위험을 동시에 제거하는 요술봉이 있다. 통치자 개인의 자질상의 탁월함을, 즉 그의 '인간으로서의 완성'을 전제하는 것이다. 즉 통치자는 좋음의 이데아를 본 철학자이기에, 옳지 않은 방법도 사용하지 않고 독단적이지도 않다는 것이다.[184] 그래서 그는 도덕적으로도 문제가 없다. 이것은 곧 통치자의 자질의 탁월함이 전제되어야만 사회적 합의의 위험성이 제거될 수 있다는 것을 의미한다. 이런 상황은 통치자에 대한 무한 신뢰를 함의한다. 통치자는 임

---

183 물론 플라톤은 교육이 지식 내용을 집어넣는 것이 아니라 생각의 힘을 키우는 것이라고 말하지만, 그것이 이 상황을 뒤집을 논거는 되지 못한다. 오히려 플라톤은 철인왕의 부패 가능성을 고려하고 있다고 할 수 있다. 그것은 곧 이상국가의 실패를 의미하는 것으로, 이것은 플라톤의 본격적인 정치철학서인《법률》이나《정치가》가 법과 법에 의한 지배를 진지하게 논하는 이유다. 안나스J. Annas 역시 이와 유사한 입장을 취한다 J. Annas (1997), 103쪽.

184 독단의 위험에 대한 플라톤의 대처는 동굴의 비유를 통해서도 주어진다. 동굴 속 그림자가 그림자에 불과할 뿐 실재가 아니라는 것을 일반 대중들도 이성의 힘을 강화하는 교육을 통해 깨닫게 된다는 것이다. 그들은 비록 철인의 앎보다는 낮은 단계의 앎밖에 가질 수 없지만, 최소한 그림자를 그림자로 파악할 수는 있다. 그래서 철인왕의 독단의 위험은 일정 부분 줄어들게 된다. 그렇다고 철인이 보여주는 동굴 밖 세상에 대한 그림이 독단의 위험으로부터 완전히 구제되는 것은 아니다. 이런 상황이기에 플라톤은 철인왕의 자질을 강조할 수밖에 없다.

의로 조작하거나 기만하는 그릇된 행위를 하지 않는 '도덕적' 존재인 것이다. 그는 가장 이성적인 존재이기에 인간으로서도 최대한 완성된 존재이고, 그렇기에 신뢰의 대상이 된다. 그래서 그에게 '올바름=행복'의 구현도 기대할 수 있다. 가장 지혜롭고 가장 이성적이고 가장 도덕적이고 가장 완전에 가까운 인간. 그의 통치에 대한 사회적 합의는 플라톤에게는 자연스럽다.

이러한 플라톤의 사유가 말하는 바는 확실하다. 무엇이 개인과 국가 전체를 위해 좋은 것인지에 대한 앎이 권력의 전제라는 것, 지배자는 권력 그 자체나 사적 이익이 아니라 구성원 전체의 행복과 정의를 추구해야 한다는 것, 그것을 위해 개인을 올바른 개인으로 이끌어야 한다는 것, 무엇보다도 지배자의 자질과 자격을 갖추기 위한 내적 엄중함이 통치라는 자연스러운 결실을 맺는다는 것이다.[185]

19세기 철학자 니체가 마키아벨리가 이루어놓은 윤리와 정치의 분리를 거슬러 플라톤의 사유에 주목하는 이유 중 하나가 바로 여기에 있다. 니체는 플라톤에게서 덕과 정치의 통일을, 자격 있고 능력 있는 개인의 지배를, 통치자의 내적 자질의 중요성을 일깨우는 지배 이념을 보았던 것이다. 이것이 니체가 플라톤에게서 '철학적 입법가와 철학적 국가 건설가'의 역할을 주목하면서[186] '정치철학적 측면에서의 플라톤주의자'의 얼굴을 자신에게 추가하는 배경이 된다.

185 남경희 (2006), 401쪽.
186 MA I 261 : KGW IV 2, 219쪽.

철학자라는 존재는 인간이 얼마나 고양될 수 있는지를 알아보기 위해 극도의 노력을 기울이는 사람이라고 볼 수 있다. 특히 플라톤이 그랬다.[187]

그럼에도 불구하고 플라톤은 마키아벨리와 마찬가지로 니체가 구상하는 '덕의 지배권'을 창출해내지는 못한다. 그는 여전히 '초월적 토대를 상정하는 선악의 체계로서의 도덕'에서 벗어나지 못하고 있기 때문이다. 플라톤도 철인왕도 '여전히 도덕주의자'로 남을 뿐, '선악의 저편'에 서는 비도덕주의자는 아닌 것이다. 니체에게 비도덕주의 덕, '허위 도덕에서 자유로운 덕'은, 철저히 힘에의 의지의 활동과 작용 속에서 확보된다. 그래서 니체에게서는 플라톤이 말했던 행복, 정치, 지배, 정의 모두가 힘에의 의지의 관계적 측면에서만 확보되며, 그것만이 바로 '위대한 정치'가 지향하는 새로운 덕의 내용이 되는 것이다.

2. 위대한 정치와 교육

위대한 정치.

나는 전쟁을 일으킨다 […] 민족과 신분과 종족과 직업과 교육과 교양의 모든 불합리한 우연들을 가로지르는 전쟁을 : 상승과 하강 사이의 전쟁, 삶에의 의지와 삶에 대한 격렬한 복수욕 사이의 전쟁, 정직성과 음험한

---

187 N : KGW VII 3 34[74], 163쪽.

허위 사이의 전쟁을 […]

첫 번째 명제 : 위대한 정치는 생리학이 여타의 문제를 지배하게 한다 ; 그것은 인류를 전체로서, 그리고 좀 더 높은 존재로서 훈육할 정도의 막강한 힘을 창출하고자 한다. 퇴화되고 삶에 기생하는 것들에 대해서는, —퇴락하고 중독시키고 비방하고 몰락으로 향하는 것들에 대해서는… 그리고 삶의 무화에서 좀 더 높은 종류의 영혼에 대한 표식을 발견하는 것에 대해서는 가차 없이 냉엄하게 대하는 힘을.

두 번째 명제 : 악덕에 대한 사투 ; 악덕은 모든 종류의 반자연이다. 그리스도교 사제는 가장 악덕한 종류의 인간이다 : 그가 반자연을 가르치기 때문이다.

두 번째 명제 : 위대한 정치를 위해 충분히 강력한 삶의 당파를 창출한다 : 위대한 정치는 여타의 모든 문제를 생리학이 지배하게 한다. —그것은 인류를 전체로서 양육하고자 한다. 그것은 종족과 민족과 개별 인간의 서열을 그들의 미래의 [—]에 입각해서, 그들의 내부가 삶의 일원인지에 의거해서 평가한다 —그것은 모든 퇴화되고 기생하는 것 전부를 가차 없이 끝장내버린다.

세 번째 명제. 나머지는 뒤따라온다.[188]

《유고》의 유명한 글이다. 명제의 순번이 겹치기도 하고, 정치에 관한 문제에서 생리학이 동원되고 그리스도교가 개입되는 등, 혼란을 일으킬 수 있는 내용이다. 그러나 두 번째 명제가 두 번 등장하는 것 같은

188 N : KGW VIII 3 25[1], 452쪽.

정리되지 않은 모습은 유고의 성격상 있을 수 있는 일이다. 또한 문장의 완성도는 낮지만 이 글에는 위대한 정치에 관한 니체의 생각이 그대로 담겨 있다. 우선, 이 글의 핵심은 '위대한 정치' 프로그램이 위대한 개인의 육성과 교육을 추구하는 '교육 프로그램'이라는 것이다. 그런데 그 교육 프로그램은 인간을 그의 생리적 특성에 따라, 생리학적으로 평가하라고 한다. 여기서 말하는 '생리 혹은 생리학Physiologie'은 넓은 의미의 것으로, 니체가 자신의 철학 전체에서 사용하는 개념이다. 즉 그는 인간을 생물적 생명 유지만을 목적으로 하는 생물 유기체로 이해하지 않는다. 오히려 힘에의 의지라는 규제 원리가 인간의 정신을 비롯해 육체적 활동까지 지배하고, 정신성과 육체성이 힘에의 의지를 매개로 하나의 불가분적 통일체를 이루는 존재, 즉 신체로 본다. 이런 총체성으로서의 인간 유기체는, 힘에의 의지로 인해 늘 자기 자신의 현재를 넘어서려 한다. 그래서 신체는 늘 자기 극복적인 삶, 성장하는 삶을 추구하지 않을 수 없다. 인간을 정신과 육체와 의지라는 세 단위로 구분하지 않고, 총체적으로 통일적 관계로 이해하는 것, 그리고 인간을 자기 극복의 역학이 육체와 정신 모두에서 총괄적으로 이루어지는 존재로 이해하는 것. 인간을 이렇게 이해하는 것을 두고 니체는 인간을 생리(학)적 측면에서 고찰하는 방식이라고 말하는 것이다. 그렇다면 인간에 대한 생리(학)적 평가는 당연히 인간에게서 일어나는 자기 극복과 성장의 과정에 주목할 것이다. 그것은 곧 힘에의 의지의 활동에 주목한다는 것과 같은 말이다. 힘에의 의지가 규제하는 자기 극복과 성장의 과정이 건강한지, 즉 원래 그래야 하는 정상적인 성격을 보이는지, 아니면 그 정상성이 깨어져 병리 상태로 전락했는지를 평가하는 것이다. 인간의 건강성 확보를 자신의 철학적 과제로 삼고, 개인의 건강성이 사적 차원을 넘어 국가 전체의 건강성을 위한 핵심 기제라고 보는 니체이기에, 그가 생리학적 점검을 통해 인간을 병리적 상태로부터 건강한 상태로 나아가도록 양육하려 하는 것은 당연한 일이다. 그리고 그 양육은 특정 계급과 계층과 민족이라는 구분을 넘어 인류 전체를 대상으로 한다.

그런데 위대한 정치는 한편으로는 잔인한 모습을 갖고 있다. 후에 법과 형벌에 대한 논의에서 조명하게 되겠지만, 회복 불가능한 병리적 개인은 "가차 없이 끝장내버린다"는 말도 서슴지 않기 때문이다. 앞의 인용문 두 번째 명제에서 이야기되는 '반자연성에 대한 사투'라는 것도 바로 이 내용과 직접적으로 연계된 것이다. '반자연성'은 생리학처럼 니체 철학 전체에서 사용되는 개념이며, 힘에의 의지의 정상적인 관계적 활동에 대립하는 개념이다. 그것은 정신성과 육체성을 이원화하는 분절법을 인간에게 적용하는 것, 자연적 갈망과 육체적 욕망을 금욕의 대상으로 삼는 것, 힘에의 의지의 활동을 억제하는 것, 참된 세계와 가상 세계라는 이원적 세계관, 초월성과 초월적 신의 존재에 대한 믿음 및 그것에 기초한 도덕 일반, 평균적인 대중 인간에 대한 추구 등등 아주 많은 범위를 포함한다. 한마디로 '반자연성'은 건강성에 대립되는 모든 것에 대한 대표 개념이라고도 할 수 있다. 니체가 인용문에서 그리스도교를 겨냥하는 것도 그리스도교 도덕이 인간의 자연성을 억제하는, 인간을 반자연적인 존재로 길들이는, '반자연적 개선'이라는 교육적 목표를 갖고 있기 때문이다(이에 대해서는 2부 3장 2절의 〈(3) 반자연적 도덕에 대한 비판〉에서 상세히 설명된다).

니체는 이런 내용만으로도 '위대한 정치' 프로그램에 대한 가이드

라인은 제시되었다고 생각한 것 같다. 마지막 명제에서 '나머지는 저절로 뒤따를 것'이라고 단언하고 있으니 말이다. '위대한 정치' 프로그램은 이렇듯 건강한 귀족적 개인의 배출을 목표로 하며, 이를 위한 훈육과 교육의 필요성을 주목한다. 그 훈육과 교육이 바로 인간의 자연성을 강화하고 인간의 반자연성을 제거하는 일이 될 것임은 자명하다. 평등 이념에 대한 비판, 대중성에 대한 혐오, 저널리즘과 학자와 문인들에 대한 일침, 무엇보다 민주주의나 사회주의나 자본주의에 대한 비난 등은 바로 그런 맥락에서 나온다. 그것들은 '덕의 정치'를 구현할 건강한 귀족적 존재의 배출을 가로막는 것들이다.

(1) 귀족적 개인의 배출이라는 과제, '신귀족주의적 보수주의'와의 차이

> 훌륭하고 건강한 귀족주의의 본성은, 그것이 (왕정에서든 공동체에서든) 스스로를 기능으로 느끼는 것이 아니라, 오히려 왕정이나 공동체의 의미로 느끼거나 왕정이나 공동체에 대한 최고의 정당화로 느낀다는 것이다. ―그렇기에 그것을 위해 불완전한 인간이나 노예, 도구로까지 억압당하고 약해져야만 하는 무수히 많은 인간의 희생을 양심의 가책 없이 받아들인다는 것이다. 훌륭하고 건강한 귀족주의의 근본 신념은 사회가 사회를 위해 존재해서는 안 되며, 오히려 선택된 부류의 인간 존재를 좀 더 차원 높은 과제로 이끌고, 대체로 보다 높은 존재로 고양시킬 수 있는 토대나 발판이어야 한다는 것이다.[189]

189 JGB 258 : KGW VI 2, 216쪽.

앞서 이야기했듯이 정신적 귀족주의는 '위대한 정치'를 이끌어 가는 이념이다. 정신적 귀족성을 지닌 건강한 개인이야말로 건강한 국가에서 지배 권리를 가져도 무방한 존재다. 이런 지배 권리를 가진 개인에 대한 니체의 요청은 1880년대 중반《차라투스트라는 이렇게 말했다》가 집필되는 시기에 위버멘쉬에 정치적 색채를 부여하면서부터 명시적으로 나타난다. "자유정신과 은자로부터, 지배하지 않으면 안 됨으로의 이행"[190]이라는 이 시기의 유고를 통해서도 확인되듯이 말이다. 그런 존재의 산출이야말로 국가의 현실 체제가 어떠하든 간에 국가가 목표로 삼아야 하는 것이라고 니체는 생각한다. 그래서 니체에게 현실적인 정체의 구체적인 모습은 중요하지 않다. 그의 최우선적 관심은 오로지 귀족적 개인을 만들어내는 데 있다. 니체가 사회와 국가의 존재 이유와 의미와 정당성 역시 오로지 그런 존재를 위한 '토대이자 발판'의 역할을 수행하는 데에서 찾는 것은 자연스러운 일이다. 그에게 사회와 국가는 결코 자기 목적적일 수 없다. 오히려 수단이자 도구에 불과할 뿐이다. 젊은 니체에게서도 등장했던 이 사유는 이제, 사회 그 자체의 유지와 촉진, 소수의 이익에 우선하는 다수의 이익, 공동의 이익에 대한 추구 등의 문제로까지 확대되어, 이것들 일체가 결코 신성한 목적일 수 없다는 선언으로 이어지게 된다.[191]

그런데 앞의 인용문에 나오는 "선택된 부류의 인간 존재"라는 표현은 마치 특정 개인이나 특정 계층이나 특정 계급을 유념하는 듯한 뉘앙

190 N : KGW VII 1 16[51], 542쪽.
191 N : KGW VII 1 7[240], 325쪽.

스를 풍긴다. 게다가 그들을 위해 '불완전한 인간이나 노예, 도구적 인간들을 수단으로 사용한다'고도 한다. 이런 내용 때문에 니체의 '위대한 정치' 프로그램은 실제로 '우생학적' 선별을 옹호한다는 비난을 받기도 하고, 레이시즘을 대변한다는 의혹을 받기도 하며, 때로는 '현실적 귀족 체제 옹호'나 '보수주의'라는 평가를 받기도 한다. 하지만 이런 평가는 니체의 의도를 오해한 것이다. 니체가 비록 '종'이나 '민족'에 대해 자주 언급하긴 하지만, "인간 종을 넘어섬"이나, "금발의 야수", "게르만족", "아리아인" 같은 말을 통해 그가 보여주려는 바는 특정 종이나 민족의 생물학적 우월성이나 우생학적 선발에 관한 것이 아니다. 차라투스트라가 말하는 "인간 종을 넘어섬Über-Art"은 "퇴화Entartung"의 대립어로, 현재보다 더 나은 상태를 추구하는 인간인 위버멘쉬에 대한 다른 표현이고[192], "새로운 주인-종 […] 주인 계층"[193] 역시 미래의 주인이 되는 사람들에 대한 묘사일 뿐이다. "금발의 야수"나 "게르만족"이나 "아리아인"은 인간의 자연성과 야수성 및 동물성을 보여주는 대표적인 예로, 그들이 그리스도교 도덕의 지배 아래서 순치되고 약하게 만들어져 병들어감을 보여주면서 그리스도교의 반자연성을 고발하기 위한 것이다.[194] 니체가 찾는 "좀 더 높은 존재"는 바로 자신의 삶의 과제를 '좀 더 높은 과제'의 형태로 제시할 수 있는 존재일 뿐이다. 물론 '좀 더 높은 과제'는 자신과 국가 전체(나아가 인류 전체)의 건강한 삶이다. 이런 부분만 봐도 니체가 우생학이나 레이시즘과는 무관하다는 것을 알 수 있다(이

192 Za I 〈선사하는 덕에 대하여〉 : KGW VI 1, 94쪽.

193 N : KGW VII 3 37[8], 308쪽.

194 이런 내용을 보여주는 대표적인 글이 《도덕의 계보》의 세 번째 논문이다.

에 대해서는 바로 뒤에 이어지는 〈(2) 훈육, 양육, 길들임의 의미〉에서 다시 살핀다).

니체의 프로그램을 "신귀족주의적 보수주의"[195]로 평가하는 것 역시 부적절하다. '신귀족주의적 보수주의'는 워런의 표현으로, 여기에는 니체의 소위 정치적 입장이 "강자의 약자 지배를 정당화"하는 "현실정치"에 관한 것이라는 시각이 전제되어 있다.[196] 하지만 몇 번이나 강조했듯이 니체는 결코 현실정치론을 의도하지 않기에, 워런의 전제 자체에서 이미 문제점이 발견된다. 그럼에도 워런의 입장을 조금 더 상세히 살펴볼 필요가 있다. 그것이 '귀족주의'와 '보수주의'라는 니체 철학에 대한 오래된 혐의들을 수렴한 최종판의 역할을 하기 때문이다. 워런에 의하면 니체의 철학을 가지고 '현실정치'를 논하는 것에는 타당성이 있는데, 그 이유는 니체가 인간 본성에 있는 지배 의지를 인정하며, 그 지배 의지는 정치적 삶에서 필연적으로 표출되고 정치적 삶은 오로지 이런 지배 의지를 척도로 이루어진다고 주장하기 때문이다. 그래서 니체에게서는 한 사람의 다른 사람에 대한 지배가 존재적으로 정당화되며, 정치적 지배는 자연적인 현상이자 바람직한 현상이 된다. 워런의 이런 이해는 일견 그럴듯해 보이지만, 지나친 단순화의 산물이다. 그 이유는 다음과 같다.

① 니체 정치철학의 의도와 내용은 현실정치론과 무관하게 제시될 뿐만 아니라 완전히 거리를 두고 있기 때문이다. '위대한 정치'의 위

195 M. Warren (1991), 211쪽. 이러한 평가에 대해서는 백승영 (2010①) 참조.
196 M. Warren (1991), 247쪽. A. McIntyre (1981)도 같은 생각을 보여준다.

대함이 인간의 위대함을 현실적 지배나 권력의 사용에서 찾는 것이 아니라, 생리적 조건을 반영하는 정신적 측면에서 찾는 것처럼 말이다. 게다가 자기 극복적 삶의 추구, 긴장체로서의 관계 세계에 대한 인정, 고급문화 창출의 의지 등으로 표출되는 위대함을 갖춘 개인에게 부여되는 지배권에 대한 니체의 옹호도 '누구라도' 지배에의 의지가 있고 강력한 힘을 가졌다면 현실적 권력을 획득해야 한다는 것이 아니다. 이 점은 니체가 병리적 인간과 건강한 인간, 노예적 인간과 주인적 인간, 약자와 강자를 구별하는 것만 봐도 알 수 있다. 니체는 노예적이고 병든 존재가 무리를 등에 업고 강력한 현실적 힘을 갖춘다고 해서 이들의 지배권이 정당하다고는 결코 말하지 않는다. 오히려 그 반대다. 근대인 및 근대 사회에 대한 니체의 통렬한 반박이 노예적이고 병든 존재들이 지배하는 상황에 대한 것임은 의문의 여지가 없다. 이렇듯 '위대한 개인에게 부여되어도 무방한 지배권에 대한 논의'는 '강자의 약자에 대한 현실적 지배권'이라는 단순 구도로 환원할 수는 없다.

② 워런은 니체를 전통적인 보수주의와 연결 짓기 때문이다.[197] 워런의 이유는 두 가지다. 첫째, 니체가 주권적 개인이라는 자유주의적 이상을 제공하긴 했지만, 그것을 보편화 가능한 것으로는 생각하지 않았고, 오로지 귀족 사회에 국한시켜 소수에 의해 실현될 수 있는 것으로 보았으며, 그로 인해 대다수의 문화적 개인들이 아닌 소수의 문화적 개인들의 산출을 정치공동체의 목표로 삼았고, 문화적 계급을 상층에 놓는 위계 사회를 주장하는 문화적 귀족주의를 드러냈기 때문이다. 이들

197 M. Warren (1991), 212쪽.

이야말로 귀족적 소수이자 고전적 고귀함을 갖춘 문화 계급이며, 사회를 실제로 지배하게 되는 존재들이다. 둘째, 니체는 개인과 사회와 문화의 급진적인 변화보다는 완만하고 유기적인 변화를 강조했고, 급진적 변화는 카오스의 위험을 안고 있다고 보았고, 사회가 사회의 관례 및 관습을 통해서 유지된다고 여겼으며, 사회 속의 기능상의 위계를 믿었기 때문이다. 이 점은 버크E. Burke의 보수주의와 유사하다. 니체를 이렇게 이해하기에, 워런은 니체를 보수성과 우월한 소수에 대한 열망을 연합시킨 신귀족주의적 보수주의의 전사로 제시할 수 있었던 것이다.

물론 니체의 다양한 글 속에서 보수적 측면을 읽어낼 수 없는 것은 아니다. 게다가 대중성에 대한 니체의 경고는 매우 신랄하며, 니체는 때로는 전제적 주인들에 의한 지배를 말하기도 한다. 이런 점은 보수성 의혹을 더욱 증대시킨다. 하지만 이로부터 '보수주의자 니체'를 끌어내는 것은 성급하다. 그리고 니체가 급진적 변화보다는 점진적 변화를 강조했다는 워런의 주장은 니체 철학의 혁신성과 혁명성 자체를 간과하는 것이자 위버멘쉬나 주인적-주권적 존재의 의미를 부정해버리는 것이기도 하다. 또한 니체가 말하는 소수의 문화 엘리트는 물론 일반 대중과 대립적인 존재로 등장하지만, 그런 대립은 무리 심리나 창조 의지의 무기력이나 관계에 대한 불인정 등과 대립되는 정신적 속성을 그들에게서 보았기 때문이지, 결코 특정 개인이나 소수 개인의 절대적이고 불변적인 계급적 우위를 옹호하기 위해서가 아니다. 게다가 그 '소수'는 정신적 귀족성을 갖추는 것이 그만큼 어려운 일이라는 반증이 되기도 한다. 또한 그 '소수'는 힘에의 의지의 관계론에 입각해서 보면 관계 세계의 모든 계기를 인정하고 그 차이 역시 수용하는 정신적 귀족이기도 하다. 니체는 그런 '소수'가 되는 것이 '우리 모두'의 실존적 과제라고 본다. 그래서 니체의 생각은 오히려 진보적이라고도 평가될 수 있다. 누가 정신적 귀족인지는 매 순간의 실천적 노력 유무에 따라 가변적이고 유동적이기 때문이다. 누구라도 그런 존재가 될 수 있는 것이다. 그래서 워런이 니체에게 부족한 부분이라며 아쉬워한 개인의 '자기 구성self-constitution'적 성격이[198] 오히려 니체에게서 강조되고 있다고 할 수 있다.

(2) 훈육, 양육, 길들임의 의미

인류를 건강한 귀족적 개인으로 고양하는 것. '위대한 정치'가 설정한 이 과제는 그것을 위한 방법적 절차를 놓고 고심하게 한다. 그 방법적 절차를 대표하는 개념이 바로 훈육과 양육이다. "인류를 더 높은 존재로 훈육한다는 이 위대한 과제 중의 과제를 떠맡아…"[199] 같은 글에서 볼 수 있듯이 말이다. 그런데 그 개념들은 니체가 레이시즘이라는 혐의를 받게 된 이유 중 하나가 된다. 그것이 특정 종족, 즉 '지상의 주인Herr der Erde' 혹은 '지상의 지배권Erdherrschaft'을 갖는 '주인-종족Herren-Rasse'의 양육이라는 형태로 종종 발언되기 때문이다. 극단적인 경우에는 아래 인용문처럼 '국제적 종족', 즉 '유럽 종족'의 양육이라는 형태로도 말이다.

이제부터 좀 더 포괄적인 지배 체제를 위한 유리한 선제 조건들이 있게

198 M. Warren (1991), 8~9쪽.
199 EH 〈나는 왜 이렇게 좋은 책들을 쓰는지〉-GT 4 : KGW VI 3, 311쪽.

될 것이다. 그런 것은 이제껏 존재하지 않았다 […] 그것은 주인-종족, 즉 미래의 '지상의 주인'의 양육을 과제로 설정한 국제적 종족 동맹의 등장이다.[200]

유럽이 증대되는 러시아의 위협에서 벗어나기 위해서는 […] 하나의 의지를 획득하려는 결의를 할 수밖에 없을 것이다. 즉 유럽을 지배하는 새로운 계급을 수단으로 하여 수천 년에 걸쳐 추구될 목표를 세우려는, 오랫동안 지속될 무서운 고유한 의지를 말이다. ―그렇게 함으로써 오랫동안 늘어져 있는 유럽의 소국주의라는 희극이, 또한 그 왕정적이거나 민주적인 의지 분열이 마침내 종결될 것이다. 작은 정치의 시대는 지나갔다. 다음 세기는 대지의 지배를 위한 싸움을 하게 될 것이고 ―어쩔 수 없이 위대한 정치를 하게 될 것이다.[201]

여기에 더해서 니체는 병든 개인이나 종족에 대한 매우 잔인하게 들리는 냉엄한 처우 방식을 공공연히 말하기도 한다.

내가 데카당스에 금하는 '생식生殖하지 말라!'에 비하면 성서의 금지인 '살인하지 말라!'는 소박하다 […] 삶의 불량품과 쓰레기에 대해서는 오로지 하나의 의무만이 있다 : 어떤 연대성도 승인하지 않을 의무 말이다 ; 여기서 '인간적'인 것, 여기서 평등권에 대한 지령을 내리는 것은 반자연

200 N : KGW VIII 1 2[57], 85쪽.
201 JGB 208 : KGW VI 2, 144쪽.

의 최고 형식일 것이다 : 반자연, 삶 자체의 부정. ―삶 자체는 유기체 내부의 건강한 부분과 변질된 부분 사이의 어떠한 연대도 인정하지 않는다 ―유기체는 후자를 잘라내 버리지 않으면 안 된다. 그러지 않으면 전체가 몰락한다.[202]

이런 표현들이 니체가 19세기 유럽의 레이시즘 문헌들에 영향을 받아 등장했다는 것은 이미 밝혀져 있다.[203] 특히 니체는 대표적 레이시스트인 고비노Joseph Arthur de Gobineau를 잘 알고 있었다. 고비노는 계급이나 계층이나 국가가 아니라 인종이 역사를 움직이는 요체라고 보며, 백인의 우량성 및 유색 인종에 대한 우위를 주장한다. 특히 문화의 진보와 수준은 전적으로 아리아인에게 달려 있다고 보기도 한다. 그에게 종족의 혼혈은 곧 퇴화를 의미한다. 이로부터 그는 인종개량론과 위생학적 인종 관리의 필요성을 역설한다.[204] 그의 이런 입장은 프랑스 혁명의 정신에 맞서 귀족주의를 이념적으로 방어하려는 의도에서 나왔다. 민주주의의 문제점을 심각하게 파고들고, 그것을 유럽 데카당스와 연계시켜 유럽을 퇴화시키는 요소의 하나로 지목하면서 개인과 국가의 건강성을 염려하는 니체에게 고비노의 글은 친숙하게 다가온 것 같다. 하지만 니체가 레이시즘의 개념들과 단어들을 사용한다고 해서 고비노주의자는 아니다. 위대한 정치가 레이시즘을 주장하려는 것이 아닌 것처럼 말이다.

---

202 N : KGW VIII 3 23[10], 421~422쪽.
203 H. Ottmann (^{2}1999), 246~253쪽.
204 A. Gobineau (1853~4/1935), 151쪽 이하.

니체가 말하는 훈육과 양육은 오히려 플라톤의 파이데이아에 해당하는 개념이다. 앞에서도 말했듯이, 그것은 인간을 주인적 존재이자 정신적 귀족으로 양성하는 것을 의미한다. 니체는 훈육과 양육을 인간의 자연성과 야수성을 제어하고 금욕적 처치의 대상으로 삼는, '약하게 만들고 병들게 만드는' 길들임이나 사육과 의식적으로 차별화한다. 그런 길들임과 사육의 수단으로 니체는 우선 유럽의 19세기 문화를 지목한다.

> 모든 고귀한 종족의 근저에 있는 맹수, 즉 먹잇감과 승리를 갈구하며 방황하는 화려한 금발의 야수를 오해해서는 안 된다 ; 이러한 숨겨진 근저는 때때로 분출될 필요가 있다. 짐승이 다시 풀려나 황야로 돌아가야만 한다 : 로마 · 아라비아 · 독일 · 일본의 귀족, 호메로스의 영웅들, 스칸디나비아의 해적들 —그들은 그런 욕망을 지니고 있다는 점에서 모두 같다. 고귀한 종족이란 '야만인'이라는 개념을 흔적으로 남기고 지나간 자들이다 […] 그들의 최고의 문화 […] 자긍심 […] 대담한 용기 […] 모험의 예측할 수 없음 […] 안전 · 육체 · 생명 · 쾌적함에 대한 그들의 무관심과 경시, 모든 파괴와 승리와 잔인함에 대한 탐닉에서 보이는 그들의 놀라운 명랑함과 쾌락의 깊이 —이 모든 것이 그것 때문에 고통받는 사람들에게는 '야만인', '악한 적', '고트인', '반달인'의 모습으로 총괄되었다 […]
> 인간이라는 맹수를 온순하고 문명화된 동물, 즉 가축으로 길들이는 데 모든 문화의 의미가 있다는 것이 오늘날 진리로 믿어지고 있는데, 만일 이것이 진실이라면, 고귀한 종족과 그들의 이상을 결국 모욕하고 제압하

게 된 저 반동 본능과 원한 본능을 모두 의심할 여지 없이 본래의 문화의 도구로 봐야만 할 것이다 […] 이 억압적이고 보복을 갈구하는 본능을 소유한 자들, 유럽의 노예의 후손들과 비유럽의 노예의 후손들 모두, 특히 아리아인 이전의 모든 주민의 후손들. 그들은 인류의 퇴보를 보여준다! 이러한 '문화의 도구'는 인류의 치욕이며, 오히려 '문화' 일반에 대한 회의이자 반론인 것이다.[205]

"금발의 야수Die blonde Bestie"라는 유명한 표현[206]이 등장하는 이 글에서, 금발의 야수는 자연적 야수성과 강한 생명력과 거칠고 강인한 건강성, 잔인함, 명랑성 등의 총괄 개념으로 사용된다. 그것들을 니체는 "모든 고귀한 종족의 근저"에 놓여 있는 특이성이라고 여긴다. 동서양의 귀족 계층이 그러했고 옛 그리스의 영웅들이나 북유럽의 해적들이 그러했듯이 말이다. 그렇기에 금발의 야수는 니체에게는 건강한 힘에의 의지의 한 예이기도 하다. 니체가 체사레 보르자를 맹수 같은 인간의 예로[207], 즉 금발의 야수의 예로 드는 것도 같은 맥락이다. 그런데 이런 야수적 자연성을 제어할 필요를 느끼고 실제로 제어하는 문화가 유럽을 지배했고, 니체는 그것에 대해 '문화가 아니다'라고 선언해버린다. 그런 문화는 '야수적' 힘에 대한 공포의 소산, 병리적 본능인 원한 본능과 복수 본능의 소산일 뿐이기 때문이다. 니체는 그런 유럽 문화의 면

---

205 GM I 11 : KGW VI 2, 289~290쪽.
206 로마 시대부터 이미 '금발', '게르만', '야만', '짐승', '금발의 종족' 같은 말은 서로 연결되어 같은 맥락에서 사용되었다. 이런 배경에 대해서는 D. Brennecke (1976) 참조.
207 JGB 197 : KGW VI 2, 119쪽.

전에 대고 "데카당스!"라고 외친다. 그 데카당스 유럽 문화의 중심에는 '반자연적' 도덕이, 그 도덕의 핵심에는 금발의 야수를 길들여버리는 그리스도교 도덕이 놓여 있다.

(3) 반자연적 도덕에 대한 비판

위대한 정치의 수단으로 제시된 양육과 훈육 개념은 이렇듯 반자연적 도덕-그리스도교 도덕에 대한 비판 개념이라는 특징을 갖게 된다.

도덕은 인간을 인간답게 만들고 문화적이고 사회적인 존재로서의 삶을 가능하게 하는 것이다. 그것은 짐승 같은 인간이나 짐승보다 못한 인간으로의 퇴락을 막아주는 것이다. 이것이 도덕의 교육적 힘이다. 그런데 이런 도덕이 그 고유의 기능과는 달리, 금발의 야수인 인간, 즉 힘에의 의지의 구현체로서의 인간에게서 야수성과 자연성과 생명성을 없애버린다. 무기력과 비공격성과 비겁을 선과 인내와 겸허의 덕목으로 가장하고, 건강한 자연성을 금욕의 대상으로 만들면서 말이다. 그것은 곧 인간을 병들게 하고 약화시키는 것과 다름없다. 니체는 이런 도덕을 반자연적 도덕으로, 그것이 행하는 일을 반자연적 개선으로 본다. 서양의 지배적인 도덕들, 이성적 행복주의, 의무의 도덕, 동정의 도덕, 금욕의 도덕 일체를 니체는 반자연적 개선을 위한 도덕으로 열거한다. 그런 도덕에서 "인류를 '개선'한다는 신성한 구실은 삶 자체의 피를 빨아 삶이 빈혈증을 앓게 만드는 책략"[208]에 불과하다. 그래서 니체는 이렇게

208 EH 〈나는 왜 하나의 운명인지〉 8 : KGW VI 3, 371쪽.

단언한다.

인류를 '개선'한다는 따위는 나는 결코 약속하지 않을 것이다.[209]

그런데 그리스도교 도덕은 그런 반자연적 개선을 긴 역사 속에서, 아주 광범위한 공간에서 수행한다. 그 대표적인 경우를 니체는 중세 게르만인('금발의 야수의 한 경우')을 그리스도교인으로 '개선'한 데서 찾는다.

어느 시대든 사람들은 인간을 '개선하기'를 원했다 : 무엇보다도 이것이 바로 도덕이 의미하는 바다. 그런데 같은 단어 밑에 더없이 다른 경향들이 숨어 있다. 짐승 인간을 길들이는 것뿐만 아니라 특정한 인간 종류의 사육도 '개선'이라고 불리어왔다 : 이런 동물학적 용어들이 비로소 실상을 표현해준다 ―이 실상에 대해 '개선자'의 전형이라 할 수 있는 성직자는 아무것도 알지 못하고 있으며 ―아무것도 알려 하지 않는다…
어떤 짐승의 길들임을 그 짐승의 '개선'이라고 부르는 것은 우리 귀에는 거의 농담처럼 들린다. 동물원에서 무슨 일이 일어나고 있는지를 아는 사람은 그곳에서 야수들이 '개선되고 있다'는 것에 대해 의심을 품는다. 야수들은 유약해지고 덜 위험스럽게 만들어지며, 침울한 공포감과 고통과 상처와 배고픔에 병든 야수가 되어버린다. ―성직자가 '개선해' 길들여진 인간의 경우에도 사정은 다르지 않다. 실제로 교회가 동물원이었

209 EH 〈서문〉 2 : KGW VI 3, 256쪽.

던 중세 초기에 사람들은 어디서나 '금발의 야수'의 가장 그럴듯한 표본을 찾아 사냥을 했으며 — 예를 들어 게르만인을 '개선'했다. 그런데 그렇게 '개선'되고 수도원으로 유혹되었던 게르만인의 나중 모습은 어떠했던가? […]
생리학적으로 말하자면, 야수와 싸울 때 야수를 약하게 만드는 유일한 수단은 야수를 병들게 만들어버리는 것일 수 있다. 이 점을 교회는 알고 있었던 것이다 : 교회는 인간을 망쳐버렸고, 약화시켰다. — 하지만 교회는 인간을 '개선'했다고 주장했다.[210]

그리스도교인이 된 게르만인. 그들의 건강한 자연성은 금욕의 대상이 되었고, 현실 삶에 대한 그들의 사랑은 신에 대한 사랑으로 대체되었으며, 결국 그들은 자기 자신에 대한 긍지마저 상실한 채 신에 대한 '영원한 죄인'이 되어 위축되고 병들어버렸다. 그런 상태로 그들은 힘 있고 강하고 행복한 모든 것을 동경하지만, 우리에 갇혀버린 짐승처럼 무기력해져 결코 그 동경을 현실화할 수 없다. 거기서 악의가 자라나고, 그 악의는 내적으로는 자기 자신을 향해서, 외적으로는 힘 있고 강하고 행복하고 건강한 모든 것을 향해서 표출된다. 그들은 '원한 인간'이 되어버린 것이다. 이렇게 그리스도교는 '금발의 야수'를 '병든-원한 인간'으로 만들어버린 것이다. 게르만인뿐만 아니라, 자신의 근저에 '금발의 야수성'을 품고 있는 모든 유럽인들도… 이런 반자연적 '개선'은 순치와 약화의 도덕이자 병들게 하는 도덕 그 자체인 것이다. 니체가 보기에는

---

210 GD 〈인류를 '개선하는 자들'〉 2 : KGW VI 3, 93쪽.

인간이 그렇게 병드는 것, 악의와 원한 감정과 복수욕을 갖게 되는 것이 인간의 가장 큰 위험이자 곤경이다.

> 인간에게 큰 위험은 병자다 : 악인이나 '맹수'가 아니다 […] 가장 약한 자들인 병자들은 […] 삶이나 인간이나 우리 자신에 대한 우리의 신뢰에 가장 위험한 독을 타서 그것을 의심하게 만드는 자들이다 […] '나는 나 자신에 대해 넌더리가 난다!' 자기 경멸의 이러한 늪에서 온갖 잡초, 온갖 독초들이 자라나며 […] 복수의 감정이나 뒷감정의 벌레들이 우글거린다 […] 잘된 인간들이나 승리한 인간들에 대한 고통받는 자의 가장 악의 어린 음모가 거미줄을 치게 된다. 거기서는 승리한 인간의 모습은 증오의 대상이 된다.[211]

'병든-원한 인간' 니체는 그것을 유럽인의 모습으로 본다. 그들은 총체적으로 생명력의 퇴화를 경험하고, 생명력의 퇴화를 보여준다. 그들을 부르는 니체의 이름이 데카당이다. 데카당들이 만들어내는 문화와 문명은 당연히 데카당스 문화이자 문명이다. 거기서는 '어디로?', '어떤 목적?', '어떤 의미?'를 더 이상 묻지 않는다. 그와 반대로 염세적이고 허무적인 체험만이 지배한다. 이런 허무주의와 데카당스의 유럽에서 니체는 자신의 역할을 '철학적 의사'로 설정한 것이다. 그 의사의 처방은 다음과 같다.

---

211 GM III 14 : KGW VI 2, 386~387쪽.

병자가 건강한 사람을 병들게 하지 —유약하게 만들지—않는 것. —이 것이야말로 지상 최고의 관점이어야 할 것이다 : 이를 위해서 무엇보다 필요한 것은, 스스로 병자의 모습을 경계하고, 건강한 사람은 병자와 자신을 분리하고, 스스로를 병자와 혼동하지 않도록 해야 한다는 것이다 [···] 위에 있는 자는 밑에 있는 자의 도구로 자신을 격하시켜서는 안 되며, 거리를 두는 파토스는 또한 영원히 이 양자의 임무를 분리시켜야만 한다 [···] 오직 그들만이 미래의 보증인이며, 오직 건강한 사람들만이 인류의 미래에 대해 책임을 지고 있는 것이다.[212]

병자에 의해 건강한 자가 오염되지 않는 것, 병자에 의해 건강한 자가 병들게 되지 않는 것, 건강한 자가 스스로를 병자와 혼동하는 일이 없도록 하는 것, 그것을 위해 "거리를 두는 파토스"를 유지하는 것. 이것이야말로 개인의 자기 교육이 유념할 바이자, 동시에 국가가 유념해야 할 교육적 지침 중의 하나다.[213]

3. 시민 사회와 정치 이념

문화국가-교육국가-정신적 귀족주의-위대한 정치에 대한 니체의

212 GM III 14 : KGW VI 2, 389쪽.

213 유사한 맥락에서 니체는 플라톤의 《티마이오스》 86a~88a를 주목하기도 한다. KGW VII 1 7[164], 304쪽. "매우 놀랄 만한 것. 플라톤의 티마이오스 편 86쪽 등(I. 281). 영혼의 질병은 신체의 결함에서 생긴다 : 여기서 교육자나 국가의 과제는 치료하는 것이어야 한다. 치료가 제때 이루어지지 않을 때에는 병자가 아니라 교육자나 국가가 책임져야 한다."

사유는 서로 밀접히 연계되어, 건강한 미래 인간과 미래 세계를 모색하는 니체의 '긍정의 철학'의 실천적 면모를 보여준다. 하지만 그것은 니체의 철학 전체가 그러하듯, 19세기 유럽에서는 철저히 '반시대적'이자 '반현대적'이었다. 그가 보여준 반시대성과 반현대성은, 앞서의 논의를 통해서도 확인되지만, 바로 당대 유럽의 시민 사회를 형성하는 여러 이념들 및 체제에 대한 그의 격렬한 비난에서 명시적으로 표출된다. 그는 자연권에 대한 근대적 계몽과 휴머니즘의 이상 자체를 거부하고, 사회주의·자본주의·자유주의·아나키즘 등에도 비판의 눈길을 보낸다. (근본적으로는 한통속에 불과한 것들인) 이념들과 체제들이 유럽의 시민 사회를 데카당스 유럽으로, 유럽인을 데카당스 유럽인으로 만드는 데 일조했다고 생각하기 때문이다. 좀 더 고급한 인간의 육성과 문화의 발전을 위해 위대한 정치를 구상하는 니체에게 그것들은 극복의 대상이 된다. 비스마르크 체제의 독일에 대한 니체의 격렬한 비난도 같은 맥락에서 이루어진다.

(1) 자연권에 대한 비판. 획득 권리로서의 자유와 평등

자유와 평등은 자연적 소여인가? 인간이라면 누구나 갖고 있는 자연적 권리인가? 계몽 시대 이후 인간이라는 이름으로 보증되었던 바로 그것을 니체는 문제 삼는다. 그에 의하면 자유는 "사람이 갖고 있으면서도 갖고 있지 않은 것, 사람이 원하고 사람이 쟁취하는 것"[214]이다. 누

214 GD 〈어느 반시대적 인간의 편력〉 38 : KGW VI 3, 134쪽.

구든지 가졌다고 하지만, 실제로는 누구라도 가질 권리는 아닌 것. 아무도 가지고 있지 않지만, 누구나 노력하면 가질 수 있는 것. 그것이 바로 자유다. 평등도 마찬가지다. 이렇듯 니체는 자유와 평등을 자연적 권리가 아니라 획득 권리로 생각한다. 자유를 요구할 '자격'을, 평등을 요구할 '자격'을 갖추어야 비로소 자유와 평등을 '요구할 권리'를 갖게 되는 것이다.

이런 생각에는 인간을 바라보는 니체의 시선이 전제되어 있다. 그는 인간을 건강성과 병리성, 주인성과 노예성이 늘 힘 싸움을 벌이는 투쟁의 장소로 생각한다. 그래서 인간은 건강할 수도, 병리적일 수도 있고, 주인적일 수도, 노예적일 수도 있다. 게다가 그런 상태는 늘 변화에 노출되어 있다. 주인성-건강성이 이겼다고 해서 그 상태가 고정불변의 확정 상태인 것은 아니다. 그래서 "인간은 아직 확정되지 않은 짐승"이라는 니체의 언명은 '인간은 결코 확정될 수 없는 짐승'이라는 의미를 얻게 된다. 그렇기에 주인성-건강성이 이기도록 의식적-의지적 노력을 멈추지 말아야 한다. 이런 노력을 멈추지 않는 개인, 즉 니체가 주권적 개인-정신적 귀족-주인-위버멘쉬-강자 등의 이름으로 부르는 그런 개인이야말로 건강한 개인이다. 그를 지배하는 것은 자기 긍정과 삶에 대한 긍정, 세계에 대한 긍정, 그리고 모든 것의 '관계성'에 대한 긍정의 의식이다. 그 반대의 경우는 병리성이 고착화된 병든 개인일 뿐이다. 그를 지배하는 것은 무기력과 무의미, 자신과 삶과 세계에 대한 부정적 원한 감정이다. 이런 두 유형의 차이만큼, 그들이 누리는 권리의 차이도 있어야 한다고 니체는 생각한다. 그들의 '동등한 권리'를 요구하는 것은 결코 정의롭지 않다.

> 한 인간의 가치는 입증해야 한다. 그가 어떤 권리를 자기 것으로 해도 되는지를.[215]

자유와 평등의 문제를 '권리와 자격의 문제로 전환'하는 니체의 방식은 자유와 평등이라는 이념의 본질적인 부분을 흔드는 것이라고 할 수 있다. 즉 그 이념들이 전제하는 '존엄한 인격적 존재로서의 인간'에 대해 근본적인 이의를 제기하는 것이다. 그래서인지 그는 기회의 평등, 조건의 평등, 결과의 평등이나 표현의 자유, 집회결사의 자유 등 사회적-정치적 현실에서 요구되는 자유와 평등의 구체적 표현에 대해서 관심을 기울이지 않는다. 그것들은 이차적인 것이며, 본질적인 문제가 해명되면 저절로 해명될 수 있는 문제일 뿐이다.

가. 자유, 그 자기 책임에의 의지

니체는 자유에 대해 자기 지배력과 약속 권리의 확보, 그리고 내부 및 외부와의 힘 관계라는 두 가지 측면에서 설명한다. 먼저, 약속 권리와 자기 지배력은, 앞서 국가 계보나 주권성에 대한 설명에서도 부분적으로 언급했지만, 자유에 대한 니체의 설명에서도 좀 더 구체적으로 살필 필요가 있다.

> 가장 자유로운 인간은 자신에 대한 최고의 힘 느낌을, 자신에 대한 최대의 앎을, 자신의 힘들의 불가피한 상호 투쟁에서는 최대의 질서를 [⋯]

215 N : KGW VII 2 25[343], 97쪽.

가장 큰 투쟁을 자신 안에 지니고 있다.[216]

주지하다시피 한 인간의 내부에는 서로 다른 욕망들과 욕구들과 충동들이 혼재하며, 그것들은 힘 싸움을 벌인다. 이것들을 통제하고 그것들 사이의 싸움을 조정하는 힘, 즉 그것들 사이의 질서를 형성하는 힘이 없으면, 우리 내부는 일종의 아나키 상태가 된다. 자기 분열이 일어나는 것이다. 이런 상태는 니체에 의하면 일종의 병리적 상태나 다름없다. 반면, 그 힘 싸움의 질서를 형성하는 힘, 그래서 욕망들과 충동들을 조정하고 통제하는 힘이 있을 경우 우리 내부의 힘 싸움은 카오스적 혼란으로 빠지지 않는다. 그런 힘에 대한 의식 자체를 두고 니체는 바로 자유의 느낌이라고 말한다. 니체의 이런 생각은 자기 지배력과 자유를 거의 같은 것으로 설정하는 것이다. 내부의 갈등이 클수록, 그것을 조절하고 제어하고 지배하는 힘 느낌의 정도도 커진다. 그와 비례하여 자유의 느낌도 커진다. 니체는 이런 자기 지배를 주권성의 한 측면으로 강조한 바 있다. 주권성은 칸트에게서 그랬듯이 니체에게서도 자기 입법과 자기 명령의 측면 외에 자기 지배의 측면을 가지며, 이것이 자유의 다른 이름이라는 점에서 주권성을 완성시킨다고도 할 수 있다.

이런 자기 지배력의 한 예가 '약속하는 짐승'의 형태로 제시된 것이다. 니체는 여러 가지 형태로 인간을 규정하지만, 약속 가능한 짐승이라는 규정은 자유와(그리고 평등과도) 관련해서 매우 큰 함의를 갖는다. 이것이 인간의 조건인 자유와 평등의 조건이자 전제로 제시되기 때문이

---

216 N : KGW V 2 11[130], 386쪽.

다. 그래서 인간을 약속할 수 있는 존재로 만드는 것은 니체에게는 매우 중요한 과제가 된다. 그는 약속이 누구나 할 수 있는 것은 아니라고 생각하기 때문이다. 오로지 약속할 수 있는 '자격'을 갖춘 사람만이 비로소 약속할 수 있다. 약속은 일종의 특권인 것이다.

> 약속해도 되는 짐승을 기르는 것Ein Thier heranzüchten, das versprechen darf — 이것이야말로 자연 스스로 인간에게 부여한 바로 그 역설적인 과제 자체가 아닌가? 이것이야말로 인간의 본래 문제가 아닌가?[217]

위의 인용문에서 니체는 인간을 약속 가능한 존재로 길러내는 것이 인간의 "역설적인 과제"이자 동시에 인간의 "본래 문제"라고 말한다. 어째서 그것이 본래적 문제인가? 힘경제적 계약에 입각한 사회적 관계를 인간의 근본 관계로 이해하는 니체이기에, 약속 권리야말로 인간을 인간이게 하는 조건이 되기 때문이다. 그래서 니체에게서는 약속 권리의 확보가 인간의 가장 근본적인 문제이며, 약속 권리의 확보에 대한 물음이 약속 의무에 대한 물음에 선행한다. 그렇다면 약속을 예외가 허용되지 않는 도덕적 의무로 이해하는 칸트나, 약속의 무조건적 의무 성격에 대해 이의를 제기하는 공리주의는 본래적인 문제를 보지 못하고 있는 셈이다. 이렇듯 니체에게는 약속의 문제가 약속이 도덕 영역에서 고찰되기 이전의 문제, 인간에 관한 도덕 이전적인 본래적 문제, 인간의 권리에 관한 문제가 된다.

---

217 GM II 1 : KGW VI 2, 307쪽.

그런데 인간을 약속 가능한 존재로 만드는 것이 어째서 "역설적인 과제"이기도 한 것인가? 앞서 잠시 언급했던 니체의 '망각과 기억에 관한 심리학'은 이 질문에 대한 답이기도 하다. 니체의 생각은 이렇다. 인간은 '본성상' 망각하는 짐승이다. 그런데 망각은 결코 이성 능력의 부족 혹은 인지 능력의 결여나 손실, 육체의 무기력이라는 "단순한 타성력vis inertiae"이 아니다. 망각은 오히려 "능동적aktiv"이고 "적극적positiv"인 "제어 능력Hemmungsvermögen"이다.[218] 능동적이고 적극적인 망각은 삶에 필요하고 삶을 가능하게 하는 힘이다. 그것은 의식 이전에 발생하는 욕구나 충동들의 모순과 대립의 과정들에 대한 정보를 차단할 뿐만 아니라, 프로이트가 억압Verdrängung이라는 단어로 말했던 것처럼 고통스러운 기억을 밀어내어 정신적 질서와 안정을 찾게 해주기 때문이다. 능동적인 제어 능력은 이렇게 해서 인간이 갖고 있는 일종의 자연적 창조력의 소산이자, 강건한 건강의 형식인 것이다. 하지만 망각은 결코 인간의 고급 기능은 아니다. 오히려 망각이라는 자연적이고 동물적인 힘은 '기억'에 의해 제거되어야 한다. 그래서 약속 가능성의 확보를 니체는 "역설적인 과제"라고 일컫는 것이다. 자신의 자연 상태를 억제하고 벗어나야만, 즉 본성을 무력화하는 단계를 거쳐야만 인간은 약속 권리를 획득할 수 있기 때문이다.

기억은 앞으로의 자신의 사고와 행위를 산정하고, 그것을 우연이 아닌 필연으로 만드는 인간의 능력이다. 이 능력에 의해서 약속도 비로소 의미를 지니게 된다. 그렇기에 기억은 자신을 약속 가능한 존재로 만

218 GM II 1 : KGW VI 2, 307쪽.

들려는 인간의, (망각보다) 고급한 기능일 수 있는 것이다. 기억 능력을 통해서 인간은 비로소 자기 자신의 미래를 스스로에게 보증할 수 있다. 니체는 이런 기억 역시 '의지'의 능력으로 이해한다.

> 이것은 […] 오히려 다시 벗어나지 않으려는 능동적인 의욕 상태aktives Nicht-wieder-los-werden-wollen, 일단 욕구한 것을 계속하려는, 본래적인 의지의 기억인 것이다.[219]

그래서 기억은 인식론적 의미의 회상이 아니다. 무구별적 저장도 아니다. 오히려 자기 자신을 약속 가능한 존재로 만들려는 인간 의지의 소산이다. 이것은 (좀 더 고급한) 힘에 의한 (좀 더 저급한) 힘의 지배 상태다. 망각이라는 동물적 활력이 좀 더 고급한 힘인 기억 의지에 의해 제어되고 있는 것이다. 이 과정을 통해 인간은 자신의 자연적 본성을 억압하고 희생시키는 주체인 동시에 그 억압과 희생의 대상이 된다. 그러나 이 과정은 약속 권리를 획득하기 위해 불가피하며, 부정적인 것이 아니다. 오히려 그것은 인간의 자기 지배력의 표현인 것이다. 인간은 자신의 자연적 힘들을 좀 더 고급한 자연적 힘으로 제어하면서 자신에 대한 지배력을 행사한다. 약속 권리는 바로 이런 자기 지배력을 갖춘 인간의 경우에만 확보되는 것이다.

---

219 GM II 1 : KGW VI 2, 308쪽. '의지의 기억'이라는 개념은 헤르바르트J. F. Herbart가 《심리학 교본*Lehrbuch zur Psychologie*》(1816)에서 영혼 전체를 저지 장치로 이해한 데서 유래한다. 니체는 헤르바르트의 심리학을 진지하게 파고들지 않았지만, 이 용어만큼은 거기서 차용한다. 헤르바르트의 '의지의 기억'에 대해서는 W. Stegmaier (1994), 135쪽 참조. 물론 니체는 차용한 이 용어를 힘에의 의지와 연관시킨다.

자기 지배력에 힘입어 확보된 약속 권리는 곧 책임에 대한 권리를 보증한다. 책임도 약속과 마찬가지로 누구에게나 주어져 있는 권리가 아니라, 스스로 획득해야 하는 특권이다. 자신의 행위와 말에 책임을 진다는 것은 곧 자신이 자유로운 행위 주체임을 전제해야만 가능하다. 그렇지 않을 경우, 즉 자유로운 선택에 의한 말과 행위가 아닐 경우, 그 말과 행위는 소위 '면책'의 대상이 된다. 책임이 없다는 것이다. 이렇듯 책임을 지는 것 역시 약속하는 것과 마찬가지로 특권이며, 이런 특권을 가졌다는 것은 곧 자유롭다는 증거가 된다(이런 의미의 자유를 니체는 〈양심 분석론〉에서 양심과 동일시한다).

> 책임이라는 비범한 특권에 대한 자랑스러운 인식, 이 드문 자유에 대한 의식.[220]

약속 권리와 책임 권리가 있고, 바로 그렇기에 자유로운 존재. 이런 존재가 주권적 개인이자 건강한 개인인 것이다. 그런데 자유는 개인의 이러한 측면 외에 힘 관계를 통해서도 확인된다.

> 자유란 무엇이란 말인가! 자기 책임에의 의지를 갖는 것, 우리를 분리시키는 거리를 유지하는 것, 노고와 난관과 궁핍과 심지어 삶에 대해서까지도 냉담해지는 것, 자신의 문제를 위해 인간들을, 그리고 자기 자신마저 희생시킬 준비가 되어 있는 것, 자유는 남성적 본능, 전투적이고 승리

---

220 GM II 2 : KGW VI 2, 310쪽.

의 기쁨에 찬 본능이 다른 본능들, 이를테면 행복 본능을 지배하는 것을 의미한다. 자유로워진 인간은, 자유로워진 정신은 말할 것도 없이, 소상인과 그리스도교인과 암소와 여자와 영국인과 다른 민주주의자들이 꿈꾸는 경멸스러운 복지를 짓밟아버린다. 자유로운 인간은 전사다 ―개인에게서나 대중에게서 자유는 무엇에 의해서 측정되는가? 극복되어야 할 저항에 의해서, 위에 머무르기 위해 치르는 노력에 의해서. 최고로 자유로운 인간 유형은 최고의 저항이 끊임없이 극복되는 곳에서 발견될 수 있을 것이다.[221]

자유가 극복해야 할 저항에 의해 측정된다는 것. 이것은 개인의 자기 내부와의 관계뿐만 아니라 외부와의 관계에도 그대로 적용된다. 수많은 충동과 욕망을 갖고 있는 개인의 내부에서나, 개인과 개인, 개인과 다수의 사람들, 개인과 공동체 등의 관계에서도 힘 싸움은 니체에게는 근원적인 것이다. 그 힘 싸움 관계에서 승자가 되는 일, 저항을 극복하는 일은 곧 자신의 힘과 지배에 대한 의식으로 이어진다. 그 힘의식이 바로 자유에 대한 의식인 것이다. 그래서 '최고의 저항'을 이겨내는 일은 곧 '자유에 대한 최고의 의식'으로 이어질 수 있다. 그런데 니체는 여기에 '거리를 유지하는 것', 즉 정신적 귀족의 속성 중 하나로 앞서 말한 바 있는 '거리의 파토스'를 추가한다. 인용문에서 '소상인'이나 '민주주의자' 등으로 표현되고, 차라투스트라가 '왜소한 인간Die kleine Menschen', '잡것(혹은 천민Das Gesindel)'이나 '잉여 인간Die Überflüssige' 등으로 일컫

---

221 GD 〈어느 반시대적 인간의 편력〉 38 : KGW VI 3, 133쪽.

는[222], 작은 행복을 추구하는 자들과의 차이를 말하기 위해서다. 이들은 힘에의 의지의 관계성이 확보하는 긴장과 갈등과 싸움을 평화를 교란하는 것으로 여기며, 주권성보다는 노예성을, 약속을 기억하기보다는 약속을 망각하기를, 자기 지배력을 확보하기보다는 외부의 명령을 받기를, 삶의 상승보다는 안전과 보호를, 힘 관계의 냉정함보다는 따뜻한 위로와 동정을 선택한다. 그렇기에 내적-외적 측면에서 수행되어야 하는 주권적이고 귀족적인 삶에 대한 조형이 불가능하다. 그들은 결코 자유로울 권리가 없는, 자유를 요구할 자격이 없는 존재들이다. 이런 권리 상실자들이 권리를 외치는 곳이 바로 19세기 유럽이다.

> 자유라는 우리의 현대적 개념은 본능의 퇴화에 대한 또 하나의 증거다.[223]

나. 허구적 평등과 실질적 평등

자유가 획득 권리이듯, 평등 역시 획득 권리다. 자유가 건강한 주권적 개인이라는 자격 있는 존재들의 권리이듯, 평등도 마찬가지다. 주권적이고 주인적인 유형의 개인들만이 요구할 수 있고, 그들 사이에서만 구현되어야 하는 특권인 것이다. 그러니 건강한-주권적 개인과 병든-노예적 개인 사이에, 강자와 약자 사이에, 정신적 귀족과 정신적 천민 사이에 자연적 소여로서의 기계적-산술적 평등이란 있을 수 없다.

---

222 Za II 〈잡것에 대하여〉, Za I 〈새로운 우상에 대하여〉, Za III 〈건강을 되찾고 있는 자〉 등.
223 GD 〈어느 반시대적 인간의 편력〉 41 : KGW VI 3, 137쪽.

인간은 평등하지 않다. 이렇게 말한다, 정의는.[224]

정의가 내게 말해주고 있기 때문이다 : '인간은 동등하지 않다.'[225]

그 두 인간 유형 사이의 기계적이고 산술적인 동등을 요구하는 것은 곧 인간과 인간 사이의 간격과 가치의 차이를 무시하겠다는 것이나 다름없다. 가치상 동급일 수 없는 자들이 동급으로 전제되고 동급이기를 원하는 것. 그것을 니체는 "허영"이자, "한없이 공정해 보이지만 불공평한" 것으로, "고귀한 인간에 대한 끝없는 분노"의 소산으로 이해한다.[226] 그런 평등은 사회와 국가가 유기체라는 점, 아니 생명 그 자체가 유기체라는 점을 간과한 것이나 다름없다. 유기체는 '차이'를 근본 특징으로 하는 것이기 때문이다. "삶이 있는 곳에 공동체의 형성이 있다. 구성원들이 양식과 공간 때문에 투쟁하는 곳에, 약자가 복종하고, 더 빨리 죽고, 더 적은 자손을 갖는 곳에, 공동체의 형성이 있다 : 차이는 가장 미세한 존재인 정자와 난자를 지배한다 — 평등은 큰 망상이다"[227]라는 표현처럼 말이다. 허영이자 불공평한 것이자 망상. 천부인권으로서의 평등은 바로 그런 것이다.

동등한 자에게는 동등을, 동등하지 않은 자에게는 동등하지 않음을 —

---

224 N : KGW VII 1 3[1] 39, 58쪽.
225 Za II 〈타란툴라에 대하여〉 : KGW VI 1, 126쪽.
226 N : KGW VII 3 40[26], 374~375쪽.
227 N : KGW V 2 11[132], 388쪽.

> 정의에 대한 진정한 표현은 바로 이것일 것이다 : 그 결과로서, 동등하지 않은 자를 결코 동등하게 만들지 말라.[228]

더 나아가 니체는 평등 추구 속에 숨어 있는 병리적 성격을 찾아낸다. 무리 본능과 하향평준화가 그것이다. 니체는 일찍이《인간적인 너무나 인간적인》에서부터 평등의 두 가지 방식을 말한 바 있다. '다른 모든 사람들을 자신에게까지 끌어내리는 것', 그리고 '자신을 모든 사람과 함께 끌어올리는 것'.[229] 전자는 후에 "내가 천민이면 너 역시 천민이어야 한다"[230]는 식의 하향평준화를 원하는 평등으로 제시되고, 후자는 귀족적(주권적) 개인들 사이의 평등으로 제시된다. 니체에게 병리성으로 인식되는 평등은 바로 하향평준화의 경우다. 니체가 루소를 예로 들어 자연권 이론가들을 총체적으로 비난하는 것도 바로 그런 맥락에서다.[231] "내가 천민이면 너 역시 천민이어야 한다"는 의식은 대중들의 하향평준화 열망이 반영된 것이다. 그것은 무리와 대중에 속하는 평균적인 인간들의, 예외적이고 뛰어난 개인의 출현을 봉쇄하려는 심리의 소산이다. 니체는 그런 열망이 개인들의 힘을 "안락사"시키는[232], 귀족적 개인에 대한 원한 감정의 소산으로, 그 자체로 "반귀족적"인, 귀족적 개인에 대한 "범죄"라고 말한다.

---

228 GD 〈어느 반시대적 인간의 편력〉 48 : KGW VI 3, 144쪽.
229 MA I 300 : KGW IV 2, 246쪽.
230 GD 〈어느 반시대적 인간의 편력〉 34 : KGW VI 3, 126쪽.
231 GD 〈어느 반시대적 인간의 편력〉 48 : KGW VI 3, 144쪽.
232 N : KGW V 1 6[58], 538쪽.

한 인간의 가치는 입증해야 한다. 그가 어떤 권리를 자기 것으로 해도 되는지를. '대등하게 하는 것'은 좀 더 높은 인간들에 대한 경멸에서 나오는 것으로, 이들에 대한 일종의 범죄다.[233]

권리의 동등과 욕구의 동등을 의도한다는 것은 교역과 정치적 참정권의 가치가 동등하다고 보는 우리 문명의 거의 불가피한 결과로서, 더 높고 더 위험하며 더 빼어난 인간, 요약하면 더 새로운 인간의 배제와 점차적인 멸절을 동반한다.[234]

그런데 대중들의 하향평준화에 대한 열망을 니체는 무리 본능의 소산으로 이해한다. 삶의 태도와 자세와 규칙과 윤리, 즉 삶의 가치 판단 일체를 주체적으로 하지 않는 것, 오히려 대다수 대중의 취향과 요구를 반영하는 가치 체계를 그대로 수용하면서 무리-대중의 취향에 영합하는 말과 행위를 하는 것. 그것을 통해 소소한 안락과 명예를 얻고 무리와 갈등 없이 평화롭게 지내는 것. 그러면서 무리-대중의 일원이 되어, '더 높고 더 위험하며 더 빼어난 인간, 더 새로운 인간'의 힘을 약화시키거나 원천 봉쇄해버리는 것. 이것이 바로 무리 본능이다. 그것은 차라투스트라가 말하듯 인간 세상을 '시장터'로 만들어버린다.[235] 거기서 개인의 책임 의지는 포기된다. 개인은 무리의 일부로서 '무책임하게', 그러면서 '편하게' 살아갈 뿐, 자신의 주권적이고 주체적인 실존에 대한

---

233 N : KGW VII 2 25[343], 97쪽.
234 N : KGW VIII 2 11[157], 317쪽.
235 Za I 〈시장터의 파리들에 대하여〉 : KGW VI 1, 61~64쪽.

책임도, 건강한 사회와 건강한 세상에 대한 책임도 알지 못한다. 그렇게 무리 본능에 휩쓸리는 것은 니체가 보기에는 자유인이기를 포기하는 것이나 다름없다. 니체는 이런 무리 본능의 유무에 따라 사람들의 가치를 측정할 수 있다고 말할 정도로 그것의 위험성에 주목한다. "인간 가치의 서열 […] 사람을 인격체로서 평가하지 말라 […] 서열에 관한 첫 번째 질문 : 어떤 자가 얼마나 단독적인지 또는 얼마나 무리적인지."[236] 이런 무리 본능이 원하는 것이 천부인권으로서의 평등이다. 차라투스트라가 타란툴라의 입을 통해서 표명하고, 그것에 대해 차라투스트라가 "무기력이라는 폭군의 광기"라고 진단한 평등 말이다.

> '우리는 우리와 동등하지 않은 사람 모두에게 복수를 하고 욕을 퍼부으려 하지.' '평등을 추구하는 의지 —이것이 이제 덕을 일컫는 이름이 되어야 한다 : 힘을 갖고 있는 자 모두에게 반대하며 우리는 목청을 높이리라!' —이렇게 타란툴라의 심보를 가진 자들은 다짐한다. […] 너희, 평등을 설교하는 자들이여. 무기력이라는 폭군의 광기가 너희 내면에서 '평등'을 외쳐대는구나.[237]

평등에 대한 니체의 이런 생각은 우리 모두가 '평등을 요구할 권리'를 갖기를, 즉 주권적-귀족적 개인이 되어 그런 개인들 사이에서 동등을 요구할 '자격'을 갖추기를 바라는 것으로 귀결된다. 니체가 후에 자

---

236 N : KGW VIII 2 10[59], 157~158쪽.
237 Za II 〈타란툴라에 대하여〉: KGW VI 1, 124~125쪽.

격에 따른 권리의 차별적 획득 및 비례적 평등을 요청하는 것은 이런 생각을 전제로 한다. 비례적 평등이야말로 니체가 바라는 진정한 의미의 실질적 평등이며, 이런 평등이 전제되어야 비로소 정의라는 것도 의미를 갖게 된다. 4부에서 구체적으로 설명될 이런 평등과 정의는 '위대한 정치'라는 프로그램의 지향점 그 자체이기도 하다.

> 내가 원하는 평등은 단 한 가지다 : 우리를 둘러싼 극도의 위험과 포연 속에서의 평등. 이때 우리는 모두 같은 신분이다. 이때 우리는 모두 함께 어울려 즐거울 수 있다.[238]

이런 방식으로 니체는 자유와 평등을 획득 권리로 설정하고, 자유와 평등이라는 문제 자체를 '자격'의 문제로 환원해버린다. 우리가 과연 자유와 평등을 요구할 자격을 갖추고 있는지를 되물으면서 말이다.

(2) 정치적 현대와의 대결

앞의 내용은 '위대한 정치' 프로그램 속에서 진행된 '유럽 시민 사회의 정치 현실과의 맞대결'의 전제가 된다. 자연권에 대한 인정이 자연적 주권성에 대한 인정으로 이어진 유럽의 현실 전체가 니체에게는 불만스럽다. 그가 민주주의, 사회주의, 아나키즘, 자유주의, 자본주의 등은 물론이고 비스마르크의 독일제국에 대해서도 신랄하게 비판하는 가

---

238 N : KGW V 2 16[3], 557쪽.

장 큰 이유는 바로 그것이다. 그런데 그 불만과 비판 속에서 시민적-사회주의적-자유주의적-아나키적-민주적 정치가 보여주는 근대적 차이는 거의 주목되지 않는다. 그것들의 실행적 절차나 제도적 구현도 니체에게는 관심의 대상이 아니다. 니체는 오히려 그런 이념과 체제가 건강한 귀족적 개인의 형성을 방해하는 요소임을 보여주는 데 주력한다. 독일제국에 대한 니체의 비판도 마찬가지다. 니체의 눈에 들어온 유럽의 정치 현실은 총체적으로 가상적 자유와 망상적 평등이 지배하는 곳이다. 그 가상성과 망상을 폭로하고 진정한 의미의 자유와 평등을 요청하는 것. 그래서 힘에의 의지의 관계성에 입각한 '위대한 정치'를 구현할 지반을 마련하는 것. 이것이 니체의 관심사인 것이다.

> (자기 보존이 아니라 성장을 원하는 의지인) 생명에 관한 표상에서 출발해서 나는 유럽의 정치적, 정신적, 사회적 운동의 근본 충동을 관찰했다.[239]

> 어떤 것이 실제로 유사해지는 것을 의미하고, '평등권' 이론에서 그 표현을 얻는 '평등'은 본질적으로 쇠퇴에 속한다 : 인간과 인간 사이의 간격, 계층과 계층 사이의 간격, 유형의 다수성, 자기 자신이고자 하는 의지, 자신을 두드러지게 하려는 의지, 내가 '거리의 파토스'라고 부르는 것은 모든 강한 시대의 특성이다. 오늘날에는 극단적인 것들 사이의 긴장과 간격이 점점 더 줄어들고 있다 —극단적인 것 자체가 희미해져 결국은 유사하게 되어버린다… 우리의 모든 정치 이론과 헌법 전체는 쇠퇴

239 N : KGW VIII 1 2[179], 153쪽.

의 결과물이며 필연적 결과들이다. 이 점에서 '독일제국'도 결코 예외일 수 없다.[240]

가. 민주주의, 사회주의, 아나키즘이 문제인 이유—데카당스 본능

니체는 자연권과 자연적 주권성을 전제하는 민주주의와 사회주의와 아나키즘의 '본질'을 같은 데서 찾는다. 인간을 병들고 왜소하게 만드는 본능, 데카당스 본능이 바로 그것이다. 니체는 이 본능의 모체로 그리스도교를 지목한다. 니체에게 그리스도교는 '종교적 노예 반란'이다. 즉, 노예적 이상의 종교적 전개인 것이다. 그런 그리스도교의 노예 이상이 형이상학적 가치들로 부풀려진 것이 천부인권이며, 그것이 정치 이상 및 사회 체제로 확대된 대표적인 경우가 바로 민주주의, 사회주의, 아나키즘이다. 신 앞의 평등을 욕구와 권리의 동등으로, 신 안의 행복을 계급 없는 집단적 행복에 대한 희망으로 바꾸어놓은 것에 불과하기 때문이다. 즉 그리스도교의 종교적-피안적 구원에 대한 희망이 형이상학적-현세적 구원에 대한 희망으로 대체된 것이다. 거기서 핵심적 역할을 하는 것이 다름 아닌 도덕, 그것도 유럽인의 삶 속으로 깊이 파고든 그리스도교 도덕이다. 그것이 유럽인의 삶을 고통과 죄의식과 자기비난과 인내의 장소이자 눈물의 골짜기로 만들고, 인간의 자연성을 억제와 금욕의 대상으로 선언하며, 힘의 건강한 사용에서 발휘되는 덕을 약자들의 동정과 연민의 도덕으로 대체해버리기 때문이다. 그 결과, 인간은 길들고 약화되어 병들고 지친, 노예적 원한 감정의 소유자가 되어

---

240 GD 〈어느 반시대적 인간의 편력〉 37 : KGW VI 3, 132쪽.

버린 것이다.

> 민주주의 운동은 그리스도교 운동의 유산을 상속한 것이다.[241]

> '내가 천민이면 너 역시 천민이어야 한다' : 이 논리에 의거해 사람들은 혁명을 일으킨다 […] 자신의 열악한 처지를 다른 사람 탓으로 돌리든, 자기 탓으로 돌리든 ―첫 경우는 사회주의자이고, 두 번째 경우는 그리스도교인이다 ―본질적인 차이는 없다 […] 그리스도교인과 아나키스트―양자 모두 데카당이다.[242]

사회주의가 노예의 이상과 데카당스 본능의 소산인 이유를 좀 더 구체적으로 보면 다음과 같다. 첫째, 사회주의는 정치적 평등, 지배 없는 자유와 행복에 대한 추구와 함께한다. 그 추구는 니체가 노예적 존재라고 칭하는 약자들의 욕망을 반영하는 것이다. 둘째, 사회주의는 무리 본능의 소산이기도 하다. 주인도 노예도 없고, 부자도 빈자도 없는 상태에 대한 추구, 그것은 특별한 권리와 특전, 특별함 자체에 대한 부정으로 이어진다. 즉 '자격에 따른 권리' 그 자체에 대한 부정 말이다. "신도 주인도 없다는 것이 사회주의 형식이다."[243] 그 논리적 귀결은 지배권을 가질 수밖에 없는 자의 지배권도 결코 인정하지 않는 것이다. 셋째, 사회주의는 개인을 "공동체의 합목적적인 기관"으로 개조하려 하면서 개

---

241 JGB 202 : KGW VI 2, 127쪽.
242 GD 〈어느 반시대적 인간의 편력〉 34 : KGW VI 3, 126~127쪽.
243 JGB 202 : KGW VI 2, 127쪽.

인을 파멸시키고, 그 대신에 국가권력의 충만함을 갈망한다. 그래서 사회주의는 "전제주의의 몽상적 동생"에 불과하며, 현대에 "카이사르적인 독재 국가"를 세우려 하거나 혹은 이미 "촉진"하고 있다.[244] 넷째, 사유재산의 제한이나 생산 수단의 공동 소유, 노동 이익의 분배 등을 말하는 사회주의는 '삶을 부정하는 의지'의 소산에 불과하다. 니체가 보기에 무언가를 자신의 것으로 만드는 일, 자신에게 유리한 방식으로 사용하는 일, 심지어 착취하는 일까지도 생명 있는 것의 활동이자 불가결한 일이다. 달리 말하면 소유 의지는 곧 자기 확대를 위한 의지와 성장을 원하는 의지의 다른 측면인 것이다. 이것은 생명체의 본성이자 힘에의 의지의 본성 그 자체이며, 인간 생명체도 또 인간의 삶도 거기서 예외일 수 없다. 성장을 원하는 한, 인간은 무언가를 자신의 것으로 만들고 자신에게 동화시키려 한다. 그런 의지를 제거하고 제어한다는 것은 생명체의 본성에 역행하는 일이자, 생명력 그 자체를 퇴락시키는 일이다. 그것은 또한 힘에의 의지의 정상적이고 자연적인 활동을 억제하거나 왜곡하는 일이기도 하다. 이렇듯 사회주의는 개인의 자연적 의지에 대한 부정이자 힘에의 의지에 대한 총체적 공격이나 다름없다. 아래 인용문의 표현으로는, '삶이 스스로 자신을 부정하고 자신의 뿌리를 잘라내는' 것, 즉 삶의 자멸과 마찬가지인 것이다. 그래서 사회주의 이념은 어떤 현실적 장치와 제도를 제시하든 이미 실패가 예견된 것일 수밖에 없다. 니체가 파리코뮌이라는 사회주의 노선의 실패를 "가벼운 소화불량" 정도로 치부해버리는 것은, 파리코뮌이 실제로 시도했던 일이 삶의 자멸이라는

---

244 MA I 473 : KGW IV 2, 317쪽.

총체적 퇴락의 소박한 사례에 불과하기 때문이다.

> 사회주의 — 보잘것없는 자들이나 가장 어리석은 자들, 천박한 자들, 질투하는 자들, 4분의 3이 배우인 자들이 끝까지 생각해낸 전제적 폭정. — 사실상 현대 이념과 그 이념의 잠재적 무정부주의의 귀결이다 […] 파리코뮌은 아마도 다가올 것을 기준으로 측정해본다면 단지 더 가벼운 소화불량에 불과할 것이다 […] '성장을 위해 자신이 갖고 있는 것보다 더 많이 가지려 한다'는 것. 살아 있는 모든 것에 삶 자체가 설교하는 것처럼 들리는 가르침이다 […] 사회주의의 가르침 속에는 '삶을 부정하려는 의지'가 숨어 있다 ; 이러한 가르침을 생각해내는 것은 못난 인간이나 족속임이 틀림없다. 사실 내가 원한 것은, 사회주의 사회에서는 삶이 스스로를 부정하고 스스로 자신의 뿌리를 잘라내려 한다는 것이 몇몇의 큰 시험에 의해 입증되는 것이었다.[245]

민주주의가 데카당스인 이유 역시 사회주의가 데카당스인 이유와 별반 다르지 않다. 민주주의는 노예 본능과 노예 이상을, 인간의 평준화를, 거짓 평등과 자유를, 결국에는 힘에의 의지의 병적 퇴화로 인한 인간의 퇴락을 가져오기 때문이다.

> 민주주의 운동은 우리에게는 정치 조직의 타락 형식일 뿐만 아니라, 인간의 타락 형식, 즉 왜소화 형식으로, 평균화와 가치의 하락으로 생각된다.[246]

245 N : KGW VII 3 37[11], 312~313쪽.

민주주의는 언제나 조직하는 힘의 몰락-형태였다.[247]

그렇다고 니체를 반민주주의자로 단정하기는 어렵다. 그 이유는 두 가지다. 먼저, 니체는 민주주의가 갖고 있는 긍정적 측면을 완전히 무시하지는 않는다. 민주주의가 유럽의 현대를 특징짓고 유럽의 현대를 "중세와 구별"시켜주며[248], 민주주의 제도들이 "전제적 충동이라는 오래된 페스트를 막는, (비록 지루하기는 하지만) 검역소의 역할"[249]을 하고, 신분 질서 아래서 억압되었던 개인들의 자기 구성과 자기 창조를 위한 의지적 노력을 해방시켜, 결국 자기 긍정의 힘과 기회를 제공하는 긍정적 기능을 했다[250]고 표명하기 때문이다. 또한 니체는 '위대한 정치' 프로그램이나 힘에의 의지의 관계론이라는 방법론을 통해 이미 '새로운' 자유와 평등을 인간의 조건으로 제시한다. 인간의 주권성 그 자체와 동일시되는 획득 권리로서의 자유, 산술적-기계적 평등이 아니라 비례적-실질적 평등 말이다. 여기에 니체는 상호 인정에 입각한 관계 정의를 추가하기도 한다(3부와 4부 참조). 이런 점들은 민주주의가 추구하는 이상과 별반 다르지 않다. 이런 매우 독특한 점들 때문에 니체에게서 민주주의 발전의 단초를 찾는 해석들도 등장할 수 있는 것이다(1부 6장 참조).

아나키즘 역시 민주주의와 사회주의 비판의 연장선상에 있다. 아

---

246 JGB 203 : KGW VI 2, 128쪽.
247 GD 〈어느 반시대적 인간의 편력〉 39 : KGW VI 3, 134쪽.
248 MA II-WS 275 : KGW IV 3, 310쪽.
249 MA II-WS 289 : KGW IV 3, 321쪽.
250 JGB 261 : KGW VI 2, 224쪽.

나키즘 또한 무리 본능의 소산이고 무리적 평등주의를 전제하기 때문이다. 비록 아나키스트들이 '모든 것으로부터의 자유'를 원하면서, 지배적 구속력을 갖는 온갖 질서와 체제를 파괴하려 하지만, 그들과 민주주의, 사회주의는 결국 한통속인 것이다. 그들은 단지 유럽의 민주주의와 사회주의 운동의 속도에 만족하지 못해 "좀 더 광포하게 으르렁거리는", "유럽 문화의 뒷골목을 방황"하는 "개들"일 뿐이다.[251]

> 이들은 평화적이고 근면한 민주주의자나 혁명-이데올로그들과 겉으로는 대립적인 듯 보이고, 더욱이 스스로를 사회주의자라고 부르며 '자유로운 사회'를 바라는 어리석은 사이비 철학자나 동지애를 꿈꾸는 몽상가와도 대립적인 듯 보이지만, 실제로는 그들과 전적으로 같다. 자생적인 무리 사회의 형식 외에는 그 어떤 다른 사회 형식에 대해서도 근본적으로 또 본능적으로 적대감을 지니고 있다는 점에서. ('주인'과 '노예'라는 개념조차 거부하기에 이른다.)[252]

아나키즘은 또한 사회적 약자들의 복수심과 원한 감정의 소산이기도 하다. 니체는 아나키스트에 대해, "사회의 쇠퇴 계층을 대변하는 자로 그럴듯한 분노를 가지고 '법'과 '정의'와 '평등권'을 요청"하지만 자신의 고통의 원인과 장소를 제대로 찾지 못하는 "교양의 결여" 상태에 놓여 있으며, "불평과 자기 불만"에 차서 "자신의 열악한 상태에 대

251 JGB 202 : KGW VI 2, 127쪽.
252 JGB 202 : KGW VI 2, 127쪽.

한 책임을 누군가가 지지 않으면 안 된다"는 생각을 갖고 있다고 말한다.[253] 그래서 아나키스트는 그 누군가가 마치 용인되지 않은 특권을 누리고 있다는 듯이 비난하고, 그런 특권에 대한 투쟁을 선언하는 것이다. 그것은 니체가 보기에는 특권에 대한 복수심의 발로다. 이런 복수심은 그리스도교가 보여준 '약자들의 복수심'과 다르지 않다. 니체가 아나키즘에 대해 "동정의 종교를 믿는다"고 말하는 것[254]이나, 그가 아나키스트로 보는 오이겐 뒤링E. Düring에 대해 "복수와 원한 감정의 소유자"라고 말하는 것, 그리고 니체 저작 전체에서 단 한 번 언급될 뿐인 아나키스트 바쿠닌M. Bakunin에 대해 "현대에 대한 증오 속에서 역사와 과거를 파괴하길 원하는"[255] 자라고 말하는 것은 모두 그런 맥락에서다. 니체가 아나키스트 전체에 대해 무리 본능에 의한 "병자"이자 무리 본능의 "중독자"라는 신랄한 평가를 내리는 것 또한 마찬가지다.[256]

물론 니체 역시 정치 현실에 대해 아나키즘의 분노와 유사한 분노를 쏟아낸다. 그 역시 민족주의적 권력국가나 시민 사회적 법률국가와 형벌 제도 등, 당대 유럽 국가와 정치가 보여준 현저한 특징 일체에 대한 공공연한 적대자였다. 차라투스트라가 홉스의 리바이어던 국가를

253 GD 〈어느 반시대적 인간의 편력〉 34 : KGW VI 3, 126쪽.

254 JGB 202번 글에 나오는 "동정을 외치면서 동정 때문에 초조해하고 고통 일반에 대해 죽을 정도로 증오하며, 방관자로 남아 있을 수도 고통받게 놔둘 수도 없는 거의 여성적인 무능력 속에 있다"는 아나키즘에 대한 표현은 러시아 아나키스트 크로폿킨P. Kropotkin의 부드러운-이타주의적 아나키즘을 염두에 둔 것처럼 보인다. 상세한 설명은 H. Ottmann (^{2}1999), 305쪽, 주석 33번 참조.

255 N : KGW III 4 26[14], 182쪽. 또 다른 아나키스트, 헤겔 좌파이자 '개인주의적 아나키스트'였던 스티르너M. Stirner와 니체의 관계, 니체가 스티르너의 영향을 받았는지 여부에 대해서는 여전히 논쟁 중이다. 상세한 설명은 H. Ottmann (^{2}1999), 307~309쪽.

256 JGB 202 : KGW VI 2, 127쪽.

"거대한 괴물"이라고 칭하면서 '현대의 우상'으로 여기는 것이나, 그런 국가가 "중지"되는 곳에서야 위버멘쉬가 등장할 수 있다고 말하는 것[257]에서 단적으로 알 수 있다. 그런 국가는 탁월한 개인의 배출을 목적으로 하지 않고, 오히려 개인들을 국가라는 목적을 위한 수단으로 본다. 가톨릭교회와 국가의 공통적 신념이 '인간은 자신을 발전시켜서는 안 된다'는 것이라는 니체의 말은[258] 국가가 목적 그 자체로, 개인이 수단으로 간주되는 새로운 우상의 시대를 잘 표현해준다. 하지만 니체는 아나키스트는 아니다. 니체가 말한 자유는 아나키스트의 '복수와 원한 감정이 깃든 자유'와는 다르며, 부정과 파괴의 정신인 차라투스트라의 '사자'의 자유에 머무르지도 않는다. 진정한 자유는 창조의 힘과 긍정의 덕을 겸비한 것으로서, 탁월한 개인을 배출하고 탁월한 개인이 지배하는 국가를 창출하려 한다.

나. 자본주의의 문제—노동자라는 새로운 노예

19세기 유럽의 시민 사회는 니체가 보기에는 새로운 유형의 노예 사회다. 자본 논리의 지배를 받는 노동하는 노예들의 사회. 유럽인은 '노예'라는 개념 자체를 사회적·정치적으로 무의미하게 만든 것을 시대의 긍지로 삼지만, 여전히 노예처럼 살아간다.

신세대인인 우리는 그리스인들보다 두 가지 개념을 더 가지고 있다. 이

257 Za I 〈새로운 우상에 대하여〉 : KGW VI 1, 57~58쪽.

258 N : KGW VII 1 7[242], 326쪽. 그리고 Za II 〈크나큰 사건에 대하여〉 : KGW VI 1, 165쪽과 Za I 〈새로운 우상에 대하여〉 : KGW VI 1, 58쪽도 참조.

개념들은 완전히 노예처럼 행동하면서도 '노예'라는 낱말을 두려워하고 피하는 세계를 위로하는 수단으로 주어져 있다. '인간의 존엄'과 '노동의 존엄' 말이다.[259]

노동은 생존을 위한 목적적 활동이라고 이야기되지만, 니체에게 노동은 '돈과 자본'이라는 새로운 우상을 위한 노예적 활동에 불과하다. 그것은 그 자체로 존엄하지도 않고, 인간을 존엄하게 만들지도 않는다. 부의 축적을 원하지만 그 축적의 속도가 자신의 바람보다 느리다는 초조감에 사로잡혀 "부를 축적하면서도 더욱더 가난"하게 되는 자본의 논리와 이익의 논리에 종속되어 있고, 거기서 노동은 "권력을 원하고, 권력의 지렛대인 많은 돈을 원하는"[260] 욕구의 수단에 불과할 뿐이다. 자본 논리와 이익 논리에 의해 무엇을 해야 할지가 선택되고 진행되는 노동 현실. 거기서 개인이 선택한 일은 소모적 고통의 원인이 되어버린다. 그것이 자신의 창조적 삶을 위한 적극적 기제로 활용되어야 하는데 말이다. 그런 상황에서 노동의 질과 양으로 개인의 '값'이 책정되는 것은 당연한 일이다. 그래서 차라투스트라는 이렇게 말한다.

소상인의 황금으로 살 수 있는 그런 귀족이 되어서는 안 된다 : 가격이 매겨진 것은 하나같이 가치가 적기 때문이다 [⋯] 어디서 왔는가가 아니라 어디로 가고 있는가를 너희의 명예로 삼도록 하라! 너희 자신을 뛰어

---

259 GS : KGW III 2, 258쪽.

260 Za I 〈새로운 우상에 대하여〉 : KGW VI 1, 59쪽.

> 넘고자 하는 의지와 발길 —그것들을 새로운 명예로 삼도록 하라![261]

그런데 노동하는 노예가 된 개인에게서 발생하는 더 큰 문제는 정신의 섬세한 판단력이 약화되는 것이다. 이익과 보수가 노동을 선택하는 기준이 되어, 선택 시의 다른 측면들과 기준들은 자연스럽게 무시된다. 정신의 고양이나 자기 구성이나 창조적 삶에의 추구는 선택의 잣대로서의 역할을 상실해버린다. 그래서 선택의 순간에 개인은 무엇이 진정 자신을 자유로운 창조적 주체로, 삶의 예술가로 유지시키고 고양시킬 것인지에 대한 섬세한 고려를 하지 않는다.

> 보수를 위해 일자리를 찾는 것 —오늘날 문명화된 나라에 사는 거의 모든 인간들은 다 그렇게 한다 ; 그들 모두에게 일은 수단이지 그 자체가 목적은 아니다 ; 그래서 그들은 일을 선택할 때에도 섬세하지 못하다. 그 일이 많은 수입을 가져다주기만 하면 족한 것이다.[262]

정신의 섬세한 판단력을 상실하는 것. 그것은 자신의 근원적 욕망과 욕구로부터, 결국 자신으로부터 눈을 돌리게 한다. 그래서 일종의 "도피책"이자 "자신을 잊고자 하는 의지"의 반영일 수 있다.[263] 게다가 기계적이고 소모적인 노동은 개인을 거대한 톱니바퀴 속 부속품으로 만든다. 그리하여 개인은 그 기계 전체의 활동에 종속된, 언제든 대

---

261 Za III 〈낡은 서판과 새로운 서판에 대하여〉 12 : KGW VI 1, 250~251쪽.
262 FW 42 : KGW V 2, 82쪽.
263 Za I 〈죽음의 설교자들에 대하여〉 : KGW VI 1, 52쪽.

체 가능한 소모품이 된다. 톱니 역할을 수행하지 못하게 되면 폐기 처분된다. 그래서 늘 불안하고 초조하다. 폐기의 위험에서 벗어나려면 기능인의 역할을 충실히 수행해야 한다. 그런 역할에 충실하기 위해 개인은 애를 쓴다. 그래서 근면이라는 프로테스탄트 윤리가 삶의 덕목이 된다. "생각을 하면서도 시계를 손에 들고 있고, 점심을 먹으면서 주식 신문을"[264] 보는 것이 말이다. 그 결과는 한가함과 휴식에 대한 평가절하다. 한가함과 휴식은 더 이상 노동자의 덕목은 아닌 것이다.

> 이제 사람들은 휴식을 부끄러워하며 ; 오랜 사색에 대해서는 거의 양심의 가책을 느끼기까지 한다 [···] 무엇보다도 모든 여유를 위한 시간과 능력을 사람들은 더 이상 갖지 못한다. 이득을 좇는 삶은 끊임없이 자신을 꾸며내고, 계략을 짜내고, 남을 앞지르는 일에 지속적으로 자신의 정신을 모두 소모할 것을 요구하기 때문이다.[265]

소모적 노동에서 개인은 즐거움보다는 피로감을 더 느끼게 된다. 그 피로감을 없애는 것이 삶의 주요 과제로 등장하는 것은 결코 이상하지 않다. 사람들은, 피로감을 없애주기만 한다면 그 수단이 무엇인지에 대해서는 그리 까다롭게 굴지도 않는다. 그저 "자신을 멋대로 내버려두고 싶어 할 뿐만 아니라, 곳곳으로 어설프게 몸을 뻗고 싶어 할 뿐이다".[266] 그것은 정신의 미숙으로 이어진다. 노동이 이런 것이기에, 그것

264 FW 329 : KGW V 2, 236쪽.
265 FW 329 : KGW V 2, 236쪽.
266 FW 329 : KGW V 2, 237쪽.

은 인간을 비인격적으로 다루고 비인격적인 존재로 만드는 것에 불과하다. 그런 노동은 "삶을 병들게 하는"[267] 것이나 다름없다. 그래서 자본주의 시민 사회는 데카당스 사회인 것이다. 이런 사회에서 자신의 주권성과 정신적 귀족성을 갖춘 개인을 기대하는 것은 어려워진다. 니체는 이런 현상에 대해 "[미국식] 신세계의 악습"[268]이라는 표현으로 깊은 우려를 표명하기도 한다.

> 퉤퉤, 높은 급여를 통해 노동자들의 비참한 삶의 본질이, 즉 비인격적 노예화가 지양된다고 믿는다니! 퉤퉤, 이러한 새로운 사회의 기계적인 메커니즘 내에서, 비인격성의 증대를 통해 노예 상태의 치욕이 하나의 미덕으로 변형될 수 있다는 말을 곧이듣다니! 퉤퉤, 인격이 아니라, 나사가 되는 대가로 하나의 값을 갖게 되다니! 그대들은 무엇보다 가능한 한 많은 것을 생산하고 가능한 한 부유해지려는 국가가 현재 범하고 있는 어리석음의 공모자인가? 그대들이 해야 하는 일은 얼마나 많은 내적 가치가 그러한 외면적인 목표를 위해 포기되는지에 관한 대차대조표를 그들에게 제시하는 것이다![269]

앞의 상황은 특수한 직업군에서만 발견되는 것이 아니다. 모든 직업에서 발견되며, 학자에게서도 마찬가지다. 학문이 "학문 경영"[270]의

---

267 EH 〈나는 왜 이렇게 좋은 책들을 쓰는지〉-UB 1 : KGW VI 3, 314쪽.
268 FW 329 : KGW V 2, 236쪽.
269 M 206 : KGW V 1, 183~184쪽.
270 EH 〈나는 왜 이렇게 좋은 책들을 쓰는지〉-UB 1 : KGW VI 3, 310쪽.

대상으로 전락해버리기 때문이다. 그 속에서 학문 연구는 연구방법론에 종속되거나 분업의 원리에 종속되어 기계적 노동이 되고 '전문화'된다. 그러면서 학문이 인간의 성숙을 위한 것이자 인간의 건강을 위한 것이라는 점도 잊힌다. 학문이 기존의 연구 내용에 대한 주석 작업이나 해석 작업과 혼동되기도 한다. '누구는 이렇게 말했다', '또 누구는 이렇게 말했다' 하는 지식의 부지런한 나열이 학자의 질을 평가하는 잣대가 된다. 학자들은 기존 연구의 권위에 의존하고 그 권위를 빌리지 않고는 자신의 말을 할 수 없게 된다. 삶의 창조적 고양을 위해 비판적 시선을 갖추는 대신 작은 실수나 오류를 지적하는 데에 비판력을 소모해버린다. 인간을 건강하고 위대하게 만드는 생산적인 지식을 산출해내지 못하고 먼지와 소란을 일으킨다. 학문에 대한 태양과도 같은 뜨거운 열정과 삶을 태양처럼 달구는 지식 대신, '객관성 추구'라는 차가운 이성적 절차와 삶과 무관한 차가운 지식을 산출해낸다. 그런 '연구 작업'에서 소소한 즐거움을 누리고, 그것으로 학적 활동이 끝난 것으로 간주하고 손을 털어버린다. 이런 증상을 보이는 학문과 학자에 대해 니체는 차라투스트라의 입을 빌려 다음처럼 묘사한다.

> 학자들은 차가운 그늘 아래 차갑게 앉아 있다. 저들은 무슨 일에서나 단지 관망자로 남기를 원하며, 태양이 작열하는 뜨거운 계단에는 앉지 않으려고 몸을 사린다.
>
> 길에 서서 지나가는 사람들을 멍하니 바라보는 자들처럼 그들 또한 그렇게 기다리며, 다른 사람들이 생각해낸 사상들을 입을 벌리고 바라본다. 그들을 손으로 잡기라도 하면 그들은 반사적으로 가루포대처럼 자기

주위에 온통 먼지를 일으킨다 [⋯]

학자들은 훌륭한 시계다. 태엽을 제대로 감기만 하면 된다! 그러면 한 치의 오차도 없이 시간을 알리며 보잘것없기는 하지만 소리까지 낸다 [⋯] 저들은 서로를 가까이에서 감시하며, 서로를 믿지 못한다. 보잘것없는 책략을 가지고 저들은 절름발이 지식을 가진 자들을 기다린다. 거미가 먹이를 기다리듯이.[271]

가장 창조적이고 생산적이어야 할 정신의 힘은 거기서 무력해진다. 학자들의 가치를 만들어주는 것인 '삶을 위한 자신의 언어'는 빛이 바랜다. 그래서 학자들은 경전을 해석해내거나 분석해내는 전문 기술자가 되는 것에 만족할 뿐, 그 내용을 우리 삶의 창조적 조형을 위해 어떻게 활용해야 할지를, 삶이라는 거대경제적 원칙 아래서 조망할 의지가 없다. 이런 학문의 결실을 니체는 "꽥꽥대는 개구리 소리"[272]에 불과한 것으로 치부해버린다. 이렇게 학자들이 기계이자 기술자로 전락해버린 원인을 니체는 스토아적-에피쿠로스적 태도로 한가함과 무위의 부재에서 찾기도 한다.

명상적 삶에 대한 평가가 낮아져버린 것의 징후로, 학자들은 오늘날 활동적인 사람들과 일종의 성급한 즐거움을 두고 경쟁하고 있다. 그러면서 그것을 자신들 고유의 것이자 실제로 더 큰 즐거움을 주는 것보다 더 높

---

271 Za II 〈학자에 대하여〉: KGW VI 1, 157쪽.
272 Za II 〈학자에 대하여〉: KGW VI 1, 157쪽.

게 평가한다 : 그들은 한가함을 부끄럽게 여기는 것이다. 그러나 한가함과 무위는 고귀한 것이다.[273]

한가함과 무위는 성찰하고 명상하는 시간이다. 자신이 만들어가는 것이 과연 적절한지, 제대로 된 방향으로 나아가고 있는지를 반성하는 시간인 것이다. 하지만 그것의 중요성은 자주 간과된다. 현대 세계에서 그런 현상은 더 심해진다. 분주함과 바쁨이 이제는 노동의 덕목을 넘어 일상이 되어버렸다. 학자 세계 역시 마찬가지다. 학자의 작업은 수량적 측정의 대상이 되어 있고, 학자들은 '빨리' 그 양을 충족시켜야 하며, 그것을 해냈다는 소소한 기쁨에 만족한다. 이런 바쁨과 열심의 톱니바퀴에서 한가함과 무위의 가치는 폄하되고 명상과 사색의 힘vis contemplativa은 약화된다. 거기서 학자의 정신은 결코 자유롭지 않다. 그의 활동도 자유로운 유희일 수 없다. 학문이 자유정신의 활동이자 산실이어야 한다는 사실 자체가 망각된다. 그러니 학자의 정신이 행복할 리가 없다.

Vita contemplativa(명상적 삶)의 퇴진 및 그때그때의 폄하의 동반은 아마도 우리 시대의 특징일 것이다 [⋯] 자유정신은 학자들에게 악평을 받고 있다. 학자들은, 자유정신이 사물을 관찰하는 기술에는 자신들이 지닌 철저함과 개미 같은 근면함이 없다고 생각하고, 자유정신을 학문의 한구석에 가두어두려 한다 : 자유정신은 고독한 곳에서, 학적이며 배웠다는 사람들의 군대 전체를 지휘하고 그들에게 문화의 길과 목표들을 보여주

273 MA I 284 : KGW IV 2, 236쪽.

는, 그들과는 완전히 상이한 좀 더 높은 과제를 갖는다.[274]

물론 학문이 자유정신의 활동이자 산실이 되는 것은 개인의 노력만으로 완전히 가능한 것은 아니다. 사회 전체가 자본의 논리와 톱니바퀴와 메커니즘과 분업화를 전제하는 '학문 경영'을, 니체의 표현처럼 "잘못된 경제학"이 적용된 "야만적"이면서도 "위험"한 학문 경영[275]을 포기하지 않으면, 개인의 노력은 앞의 인용문에서처럼 비웃음거리가 될 뿐이며, 문화 전체가 위험에 노출된다.

니체는 이렇듯 여러 방식으로 자본주의에 대해 심각한 우려를 표하긴 하지만, 자본주의가 인간의 더 나은 상태를 위한 아이러니한 수단의 역할을 할 수도 있다고 본다. 자본주의와 정반대되는 운동의 필요성을 인식시키고, 그런 운동을 촉발하는 장이 될 수 있기 때문이다. 이것이 자본주의가 정당화될 수 있는 유일한 경우다.

> 이렇듯 특수화된 유용성에 순응하는 것과는 반대되는 운동 —종합적이고 총계화하며 승인하는 인간을 산출하는 운동이 필요하다. 이 인간에게 인류의 기계화란 그 자신의 좀 더 높은 존재 형식을 고안해내는 데 바탕이 되는 하부 구조로서, 그의 생존을 위한 전제 조건이다… […] 하나의 새로운 '무슨 목적으로?'라는 물음 —이것이 바로 인류가 필요로 하는 바다…[276]

---

274 MA I 282 : KGW IV 2, 234~235쪽.
275 EH 〈나는 왜 이렇게 좋은 책들을 쓰는지〉-UB 1 : KGW VI 3, 314쪽.
276 N : KGW VIII 2 10[17], 128~129쪽.

다. 문제로서의 독일

—'정신'의 실종, '작은 정치'의 제시 그리고 루터의 종교 개혁

19세기 유럽 시민 사회의 정치 현실에 대한 니체의 불만은, 당대 독일에 대한 니체의 비판적 시선과 상통한다. 젊은 니체는 이미 독일의 정신적 퇴락과 문화적 붕괴를 목도했다. 《인간적인 너무나 인간적인》에서 "좋은 독일은 탈독일적인 것을 의미한다"[277]라고 쓸 정도로 말이다. 하지만 1870년대 초반 《비극의 탄생》의 시기에 그는 유럽 문화의 새로운 가능성인 그리스 비극 정신의 부활을, 바로 독일의 정신 —칸트와 바그너와 쇼펜하우어— 속에서 희망하고 있었다. 이들이야말로 한편으로는 예술에 대한 희망을 놓지 않고(바그너와 쇼펜하우어), 다른 한편으로는 이성주의의 한계를 지적하면서(칸트)[278], 근대의 이성적 낙관주의가 초래한 문화의 문제를 해결하는 문화사적 의미를 지닌 존재들이기 때문이다. 하지만 이런 기대는 3~4년 사이에 포기되고 만다. 그것은 니체가 당대 독일의 정치적 현실을 비판적으로 살피기 시작하면서부터 이미 예견된 일이었다. 비스마르크의 '독일제국'에서는 국가와 정치와 권력이 문화를 지배해버려, 독일 '정신'의 형성을 위한 지반 자체가 사라져버렸다고 니체는 생각한다. 그는 독일의 '제국'에서 문화가 치르는 대가를 본 것이다. 그는 이제 독일 정신에 대한 희망을 완전히 포기하고, 그 대신에 독일에 대한 철저한 비판가가 된다. "국가는 위선에 찬 개의 일종이다 […] 이 지상에서 가장 중요한 짐승이 되고 싶은 것이

---

277 MA II-VM 323 : KGW IV 3, 147쪽.

278 칸트에 대한 니체의 이런 예외적인 평가는 곧 자취를 감추고, 칸트는 이성의 철학자 그 자체로서 비판의 대상이 된다.

다. 사람들이 국가를 그렇게 여기고 있는 것도 사실이고…"라는 차라투스트라의 말은[279] 직접적으로는 독일'제국'에 대한 비판이다. 니체의 비판은 1880년대 후반으로 갈수록 점점 더 격렬해지고 과격해져, '위대한 정치' 프로그램이 곧 그 자체로 반독일적이라고 할 수 있을 정도까지 된다. 물론 그 중심에는 여전히, '정신을 집어삼킨' 독일의 정치 때문에 '정신이 깃들어 있는' 문화가 대가를 치르는 것에 대한 분노가 놓여 있다.[280]

> 권력이나 큰 정치나 세계 무역, 의회제, 군사적 관심에 힘을 다 써버리면—한 사람을 이루고 있는 오성, 진지함, 의지, 자기 극복의 힘을 이런 방면에 다 주어버리면, 다른 방면에서 그 힘은 결여되기 마련이다 […] 문화가 융성했던 시대는 전부 정치적으로는 하강기였다. 문화적인 의미에서 중요했던 것은 비정치적이었고, 심지어 반정치적이기도 했다 […] 유럽 문화사에서 '독일제국'의 등장이 특히 의미하는 바는 바로 이것 : 무게중심의 이동이다. 핵심적인 사항에서—문화가 바로 그것인데—독일인은 더 이상은 고려되지 않는다.[281]

그런 분노 속에서 니체는 그야말로 독일의 모든 것을 비판하기 시작한다. 그것은 독일의 철학, 문학, 종교, 음악과 예술 일반을 넘어 교육제도와 대학의 문제에 이르고, 심지어 독일인은 읽는 법과 쓰는 법부터

---

279 Za II 〈크나큰 사건에 대하여〉 : KGW VI 1, 166쪽.
280 GD 〈독일인에게 모자란 것〉 1 : KGW VI 3, 97~98쪽.
281 GD 〈독일인에게 모자란 것〉 4 : KGW VI 3, 100쪽.

다시 배워야 한다고 말할 정도다. 물론 거기에는 공업화와 산업화의 진행, 소시민 계층의 성장, 화폐귀족주의 및 천민자본주의의 득세 등에 대한 비판도 가세하며, 식생활과 영양 섭취, 알코올 음용에 이르는 삶의 방식과 소소한 습속도 비판을 피하지 못한다.[282] 그 모든 것이 '독일 정신의 상실'에 대해 책임이 있다고 여겨지기 때문이다. 니체의 눈에 들어온 독일은 창조적 과제를 이행할 힘 자체를 상실해버렸다. 한때 교양시민으로, 사색가 민족으로 불리었던 독일인은 이제 정신에 염증을 느끼고 정신을 불신한다. 정신의 자리를 현실과 정치와 국가와 부가 차지하고 있다. 니체는 정신이 실종되어버린 독일에 대해 불신 가득한 염증을 느끼며, 특히 독일의 교육에 대해 큰 불만을 갖는다. 독일 교육은 정신의 창조적 고양이나 정신의 건강성 함양을 목적으로 하는 대신, 통일 국가의 수단이 될 만한 평균적인 존재들이나 '교양 있는 속물'들을 산출할 뿐이다. 대학 교육이나 고등 교육 일체도 마찬가지다.

> 독일의 고등 교육 제도 전체에는 핵심 요소가 빠져 있다. 목적과 목적에 이르는 수단이 말이다. 교육과 교양 형성 자체가 목적이지 —'독일제국'이 목적이 아니라는 것 —그 목적을 위해서 교육자가 필요하다는 것 — 그리고 고등학교 교사와 대학의 식자들이 목적이 아니라는 것— 이 점들이 망각되어버렸다. 그 자신 교육을 받은 사람들인 교육자들, 언제나 자기 자신을 탁월하고 고귀한 정신으로 입증하고 말과 침묵으로 입증하는, 성숙하고 감미로워진 문화인들이 필요한 것이지 —고등학교나 대학

282 EH 〈나는 왜 이렇게 영리한지〉 참조.

교가 오늘날 젊은이들에게 '고급 보모'로 제공하는 배워먹은 무례한 자가 필요한 것이 아니다. 예외 중의 예외를 제외하고 보면, 교육의 첫 번째 선결 조건인 교육자들이 결여되어 있다 : 그래서 독일 문화가 하강하는 것이다 […] 독일의 '상급 학교'들이 사실상 달성하고 있는 것은 하나의 잔인한 조련으로서, 이것은 시간의 손실을 가능한 한 최소화하면서 수없이 많은 젊은이들을 국가에 대한 봉사에 이용할 수 있도록, 남김없이 이용할 수 있도록 만드는 것이다. '고등 교육'과 다수의 사람 ―이것은 처음부터 모순된 것이다. 모든 고급 교육은 예외자들에게만 해당된다 : 그런 높은 특권을 누릴 권리를 갖기 위해서는 특권자여야만 한다. 위대한 것, 아름다운 것은 모두 결코 공유 재산이 될 수 없다 […] 독일 문화의 하강은 무엇 때문인가? '고등 교육'이 더 이상 특전이 아니라 '일반적'이고 공통적인 것이 된, 교양의 민주주의 때문이다 […] 현재 독일에서는 누구도 자유롭게 자신의 아이들에게 고급 교육을 제공할 수 없다 ; 우리의 '상급 학교들'은 모두 교사나 교과 과정이나 교과의 목표상 가장 애매한 평균성을 지향한다. 그리고 만일 23세의 젊은이가 아직 '준비 완료'되어 있지 않아 '어떤 직업을?'이라는 '핵심 문제'에 아직 대답을 못하는 경우, 마치 무언가가 소홀히 되었다는 듯이 생각하는 점잖지 않은 성급함이 도처에서 지배하고 있다. ―실례를 무릅쓰고 말하자면, 고급한 인간 부류는 '직업'을 중요하게 여기지 않는다. 그들은 자신들의 소명을 알고 있기 때문이다… 그들은 시간 여유를 갖고, 서두르지 않으며, '준비 완료'라는 것에 대해서는 생각도 하지 않는다.[283]

283 GD 〈독일인에게 모자란 것〉 5 : KGW VI 3, 101~102쪽.

오늘날 우리의 대학 교육에 대한 개탄이라고 해도 무방할 뜨끔한 일침이다. 대학이 직업인 양성소가 되어버린 현실, 고급한 문화 창출 의지가 '교양의 민주주의'로 대체되어 있는 현실, 개인의 창조적 힘이 현실적 목적을 위한 수단으로 전락해버린 현실. 이런 혐오스러운 사태의 원인은 무엇보다도 진정한 교육자의 부재에 있다고 니체는 생각한다. 자신의 말과 침묵으로 자신의 고귀한 정신을 보여주는 교육자, 교육이 사람을 기계나 도구가 아니라 '사람으로 길러내는 일'이라는 것을 아는 교육자. 이런 교육자의 부재는 교육의 악순환을 초래한다. 그래서 니체는 독일 문화에 다시 기회가 있다면, 그것은 바로 독일 교육이 새로운 목적을 설정할 때 찾아올 것으로 생각한다. 그 목적은 바로 주권적이고 건강한 존재를 양성하는 것이며, 이런 과제를 정립하는 것은 곧 교육자의 몫이다. 이런 교육자는 정신성의 고양을 위한 교육의 향연을 펼칠 것이고, 이것이 다시 고급문화 육성으로 이어질 것이다. 하지만 그런 교육 이상과 교육자의 출현은 정신적 귀족주의를 이상으로 하는 국가에서만 가능하다. 결국 '문화-국가'에 대한 니체의 희망은 '교육-국가'에 대한 희망 속에서만 가능하며, '교육-국가'에 대한 희망은 건강한 정신적 귀족들의 출현을 통해서만 가능한 것이다.

니체는 19세기 유럽의 데카당스에 독일의 책임이 크다고 생각한다. 그 이유는 두 가지다. 먼저, '작은 정치'의 제시다. 옛 독일은 고전주의 문화를 유럽에 제공한 정신적 보고였다. 문화가 갖는 힘을 유럽에 보여주었던 것이다. 하지만 19세기 초반인 1813년에 프로이센과 러시아의 주도로 시작된 반나폴레옹 '해방 전쟁'을 기점으로, 독일은 무력과 권력으로 유럽의 중심 세력이 되고자 한다. 그 열망은 특히 국민국가 및 독일 민족주의 가치, 독일 이익주의 및 제국주의 노선을 추구한 비스마르크의 시대에 강력해진다. 군비 확장과 끝없는 전쟁, 식민지 확대, 독일의 통일은 물론이고, 독일-오스트리아의 2제동맹이나 독일-오스트리아-이탈리아의 3제동맹 같은 비밀 동맹 외교[284] 역시 비스마르크 노선의 일환이라고 니체는 생각한 것 같다. 게다가 비스마르크 시대에는 가톨릭교회에 대한 '문화 투쟁'이나 사회주의에 대한 견제 정책 등 반문화 정책이 공공연히 시행되기도 한다. 니체에게 그런 정치는 위대한 정치와는 거리가 먼 '작은 정치'일 뿐이다. 하지만 유럽은 독일식 '작은 정치'로 인해 정치적-외교적 고통을 받았고, 유럽의 각 국가 역시 '작은 정치'의 장소가 되어버린다.

> 유럽의 통일을, 유럽의 정치적이고 경제적인 통일을 이루어내기에 충분한 천재와 의지라는 막강한 힘이 가시화되었을 때, 독일인들은 세계 지배 성취라는 목적을 가지고, 자신들의 '해방 전쟁'을 수단으로, 마침내 유럽에서 나폴레옹의 존재가 갖고 있는 의미, 그 기적 같은 의미를 결국 없애버리고 말았다. 독일인들은 […] 지금의 비할 바 없는 반문화적인 병증과 비이성에, 유럽을 병들게 한 국가적 노이로제인 민족주의에, 유럽의 소국 분립과 작은 정치의 영구화에 책임이 있는 것이다 : 독일인들은 유럽의 의미를 없애버리고, 유럽의 이성마저 없애버렸다.[285]

---

284 NW 서문 : KGW VI 3, 413쪽.
285 EH 〈나는 왜 이렇게 좋은 책들을 쓰는지〉-WA 2 : KGW VI 3, 358쪽.

두 번째는 '루터의 종교 개혁'이다. 그리스도교와 유럽 데카당스를 거의 동급으로 보는 니체이기에, 그에게 루터의 종교 개혁은 독일의 액운일 뿐만 아니라 유럽의 액운이기도 하다. 로마가톨릭교회가 문화와 법과 정치와 사상 등 유럽의 문명 일체를 규제하던 시대, 교회의 법이 곧 세속의 법처럼 구속력을 행사하고 교회의 강령이 모든 것을 검열하는 잣대가 되었던 시대. 교회가 곧 절대 권력이었고, '교회 안의 국가'라는 중세의 선언이 유효했던 시대. 그 시대는 근대 국민국가의 형성이라는 외적 조건과 맞물려 그리스도교의 폐해를 지적하고 그리스도교로부터 이탈할 것을 요구하는 변화에 의해 흔들리게 된다. 그 변화가 계속 진행되었다면 아마도 유럽은 그리스도교의 영향으로부터 독립해서, 인간은 '신 앞에서의 영원한 죄인'이라는 부자유의 굴레를 벗어던질 수 있었을 것이다. 하지만 그런 방향을 완전히 되돌려버린 것이 바로 루터 식의 종교 개혁이었다고 니체는 생각한다. 교회의 면죄부나 성직 매매나 일반인의 삶을 구속했던 교회의 여러 악폐들에 대한 루터의 비판, 그리고 그리스도의 복음주의에 대한 그의 옹호 등은 유감스럽게도 '인간은 신의 종'이라는 견고한 사상적 벽을 넘을 수는 없었다. 그래서 결국 그의 종교 개혁은 '교회 안에서의 쇄신'에 그쳤을 뿐, 인간을 죄의식과 그리스도교적 도덕률로부터 자유로운 존재로 만들 수는 없었던 것이다. 그런데 루터의 종교 개혁은 프로테스탄티즘이라는 이름으로 스위스와 영국을 거쳐 유럽 전역에 영향력을 행사하게 된다. 라틴어 성서의 독일어 번역판이 발전된 인쇄술에 힘입어 독일어권 전역으로 전파된 것, 유럽 각국이 자국의 언어로 된 성서를 보급한 것, 성직자의 신분적 특권 대신 '만인사제주의'가 전파된 것, 교회의 구속력 아래 있던 개인의 양심 대신 양심의 자유를 말하는 개인주의가 태동한 것 등이 그 흐름에 힘을 실어준다. 이런 방식으로 루터의 종교 개혁은 유럽의 근대를 특징짓는 한 축이 된 것이다. 루터 식의 '교회 안에서의 쇄신'은 이렇게 해서 유럽 전역에서 교회의 재건과 그리스도교의 부활을 의미하는 것이나 다름없게 된다. 유럽은 여전히 그리스도교적 유럽으로 머물러 있다. 그러면서 유럽 근대를 특징짓는 또 다른 축인 르네상스의 이상을 침해한다. 중세로부터 고전 시대로, 신으로부터 인간으로, 천상으로부터 현실과 자연으로, 계시로부터 이성과 과학으로의 고귀한 방향 전환을 말이다. 그래서 니체에게 루터는 유럽의 액운이었던 것이다.

> 독일인은 마지막 위대한 시대인 르네상스 시대의 수확과 의미를 죽여버렸다. 르네상스 시대는 고도의 가치 질서인 삶을 긍정하고 미래를 보증하는 고귀한 가치가, 그것과는 반대되는 하강하는 가치가 자리 잡고 있던 바로 그곳에서 승리하던 순간이었으며 ―그 하강하는 가치에 자리 잡고 있던 것들의 본능에 침투하던 순간이었다! 루터, 이 액운과도 같은 성직자는 교회를 재건했고, 이것보다 천배나 더 나쁘게도 그리스도교를 재건했다 [⋯] 그리스도교, 이 삶에의 의지에 대한 부정이 종교가 되어버린 것.[286]

라. 반유대주의라는 '독일적 자기기만'

니체는 철저한 반유대주의Antisemitismus 혐오론자다. "반유대주의

---

286 EH 〈나는 왜 이렇게 좋은 책들을 쓰는지〉-WA 2 : KGW VI 3, 357쪽.

자들보다 더 뻔뻔스럽고 어리석은 패거리는 독일에 없을 것"[287]이라는, "비스마르크와 모든 반유대주의자들을 없애버려야"[288] 한다는, 반유대주의자는 "원칙적으로 거짓말쟁이"[289]이며 "후안무치하고 […] 도덕적인 자기기만"[290]에 빠져 있을 뿐이라는 니체의 단언이 보여주듯이 말이다.

물론 니체의 글 여기저기에는 유대교와 유대 민족에 대한 비판이 등장하기도 한다. 하지만 그것은 주로 그리스도교 비판이라는 맥락에서 이루어진다. 유대교가 '노예 종교'인 그리스도교의 모체라는 성격을 갖기 때문이다. 거기서 유대 '종교'와 '도덕'과 '사제 계급'이 데카당스 종교인 그리스도교의 한 '요소'로 문제시된다.[291] 유대인이 "모든 자연, 모든 현실성, 외부 세계와 내부 세계 전부를 극단적으로 왜곡"[292]시켰다는 발언도 그런 맥락에서 나온다. 하지만 유대인의 '반자연'적 가치체계(바울의 그리스도교)는 니체의 다른 평가를 도출시키기도 한다. 유대인의(실제로는 유대 사제들의) 반자연적 가치 체계는 길고도 긴 노예생활에서 살아남으려는 무조건적 의지로부터 나온 것이다. 그것이 유대 민족의 "자기 보존"을 위한 책략으로 사용되어, 유대인의 길고도 길었던 살아남음의 역사를 가능하게 해주었다. 그래서 유대인들 자신은 "데

287 N : KGW VIII 1 7[67], 329쪽.
288 KSB Bd. 8, 579쪽. 1889년 1월 6일에 니체가 부르크하르트에게 보낸 편지.
289 AC 55 : KGW VI 3, 236쪽.
290 N : KGW VIII 3 21[7], 387쪽.
291 GM I 6, 7, 8, 9, 10번 글과 JGB 195번 글, AC 24번 글 등 참조. 니체는 유대교를 그리스도교보다 우위에 놓기도 한다. 구약성서의 신약성서에 대한 우위를 표명하는 글이 단적인 예다. JGB 52 : KGW VI 2, 70쪽 ; GM III 22 : KGW VI 2, 411쪽.
292 AC 24 : KGW VI 3, 189쪽.

카당스 본능에 지배당하지 않으면서 오히려 그 본능 안에서 세계에 맞서 자신들을 관철시킬 수 있는 힘을 간파해낸" "아주 진기한" 민족이 된다. 즉 유대 민족은 데카당은 아니지만, "바울의 그리스도교"라는 수단을 통해 유럽에 확산된 "데카당스 운동의 정상에 서는 법"을 알고 있었다는 것이다.[293] 또한 니체는 유대인의 특정 성격과 성향에 대한 부정적 언사를, 때로는 직접적으로, 때로는 칭찬 속에 은폐시켜 간접적으로 보여주기도 한다.[294] 하지만 그것은 니체가 영국인이나 미국인이나 유럽인을 비판할 때와 거의 유사한 강도이며, 때로는 이들보다 유대인에게 더 나은 평가가 내려지기도 한다.[295] 물론 독일인에 대한 니체의 비판에 비하면 유대인에 대한 비판은 조족지혈에 가깝다.

그럼에도 불구하고 니체를 반유대주의자로 오해하게 한 데는 몇 가지 이유가 있다. 위에서 언급한 유대인에 대한 비판적인 글들은 물론이고, 청년 시절 니체가 바그너와 개인적으로나 사상적으로 가까웠다는 것, 그의 책을 출간한 편집자인 반유대주의자 슈마이츠너 Schmeitzner[296]의 잘못된 전언, 그의 여동생 엘리자베트와 그녀의 남편 푀르스터B. Förster의 반유대주의 활동 및 '니체 왜곡'이 그 이유다. 하지만 니체는 바그너 추종자들의 반유대적 성향을 혐오했고, 그것은 바그너와 니체가 심리적으로 결별하게 된 이유 중 하나다. 또한 니체가 여동생과 의절하는 데도 그녀가 열렬한 반유대주의자 푀르스터와 혼인한 것

---

293 AC 24 : KGW VI 3, 190~191쪽.

294 M 38, 205, 377 ; FW 135, 136, 348 ; JGB 195, 250, 361 ; GM I 7, 9, 16 ; AC 24, 44 ; N : KGW V 2 15[66], VII 3 34[189], 36[42], VIII 2 11[347] 등.

295 M 205 ; FW 348 ; N : KGW VII 3 34[111], VIII 3 18[3] 등.

296 W. Ross (1984/^{4}1999), 820쪽.

이 크게 작용한다. 니체가 자신과 바그너를, 그리고 자신과 여동생을 완전히 갈라놓은 것이 "저주받아 마땅한 반유대주의 나부랭이들"[297]이라는 내용의 편지를 쓸 정도였다. 니체가 편집자 슈마이츠너를 떠나려 했던 것도 슈마이츠너의 반유대주의 활동과 자신의 작품이 어떻게든 연관되는 것을 꺼려서였다.[298] 게다가 니체는 뒤링이 반유대주의의 대표주자라는 이유로 그에 대한 혐오를 공공연히 표출하기도 한다.[299]

ㄱ. 반유대주의의 심리

니체는 독일에서 증대되는 반유대주의 경향을 사적 경계의 대상으로만 삼지 않고, 자신의 시대 비판과 독일 비판의 연장선상에서 고찰하려 한다. 독일의 반유대주의의 심리와 반유대주의의 현실적 목적을 노출시키면서 말이다.

> 나는 유대인을 호의적으로 평가하는 독일인을 이제껏 만나본 적이 없다. 본래의 반유대주의는 신중한 모든 사람들이나 정치가들의 입장에서는 무조건 거부될 수도 있을 것이다 […] 그런 감정의 무절제가 멍청하고

---

297 KSB Bd. 6, 493쪽.

298 1886년 1월 24일 쾨젤리츠에게 보낸 편지에서 썼듯이, 니체는 자신의 책이 반유대주의자들에게 반유대주의적으로 읽히는 것을 무척 경계했다(KSB Bd. 7, 142쪽). 유고에서도 이런 우려가 보인다. "최근에 라이프치히에 사는 테오도어 프리치라는 남자가 내게 편지를 보내왔다. 이 반유대주의자들보다 더 뻔뻔스럽고 어리석은 패거리는 독일에 또 없을 것이다. 나는 감사의 편지 속에서 그를 정식으로 짓밟아주었다. 이 무뢰한이 감히 차라투스트라라는 이름을 입에 올리다니! 구역질 나는 놈."(N : KGW VIII 1 7[67]). 여기서 언급된 니체의 '감사(?) 편지'는 1887년 3월 29일에 쓴 것이다.

299 GM III 14 : KGW VI 2, 388쪽.

비열하게 표현되는 것이 말이다. ―이 점을 잘못 생각해서는 안 된다. 독일에는 충분히 많은 유대인들이 있으며, 또 독일인의 위와 독일인의 피는 이 정도의 '유대인'들을 소화하는 데 어려움이 있다(오랫동안 계속 어려울 것이다). ―이탈리아인이나 프랑스인, 영국인이 좀 더 강력한 소화력으로 소화했던 것처럼은 못할 것이다― : […] '더 이상 새로운 유대인을 들어오지 못하게 하라!'라고 […] 어떤 민족의 본능이 명령하는 것은, 그 민족의 성격이 아직 유약하고 불확실하기 때문이며, 그래서 그 성격이 쉽게 지워지고 더 강한 종족에 의해 쉽게 소멸될 수도 있기 때문이다.
그런데 유대인은 의심할 여지 없이 현재 유럽에서 살고 있는 가장 강하고 가장 질기며 가장 순수한 민족이다. 그들은 사람들이 오늘날 즐겨 악덕이라고 낙인찍고 싶어 하는 그 어떤 덕목에 의해 여전히 최악의 조건 아래서도 스스로를 관철시키는 법을 알고 있다 […] 유럽의 미래에 관심 있는 사상가라면 […] 열강들의 각축과 투쟁 속에서 제일 먼저 가장 확실하고 개연성 있는 요소들로, 러시아인들을 고려하듯 유대인들을 고려하게 될 것이다. 오늘날 유럽에서 '민족'이라고 불리는 것은 […] 아직은 종족도 아니며, 하물며 유대 인종이 그러했듯 청동보다 더 오래 견디는 것도 아니다 : 그런 '민족들'이 온갖 성급한 경쟁심이나 적대감을 품지 않도록 신중하게 주의를 기울여야만 한다! 만일 유대인들이 마음만 먹는다면 […] 그들이 지금 당장이라도 유럽에서 우위를 차지하고, 문자 그대로 유럽에 대한 지배권을 가질 수 있으리라는 것은 확실하다. 그리고 그들이 그런 일을 꾀하거나 계획을 세우고 있지 않다는 것도 확실하다. 유대인은 유럽에 동화되고 흡수되고자 하고 그것을 원한다. 그들은 마침내 어떤 곳에 정착하고 받아들여지고 존중되기를, 그리고 '영원한 유대인'이라는 유목 생활에 하나의 목적을 세우기를 갈망한다. 우리는 이런 특성과 충동을 유의해서 잘 살펴 그것을 호의적으로 받아들여야 한다. 그러기 위해서는 이 나라의 반유대주의 선동가들을 추방하는 것이 아마 유익하고 정당할 것이다.[300]

독일의 반유대주의는 한편으로는 독일인(민족)의 '유약하고 불확실하고 두려워하는' 심리 때문이다. 설명하자면, 인용문에서 말하듯 유대인의 '민족적' 자부심(니체는 이것을 민족의 지속성과 역사성에서 찾는다)과 독일인의 민족적 자부심이 충돌한다. 이것은 곧 유대 정신과 독일 정신의 충돌이기도 하다. 당대 독일은 "독일, 천하의 독일"[301]이라는 기치 아래 독일 민족주의와 독일지상주의를 고취하고 있었다. 그런데 니체의 평가에 의하면 독일 '민족'이라는 것은 통일 제국의 시기에 와서야 비로소 모습을 드러내기 시작했다. 반면에 유대 '민족'의 역사는 기원전 시기까지 소급된다. 그 긴 역사의 대부분은 유대인에게 고통과 인고의 시간이었다. 그럼에도 불구하고 유대인은 유럽에서 여전히 민족적 생존력을 이어간다. 그래서 니체가 보기에는 유대인이야말로 가장 질기고 가장 강인한 민족인 것이다. 그런 민족이 세계사에서 유례를 찾아볼 수 없는 민족적 자긍심과 우월 의식까지 갖추고 있다. "선민의식"은 바로 그 토대다.[302] 유대 민족의 이러한 힘에 대해 독일 민족은 심리적 두

300 JGB 251 : KGW VI 2, 201~202쪽.
301 GM III 26 : KGW VI 2, 426쪽.
302 N : KGW VIII 3 21[7], 387쪽.

려움을 느낀다고 니체는 생각한다. 독일인의 민족적 자부심이 허황된 것으로 드러나는 것에 대한 두려움, '패권'을 빼앗길지도 모른다는 두려움 말이다. 그런데 니체가 보기에는 '패권'에 대한 생각 자체가, 독일인이 새로운 유형의 선민이 되기를 바라고 또 되어야 한다고 여기는, 독일 지상주의의 "성급한 경쟁심"과 "민족적 강박과 허영심"[303]을 보여주는 예일 뿐이다. 그것들이 유대인에 대한 적개심마저 불러일으킨다. 이 모든 것은 독일인들의 불확실성, 자신들의 힘을 믿지 못하는 유약함 때문이다. 한마디로 독일인은 약했고, 약하기에 강자를 두려워했던 것이다.

다른 한편, 독일의 반유대주의는 강자에 대한 약자의 보복 기제와 원한 기제의 산물이기도 하다. 니체가 노예 도덕과 주인 도덕의 예를 통해 보여주었듯, 노예라는 약자가 주인이라는 강자에 맞서는 무기는 원한 감정과 질투와 복수다. 노예는 그것으로 강자의 힘을 약화시키려 한다. 니체는 바로 그런 노예의 심리를 독일인의 심리라고 일컫는 것이다. 그런데 그런 심리는 아이러니하게도 강자의 힘에 대한 인정을 전제하는 것이다. 독일인은 이렇듯 유대인의 힘을 인정하지만, 스스로의 노예성 때문에 자신의 힘을 스스로 강화해 유대적 힘에 저항하는 대신에 유대적 힘을 약화시키는 방식(그리스도교 도덕)을 택한 것이다.

이렇듯 니체는 두 가지 심리적 기제를 통해 독일인의 정신에 깃들어 있는 노예성을 확인한다. 니체의 다음과 같은 단언은 그 결과다.

반유대주의자의 정의 : 질투, 원한, 의식 잃은 분노가 본능 속에 있는 라

---

303 GM III 26 : KGW VI 2, 426쪽.

> 이트모티프다 : '선택된 자'에의 요구 ; 완전히 도덕적인 자기기만 ―이 것이 덕과 모든 거창한 말들을 계속해서 입에 담게 했다.[304]

ㄴ. 반유대주의의 현실적 목적

독일 반유대주의는 뚜렷한 현실적 목적을 갖고 있다. 그것은 유대인의 부를 빼앗는 것이다.

> 반유대주의자들. 이들이 후안무치에 이를 정도로 명백히 유대인의 돈을 목표로 한다는 이유만으로도 이들은 저항의 대상이 되는 것이다.[305]

유대인은 앞(255~257쪽)의 《선악의 저편》 인용문에서 표현되듯 "사람들이 오늘날 즐겨 악덕이라고 낙인찍고 싶어 하는 그 어떤 덕목"을 갖춘, 즉 이윤을 추구하는 법을 아는, 경제관념이 빼어난 사람들이었다. 그들은 유럽의 부의 상당 부분을 소유하고 있었다. 하지만 그들의 이윤 창출 방식은, 셰익스피어의 〈베니스의 상인〉에서 샤일록이 수전노로 묘사되듯, 유럽인들의 도덕적 폄훼의 시선을 낳기도 한다.[306] 독일의 상황도 크게 다르지 않았다. 그런 시선을 갖추고서 독일인들은 유대인들의 부를 질투하고 빼앗고 싶어 했던 것이다. 그것도 아이러니하게도 유대교의 후예인 그리스도교의 도덕적 장치, 즉 형제애와 동정과 연민

---

304 N : KGW VIII 3 21[7], 387쪽.

305 N : KGW VIII 3 21[7], 387쪽.

306 니체는 젊은 시절에 이미 "유대인을 일종의 속죄양으로서 형장으로 끌고 가는 문학적 악습이 현대 유럽의 거의 모든 국가에서 행해지고 있다"며 개탄한 바 있다. MA I 475 : KGW IV 2, 320쪽.

과 이타성과 나눔과 자선 등 그리스도교적 "덕과 거창한 말들을"[307] 수단으로 해서 말이다. 그래서 니체는 반유대주의에 대해 "부자와 부자로 만드는 수단에 대한 투쟁"[308]처럼 보인다고 말하기도 한다. 이렇듯 반유대주의는 유대적 부에 대한 독일인의 삐뚤어진 질투와 욕망의 소산이기도 한 것이다.

이런 방식으로 니체는 반유대주의를 유대 민족의 정신과 부에 대한 독일인의 노예적 반항에 불과한 것으로 치부해버린다.

> 반유대주의자는 유대인을 용서하지 않는다. 그들이 '정신'을, 그리고 돈을 갖고 있다는 것을 : 반유대주의자. 얼뜨기들의 별칭.[309]

니체는 반유대주의가 "유럽 문화의 침체이자 수렁"이 될 것을 염려한다. 그래서 앞의 《선악의 저편》 인용문에서 유럽이 유대 민족을 '호의적으로' 선의를 갖고 수용할 것을 요구하기도 하는 것이다. 물론 그것을 위해 시급한 일은 '반유대주의 선동가를 몰아내는 것'이다.

19세기 시민 사회의 정치 현실에 대한 니체의 다양한 분석은 이렇듯 유럽 데카당스에 대한 우려와 독일에 대한 비판이 공조하는 구조 속에서 진행된다. 그래서 니체에게 독일 비판은 곧 유럽의 건강한 미래를 모색하는 기회이기도 한 것이다.

---

307 EH 〈나는 왜 이렇게 좋은 책들을 쓰는지〉-WA 1 : KGW VI 3, 356쪽.
308 KSB Bd. 6, 356쪽. 1883년 4월 2일에 슈마이츠너에게 보낸 편지.
309 N : KGW VIII 3 14[182], 157쪽.

독일인에 대한 탁월한 경멸자로 간주되고 싶은 것이 심지어 내 야심의 하나다.[310]

마. 천민 사회의 특징들

이 외에도 니체는 유럽과 독일을 휩쓸고 있는 또 다른 병증들을 찾아낸다. "오늘날은 천민의 세상이다"[311]라는 차라투스트라의 절규처럼 유럽 전체를 정신적 천민 사회이자 데카당스 사회로 만드는 병증들 말이다. 그중에서 정신의 퇴락을 불러오는 몇 가지만 간단히 추가하면 다음과 같다.

① 추종과 복종의 정신 : 차라투스트라가 '낙타'로 묘사하는 정신의 상태로, 이미 주어져 있는 자명성들을 그저 짊어져야 하는 의무 목록으로서 수동적으로 받아들인다. 비판과 새로운 창조를 위한 힘도, 자신의 삶을 위한 계명과 가치 목록을 스스로 만들어낼 힘도 없다.[312] 그러면서 짊어진 짐의 무게로 인해 자신의 삶이 황량한 사막이라고, 삶은 무겁고 고통스러운 것이라고 생각하며, 염세적이고 허무적인 태도로 일관한다. 이런 정신은 늘 새로운 우상을 찾는다. 자신의 삶의 내용과 의미를 그 우상과 연계해서만 비로소 확보할 수 있기 때문이다.

외경심을 지니고 있는, 억세고 짐깨나 지는 자 : 낯선 무거운 말과 가치들을 너무나도 많이 짊어진다 —그래서 삶이 황량한 사막으로 보이는

310 EH 〈나는 왜 이렇게 좋은 책들을 쓰는지〉-WA 4 : KGW VI 3, 360쪽.
311 Za IV 〈마술사〉 : KGW VI 1, 316쪽.
312 Za I 〈세 변화에 대하여〉 : KGW VI 1, 25~27쪽.

것이다![313]

19세기 유럽인들이 찾은 새로운 우상은 국가나 현실적 권력이나 재물이나 사회적 명성 등이다.[314] 그중에서도, 니체가 자본주의 비판에서 문제점으로 지적했듯이, 자본과 돈이라는 우상의 위력이 가장 크다. 국가권력이나 정치권력도 자본권력에 의해 조작되거나 창출될 수 있기 때문이다. 유럽인들은 이제 초월적인 옛 신 대신에 현실적 신을, 형태 없는 옛 신 대신에 "형태 있는"[315] 눈에 보이는 새로운 신(우상)을 찾은 것이다.

> '이 땅에 나보다 더 위대한 것은 없지 : 나는 질서를 부여하는 신의 손가락이니까' ―괴물은 이렇게 포효한다 […] 그렇다. 국가는 저 늙은 신을 극복한 너희까지도 꿰뚫어 보고 있다! 너희는 싸움에 지쳐 있고 지친 나머지 이제 새로운 우상을 섬기게 된 것이다 […]
> 여기 존재할 가치가 없는 자들을 보라! 부를 축적하는데도 더욱 가난해지고 있으니. 저들은 권력을 원하고, 무엇보다도 권력의 지렛대인 많은 돈을 원한다 ―이 무능한 자들 : 저들 잽싼 원숭이들이 기어오르는 꼴을 보라! 앞다퉈 서로를 타고 넘어 기어오르다가 모두 진흙과 나락으로 떨어져 저렇게 싸우고들 있으니.[316]

313 Za III 〈중력의 정신에 대하여〉 : KGW VI 1, 239쪽.
314 Za I 〈새로운 우상에 대하여〉 : KGW VI 1, 57~60쪽.
315 Za IV 〈나귀의 축제〉 : KGW VI 1, 386쪽.
316 Za I 〈새로운 우상에 대하여〉 : KGW VI 1, 58~59쪽.

보라. 대중들이 지금 어떻게 소상인들처럼 처신하는가를 : 저들은 아직도 온갖 쓰레기로부터 작디작은 잇속이라도 놓치지 않고 주워 모은다.[317]

② 대중 교양 : 19세기의 지식과 교양에서 니체는 무리 본능에서 나오는 대중성을 목격한다. 니체가 노예 같다고 본 무리-대중이 원하는 것, 그들을 동요시키고 안심시키지 않는 것이 19세기 지식과 교양의 내용이 된다. 그래서 니체는 그 지식과 교양을 대중들과의 "거래와 흥정"의 결과라고 본다.[318] 그렇기에 19세기 지식과 교양은 한갓 대중 지식과 대중 교양이 되어버린다. 정치도 저널리즘도 철학도 문학도 예술도 예외가 아니다. 그것들은 오직 무리-대중의 노예적 실존을 고착시키는 대중 교양일 뿐, 정신의 고양을 낳을 수도, 위대함을 목적으로 하는 계몽과 치료의 역할을 할 수도 없다. 그것들은 젊은 니체가 다비드 슈트라우스를 가리켜 사용한 말처럼 "교양 있는 속물"[319]을 양산할 뿐이다. 19세기가 "심층적 불모"[320]의 시대가 된 데에는 교양 있는 속물들의 역할이 크다. 그래서 니체는 다음처럼 말하기도 한다.

나, 오랜 세월을 귀먹고 눈멀고 말 못하는 불구자처럼 살아왔다. 권력을

---

317 Za III 〈낡은 서판과 새로운 서판에 대하여〉 21 : KGW VI 1, 259쪽.

318 Za II 〈잡것에 대하여〉 : KGW VI 1, 121쪽. 〈잡것에 대하여〉에서 니체는 거래와 흥정을 벌이는 자로 직접적으로는 지배자를 지목하지만, 대중 교양을 형성하는 층 전체도 거래와 흥정을 벌이는 자라고 볼 수 있다. "나, 지배하는 자들이 무엇을 두고 지배라고 부르는지를 보고는 그들에게 등을 돌리지 않을 수 없었다. 권력을 잡기 위해 잡것을 상대로 벌이는 거래와 흥정을 그렇게 부르고들 있으니."

319 UB 1-DS 2 : KGW III 1, 161쪽, 167쪽, 169쪽.

320 N : KGW VII 1 16[5], 523쪽.

추구하는 잡것, 글이나 갈겨쓰는 잡것, 쾌락이나 좇는 잡것과 함께 살지 않기 위해서였다.[321]

"권력을 추구하는 잡것"은 비스마르크의 독일제국 및 그 체제하의 권력 지향적 존재들 일체이고, "글이나 갈겨쓰는 잡것"은 문인과 사상가들로, 이 '잡것'들의 상세한 리스트는《우상의 황혼》에 등장한다. 플로베르, 위고, 루소, 상드, 칼라일, 졸라, 르낭, 세네카, 단테, 실러, 칸트, 쇼펜하우어가 그 리스트에 올라 있고, 공리주의자 밀이 "쾌락이나 좇는 잡것"의 예로 등장한다. 물론 이들에 대한 니체의 비난이 완전히 정당한 것은 아니지만, 니체는 개의치 않는다. 그에게 중요한 것은 이런 유형의 '잡것'들이 위대함의 추구를 방해했다는 것뿐이다. 그런 '잡것'이 제공하는 지식과 교양에 잠식된 무리-대중 역시 '잡것'에 불과하다.

너희는 대중을 공경함으로써 대중의 존재를 정당화해주려 했다. 그러면서 그것을 '진리를 추구하는 의지'라고 불렀다.[322]

니체가 문제시하는 저널리즘도 '잡것'을 만들어내는 경우다. 저널리즘이 무리-대중의 여론을 두려워하고, 자본의 영향에서 자유롭지 못하게 되었기 때문이다. 17세기 시민혁명의 과정에서 봉건적-절대주의적 지배 계급에 대항하는 시민 계급의 목소리였던 저널은 이제 그 혁명

---

321 Za II 〈잡것에 대하여〉: KGW VI 1, 121쪽.
322 Za II 〈유명한 현자들에 대하여〉: KGW VI 1, 128쪽.

성과 역사적 기능을 상실해버린다. 19세기 자본주의의 성장 과정에서 펜과 자본이 끈끈하게 결합되어버렸기 때문이다. 독자층이 필요해진 저널은 스스로를 상품화하고, 상품이기에 다수의 관심사와 다수의 평균적인 생각을, 즉 여론이라는 것을 존중하지 않을 수 없게 된다. 19세기의 다수와 평균은 잡것들, 천민들, 무리 동물들, 대중들이다. 그러니 저널리즘은 더 이상 위대한 건강을 추구하지도, 그것을 위한 주장을 펴지도 않는다. 이에 대해 니체는 차라투스트라의 대화 상대의 입을 빌려 다음처럼 비난한다.

> 차라투스트라여, 여기는 대도시입니다 […] 그대는 여기서 정신이 한갓 말장난으로 전락했다는 것을 듣지 못했습니까? […] 정신이 역겨운 말로 된 구정물을 토해냅니다! 그리고 저들은 여전히 그런 말의 구정물로 신문이라는 것을 만들지요. 저들은 서로를 몰아대지만 정작 어느 방향으로 가야 하는지는 모릅니다. 서로 열을 올리지만 왜 그래야 하는지도 모릅니다. 저들은 자신의 양철판을 두들겨대고 자신의 금화를 쩔렁거립니다 […] 저들은 하나같이 병들어 있고, 여론이라는 것에 중독되어 있습니다.[323]

③ 모래알 개인의 소소한 행복의 추구 : 니체가 주목하는 천민 사회의 또 다른 특징은 삶의 태도에 대한 것이다. 무사안일, 싸움과 투쟁과 갈등과 긴장의 회피, 일상의 평화로움. 니체에게 "어느 누구로부터도

---

323 Za III 〈그냥 지나가기에 대하여〉 : KGW VI 1, 219쪽.

고통을 받지 않으려는" 태도로 인식되는 그것들은 결국 인간을 "순화된 집개로, 가장 쓸모 있는 가축"으로 만들어버린다. 그런 태도는 편한 삶을 누리기 위해 인간의 자연성을 숨기는 "위선"이자 그것의 표출을 두려워하는 "비겁"에 불과하다.[324] 니체는 이런 태도를 개인에 대한 근대적 시선과 연계시키기도 한다. 사회계약에 대한 니체의 비판에서도 드러나듯 근대적 개인은 모래알 같은 개인이다. 모래알로서 그들은 갈등 없이 지내고자 하고, 서로의 소소한 안일과 행복을 방해하지 않으려 하는 것이다.

> 그들은 서로 둥글둥글 지내고 적절히 대하며 친절하다. 마치 모래알이 모래알에 대해 그렇듯이 말이다![325]

이런 모든 것들이 위대한 건강을 추구하는 힘을 무력화한다. 그 대신에 세상을 천민이자 잡것의 세상으로, '자기 스스로도 작아지고, 모든 것을 작게 만드는' '인간 말종Der letzte Mensch'의 세상으로 만들어버린다. 그런 세상의 한복판에서 니체는 귀족적 개인을 양성하는 '위대한 정치'의 필요성을 역설하는 것이다.

> 대지는 작아졌으며 그 위에서 모든 것을 작게 만드는 저 인간 말종이 날뛰고 있다. 이 종족은 벼룩과도 같아서 근절되지 않는다. 인간 말종이 누

324 Za III 〈왜소하게 만드는 덕에 대하여〉: KGW VI 1, 210쪽.
325 Za III 〈왜소하게 만드는 덕에 대하여〉: KGW VI 1, 210쪽.

구보다도 오래 산다.[326]

오늘날은 천민의 세상이 아닌가? 그러나 천민은 모른다. 무엇이 위대하고 무엇이 왜소한지를, 무엇이 올곧으며 무엇이 정직한지를 : 저도 모르게 뒤틀려 있으며 늘 거짓말이나 해대니.[327]

4. '위대한 정치' 프로그램의 변질

니체가 구상한 '위대한 정치' 프로그램은 '교육국가-정신적 귀족주의-건강한 개인'이라는 트라이앵글과 '민주주의-사회주의-아나키즘-자본주의-독일제국-반유대주의 비판-천민 사회 비판'이라는 유럽의 정치 현실에 대한 비판 종합 세트를 결합한 거대한 사유 복합체다. 그런데 1888년 이후의 마지막 《유고》에서 확인할 수 있듯이, 그 사유 복합체에는 혼란을 유발하는 내용들이 추가된다. 호엔촐레른가家나 비스마르크에게 동조하는 내용이 등장하기도 하고, 그들에게 대적하는 '실질적인' 세계 지배나 전쟁에 대한 선언이 등장하기도 한다.[328] 이것은 더 이상 니체의 '위대한 정치' 프로그램이 아니다. 니체가 서서히 정신의 힘을 상실한 채 어두움으로 걸어 들어가는 10년의 시작을 의미할 뿐이다.

---

326 Za 〈서설〉 5 : KGW VI 1, 13쪽.
327 Za IV 〈좀 더 높은 인간에 대하여〉 8 : KGW VI 1, 356쪽.
328 N : KGW VIII 3 25[13], 25[16], 25[19], 25[21] 등.

제 3 부

법, 범죄, 형벌

그래, 법철학! 그것은 모든 도덕 학문과 마찬가지로 아직 기저귀조차 차지 못한 학문이다.[1]

법철학에 대한 니체의 단언이다. 법철학의 입장에서는 귀를 의심할 일이다. 이 발언이 그리스 시대부터 19세기까지 이어져온 법철학의 전통을 무시하고 있기 때문이며, 니체가 과연 그런 평가를 할 자격이 있는지조차 의심스럽기 때문이다. 법에 대한 전통적인 학적 담론에서 니체는 거의 등장하지도, 주목되지도 않았다. 니체 당대는 물론이고 비교적 최근에 이르기까지 기초 법학서를 위시한 법 관련 서적은 물론이고 법철학서의 그 어느 곳에서도 니체라는 이름은 찾아볼 수 없었다. 그럼에도 불구하고 니체는 법철학에 대해 걸음마는커녕 기저귀조차 차지

1 N : KGW VII 3 42[8], 433쪽.

못한 학문이라고 비아냥거린다. 소피스트와 플라톤과 아리스토텔레스, 키케로와 세네카, 토마스 아퀴나스와 둔스 스코투스, 알투시우스와 그로티우스와 푸펜도르프, 로크와 루소, 칸트와 헤겔, 그리고 사비니, 푸흐타, 예링이라는 이름을, 그리고 그 이름들과 연계된 자연법론, 법실증주의, 독일 관념론, 역사법학, 목적법학, 이익법학 등등의 논의들을 무색하게 만들어버리는 것이다. 학적 법 담론에서 오랫동안 존재감 자체가 없었던 그가 법철학을 그렇게 폄하하는 것이 과연 정당한 일인가? 이는 곧 니체가 과연 법 관련 주제들에 대해 진지한 학적 고찰을 했는지를 묻는 것이며, 이것은 다시 '니체에게서 법철학 혹은 넓은 의미의 법론을 말할 수 있는가?'라는 질문으로 이어진다. 한마디로 '니체와 법'이 가능한지를, 즉 학적으로 의미 있는 법론을 니체가 제시하고 있는지를 묻는 것이다. 도덕론에서 니체가 보여준 사유의 혁명적 전환을 고려할 때, 기존 도덕론에 대한 '기저귀조차 차지 못했다'는 앞의 인용문의 평가는 (니체 식의 과장을 감안하면) 수용 가능하다. 하지만 법철학을 기존의 도덕론과 동급으로 폄하하려면 니체는 법철학에서도 도덕론에서처럼 뭔가를 보여줘야 하는 것이다. 니체는 과연 그러한가?

미리 말하자면 이에 대한 답은 긍정이다. 니체가 전통적인 법 담론에서 오랫동안 도외시되거나 간과되었음에도 말이다. 비교적 최근에 독일어권에서 시작된 니체의 법 담론에 대한 주목[2]은 니체라는 이름과 법이 함께 언급될 수 있다는 가능성을 보여주었고, 이것이 긍정적 답변의 '작은 이유'가 된다. 물론 그 작은 이유에도 불구하고, 현대의 법론

2 그 학적 성과들은 3부 본문에서 제시될 것이다.

이나 법철학에서 니체의 '직접적' 영향을 말하는 일은 여전히 드물다. 20세기 후반의 포스트모던 법론postmodern jurisprudence 및 비판법학critical legal theory이라는 운동이, 특히 법미학legal aesthetics 담론이 니체라는 '이름'을 심심찮게 거론하기는 하지만[3], 니체는 여전히 법 담론에서 "어디에든 있지만 아무 데도 없는"[4] 형국이다. 이는 아마도 '니체와 법'을 말할 수 있는 더 '큰 이유'가 고려되지 않았기 때문일 것이다. '니체와 법'을 말할 수 있는 더 큰 이유는 다음의 세 가지다.

첫째, 니체의 법 관련 텍스트들을 면밀히 살피면, 법론이나 법철학에서 쟁점이 되어왔거나 쟁점으로 부각되고 있는 주제들이 다루어지고 있음을 알 수 있다. 법의 본질 및 정의定義, 법의 목적과 법의 생성, 법의 타당성 근거, 법의 한계 설정, 범죄와 형벌, 형벌의 목적과 사회적 기능, 형량산정의 문제, 형벌의 효과 및 폐기 가능성, 법적 정의, 자연법과 이성법과 법실증주의 비판, 법 개념에 대한 반성적 고찰 등이 비록 산발적이긴 하지만 주목되어 있는 것이다. 게다가 이 주제들은 사회 · 정치론 및 넓은 의미의 덕론과의 밀접한 관계 속에서 고찰된다. 그것들과 분리되는, 법의 '고유' 영역은 없다는 전제하에 말이다. 물론 니체가 그 주제들을 법학의 영역에서 기초 법학의 일부분으로서 다룬 것은 아니다. 니체는 기초 법학을 제시하려는 생각이 전혀 없다. 오히려 니체는 자신의 고유한 철학적 문제의식 속에서, 그 문제의식의 일부로서 법과 형벌과 범죄와 정의 등의 주제를 다룬다. 소피스트와 플라톤과 아리스토텔레

3 백승영 (2014), 이상돈 (2008) 등.
4 P. Goodrich · M. Valverde (2005), viii쪽.

스가 그랬고, 칸트와 헤겔과 포이어바흐가 그랬듯이 말이다. 그래서 그리스 철학에서나 칸트와 헤겔에게서 진지한 '법철학적' 논의가 제공되었다고 말할 수 있다면, 니체의 경우도 이와 다르지 않다. 물론 그에게 플라톤의 《법률*Nomoi*》이나 헤겔의 《법철학 강요*Grundlinien der Philosophie des Rechts*》 같은 책은 없지만 말이다.

'니체와 법'을 말할 수 있는 두 번째 이유는 학문사적인 것이다. 무엇보다 니체의 법 관련 사유들이 당대의 법사상가인 예링, 포스트, 콜러 등과의 사상적 연계하에 형성되었다는 측면에서도 그렇지만, 그 사유들이 법본질주의, 법존재론, 법실증주의, 공리주의 법학 등에서 각각 내용을 제공받아 근대에서 꽃을 피웠던 법철학의 기본 토대를 파괴하고, 자연법이나 이성법과 직접적인 맞대결 구도를 형성하며, 탈근대적 법철학의 가능성을 제공한다는 측면에서 법철학사적 의미를 갖기 때문이다. 니체가 보여주는 법철학적 근대성과의 비판적 맞대결은 한편으로는 법에 대한 전통적인 전제를 의심하고 파괴하여 법철학의 새로운 도식과 새로운 사유 범주들을 제공하면서, 법철학적 현대성의 형성에 모태가 된다. 푸코나 포스트모던 법론이 니체를 주목하는 것은 바로 이런 이유에서다.[5] 하지만 그 비판적 맞대결은 동시에 법철학적 근대성의 내용을 창조적으로 수용하는 반성적 형태의 법철학적 근대성을 제공하기도 한다. 니체의 법철학은 이 두 모습을 동시에 갖추고서, 근대성과 현대성을 이어주는 '가교'의 역할과 근대성과 현대성을 분리시키는 '전환'의 역할을 법철학 영역에서 동시에 수행하는 것이다.

5 M. Valverde (2005).

'니체와 법'을 말할 수 있는 세 번째 이유는, 법에 대한 니체의 논의가 그의 철학적 정치론이라는 큰 틀 속에서 전개된다는 데 있다. 앞에서 말한 니체 법철학의 이중적 역할이 가능한 것도 바로 이 때문이다. 2부의 개인과 국가에 관한 논의와 4부의 정의에 관한 논의에서 볼 수 있듯이, 니체의 철학적 정치론은 건강한 인간을 육성하는 교육 프로그램의 성격을 갖고 있다. 법과 관련된 니체의 사유 또한 그 프로그램 속에서 움직인다. 그래서 니체의 법철학은 '건강한 주권적 개인과 건강한 주권적 공동체를 위해 법이 어떤 역할을 수행해야 하는지'에 대한 진지한 철학적 반성인 것이다.

이런 이유에서 '니체와 법'을 말하는 것은 정당하다. 물론 그 정당성이 법철학에 대한 '기저귀도 차지 못한 학문'이라는 비난의 정당성을 확보해주는 것은 아니지만, 적어도 니체의 그 비난이 과연 정당한 비난인지를 진지하게 고찰할 '필요성'만큼은 확보해준다. 법에 대한 니체의 사유를 따라가다 보면, 우리가 갖고 있는 법 감정이나 법의식이 과연 자명한 것인지를 되묻게 하고, 법 제도가 얼마만큼 경직되어 있는지를 깨닫게 하며, 법적 지배의 유용성에 대해 다시 생각하게 하는 니체의 진면목이 비로소 드러난다. 바로 이런 모습으로 니체는 법에 대한 새로운 철학적 논의의 장을 열어주는 것이다. '니체와 법'의 역할과 법철학적 의미도 바로 여기서 확보된다.

니체의 법 관련 논의는 니체 철학을 전기와 후기로 구분하는 것을 무색하게 한다. 국가에 관한 그의 사유가 전기와 후기의 성격을 각각 문화국가 이상과 교육국가 이상으로 명명할('단절'이라는 의미는 아니지만) 가능성을 주는 것과는 대조적이다. 법에 대한 니체의 사유는 후기 사유가 전기 사유를 때로는 구체화하는 식으로, 때로는 발전시키는 식으로, 또 때로는 전기 사유에는 없던 새로운 장치로 전기 사유를 새롭게 설명하는 식으로 제시된다. 그래서 법에 대한 니체의 사유는 전기와 후기의 구분을 넘어, 전기와 후기를 아우르는 통합된 형태를 이루며, 그 속에 들어 있는 내용들은 각각 법 일반론, 형벌론, 범죄론이라는 이름으로 체계화할 수 있다. 이것들을 소개하기 이전에, '니체와 법'의 정당성을 확보하는 데 필요한 맥락과 연구사적 배경을 조금 더 자세히 살펴볼 필요가 있다.

제1장
법과 니체, 니체와 법

1. '니체와 법'에 관한 학적 담론

법에 대한 논의는 관습과 전통, 도덕, 사회와 정치, 그리고 인간에 관한 인식과 상당 부분 내용을 공유할 수밖에 없다. 니체의 '긍정의 철학'이라는 거대담론 속에서는 더욱 그러하다. 이 거대담론에서는 위의 주제들이 몇 번이고 교차되고 이어지고 꼬여져, 그 하나하나를 분리하기 어려울 정도의 모습을 보인다. 바로 이런 모습으로 니체의 법 담론은 3부를 열면서 제시했던 특징을 갖추게 되는 것이다. 그럼에도 불구하고 니체 철학에서 법 담론은 오랫동안 학계의 주목을 받지 못했으며, 거기에는 몇 가지 이유가 있다.

먼저 ① 법에 대한 니체의 관심이 여타 법론 및 법철학의 법에 대한 관심과는 달랐기 때문이다. 니체의 관심은 '실정법Positives Recht/positive law'에 있지 않았다. 그것이 '실체법Materielles Recht/substantive law'이든 '절차

법Verfahrens Recht/adjective law'이든 니체에게는 상관이 없다. 그는 법 '제도'나 법 '절차'가 어떻게 구체적으로 구현되어야 하는지를 직접적으로 묻지 않는다. 니체 철학의 중심에 늘 '인간'이 놓여 있듯, 법을 다루는 과정에서도 그에게 중요한 것은 제도나 절차가 아니라 '인간'이다. 그래서 그는 늘 '누구에 의한' 법 제도이고 법 절차인지를, 더 나아가 '누구를 위한' 법 제도이고 법 절차인지를 묻는다. 그것도 '건강성과 정신적 귀족성'을 갖춘 '그 누구'를 만들어내야 한다는 규범적 목적을 갖고서 말이다. 이렇게 해서 니체는 법철학의 문제 제기 방식을 전환해버린다. 니체의 법론이 주로 인간론과 도덕 비판론의 맥락에서, 그것의 내용들을 전제하거나 보충하는 형태로 간접적으로 제공되는 것도 이런 이유에서다. ② 니체의 법에 대한 문제 제기가 '인간과 세계에 대한 긍정 가능성 확보'라는 철학적 과제 속에서 움직이기 때문이다. ③ 법철학의 핵심 문제의 하나인, 형벌과 처벌이라는 제도를 어떻게 문제 삼고, 어떤 식으로 발전시켜야 하는지에 대해서도 니체는 직접적이고 현실적인 답변을 주지 않는 것처럼 보이기 때문이다. 그는 단지 건강한 인간과 국가를 위해서 '지양'해야 할 것과 '지향'해야 할 것을 '규범적' 측면에서 제시할 뿐이다. 니체의 철학적 정치론 전체가 그렇듯이 말이다. 형벌과 처벌의 문제를 다루는 니체의 사유가 범죄론이나 범죄심리학이나 처벌의 도덕성에 관한 법철학적 논의에서 기여할 바가 많음에도 불구하고 그 가능성조차 주목받지 못했던 이유도 바로 여기에 있다고 할 수 있다.

④ 니체의 법사상은 법 개념과 법적 절차에 대한 급진적 회의와 해체로 읽힐 수 있기 때문이다. 그래서 니체의 법사상이 기존 법론과의 급진적 단절 정도를 넘어서, 우리의 법 관념 자체에 심각한 타격을 입힐

것이라는 현실적 염려도 생겨난다. 니체를 법적 아나키 상태를 옹호하거나 형벌 폐지론을 펴는 위험한 사상가로 해석해내는 것은 그런 염려를 강화한다. ⑤ 니체 자신이 남겨놓은 법 관련 글들이 이론철학이나 여타 실천철학의 내용으로 포섭되는 글들에 비해 상대적으로 빈약하고, 다른 어느 영역보다 더 파편적인 형태를 띠고 있으며, 게다가 사유들 사이의 연결 고리나 근거 제시 과정 및 정당화 과정 등이 대부분 숨겨져 있기 때문이다. 이 점은 ④에서 언급한 것처럼 니체를 법과 관련해 위험한 사상가로 읽을 여지를 주는 부분이기도 하다. 하지만 ⑥ 니체를 읽어내는 방식에도 책임이 없다고는 할 수 없다. 법에 대한 니체의 여러 사유를 니체 자신의 저작을 통해서, 그리고 그의 철학 전체의 구도 속에서 읽어내지 않고 그의 후예들을 통해서 이차적으로 읽거나 선택적으로 읽거나 분절적으로 읽었기 때문이다.

이런 이유에서 니체의 법사상은 오랫동안 법철학 담론이나 법학 담론에서 진지하게 고찰되지 않았다. 그간의 학적 연구사를 살펴보면 니체 당대나 그의 사망 직후에 그의 법론에 대한 산발적인 주목이 없었던 것은 아니다.[6] 하지만 후속 작업이 따르지 않은 채로 니체의 법사상은 잊혀버렸다. 사실 니체의 법사상이 니체 당대에 진지한 고찰의 대상이 되기는 어려웠다. 그의 철학 자체가 도외시되었던 시대적 상황 때문이다. 하지만 그의 존재론이나 인식론 혹은 예술론이 주목받은 이후에도 법 담론은 늘 관심에서 벗어나 있었고, 심지어 그의 철학적 정치론에 대한 폭발적인 관심이 일었을 때도 여전히 논외의 대상으로 남아 있었

---

6 E. Stettenheimer (1900), 385~400쪽 ; L. Fischmann (1914), 388~395쪽 ; K. Bauer (1925) 등.

다. 법이 니체 철학의 핵심 문제로 이해되지 않았기 때문이며, 앞서 제시한 이유들 중에서도 특히 ④번, 즉 전통적인 법 감정과 법의식에 니체의 그것이 포섭을 허용할 수 없는 첨예한 대립이자 위험으로 간주되었다는 점 때문이다. 이런 상황은 소위 '니체 르네상스' 때도 마찬가지였으며, 현대의 법론이나 법철학에서도 니체의 직접적 영향을 이야기하는 경우는 여전히 드물다. 1930년대부터 1970년대까지 발표된, 학적 의미가 있는 니체의 법론에 관한 글이 수적으로 매우 적다는 것은 이런 상황을 단적으로 말해준다. 10년 단위로 많아야 서너 개 정도의 논문과 저서가 발표되었을 뿐이다.

니체의 법 관련 사유에 대한 진지한 관심이 드물게나마 표출되기 시작한 1980년대 후반에도 상황은 비슷했다.[7] 그 드문 관심 표출도 주로 니체의 법 관련 사유가 갖는 내재적 기능에 초점을 맞추고 있었다. 그것도 진지한 고찰을 거친 담론의 형태로 표출되는 경우는 극소수였다. 다만 니체의 형벌론만은 예외였으나, 그렇더라도 특정 주제와 관련해서만 조명되는 한계를 갖고 있었다.[8] 이런 상황을 반전시킨 계기들이 (형벌론을 중심으로) 1990년대부터 등장하기 시작하며, 그 반전의 가시적 계기는 1999년에 스위스 바젤에서 개최된 '국제 법철학 및 사회철학 학회'에서 주어졌다고 할 수 있다. 여기서 법에 대한 니체의 사유들이 철학과 법학 관련 학자들에 의해 철학적 · 법학적 문제 제기의 형태로, 혹은 철학과 법학의 내적 연관성 해명의 형태로, 혹은 그 사유의 영향력

7 H. Kerger (1988).

8 대표적인 예는 M. Stingelin (1992~1993), 102~114쪽 ; W. Schild (1997), 101~124쪽.

을 타진해보는 형태로 최초로 본격적으로 다루어졌으며, 이때의 발표문들은 2001년에 《니체와 법*Nietzsche und das Recht*》이라는 한 권의 책[9]으로 출간되었다. 이런 가시적 노력은 영미 철학계를 자극하여, 니체 법철학에 대한 담론이 필요하다는 인식을 갖게 했으며, 2005년 출간된 《니체와 법론. 반쯤 쓰인 법*Nietzsche and Legal Theory. Half-Written Laws*》[10]이라는 책은 그 필요성에 대한 응답이었다고 할 수 있다. 이 책에서는 니체의 법론에 대한 정당한 연구 작업과 평가 작업이 필요하다는 점, 인간의 창조적 삶의 형식으로 제시된 니체의 법 개념, 법과 법 제도의 재창조에 대한 니체의 규범적 지시 등이 제시되고, 특히 형벌론에 대한 니체의 철학적 논의가 제공된다.

이런 동향은 니체에게서 법과 관련된 철학적 기여는 찾아볼 수 없다는 그간의 견고했던 학적 편견을 동요시키는 실질적 계기가 되었으며, 니체의 법사상을 진지하게 연구할 필요가 있다는 학적 공감대를 공고히 하는 단초가 되었다. 니체 당대의 법사상가들인 예링, 포스트, 콜러 등과 니체의 사상적 관계, 19세기 후반부터 시작된 유럽 법철학의 지각 변동과 니체의 관계, 현대의 법현실주의 및 비판적 법론과 니체의 관계, 행위 이론이나 근대의 법사회학적 제도 이론과 니체의 관계 등을 주목하는 형태로 점차 후속 연구가 이루어지고 있는 것은 그 공감대에 기초한 것이라고 할 수 있다.[11] 이런 상황은 니체의 법철학에 대한 향후 연

---

9 K. Seelmann (Hg.), *Nietzsche und das Recht, Vorträge der Tagung der schweizer Sektion der internationalen Vereinigung für Rechts-und sozialphilosophie*, 9~12. April 1999 in Basel, Archive für Rechts-und Sozialphilosophie, Beiheft 77 (Stuttgart : Franz Steiner, 2001).

10 P. Goodrich · M. Valverde (eds.), *Nietzsche and Legal Theory. Half-Written Laws* (New York · London : Routledge, 2005).

구의 전망을 밝게 한다. 하지만 현 시점은 니체 법철학에 대한 진지한 학적 담론의 필요성을 계속 제고하고, 세부 주제에 대한 기초 연구를 진행하는 단계라고 할 수 있다.

그런데 이 연구사에서 흥미로운 점은 유독 형벌에 관한 니체의 논의만큼은 사상사적 측면에서나 이론 연구의 측면에서나 특별한 주목을 받아왔다는 것이다. 니체의 글이 '형벌에 관한 현상론 및 처벌 욕구의 병인론'을 포함하고 있으며, 그것이 형벌에 관한 법적 자명성을 해체한다는 점 때문이다. 최근의 연구는 그 해체의 방식들을 다양한 측면에서 추출해내고 있다.[12] 그럼에도 불구하고, 니체의 형벌론이 범죄 예방의 가장 확실한 방법을 교육의 완성에서 찾고, 형벌이 필요 없을 정도로 자신의 책임과 의무를 다하는 건강한 주권적 개인들의 공동체를 제시하며, 결국 그런 주권적 개인들을 배출하는 교육국가론으로 수렴된다는 점, 또한 교육이 니체의 실천철학적 과제를 수행하는 가장 확실한 방법이라는 점은 여전히 고려조차 되지 않는다. 그래서 니체의 형벌론, 더 나아가 니체의 법철학이 갖는 교육적 함의는 거의 무시되고 있다. 이런 상황은 비교적 최근의 연구들마저 '긍정의 철학'과 '힘에의 의지의 관계론'이 니체 실천철학 전체의 견고한 틀이라는 점을 충분히 주목하지 않았기 때문이라고 할 수 있다. 형벌과 처벌에 대한 니체의 사유가 "범죄론이나 범죄심리학이나 처벌의 도덕성"에 관한 논의에서 기여할 바가 많음에도 불구하고 "거의 언급되지 않는almost no mention"[13] 이유도 바로

11 그중 의미 있는 연구 성과로는 A. Gearey (2005), J.-C. Merle (2004)를 들 수 있다.

12 대표적인 경우는 J. Bung (2007), 120~134쪽 ; Gschwend (1999).

13 P. Goodrich · M. Valverde (2005), vii쪽.

여기에 있다고 할 수 있다.

2. 법에 대한 니체의 관심

니체는 삶의 전 과정을 통해 법적 지식에 노출되어 있었다. 그가 당대의 법학자들과 교제했고 법에 관한 지식이 많았다는 점은 이미 밝혀져 있다.[14] 그의 어릴 적 친구였던 크룩, 핀더, 게르스도르프는 모두 법학을 공부했고, 바젤대학 시절부터 니체는 빈딩K. Binding, 하르트만G. Hartmann, 호이슬러-자라진A. Heusler-Sarasin 같은 법학 교수들, 신화학자이자 로마법학자인 바흐오펜J. J. Bachofen 등과 교제했다. 그러니 그가 그들로부터 법과 관련된 지식과 사상을 접했을 가능성은 매우 크다. 또한 니체는 법과 관련된 몇 가지 문헌들을 탐독하기도 한다. 그가 플라톤의 《법률》, 그리고 헌법을 철학적 지평까지 확장시켜 논한 몰R. v. Mohl의 책을[15] 바젤대학 도서관에서 빌렸다는 기록이 있고, 그의 장서 중에는 베를린대학의 법학 교수였던 콜러[16]와 포스트[17]의 책들이 포함되어 있다. 이 밖에도 니체는 "인류에게 법학의 불을 가져다준 법학의 프로메테우스"[18]라고 불리기도 했던 예링을 잘 알고 있었다. 니체의 법학적 인식

---

14 니체의 유년 시절부터 장년 시절에 이르기까지 그의 법적 사유의 형성에 영향을 준 개인적 친분이나 서적들에 대한 연구 문헌이 이미 존재하기에 이에 대한 설명은 생략한다. 자세한 내용은 L. Gschwend (1999), 26~132쪽 참조.

15 R. v. Mohl (1860~1869).

16 J. Kohler (1885①), (1886).

17 A. H. Post (1881), (1884), (1872).

18 예링의 강의를 들었던 러시아 황태자 레오 갈리친의 표현.

은 거의 이들의 글을 읽으면서 형성되었다고 해도 과언이 아니다. 그는 19세기 법실증주의와 법현실주의에 대해서는 예링을 통해 배웠으며, 《도덕의 계보》에 나오는 로마의 12표법 등에 관한 언급도(GM II 15번) 예링 및 콜러와 포스트의 저서를 통한 간접적 법 인식의 소산이다. 또한 법을 다루는 니체의 방식 역시 이들의 영향을 받은 것이 확실하다.

철학이나 문학, 또는 고전 문헌에 나타나 있는 법에 관한 사상들과 배경들에 대해서도 니체는 관심을 갖고 있었던 같다. 고전문헌학자로서 그리스의 문헌을 다루면서 그는 정의로운 삶을 위해 법의 신성함을 믿었던 헤시오도스를 만났고, 부르크하르트와 헤라클레이토스를 통해 그리스 문화의 핵심을 경기(경쟁)적인 현상으로 이해하여 그것을 자연과 문화 전체의 본질적 요소로 수용했으며, 플라톤에게서 '사람에 의한 지배'와 '법에 의한 지배'에 대한 진지한 고찰을 배웠고, 소포클레스를 그리스도교적 죄 개념이나 처벌적 정의와는 다른 내용을 제공하는 예로 받아들였으며, 투키디데스에게서는 권력과 법의 관계를 배웠다. 법과 형벌에 관한 이런 그리스적 사유 전통을 점검한 니체는, 부분적으로는 수용하고 부분적으로는 맞대결하면서 그것을 힘에의 의지의 관계론이라는 터전 위에서 새롭게 구성해낸다. 흥미로운 것은 로마 시대에 대한 니체의 관심에도 불구하고, 그가 로마법에서 수용하는 부분은 거의 없다는 점이다. 아마도 (국가에 대한 논의에서 드러나듯) 그가 로마 시대를 야만 시대로 생각했기 때문일 것이다.

이 밖에도 범죄심리학적 고찰들과 정신병학 및 정신의학적 고찰들이 니체의 관심을 받는다. 도스토옙스키, 페레Ch. Féré, 골턴F. Galton, 롬브로소C. Lombroso 등을 니체는 진지하게 받아들이며, 이것은 범죄에 대한 그의 고찰의 한 축을 형성한다(3부 3장의 〈3. 범죄와 범죄인〉 참조).

물론 니체는 그 모든 지식을 그대로 수용하지는 않는다. 철저히 철학적 정치론의 관심 속에서 활용할 뿐이다. 그래서 니체의 언어는 그리스적이지도, 포스트적이지도, 예링적이지도, 페레나 골턴적이지도 않다. 그저 니체적일 뿐이다. 그의 사유를 이끌어 가는 개념과 절차 역시 여타의 법학이나 법철학에서 사용되는 것들이 아니다. 그는 '힘에의 의지의 철학으로서의 긍정의 철학'이라는 그의 거대담론적 철학 전체를 관통하는 고유 개념과 고유 절차를 그대로 사용한다. 하지만 그 독특한 법 언어 속에 감추어져 있는, '니체와 법'을 말하게 하는 내용들이 바로 니체를 전통적 법 담론과 현대 법 담론의 사이에 위치 짓는 것이다.

제2장
법론

법에 대한 논의에서 가장 기본이 되는 것은 법의 '정의定義'다. 법을 정의하려면 두 가지 사항을 해명해야 한다. 첫째, 법은 무엇이고, 한 사회에 법체계가 존재한다는 것은 무슨 의미인가? 둘째, 법은 어떤 계보를 갖고 있는가? 이 두 질문에 답변이 주어져야 법의 정당성에 관한 논의, 그리고 법의 강제를 어디까지 허용할 것인지 정하는 법의 한계 설정에 대한 논의도 의미를 갖게 된다. 니체 역시 이 문제들에서 시작한다. 물론 그 중심에는 '건강한 인간과 공동체를 위한 법은 어떤 것이어야 하는가?'라는 문제의식이 놓여 있다.

1. 수단으로서의 법—자연법론과의 대결

법이 무엇인지에 대한 니체의 답변은 '법은 목적이 아니라 예외적 수단'이라는 것이다. 간단하면서도 우리의 법 감정에 위배되지 않는 이 주장은 투키디데스와 예링과의 사상적 연계 속에서 형성된 것으로, 다음과 같은 세 가지 논점을 포함한다. 수단이자 예외적 경우로서의 법, 법의 시간 제약적-비고정적 성격, 힘의 균형 및 계약이라는 법의 전제.

> 수단으로서의 법적 상태 —동등한 사람들 사이의 계약을 토대로 하는 법은 계약을 체결한 사람들의 힘이 같거나 또는 비슷한 상황에서 성립한다 ; 비슷한 세력 간의 불화와 쓸모없는 소모를 더 이상 겪지 않기 위해 영리함이 만들어낸 것이다. 그러나 한쪽의 힘이 다른 쪽보다 결정적으로 약해지게 되면 이것 역시 끝나버린다 : 그러면 종속이라는 것이 등장하고 법은 중지된다. 하지만 지금까지 법에 의해 달성되었던 것과 같은 성과는 여전히 존재한다. 이제는 종속된 자의 힘을 아끼고 쓸모없이 소모되지 않도록 권유하는 우월한 자의 영리함이 존재하기 때문이다 : 그런데 때로는 종속된 자의 입장이 동등한 자의 입장에 있었을 때보다 더 유리해진다 —따라서 법적 상태라고 하는 것은 영리함이 권유하는 일시적인 수단일 뿐 목적은 아니다.[19]

위에서 말한 세 가지 논점을 모두 포함하고 있는, 젊은 니체의 〈방랑자와 그의 그림자〉에 나오는 글이다. 우선 마지막 문장을 먼저 주목해보면, 거기서 법은 인간의 '영리함'이 만들어낸 수단으로 제시되어 있다(이것이 힘의 균형 윤리를 전제한 것이라는 점은 바로 뒤에 이어지는 〈2. 법

---

19 MA II-WS 26 : KGW IV 3, 198쪽.

의 계보〉에서 따로 고찰한다). 개인이나 국가 전체의 '쓸데없는 힘의 소모를 방지'한다는 목적이 그런 영리함을 가능하게 한다. 이 내용은 니체가 투키디데스의 《펠로폰네소스 전쟁사》를 읽은 후 작성한 1870년대의 유고에서 이미 다른 용어로 설명된 바 있다. 여기서 니체는 투키디데스의 생각을 이렇게 묘사한다. '인간은 질투하는 존재고 이기적인 존재다. 그들은 불의를 행하지 않는 것보다는 오히려 자기에게 이득을 주는 것을 더 선호한다. 그들은 복수를 원한다. 국가의 법은 이런 인간의 자연본성을 제어한다. 누구나 타인의 불법 앞에서 보호된다. 법의 지배 속에서는 질투도 이기심도 더 이상 해롭지 않다.'[20] 여기서도 법이 인간의 본성상 발생할 수 있는 쓸데없는 힘의 소모를 방지하는 수단이라는 점이 확인된다. 물론 니체의 후기 사유는 법이 응보 기제 및 보복 기제를 갖는 경우를 목도하고 유감을 표명하면서 투키디데스와 노선을 달리하지만, 법에 대한 이런 인식만큼은 후기에도 견실히 유지된다.

법의 수단적 성격은 예링의 말을 인용한 1880년대 초반의 유고를 통해 조금 더 선명하게 표출된다.

> 예링에 의하면, 법은 강제라는 형식으로 사회의 생존 조건을 안전하게 하는 것이다.[21]

니체가 1879년에 이미 예링의 《법에서의 목적》[22]과 《로마법의 정

20 N : KGW IV 1 12[21], 332~333쪽.
21 N : KGW VII 1 7[69], 273쪽.
22 R. v. Jhering (1877~1883①).

신》[23]을 읽었고, 많은 부분에서 그와 아주 유사한 생각을 갖고 있었음에도, 예링이라는 이름은 니체의 저술에 단 한 번 등장하는데, 바로 앞의 인용문 속에서다.[24] 목적법학의 시작을 알린《법에서의 목적》에서 예링은 인간의 행위 동기는 이익이며, 이익 추구라는 목적에 의해 법이 만들어진다고 말한다. 그래서 법은 그 자체가 목적일 수 없다. 오히려 "법은 이 세상에서 가장 높은 것이 아니며, 그 자체가 목적도 아니다. 그것은 공동체의 존재라는 궁극적인 목적에 이용되는 수단일 뿐이다".[25] 국가는 그 목적을 법이라는 강제 규범을 통해 추구한다. 그래서 법은 '강제'의 형식으로 사회의 생존 조건을 안전하게 하는 것이다. 이런 생각은 법은 역사법학이 말하듯 단순히 특정 민족의 법 감정의 발현일 수는 없다는 것, 권리 의식의 발로 정도도 아니라는 것, 오히려 특정한 목적이 전제된 계산적이고 이익 추구적인 활동이라는 것, 법은 국가의 강제를 전제하는 규범이어야 한다는 것 등을 말해준다. 니체 역시 (비명시적이긴 하지만) 이에 동의하고 있다고 할 수 있다. 1880년대 후반에도 니체의 이런 생각은 그대로 유지된다. "법률, 즉 한 집단의 특정한 보존 조건들을 철저하게 현실적으로 정식화한 것은 특정 방향을 취하는 특정 행위들을 금지한다. 말하자면 그 행위들이 집단에 맞서는 한에서 : 그 집단은 이런 행위들이 흘러나오는 성향을 금지하지는 않는다. 왜냐하면 그

---

23 R. v. Jhering (1852~1865②).

24 R. v. Jhering (1877①), Bd. 1, 345쪽. 니체와 예링의 사상적 유사성에 대해서는 H. Kerger (1988), (1990) 참조. 니체의 편지에서도 예링의 이름이 단 한 번 등장한다(오버베크에게 보낸 1879년 8월 12일의 편지). 거기서 그는 친구 오버베크에게 앞에 언급된 예링의 책을 진정으로 추천하고 싶다고 말한다. KSB Bd. 5, 434쪽.

25 R. v. Jhering (1877①), Bd. 1, S.X.

집단은 이런 행위들을 다른 측면에서는 필요로 하기 때문이다. 말하자면 공동체의 적에게 맞선다는 측면에서는."[26]

법의 이런 수단적 측면에 니체는 한 가지 사항을 더 추가한다. 앞의 〈방랑자와 그의 그림자〉 인용문(287쪽) 중 마지막 문장에 나타나 있듯이 법은 '일시적이고 잠정적'이라는 것이다. 법은 오로지 사회의 유지와 존속이라는 목적에 의존적이기에, 사회의 생존 조건이 변하면 당연히 새로이 구성되는 가변적인 것이다. "목표를 원하면 수단을 원하게 된다"[27]라는 니체의 말처럼, 수단의 선택은 철저히 목적 의존적이다. 법도 마찬가지다. 수단으로서의 법은 그래서 안정적일 수도, 고정적일 수도 없다.

니체의 이 생각은 자연법에 대한 비판의 일환으로 이해할 수 있다. 개인에 대한 논의에서 이미 살펴봤듯이, 니체는 자연 권리도 자연적 비권리도 인정하지 않는다. 자연법도 자연불법도 마찬가지다.[28] 인간의 이익 추구적 관점에서 만들어지는 법에 앞서거나 그것을 넘어선, 즉 실정성에 앞서거나vorpositiv 실정성을 초월한überpositiv 법이 있다는 것. 그 법이야말로 보편적이고 불변의 필연성과 항구성을 갖는다는 것. 이것이 자연법의 기본 신조다. 하지만 니체는 그것이 허구에 불과하다고 본다. 자연법의 실질적 내용이 자연 목적(그리스)이든 신의 계율(기독교 신학)이든 마찬가지다. 물론 자연법이 보편타당하고 초월적인 이성에 의

---

26 N : KGW VIII 2 10[157], 211쪽.

27 N : KGW VIII 3 15[45], 234쪽.

28 MA II-WS 31 : KGW IV 3, 201쪽. 자연법에 대한 사유는 물론이고 '법과 힘'의 관계 등에 대한 사유에서도 니체는 파스칼과 때로는 긴장 상태를 이루기도 하고 때로는 공동 전선을 펴기도 한다. 이에 대해서는 J. Peterson (2008), 58~62쪽, 97~100쪽 참조.

해 보증된다는 것(칸트, 헤겔)도 예외가 아니다. 칸트와 헤겔은 '이성법으로서의 자연법'을 말하는 것이나 다름없기 때문이다. 니체에게 법은 우리의 사회적 삶을 유지시키는 수단이며, 우리의 삶의 조건이 가변적이기에 법도 당연히 가변적일 수밖에 없다. 관점주의자 니체의 용어로 표현하면, 법은 우리의 해석Interpretation인 것이다. 우리의 생존 조건을 반영해 삶의 더 나은 전개를 위해서 우리 스스로가 만들어내는 것이 해석이기에, 더 큰 유용성을 보이는 새로운 해석에 자리를 내주어야만 하는 것이야말로 해석의 숙명이다.[29] 법도 마찬가지다.

자연법(그리고 이성법)에 대한 니체의 부정은 19세기 후반에 강력한 힘을 행사한 법실증주의의 기본 입장 중 하나, 즉 실정법을 초월한 자연법(그리고 이성법)을 인정하지 않는 입장을 공유하는 것이다. 물론 니체는 법실증주의의 또 다른 입장, 즉 법을 정치적·사회적·윤리적 요소와 무관한 것으로 보아 오직 법 자체만을 형식 논리적으로 파악하려는 입장에 대해서는 지극히 회의적이다. '법적 사실'이라는 것 자체가 이미 '사실 그 자체는 없다'고 선언하는 관점주의자 니체로서는 받아들일 수 없는 것이며, 니체에게 법은 정치·사회·도덕의 매트릭스 속에서 고찰되어야 하는 것이기 때문이다. 그럼에도 불구하고 법실증주의나 니체나, 법은 보편적 타당성을 갖지도 않고 불변의 필연성을 갖지도 않는다고 본다. 법은 초시간적인 초월적 가치도 갖지 않는다.

29 "우리는 해석 속에서 살아간다. 우리에 대한 해석의 진리 증명." N : KGW VIII 3 14[93]. 이에 대해서는 백승영 (⁶2016)의 4부 〈해석적 지식과 해석적 진리〉 참조.

2. 법의 계보—힘 관계적 계약

앞에서 본 〈방랑자와 그의 그림자〉 인용문의 첫머리에 나오는, '법은 계약을 체결한 사람들의 힘이 같거나 또는 비슷한 상황에서 성립하는 것'이라는 문장은 법을 힘 관계로 환원시키는 것이다. 법의 발생은 '계약'의 산물이며, 이 계약은 계약 당사자들의 '힘'이 '거의' 동등한 상태임을(같거나 아니면 같을 정도로 비슷하거나) 전제해야 한다고 말하고 있기 때문이다. 이것은 계약 당사자 간의 교섭력에 관한 것으로, 법은 계약적 대등성을 전제한다는 점을 명시한 것이다. 이 계약적 대등성은 한편으로는 잠재적 계약 당사자들의 힘의 대등성을 의미하며, 다른 한편으로는 그들이 언제든 원하는 계약을 체결할 수 있는 자유로운 상대이자, 계약을 체결할 합의 상대가 될 수 있음을 의미한다. 이런 계약적 대등성이 충족되지 않으면, 계약은 계약으로서의 실효성을 갖지 못한다. 그것은 폭압적 행위와 다를 게 없다. 만일 법이 폭압에 의한 것이라면, 그 법은 구속력과 정당성을 확보할 수 없다. 따라서 '(거의) 동등한 힘을 지닌 계약 체결자들의 자유로운 계약', 즉 계약적 대등성이야말로 근원적이고 정상적인 법 관계라고 할 수 있다. 법이 이런 것이어야만 비로소 법은 앞서 말한 불화로 인한 힘의 쓸데없는 소모를 막아주는 '영리함'의 산물일 수 있으며, '수단'으로서의 본래 기능을 제대로 수행할 수 있는 것이다. 이렇듯 법의 시작은 폭력일 수도 없고, 단순히 물리적 힘의 우위일 수도 없다. 오히려 상대와의 일정 정도 동등한 힘에 대한 인식과 그것을 전제한 자유로운 계약에서 법이 시작되는 것이다.

젊은 니체의 이런 생각은 후기에도 그대로 이어진다. 후기의 니체는 법을 힘에의 의지의 관계론 속에서 고찰해, '힘 관계적 계약으로서의 법'이라는 법의 구체적 특징을 드러내며, 이를 통해 법에 대한 니체의 사유는 조금 더 포괄적인 의미를, 즉 힘에의 의지의 관계론이 강조하는 '상호 인정과 상호성'에 대한 강조를 획득하게 된다. 권리를 힘 관계적 계약에 의한 것으로 제시하는 니체의 다음 글은 힘 관계적 계약의 특징을 잘 보여준다.

> 권리는 계약이 있는 곳에서만 발생한다 ; 그런데 계약이 있으려면 힘의 평형이 존재해야 한다. 그런 평형 상태가 없으면, 양에서 차이가 나는 두 힘이 서로 충돌하고 강한 것이 약한 것을 지속적으로 약화시켜 마침내는 굴복과 적응과 편입과 동화라는 현상이 나타나게 된다 ; 달리 말해 둘이 하나가 되는 것으로 마무리된다. 둘이 둘로 남으려면 이미 말했듯이 힘의 평형 관계가 필요하다 […] 계약은 힘의 기존 양을 긍정하는 것뿐만 아니라, 양측에 존재하는 힘의 양을 지속적인 것으로 인정하고 그렇게 함으로써 그 양이 일정 정도 스스로 유지될 수 있게 하려는 의지도 담고 있다 : 거기에 모든 '좋은 의지'의 씨앗이 숨어 있다.[30]

후에 정의의 문제를 다룰 때 다시 한 번 분석하게 될 이 글에서, 니체는 법이 그러하듯 권리 역시 '힘의 평형 관계를 전제한 계약'에서 창출된다고 말한다. 그렇지 않으면 침해와 굴복이 일어나 계약의 전제인 상대방의 존재 자체가 사라져버릴 수 있다. 그런데 니체는 여기서 그의

---

30 N : KGW VIII 1 5[82], 225쪽.

사유에서 견실하게 유지되는 매우 매력적인 관점 하나를 등장시킨다. 계약적 대등성을 유지시키려는 '의지'의 중요성을 인식해야 한다는 것이다. 힘의 평형 관계가 깨질 때 발생하는 폭압의 상태가 힘에의 의지의 관계성 및 상호성 자체를 파괴할 수 있기 때문이다. 계약적 대등성의 유지는 의지적 노력의 소산이다. 그래서 니체는 대립적 힘들을 대립적 힘으로 인정하고 그 힘을 유지시키려 하는, 상호 인정과 승인에의 의지를 정의 구현의 결정적 요소로 삼기도 한다(4부 참조). 상호 인정의 의지. 그것은 곧 폭압이나 압제 상태를 방지하려는 의지인 것이다. 그런데 폭압이나 압제에 대해 부정적인 태도를 취하는 것은 힘에의 의지의 철학자에게는 어울리지 않는 것처럼 보일 수도 있다. '무자비하고 잔혹한bloody 니체'만을 강조하는 통념이나 오래된 학적 편견들과도 상치된다. 하지만 1장에서 이미 설명되었듯 힘에의 의지의 철학자이기에 니체는 오히려 폭압이나 압제를 반대하게 된다. 힘에의 의지의 관계체는 살아 있는 유기체이며, 그 유기체적 성격의 존속을 위해서라도 적대적 힘들에 대한 승인과 그 힘들의 유지 및 존속을 위한 노력이 전제되어야 하기 때문이다. 니체에게는 이것이 건강한 (그래서 정상적인) 힘에의 의지의 작용 방식이다. 이 점에서 니체는 (워런에게서 용어만을 빌려 말하자면) "신사적인gentle 니체"다. 개인과 국가에 대한 니체의 사유를 살펴보며 언급했듯이, 건강한 개인과 국가는 건강한 힘에의 의지의 소산이자 활동 공간이고, 또 그래야만 한다. 법이 힘 관계적 계약의 소산인 한, 그 법의 정상적 상태는 바로 이런 건강성을 확보하게 된다.

'법-힘 관계적 계약-건강성'이라는 특징은 개인과 국가의 건강성에도 그대로 적용된다는 것을 앞에서 살펴본 바 있다. 니체가 개인과 개인의 근원적 관계를 가치의 등가원칙을 지키는 교환 행위로 보았다는 것, 여기서 가치의 등가원칙을 지킨다는 약속을 일종의 계약으로 이해할 수 있다는 것, 그 계약을 실제로 지키는 개인이야말로 건강한 개인이고 그런 개인들이 건강한 국가(긴장 공동체)의 구성원이 된다는 것을 알 수 있었다. 그런 건강한 개인과 건강한 국가가 건강성 유지를 위해 수단으로 요청하는 법이 바로 힘 관계적 계약에서 비롯된 법이다. 그 법이 개인과 개인, 법공동체로서의 국가와 구성원의 상호 인정과 상호 승인을 보증하고 요청하며, 그런 인정과 승인의 상태를 유지하게 해주는 내용으로 구성되리라는 것은 충분히 예상 가능하다. 그래야 법공동체의 긴장체적 성격도 유지된다.

이런 내용들을 통해 니체가 인정과 승인을 법의 전제이자 법 행사의 전제로 삼고 있음을 확인할 수 있다. 이 점은 뒤에서 다룰 형법과 형벌에 관한 니체의 사유 속에서도 다시 한 번 강조되며, 4부의 정의에 대한 담론에서 정점에 이르러, 니체의 철학적 정의론 전체에 상호성과 상호 인정에 관한 철학적 모색이라는 특징을 부여해준다.

니체가 법을 논리적 개념이 아니라 힘 관계적인 것으로 보고 법의 출현을 힘 관계적 계약에서 찾는 것은 니체와 예링의 사상적 유사성을 다시 한 번 확인시켜준다. 《권리를 위한 투쟁》에서부터 이미 법을 살아 있는 힘으로 제시한 예링은, 《법에서의 목적》에서 법적 상태를 근본적으로 계약에서 나오는 것으로 보고, 법의 구속력 역시 채권법Obligationenrecht적 약속인 계약에서 찾는다.[31] 이렇듯 계약은 예링에게서 공법과 국제

31 R. v. Jhering (1877~1883①), Bd. 1, 249쪽, 263쪽.

법에 이르는 모든 실정법의 근원이 된다. 니체에게서도 마찬가지다. 물론 니체는 예링의 사유에 힘에의 의지라는 장치를 적용해 '힘 관계적' 계약이라는 색채를 입힌다.

3. 예외적 상태로서의 법

법이 그 자체로 목적이 아니라, 건강한 긴장 공동체를 구현하고 유지시키는 수단이라는 것. 그래서 개인과 공동체 삶을 위해 봉사하는 해석이라는 것. 아니, 그래야만 하는 규범성을 띤다는 것. 이런 생각은 다음과 같은 니체의 단언을 낳는다.

> 법률 상태는 [⋯] 좀 더 거대한 힘의 단위를 창조하는 수단으로, 언제나 예외적 상태일 수 있을 뿐이다.[32]

법은 "좀 더 거대한 힘의 단위를 창조하는", 달리 말하면 늘 상승과 강화를 바라는 유기체적 생명 운동을 위해서만 허용될 수 있는 '예외적' 상태라는 것이다. 그래서 특정한 법질서를 절대적인 것으로, 보편적 타당성을 지닌 것으로 생각하는 것은 유기체적 삶의 명법 자체에 대한 위반이다. 그런 법은 "삶에 적대적인 원리"[33]가 될 가능성이 크다. 진리라

32 GM II 11 : KGW VI 2, 328~329쪽.
33 GM II 11 : KGW VI 2, 329쪽.

는 인식적 해석이 절대화되면 해석으로서의 유용성 대신에 독단적 폐쇄성과 자유의 억압이라는 폐해를 가져오듯이, 법이라는 해석 또한 마찬가지다. 그렇게 되면 법이라는 해석은 공동체의 유기체성과 건강성을 약화하거나 파괴해서, 공동체의 힘 관계를 무에의 의지로 퇴행시킬 수 있다. 예링이 '법의 전적인 지배'를 '법을 자유롭게 사용하는 사회를 포기'하는 것과 같은 의미로 받아들이면서[34] 법 적용의 무조건적 필연성을 부정하는 것은, 비록 용어와 사유 범주의 차이는 있지만 니체의 생각과 별반 다르지 않다.

법의 예외적 성격에 대한 강조는 플라톤의 생각을 조금 더 강화한 것이기도 하다. 플라톤은《법률》에서 '사람에 의한 지배'가 이루어져 정의가 실현되는 최선의 국가가 아니라, 법이 지배하는 차선의 국가에 관한 논의를 제공한다. 국가에서 철학자나 이성적인 지배자가 결여될 경우, 질서를 여전히 가능하게 하는 법률이 필요하기 때문이다. 그래서《법률》은 구체적인 법률국가를 선보이지만, 법에 의한 지배가 '사람에 의한' 지배에 비해 차선책이라는 점은 변하지 않는다.《정치가》에서도 플라톤은 무법 지배보다는 낫다는 이유로 법에 의한 지배에 가치적 우위를 부여하기는 하지만, 법에 의한 지배가 여전히 이성에 의한 지배와 경쟁할 수는 없다는 점을 말한다. 니체 역시 그의 국가론을 다룬 2부에서 살펴보았듯이 플라톤의 이런 시각을 수용한다. 그런데 니체는 여기서 한 걸음 더 나아간다. 그가 말하는 예외적 상태에는 법이 불필요할 정도로 국가의 건강성이 커지는 경우까지 포함된다. "내 기생충이 도대

---

34 R. v. Jhering (1877~1883①), Bd. 1, 413쪽, 414쪽, 417쪽.

체 나와 무슨 상관이 있다는 말인가? 기생충을 살아가도록, 번성하도록 놓아두자 : 그럴 수 있을 만큼 나는 강하다!"[35]라고 말할 수 있을 정도로 국가가 건강한 경우까지 말이다(3부 3장 3절의 〈(5) '형벌 없는 사회'라는 사유실험의 실체와 의미〉 참조).

4. 응보법과의 대결

그렇다면 건강한 긴장 공동체의 수단인 법을 제정하는 주체는 누구이며, 실행하는 주체는 또 누구인가? 입법과 사법의 분리에 익숙한 우리에게 니체의 답은 낯설다. 그가 그 분리를 전혀 염두에 두고 있지 않기 때문이다. 그는 단지 "최고 권력Die oberste Gewalt"이라고 밝힐 뿐이다. 그 누구든, 그 무엇이든, 그것이 건강한 긴장 공동체의 힘 관계에서 최고의 힘으로 인정되는 존재이자 그 공동체의 건강한 존속을 지향하는 존재라면, 자신의 척도에 따라 허용과 제한의 목록인 법을 제정할 수 있고 실행할 수 있다. 그런 법은 당연히 정의로운 법이 될 것이기 때문이다. 이것은 아주 소박한 생각이다. 그런데 이 소박성은 '사람에 의한 지배'라는 플라톤적 이상을 니체가 견고히 유지하는 데서 나온다. 이성적 존재자가 정의로운 폴리스를 구현해낼 것이라는 플라톤의 믿음처럼, 니체 역시 건강한 힘 관계에 의해 최고 권력을 보장받은 존재라면 누구든 정의로운 법과 정의로운 공동체를 실현할 수 있을 것이라고 믿

35 GM II 10 : KGW VI 2, 324쪽.

는다. 이런 믿음을 품고 니체는 법의 성격에 대해 다음처럼 말한다.

> 법률이 제정된 후 최고 권력이 개인이나 집단 전체가 가하는 침해나 자의적 행위를 법률에 대한 침범이나 최고 권력 자체에 대한 저항으로 다룰 때, 최고 권력은 예속된 자들의 감정을 그러한 침범으로 생긴 직접적 손실로부터 눈을 돌리게 하여, 결국에는 모든 복수가 바라는 바인 피해자의 관점만을 보거나 인정하는 것과는 정반대의 상태에 이르게 한다.[36]

법은 '피해자의 손실'을 주목하고 '피해자의 관점'에서 손해에 대한 배상을 찾는 '복수'와는 다른 것이어야 한다는 것. 이런 생각은 일반적인 법의식과 정면으로 배치되는 파격성을 띤다. 물론 니체에게는 두 가지 뚜렷한 이유가 있다. 첫째, 니체는 법을 보복주의 혹은 응보주의와 분리시키고자 하기 때문이다. 그는 건강한 법과 응보적 관점은 모순이라고 생각한다. 응보라는 것은 일종의 보복이자 복수라는 병리적 기제와 다를 바 없기 때문이다. 이것은 니체가 법을 바라보는 기본 관점이다. 니체가 형벌을 문제시하는 것도 근본적으로는 이러한 맥락에서다. 그런데 니체는 어째서 법을 응보주의적인 것으로 보는 것일까? 법이 '눈에는 눈, 이에는 이'라고 말하는 '탈리오 원칙lex talionis'을 모범으로 삼은 것만 보아도 알 수 있다고 그는 생각한다. 함무라비 법전에도 등장하고 성경에도 명시되어 있으며 로마의 12표법에도 나오는 탈리오 원칙은, 피해자의 손해에 상응하는 것을 가해자에게 되돌려 주면서 균형

---

36 GM II 11 : KGW VI 2, 328쪽.

을 회복하는 것을 말한다. 이런 탈리오 원칙에 입각해, 원시사회에서 허용되었던 무제한적 보복이 점차 동해보복同害報復으로 완화되기도 했지만, 그 불변의 기조는 피해자의 손해에 상응하는 것을 가해자에게 돌려주는 식의 보상을 정의의 실현으로 여기는 것이다. 그런데 이 원칙은 실제로는 보상이라는 이름으로 보복과 복수를 정당화하는 것이나 다름없다. 게다가 그런 보상이 가해자와 피해자 사이에서 사적으로 행해지면 복수의 연쇄가 발생할 위험도 있고, 강자와 약자 사이의 힘의 균형도 깨지게 된다. 그런 위험성 때문에 법적 제재가 사적인 힘의 사용(자력 구제)을 대신하게 된다. 피해자의 손실에 상응하는 '가치'를 갖는 법적 제재를 공적 힘의 권위로 행함으로써 '균형의 회복'을 통한 '정의의 회복'을 실현하는 것이다. 물론 그것이 동일한 것을 동일한 것으로 갚는 것이 아니라, '등가적 가치'(상응)를 갖는 다른 제재로써 균형을 이루게 하는 것이지만 말이다.[37] 그런 제재 중에서 가장 강력한 것인 공형벌은 그런 복수 심리와 보복 기제의 대표적인 경우다. 복수 심리와 보복주의. 그것이 비록 흐트러진 세력 관계의 균형을 회복시키는 것이라고 해도 니체는 거기서 병리성을 본다. 그것은 결코 건강성의 산물도 아니고, 건강을 보증하는 것도 아니다.

37 칸트 역시 형법과 처벌의 원리로 등가성을 말한다(칸트, 《법론의 형이상학적 기초》, B 227~228). 비록 칸트가 말하는 응보법이 무차별적으로 '같은 것을 같은 것으로 되갚는' 복수법은 아닐지라도, 여전히 그는 등가에 기초한 응보의 원리를 포기하지 않는다. 가해자의 오만에 상응하는 심리적 고통을 그에게 돌려줌으로써 등가원칙을 실현한다는 내용이 단적인 예다. 김수배는 형법의 원리인 등가 원리가 칸트에게서는 '정의로운 시민 사회를 위한 형식적 원리일 뿐, 형벌의 내용까지 적극적으로 규정하는 실질적인 원리는 아니다'라고 말한다. 상세한 내용은 김수배 (2007), 66~68쪽 참조.

균형Gleichgewicht은 가장 오래된 법론과 도덕론에서 매우 중요한 개념이다 ; 정의의 토대가 되는 것이 균형이다. 좀 더 거친 시대에 그것이 '눈에는 눈, 이에는 이'로 말해졌을 때, 그것은 이미 달성되어 있는 균형을 전제로 한 것이며, 그 균형을 보복에 의해 유지하려고 하는 것이다 : 그 결과 한쪽이 다른 쪽에 해를 가한다고 해도, 다른 쪽은 더 이상 맹목적인 분노를 지닌 복수를 하지는 않는다. 오히려 탈리오 법jus talionis에 의해서 침해된 세력 관계의 균형이 회복되는 것이다 […] 모든 것이 균형을 이루고 있는 것처럼 보이는 공동 사회의 내부에서는 위반 행위, 즉 균형의 원리를 파괴하는 행위에는 수치와 형벌이 가해진다 : 수치는 부당한 가해로 이익을 얻은 가해자에게 부여되는 무게이며, 가해자의 과거의 이익을 상쇄할 뿐만 아니라 가해자로 하여금 그것을 압도하는 손실을 다시 받게 한다. 형벌도 마찬가지다 […] 범죄인은 자신의 행동 때문에 자신이 공동 사회에서, 또 사회의 도덕적 이익에서 제외되었다는 사실을 기억하게 된다 […] 형벌은 보복일 뿐만 아니라, 그 이상의 것, 자연 상태의 가혹함과 관련된 무엇인 것이다 ; 형벌은 바로 이 사실을 상기시켜주는 것이다.[38]

둘째, 니체는 법이 피해자에 집중하여 피해자의 관점에서 평가하고 피해자의 보상권을 인정하는 것 자체를 병리적이라고 보기 때문이다. 니체에게 피해자는 힘 관계 속의 패자다. 자신이 피해를 입었다는 의식 자체가 이미 가해자와의 힘 관계에서 패했다는 의식의 다른 얼굴

38 MA II-WS 22 : KGW IV 3, 194~195쪽.

이다. 이런 패자는 복수심이라는 심리적 성향을 갖는다. 그것은 이중적인 방식으로 표출된다. 하나는 패한 상황에 놓인 자기 자신에 대한 것으로, 자기 비난의 형태로 나타난다. 자신이 제대로 대처하지 못했다거나 자신의 힘이 부족했다는 자괴감과, 자신이 왜 그랬던가 하는 자기 원망 등이 발생하는 것이다. 니체가 보기에 이것은 자기 자신에 대한 원한 감정의 일종이다. 물론 피해자는 그것을 정당한 보상 요구로 미화한다. 또한 피해자의 복수는 가해자에게로도 향한다. 손해에 대한 배상 절차를 통해 가해자에게 그의 의지에 반하거나 그가 내키지 않아 하는 배상을 시키면서 말이다. 이렇듯 배상이나 보상이라는 것은 피해자의 이중적인 복수욕과 보복 심리 외의 다른 것이 아니다. 그래서 니체는 보상이란 "복수하려는 자의 위선이고 그럴듯한 미화에 불과하다"고 하는 것이다.[39] 거기서 피해자에게 가해자의 의도는 전혀 중요하지 않다. 자신이 가해자의 의도를 왜곡시켰거나 자신이 문제의 발단일 수 있다는 것도 관심 밖이다. 게다가 피해자는 자신이 과연 보상권을 주장할 만한 존재인지도 생각해보지 않는다. 그의 관심은 오로지 자신이 손해를 보고 피해를 입었다는 사실과 그 손해와 피해가 어느 정도인지로만 향한다. 그리고 가해자로 하여금 그것을 보상케 함으로써 보복하는 것이다. 정의의 회복이라는 미명으로 말이다.

니체는 이런 상황을 보면서, 차라투스트라의 입을 빌려 '정의롭다ist gerecht'와 '복수했다ist gerächt'가 독일어 발음상 거의 비슷하게 들리는 점에 기대어 비아냥거리기도 한다.[40] 물론 니체에게 복수와 정의는

39 N : KGW VII 1 16[29], 535쪽 ; VII 1 7[70], 274쪽 비교.

결코 같은 것일 수 없다. 니체가 '반동적 감정' 혹은 '반동적 파토스'라고도 표현하는 보복과 복수 기제는 니체에게는 전형적인 병리적 특징 그 이상도 그 이하도 아니다. 개인에게서든 공동체에서든, 정의의 문제에서든 법의 문제에서든 마찬가지다. 그것은 인간의 존엄을 고려하는 것일 수 없다. 오히려 인간에 대한 적극적인 상해 의지와 상해 쾌락에서 나오는 것일 뿐이다. 그래서 니체는 보복은 무의미하다고, 그것은 단지 악에 악으로 대응하는 것과 다르지 않다고 한다. "보복 속에 들어 있는 무의미. 무언가가 악이라면 보복하는 자 역시 악을 행하는 것이다."[41] 반면에 건강성은 무의미한 보복보다는 피해자 자신의 힘을 회복하는 일에, 손상된 평형적 힘 관계를 복구하는 일에 더 관심을 기울일 것이다.

이렇듯 법이 건강하려면, 결코 '피해자의 손실'과 '피해자의 관점'에 주목하는 복수와 보복과 응보여서는 안 된다. 오히려 법은 그것들에 대적하고, 그것들의 등장을 막는 그 무엇이어야 한다. 반동적 병리 기제로서의 법이 아니라, 반동적 병리 기제에 종지부를 찍는 것으로서의 법. 이러한 법은 피해자의 관점과 손해에 집중하는 대신, 관계 세계 전체가 힘의식의 손실을 입는 것을 막고, 피해자와 가해자가 서로의 힘을 상승시키는 관계를 회복하게 만드는 것이어야 한다. 이런 법만이 '복수 기제'에서 완전히 벗어난 법이고, 이런 법만이 니체에게 긍정의 대상이 되며, 이런 법이야말로 '최고의 힘의 단위'를 만들어내는 창조적 기능을

---

40 Za II 〈덕 있다는 자들에 대하여〉 : KGW VI 1, 118쪽. "그들이 '나는 정의롭다'라고 말하면, 늘 '나는 복수했다'처럼 들린다." 이 말은 니체가 서양의 '덕'에 내포된 복수 기제를 비판하는 맥락에서 등장한다. 유고에도 같은 내용이 있다. N : KGW VII 1 12[1] 34, 412쪽.

41 N : KGW VII 1 16[17], 532쪽.

한다(3부 3장 3절의 〈(5) '형벌 없는 사회'라는 사유실험의 실체와 의미〉 참조).

역사적으로 고찰해보면, 지상에서의 법은 (위에서 말한 선동가[오이겐 뒤링]를 불쾌하게 하는 말이 되겠지만 ―그 사람은 언젠가 '복수설은 붉은 정의의 실마리로서 내 모든 연구와 노력을 관통해왔다'[42]고 고백한 바 있다) 바로 반동적 감정에 대항하는 투쟁이요, 능동적이고 공격적인 힘 쪽에서 그 힘의 일부를 사용하여 반동적 파토스의 방종을 막고 제한하여 타협하도록 강제하는, 반동적 감정과의 싸움을 말한다.[43]

인간을 복수로부터 구제하는 것 : 이것이 내게는 최고 희망에 이르는 다리이자, 오랜 폭풍우 뒤에 뜨는 무지개다.[44]

---

42 E. Düring (1882), 283쪽.

43 GM II 11 : KGW VI 2, 327쪽.

44 Za II 〈타란툴라에 대하여〉 : KGW VI 1, 124쪽.

제3장
형벌론

니체의 법 관련 논의의 대부분이 법철학이나 법론에서 비중 있게 다루어지지 않았지만, 형벌 문제에 관한 한 니체는 '고전적 인물Klassiker'로 인정받을 만하다.[45] 형벌에 관한 니체의 논의는 산발적이긴 하지만 전기와 후기를 막론하고 계속 유지되며, 법에 관련된 그 어떤 주제보다 많이 다루어진다. 그것은 18 · 19세기 형법학의 고전적 전제들의 영향권에 있으면서도, 그것들에 대해 근본적 이의를 제기한다. 그 내용은 '니체와 법'이라는 것이 낯설었던 시절에도 주목을 받았으며, 니체라는 이름이 '어디에든 있지만 아무 데도 없다'는 현대의 법론에서도 마찬가지다.[46] 그런데 니체는 '범죄와 형벌에 관한 법규범'이나 '범죄와 그에 대

---

45 J. Bung (2007), 120쪽. 형벌론은 포스트모던 법론이 니체의 법론 중에서 가장 주목하는 부분이기도 하다. M. Valverde (2005), 67~87쪽.

46 니체의 형벌론에 대한 영향사적 설명은 L. Gschwend (1999), 학적 논의의 현재 상황은 J. Bung (2007), 12쪽 참조. 니체의 형벌론을 제도론적-후기실증주의적-법현실주의적 규범 이론으로 자리매김하는 것에 대해서는 H. Kerger (1990) 참조.

한 형사 제재를 규율하는 법규범'으로서의 형법의 세부 사항에 대한 현실적 고찰은 제공하지 않는다. 단지 형법의 두 구성 요소인 형벌과 범죄에 대해 자신의 철학적 관심을 중심에 놓은 채로 논할 뿐이다. 게다가 여기서도 법적 개념으로서의 범죄나 형벌에 대한 하나의 통일된 형식적 개념을 직접 제공하지는 않는다. 법적 고찰에서 형법의 임무로 상정하고 있는 질서 유지와 법익 보호(개인적 법익, 사회적 법익, 국가적 법익) 및 개인의 자유 보장 같은 것도 니체에게서는 차별화된 고려의 대상이 아니다. 형사법과 처벌이라는 현실 제도를 어떻게 문제 삼고 어떻게 대해야 하는지에 대해서도 니체는 큰 도움을 주지 않는다. 또한 형벌의 종류가 자유형이든 재산형이든 명예형이든 니체에게는 문젯거리조차 되지 않는다. 그렇다면 무엇이 니체를 형벌 문제에 관한 고전적인 인물로 만들 수 있는 것일까?

그것은 그의 글에서 구성해낼 수 있는, 형벌에 관한 현상론 및 처벌 욕구의 병인론 덕택이다. 이것은 니체가 법의 응보적 관점 자체를 복수와 보복 기제라는 병리성으로 진단한 것, 개인과 개인(개인과 공동체)의 기본적인 관계를 교환 관계로 설정한 것 등이 한데 결집된 것이다. 이를 통해 니체는 형벌의 목적론과 예방론, 책임 원칙을 전제하는 죄형법정주의, 더 나아가 공형벌 개념 자체 등, 형벌론에서 자명하게 여겨져온 것들에 대해 이의를 제기한다. 거기에 니체의 법공동체론도 추가된다. 법공동체론은 니체의 사유실험의 형태로 제시되며, 인간 유형론 및 공동체 유형론, 범죄 유형론, 공형벌의 대안 및 공동체의 건강한 상태 등의 내용을 포함한다.

그런데 니체는 이런 내용을 법학이나 법철학에서 전통적으로 사용되는 논리나 이론을 사용해서 제시하지 않는다. 니체는 형법 교과서를 쓰려는 의도가 전혀 없다. 그 대신에 그는 힘에의 의지의 관계주의라는 방법적 원리를 가지고 직접 재판소나 감옥으로 간다. 거기서 그는 형벌이 요구되고 집행되는 모든 절차에 숨어 있는 '심리적 기제'와 '어두운 단면'을 들추어낸다. 그러면서 일반적인 형벌론이나 형법론이 들려주는 죄와 벌에 관한 이야기가 과연 참인지를 우리가 직접 확인하도록 한다. 니체가 법철학을 시작조차 하지 못하고 있는 학문이라고 비아냥거리는 데에는, 그런 확인 절차가 생략된 채로 형벌과 범죄를 바라보는 풍조가 만연해 있다는 것이 중요한 이유가 된다.

> 그래, 법철학! 그것은 모든 도덕 학문과 마찬가지로 아직 기저귀조차 차지 못한 학문이다. 예를 들어 사람들은, 심지어 자유롭게 사고하는 법학자들도 형벌의 오래되고 가장 가치 있는 의미를 오해하고 있다. —사람들은 그것을 전혀 알지 못하고 있다.[47]

1. 공형벌의 병인론

(1) 사적 처벌의 계보

(공)형벌은 어떻게 발생했는가? 니체의 대답 : 사적 처벌 모델이 공

47 N : KGW VII 3 42[8], 433쪽.

동체 속의 것으로 확대된 것에 불과하다. 그 확대는 어째서 정당한가? 니체의 대답 : 개인과 공동체는 동형적 관계이기 때문이다. 즉, 공동체는 확대된 개인이고, 개인은 축소된 공동체이기 때문이다. 따라서 공형벌의 계보를 알기 위해서는 사적 처벌의 계보를 이해해야 하며, 이에 대한 니체의 설명은 이미 잘 알려져 있다. '사적 처벌은 개인들의 힘경제적 계약 관계가 깨질 때 발생한다. 이때 부채감이 생기고, 부채감이 형식적 변이를 일으킨 것이 죄의식이며, 사적 처벌권은 그 죄에 대한 인정에서 획득된다.' 이 설명은 2부에서 살펴본 것처럼 니체가 힘경제적 교환 관계를 개인의 자연적 사회성의 근거로, 그리고 '가치의 등가원칙'을 힘경제적 교환 관계를 성립시키는 계약의 원칙으로 보기에 가능하다. 간단히 환기하자면, 개인과 개인은 서로를 '일정 정도 동등한 힘'을 갖는 교섭력 있는 존재로 인정하고, 가치의 등가원칙에 충실한 교환 행위에 대한 약속(계약)을 신용의 형태로 전제한다. 그 결과 공정한 교환이 이루어진다. 그런데 이런 사회적 행위에서 약속을 이행하지 않는 경우(계약을 파기하는 경우)가, 달리 말하면 등가 교환이 깨지는 경우가 발생한다. 이때 계약을 파기한 자는 채무자가, 계약 파기로 인해 손해를 입은 자는 채권자가 된다. 개인-개인의 힘경제적이고 정상적인 건강한 관계가 채무자-채권자 관계로 바뀌는 것이다. 여기서 채무자는 부채감과 보상 의무를 갖게 되고, 채권자는 부채 상환 및 보상을 요구할 권리를 획득한다. 이 지점이 바로 사적 영역에서의 죄와 처벌 개념의 발생지이며, 사적인 죄와 처벌 개념의 내용이 공적인 범죄와 형벌 개념의 실질적 내용이 된다.[48]

죄와 처벌은 이렇듯 원래는 '부채'라는 경제적 개념에서 출발하며,

힘과 힘을 비교하고 측정하고 계산하고 교환한다는 의미로서의 힘경제적 계보를 갖고 있다. 그것이 공적 영역으로 확대되어 형식적 변이를 일으키면 (도덕적 개념과) 법적 개념이 된다. 그렇다면 공형벌의 시작은 힘경제적 개념인 부채 의식이다. 2부에서는 그 부채 의식을 기억과 망각이라는 두 의지 관계의 역전으로 제시한 바 있다. '죄'가 그런 상태에서 나온 부채 의식에 불과한 것이라면 공형벌의 시작은 '죄'가 아닐 수 있으며, 상황이 이렇다면 '자유 의지의 남용으로서의 죄'와 '그것에 대한 공형벌'이 필연적 인과 관계에 있다는 것에도 의심의 여지가 생긴다(자유 의지와 죄의 관계에 대한 상세한 논의는 4부 참조). 그래서 니체는 죄와 공형벌의 필연적 관계를 상정하는 법존재론과 그것을 토대로 하는 근대적 형법에도 의심의 눈길을 돌린다. 니체에게서 형벌과 형법은 오로지 힘경제적 관계라는 계보를 가질 뿐이다. 법이 필연적이라기보다는 우연적이며, 절대적 구속력을 갖기보다는 임의적인 수단 그 이상도 이하도 아닌 또 다른 이유다.

(2) 채무자-채권자 관계에서의 사적 처벌

채무자-개인이 계약을 파기한 것은 니체의 분석에 의하면, 망각이라는 자연적 본능을 기억이라는 고차적 본능이 제어하지 못했기 때문이다. 달리 말하면 자기 제어와 자기 조절의 힘이 그에게서 상실된 것이

---

48 이 계보 분석이 보여준 계약 관계, 채무와 약속의 연계, 보상의 원칙 같은 것은 예링, 포스트, 콜러가 먼저 이야기한 것으로, 그슈벤트L. Gschwend의 연구를 통해서 그 영향 관계가 확인되어 있다. L. Gschwend (1999), 168~181쪽 참조.

다. 이것은 그의 내적 조절 장치의 정상적 운행에 문제가 생겼음을, 그가 병이 들었음을 의미한다. 그에게 자신이 했던 계약의 약속을 기억시키기 위해서는 특정 도구가 필요하며, 그 '가장 확실한 도구'는 잔인한(심리적-권력적) 사도마조히즘의 혼합 형태인 '고통'이다. 채무자-개인이 자기 스스로에게 가하는 고통, 그리고 채권자-개인이 채무자-개인에게 가하는 고통. 고통은 이렇듯 두 방식으로 '직접적으로' 행해진다. 채무자-개인이 자기 자신에게 가하는 고통은 그 자신을 괴롭히는, 잔인함 기제가 반영된 것이다. 이것은 이미 계약을 깨버린 병든 인간의 이차적 병증, 마조히즘적 병증이다. 그런데 계약의 파기가 채무자-개인에게만 영향을 미치는 것은 아니다. 채권자-개인도 그 희생양이 된다. 원래는 채권자가 아니었던 개인이 채권자가 되면서, 그는 사디즘의 화신이 되어버리기 때문이다. 채무자에게 계약을 기억하게 만들고 자신의 손해분을 변제시키려는 제재 조치를 가할 권리를 획득한 그는 가혹한 처벌 수단을 사용한다. 그의 수단은 채무자에게 고통을 가하는 것이며, 그 처벌의 정도와 양은 자신의 손해분이 변제되었다는 심리적 만족에 상응한다. 채권자는 채무자에게 변제 의무를 이행시키면서 고통을 가하는 쾌감을 얻고, 이것은 곧 채무자의 고통을 즐기는 잔인성의 표출이다. "고통은 어느 선까지 '부채'를 보상Ausgleich할 수 있는가? 고통스럽게 만드는 것이 최고의 만족을 주는 정도까지이며, 피해자가 손해에 대한 불쾌감을 계산에 넣으면서, 손해를 이상한 반대의 쾌감과 바꾸는 정도까지다."[49] 그렇다면 채무자는 심리적 마조히즘, 채권자는 심리적 사

49 GM II 6 : KGW VI 2, 316쪽.

디즘의 소유자로, 둘 다 건강하지 않다. 그런데 니체의 힘경제적 관점에 의하면 채무자-채권자 관계가 보여주는 심리적 기제는 곧 자신의 힘에 대한 느낌이라는 기제다. 채권자의 심리적 만족은 채무자를 자신의 의도에 굴복시키고 자신의 마음대로 처리할 수 있다는 지배감과 권력감이고, 채무자의 심리적 고통은 곧 채권자의 권력과 지배에 대한 고통스러운 인정이다. 사적 처벌은 결국 채권자-개인이 채무자-개인에게 힘의 논리를 '강제로' 확인시키는 병리적 기제인 것이다. 그 이상도 그 이하도 아니다.

> 채무자를 '처벌'하면서 채권자는 일종의 **지배권**(주인Herren-권리Rechte)에 참여한다 : 마침내 그 또한 어떤 인간을 '아래에 있는 존재'로 경멸하고 학대해도 된다는 의기양양한 느낌을, —또는 실질적 형벌권이 행사되는 경우, 즉 형 집행이 '당국'의 수중으로 넘어간 경우에는, 그 사람이 경멸당하고 학대받는 것을 **보는** 의기양양한 느낌을 최소한 맛볼 수 있는 것이다. 이렇듯 보상이란 잔인함을 지시하고 요구할 권리를 갖는다는 데서 성립한다.[50]

(3) 채무자-채권자 사이에서의 보상 요구의 병인론

개인의 병리화는 가치의 등가원칙의 병리화를 동반한다. 니체는 가치의 등가원칙 자체에는 아무런 불만이 없다. 그것이 개인의 자연적

50 GM II 5 : KGW VI 2, 316쪽.

사회성을 가능하게 만들어주기 때문이다. 그런데 그 원칙은 개인들의 "동등하거나 비슷한"[51] 힘 상태를 전제한다. 주지하다시피 니체의 힘경제적 사유에서 '동등한 힘'은 있을 수 없다. 하지만 니체는 이것을 전제한다. 이미 설명되었듯 이 전제야말로 개인을 계약 수행 능력과 보상 능력, 달리 말하면 가치의 등가원칙을 지키고 회복시킬 능력이 있는 존재로 인정하는 것이기 때문이다. 이 전제의 결여는 계약의 왜곡을 불러일으키고 보상 요구권 역시 제한되게 만든다. 따라서 이 전제는 '가치의 등가적 교환'이라는 개념 자체를 가능하게 해주는 것이다. 이런 이유에서, 인간의 사회성을 가치의 등가원칙에 의해 설명하려면 동등하거나 유사한 힘의 상태를 상정하지 않을 수 없으며, 이것을 전제한 가치의 등가원칙 자체를 니체는 유감없이 받아들이는 것이다. 그래서 등가원칙에 포함되어 있는 '보상' 원칙의 적용, 즉 채권자-개인이 채무자-개인에게 처벌권을 행사하는 것도 정당하다. 여기서는 '모든 것은 변상될 수 있으며 변상되어야만 한다'는 것에 아무런 문제가 없다.

그런데 가치의 등가원칙이 문제를 일으키는 경우가 있다. 보상 요구 및 처벌권 '행사'가 병리적일 때다. 구체적으로 말하자면 처벌권이 '고통에서 만족을 느끼는 잔인성을 지시하고 요구하는 권리'로 등장하고, 보상에 대한 요구가 보복에 대한 갈망이 되고, 보복에 대한 갈망이 복수의 형태로 표출된 원한과 증오가 되는 경우다. 이럴 때 "보복은 단지 복수하려는 자의 위선이고 그럴듯한 미화에 불과하다"[52]. 이런 복수

---

51 MA II-WS 26 : KGW IV 3, 198쪽. 법 제정의 조건으로 제시된 '동등하거나 비슷한 힘 상태'는 곧 계약 자체의 전제이기도 하다. M 112에서도 유사한 내용이 발견된다.

52 N : KGW VII 1 16[29], 535쪽. 이 관점은 니체가 형벌의 필요성의 근거가 되는 '응보'(절대

감정은 앞서 말했듯이 승자의 감정이 아니라, "패자의 감정"[53]이자 반동적 감정이다. 그런데 이런 병리성은 개인-개인 관계가 채무자-채권자 관계로 바뀔 때에만 표출된다. 따라서 오로지 이 경우, 즉 병리적 개인의 경우에만 보상 원칙 및 가치의 등가원칙이 문제가 되는 것이다.

(4) 공형벌의 계보—채권법이라는 출발점

'처벌권이 당국의 수중으로 넘어가 있는' 공형벌의 계보에는 앞의 (1)~(3)항의 내용이 그대로 적용된다. (1)~(3)항의 핵심은 다음과 같다. '죄 개념과 사적 처벌 개념은 개인의 병리 상태의 징후이자, 채무자-채권자 관계의 징후다. 보상 원칙과 보상 요구 역시 채무자-채권자 관계에서는 병리적 현상이다. 반면, 채무자-채권자 관계를 형성하지 않는, 계약을 늘 기억하고 준수하는 개인에게서는 그런 병리적 현상은 일어나지 않는다. 병인론적 처벌 욕구도 발생하지 않는다.' 죄와 처벌에 대한 이런 이중적 고려는 공형벌의 경우에도 마찬가지로 적용된다. 그래서 니체는 채권법을 공형벌의 토대로 상정하는 것이다.

그런데 니체가 이처럼 법 관계의 기원뿐만 아니라 형벌의 기원 또한 '약속'과 '채무', '기억'과 '고통'이라는 기제를 통해 설명함으로써 공

적 형벌론)와 '예방'(상대적 형벌론)을 무차별적으로 공격할 때 드러내는 것이기도 하다. 그것들은 모두 복수의 심리학을 포함하고 있다고 니체는 보는 것이다. 따라서 형벌 자체가 복수의 심리학의 소산이다. N : KGW VII 1 7[55] 참조. 이 생각은 젊은 니체에게서도 이미 확인된다. "형벌은 복수다. 사회가 형벌을 통해 자신의 안전을 도모하고, 정당방위를 위해 반격을 하는 한, 그 형벌 속에는 […] 복수의 요소가 존재한다." MA II-WS 33 : KGW IV 3, 205쪽.

53 N : KGW VII 1 16[29], 535쪽.

형벌의 채권법적 토대를 밝히는 것은 예링뿐만 아니라 콜러와 포스트의 영향을 받은 것이다.[54] 법을 계약의 소산으로 보는 예링에게서 그 계약의 내용은 등가적 교환이며, 개인과 국가는 채무자-채권자 관계다.[55] 콜러(1849~1919)의 《문화 현상으로서의 법*Das Recht als Kulturerscheinung*》에서도 채무자-채권자 관계가 국가와 개인의 힘 관계로 제시된다.[56] 콜러는 민속학적이고 진화론적인 비교법사학을 정초했지만, 형법에도 많은 관심을 갖고 있었다. 니체는 '약속'과 '죄'와 '채무'에 대한 그의 입장을 법 계보와 형법을 파악하는 기본 틀의 하나로 수용한다. 포스트(1839~1895)는 법인종학의 창시자로, 니체는 그의 책 《비교학적-민족학적 토대 위에 일반법학의 정초*Bausteine für eine allgemeine Rechtswissenschaft auf vergleichend-ethnologischer Basis*》를 탐독한다. 니체가 포스트에게서 독일의 고대 형법과 '피의 복수'와 추방의 역사에 관한 지식을 얻었다는 사실은 1883년부터 니체의 저작과 유고 전체에 걸쳐서 직·간접적으로 표명된다.[57] 법 관계의 기원을 종교의 기원처럼 약속의 등장에서 찾는 것, 채무

54 니체와 콜러, 포스트와의 관계에 대한 상세한 설명은 L. Gschwend (1999), 175~176쪽 ; M. Brusotti (1992) 참조.

55 R. v. Jhering (1877~1883①), Bd. 1, 140쪽.

56 J. Kohler (1885①), 20쪽.

57 예컨대 N : KGW VII 1 7[247], 326~327쪽. "형벌을 그것의 유형과 본질이라는 측면에서 전쟁으로 환원하거나 희생 제의(인간 제물)로 환원하는 것. 전자에서는 공동체 이전 상태로의 회귀가, 후자에서는 신들의 조롱이 형벌의 근본 사상이다. 포스트 I 201. 자유롭지 않은 자들이 받는 형벌은 그것을 통해서 명예가 박탈된다. 예를 들어 태형. 자유인들이 받는 형벌은 그것을 통해서 오랫동안 고귀한 것으로 간주된다. 포스트 I 214." 이 글에 나오는 '포스트 I'은 A. H. Post (1881)의 1권을 말한다. 포스트와 니체의 연계는 니체에게 수용된 포스트의 글의 목록을 통해서도 이미 충분히 예상 가능하다. 포스트의 책을 읽은 후 니체가 쓴 메모나 니체의 저작 속에 비명시적으로 수용된 포스트의 글에 대해서는 상세한 연구가 되어 있다. M. Stingeln (1991), 400~432쪽 참조.

가 의무로서 기억술적 기능을 한다는 것, 채무자는 자신의 계약적 이행을 기억하고 채권자는 폭력적 형벌의 주체가 된다는 것 등의 내용을 포스트는 고대 세계의 예를 통해 보여주었으며, 니체는 이것을 받아들인다.

이렇듯 니체는 예링, 그리고 포스트와 콜러의 법 이론에 힘입어 법과 법공동체 전체에 대한 채권법적 시각을 획득하게 되는 것이다.

(5) 공형벌의 계보 분석을 위한 법공동체 유형 분석

'처벌권이 당국의 수중으로 넘어가 있는' 공형벌 공동체에서 채무자-채권자 관계는 어느 정도 구속력을 지니는가? 니체가 개인과 공동체를 동형적으로 파악했다는 점은 그가 채무자-채권자 관계를 공동체에 확대시킬 때도 제한을 두리라는 예상을 하게 한다. 실제로 니체는 공동체 유형을 다음처럼 네 가지로 구분하고 그 각각의 공동체에서 공형벌의 구속력이 다르게 나타난다고 본다. ① 공형벌이 일종의 전쟁 수단으로 간주되는 공동체, ② 공형벌이 조정의 일환으로 간주되는 공동체, ③ 공형벌이 완화될 수 있는 공동체, ④ 공형벌이 불필요할 정도의 공동체.[58] 이 중에서 채무자-채권자 관계에 기초한 병인론적 공형벌은 ①

58 이러한 구분은 메를레J.-C. Merle도 제시한 바 있다. 하지만 메를레는 ①과 ②를 발전 과정으로 암시하며, 공형벌은 단지 ②와 ③ 단계에서만 가능하고 이 단계들에서만 진정한 법질서와 국가 질서가 가능하다고 이해한다. J.-C. Merle (2007), 134쪽. 공동체의 힘을 기준으로 보면 ①에서 ④까지의 구분을 메를레처럼 ①에서 ④로의 발전 단계라고 이해할 수 있다.
하지만 니체가 말하듯 언제든 ①, ②, ③, ④ 유형의 공동체가 등장할 수 있기에, 그것을 역사적 발전 단계로 제한할 필요는 없다. 또한 각각의 공동체에서 발생하는 국가의 처벌은 모두 공형벌의 일종으로 보는 것이 적절하다. 물론 공형벌의 완전성의 정도는 다르다.

과 ②의 경우에만 나타난다. 이 네 가지 공동체 유형은 '발전 단계들'을 이루는 것으로도 이해할 수 있지만, 그보다는 '유형상의 구별'이라는 의미가 더 크다. "선사 시대란 어느 시대에나 존재하거나 다시 존재할 수 있다"[59]라는 니체의 말처럼, 그 공동체들은 언제든 다시 나타날 수 있기 때문이다.

가. 공형벌의 병인론과 약한 공동체

> 공동체와 구성원의 관계 역시 채권자와 채무자의 관계라는 저 중요한 근본 관계 속에 있다 […] 공동체, 즉 기만당한 채권자는 그가 할 수 있는 한 변상을 시킬 것임을 예상할 수 있다. 이 경우 가해자가 일으킨 직접적인 손해는 거의 문제가 되지 않는다 : 직접적인 손해를 도외시하더라도, 범죄인은 이제까지 그가 누려온 공동생활의 모든 이익과 편리에 관련해서, 무엇보다도 파괴자Brecher, 전체를 거스르며 계약을 파괴한 자, 약속을 파괴한 자인 것이다 […] 손해를 입은 채권자인 공동체의 분노는 범죄인을 지금까지의 보호받는 상태에서 법률의 보호 밖에 놓인 야만적인 상태로 다시 돌려보낸다 : 공동체가 그를 몰아내는 것이다 ―이제 그에게는 온갖 적의를 나타내도 된다. 이러한 문명화 단계에서 형벌이란 모든 권리와 보호뿐만 아니라 모든 은혜마저 상실했고, 증오를 받으며, 저항할 능력이 없어져버린 굴복당한 적에게 취해지는 정상적인 조치를 단순히 모사한 것이자 흉내 낸 것에 불과하다.[60]

---

59 GM II 9 : KGW VI 2, 323쪽.

여기서 제시된 공동체는 ①유형이다. 이 공동체 속에서 살아가면서 공동체가 제공하는 보호라는 이익을 누리는 개인들은 그 이익에 상응하는 특정 의무를 이행하기로 약속한다. 가치의 등가원칙을 준수하는 교환을 하겠다는 계약을 한 셈이다. 이 계약을 특정 개인(병든-원한 개인 유형)이 깨는 경우, 공동체는 채무자-개인에 대한 채권자 권리를 획득한다. 그 권리는 공형벌을 통해 실제로 행사된다. 그래서 공형벌은 채권자-공동체의 "일반 분노Allgemeiner Zorn"[61]의 표현이다. 이것은 '채무자 개인-채권자 개인' 모델의 정확한 확대다.

이 공동체를 니체는 매우 약하고 건강하지 않은 공동체로 이해한다. 채무자-채권자 관계가 발생시키는 근원적 병리성 외에 공동체로서의 심각한 취약점도 보이기 때문이다. 이것은 이 공동체가 보상권을 주장할 때 목격된다. 이 공동체는 인용문의 내용처럼 계약 파기에 상응하는 등가물로, 채무자-개인을 공동체 밖으로 '몰아내는' 추방을 선택한다. 여기서는 '가해자가 일으킨 직접적인 손해가 거의 문제가 되지 않는다'. 범죄자는 '적'처럼 간주되고, 그의 계약 파기에 대한 대응은 거의 전쟁이다. 사소한 의무 불이행도 예외일 수 없다. 이런 보상 체제, 즉 형벌권 실행 절차는 다음과 같은 특징을 보인다. 첫째, 가치의 등가원칙을 엄밀하게 적용하지 않는다. 따라서 형벌권 실행은 권력 남용과 폭력의 장이 된다. 둘째, 가치의 등가원칙을 준수하겠다는 계약의 파기를 공동체에 대한 폭력으로, 계약 파기자를 '전체를 파괴하는 자Brecher'로 간주

60 GM II 9 : KGW VI 2, 323쪽.
61 GM II 10 : KGW VI 2, 324쪽.

한다. 달리 말하면 이 채권자-공동체는 자그마한 손실이나 상해에도 존속을 위협받는 공동체다. 작은 손실과 상해가 불러일으키는 소소한 고통도 감당할 능력이 없는 것이다. 또한 자기 존속력도 약하다. 그래서 조금이라도 위험스러운 자가 있으면 추방해버리는 것이다.[62] 셋째, 그래서 공형벌은 가장 심각한 (심리적-권력적) 사디즘의 표현이 된다. 추방은 곧 개인에게서 법적 보호를 박탈하고 그를 법률 상태의 외부로 몰아내어, 공동체 내부에서 변제할 기회는 물론이거니와 변제를 통해 공동체의 성원으로 돌아올 기회마저 제거해버리는 것이기 때문이다. 그것은 복수 중에서도 최고로 잔인한 복수다. 넷째, 공형벌 자체가 구속력을 상실해버릴 수도 있다. 공동체가 개인과 개인 사이의 문제에 관여하여 형벌권을 행사할 때, 손해를 본 개인도 만족하지 못할 수 있기 때문이다. 가해자를 '직접' "고통스럽게 만드는 것"은 고사하고, 가해자의 고통을 직접 느끼고 "보는" 심리적-권력적 쾌감마저 누릴 수 없기 때문이다.[63] 따라서 사적 응징의 가능성이 남을 수도 있다. 이렇게 공형벌의 구속력이 완화되면 법공동체의 존속도 어려워진다. 이런 상황을 니체도 인지해서일까? 그는 병리성과 취약점이 완화되는 공동체를 구상해 본다.

---

62 이것은 피히테의 생각에 대한 니체 버전이라고 할 수 있다. 피히테는 '범죄자를 한 마리의 야생 동물처럼 다루어 사회에서 사막으로 내몰아야 하며, 그가 그곳에서 어떻게 될지는 법공동체의 문제가 아니라고' 보았다. J. G. Fichte (1966~1970), 59쪽.

63 "고통을 보는 것은 쾌감을 준다. 고통스럽게 만드는 것은 더욱 쾌감을 준다.—이것은 냉혹한 명제다. 하지만 오래되고 강력한, 인간적인 너무나 인간적인 근본 명제다." GM II 6 : KGW VI 2, 318쪽.

공동체는 힘이 강해짐에 따라 개인의 위법 행위를 더 이상 그렇게 중요하게 여기지 않는다. 그러한 위법 행위는 더 이상 그 전만큼 공동체 전체가 존립하는 데 위험하고 전복적인 것으로 간주되지 않아도 되기 때문이다 : 악행을 저지른 자는 더 이상 법의 보호 밖에 놓이거나 추방당하지 않게 된다. 일반 분노는 더 이상 그 전처럼 제멋대로 개인에게 퍼부어질 수 없다. —오히려 이제부터 그는 그 일반 분노 앞에서, 특히 직접적인 피해자의 분노 앞에서, 전체의 입장에서 신중하게 방어되고 보호된다.[64]

이것은 ②유형의 공동체다. 공동체①보다는 건강하며, 고통 감내력과 존속력에서 앞서 있다. 그래서 첫째, 이 공동체에서는 온갖 약속 파기 행위를 무차별적으로 공동체 전체에 대한 전복 행위로 간주하지는 않는다. 여기서 계약 파기자는 공동체①에서처럼 '전체를 파괴하는 자Brecher'도, '적Feind'도 아니다. 단지 '악행을 저지른 자Übeltäter'로 간주될 뿐이다. 둘째, 이 공동체에서는 모든 범법 행위를 원칙적으로 공동체 내부에서 변상 가능한 것으로 이해하고, 가치의 등가원칙을 범법 행위의 유형에 따라 차별적으로 적용한다. 가치의 등가원칙의 엄밀한 적용이 시도되는 것이다. 그래서 공동체①처럼 일반 분노를 '제멋대로 퍼부어대는' 방식이 지양된다. 셋째, 이 공동체에서는 사적 응징의 가능성도 감소한다. 공동체 내부에서 처벌을 받는 가해자를 '직접' 보면서 손해를 본 개인은 심리적-권력적 만족을 얻을 수 있기 때문이다. 그래서 그는 채권자 공동체에 자신의 처벌권을 양도한 것을 후회하지 않는다. 이 모

---

64 GM II 10 : KGW VI 2, 324쪽.

든 점 때문에 결과적으로 공형벌의 설득력과 구속력도 지속되고, 이 법 공동체의 존속 가능성도 높아진다.

이런 공동체를 보여준 후 니체는 우리의 법 감정이 받아들일 만한 공형벌의 구체적 실행 방식의 리스트를 제시한다.

> 범죄행위를 당한 당사자의 분노를 진정시키기 위한 타협, 사건의 확대를 막아 관여와 동요의 확산이나 일반화를 예방하려는 노력, 등가물을 찾아 소송 전체를 조정하려는 시도(조정 작업), 특히 모든 범죄를 어떤 의미로든 변상할 수 있는 것으로 간주하고, 최소한 어느 정도까지는 범죄인과 그의 행위를 분리하려는 의지가 더욱 구체적으로 나타나는 것.[65]

여기에는[66] 공형벌의 제 기능이 발휘될 수 있는 조건이 하나 제시되어 있다. 범죄인과 범행의 분리다. 그 분리는 행위와 행위자의 구분 자체를 부정하는 니체 철학의 토대적 주장[67]과는 모순된다. 하지만 그 분리야말로 '범법자의 범행으로의 환원 불가'를 말하는 것이기에, 범법자의 공동체 복귀와 계약 권리의 보호를 가능하게 한다. 따라서 그 분리는 공형벌이 갖추어야 하는 인간 권리 보호의 측면을 위한 것이다. 그래서 그 분리는 '타협', '예방', '조정' 등의 기능과 함께 공형벌의 온전한 모습을 니체가 유념하고 있음을 확인시킨다.

---

65 GM II 10 : KGW VI 2, 324쪽.

66 여기서는 상대적 형벌론이 말하는 특별 예방과 일반 예방의 두 측면이 모두 고려되고 있다. 이 내용은 3부 3장의 〈2. 형벌의 목적과 의미〉에서 다룬다.

67 이에 대한 상세한 논의는 백승영 ([6]2016), 444~450쪽 참조.

하지만 니체는 이런 공형벌에 만족할 수 없다. 이것이 공동체①의 공형벌과는 차이가 있다는 것은 그에게 중요하지 않다. 왜냐하면 공동체② 역시 여전히 채권자이기 때문이다. 그러한 한, 공동체②의 공형벌 또한 원칙적으로 복수의 심리학의 소산이다. 그것은 여전히 인간에 대한 상해 의지의 소산일 뿐이다. 따라서 공동체②의 공형벌에 대한 니체의 불만족은 바로 보상 요구에 숨어 있는 원칙적인 병인론에 기인한다. 니체의 불만족은 채권자 공동체 유형 일체에 대한 그의 원칙적인 부정의 소산인 것이다. 이런 내용은 다음과 같은 중간 결론을 낳는다. '채권자 공동체-채무자 개인의 관계에서 발생하는 공형벌은 폐기되어도 무방하다. 그리고 그 공동체는 다른 형태가 되어야 한다.'

나. 공형벌의 건강성 확보—'형벌 없는 사회'라는 사유실험

공동체①과 ②가 병리적 공동체이고 거기서의 형벌이 병리적인 것이라면, 공동체③과 ④는 그와는 반대다. 니체는 이 두 공동체를 사유실험의 형태로 제공한다. 그 사유실험은 '형벌 없는 사회'에 대한 것으로, 다음처럼 공동체③과 공동체④가 뭉뚱그려진 모습으로 제시된다.

> 공동체의 힘과 자기의식이 커감에 따라 형법 또한 완화된다. 공동체의 힘이 약화되고 위기가 심화됨에 따라, 좀 더 엄격한 형식이 다시 드러나게 된다. '채권자'는 좀 더 부유해질수록 좀 더 인간적이 되었다. 결국은 괴로움을 겪지 않고 얼마나 그 침해를 견딜 수 있는가 하는 것이 그의 부유함을 재는 척도이기도 하다. 그 사회의 가해자를 **처벌하지 않고** 내버려두는 것 —이와 같이 사회를 위해 존재하는 가장 고귀한 사치를 허용할

수 있는 사회의 힘의식을 생각해볼 수 없는 것은 아니다. 그때 사회는 '내 기생충이 도대체 나와 무슨 상관이 있다는 말인가? 기생충을 살아가도록, 번성하도록 놓아두자 : 그럴 수 있을 만큼 나는 강하다!'고 말할 것이다… '모든 것은 변상될 수 있다. 모든 것은 변상되어야만 한다'라는 명제로 시작된 정의正義는 잘못을 너그럽게 봐주고 지불할 능력이 없는 자들을 놔주는 것으로 끝난다 ―지상에서 좋은 모든 것들이 그러하듯 그것은 **자기 자신을 지양하는 것으로** 끝나는 것이다. 정의의 이러한 자기 지양 : 이것이 어떤 미명으로 불리는지 사람들은 알고 있다 ―**자비**Gnade다 ; 잘 알려져 있듯이, 자비는 가장 강한 자의 특권이며, 더 잘 표현한다면, 그가 가진 법의 저편이다.[68]

여기서 그려진 것은 공형벌을 굳이 필요로 하지 않을 정도의 공동체의 모습으로, 그 모습은 공동체가 채권자가 아닌 경우이거나 공동체가 채권자 권리를 포기하는 경우로 제시되어 있다. 어쨌든 둘 다 공동체가 채권자 역할을 '수행'하지 않는 경우이다. 채권자가 아닌 공동체이기에 니체에게는 건강한 공동체이며, 거기서 복수와 보상 기제로서의 공형벌은 무의미해진다. 니체의 이런 사유실험은 법의 병리성을 완화하고 제거할 방법에 대한 그의 고심을 반영한 것으로, 많은 논란의 대상이 되고 있다. 이 사유실험에 대한 관심의 다면성만큼이나 다양한 해석들, 그리고 해석들 간의 극단적 차이가 이런 논란을 잘 대변해준다. 해석의 한 방향은 니체의 구상에서 "피로의 징후"와 "엄청난 사회적 동요"[69]를

---

68 GM II 10 : KGW VI 2, 324~325쪽.

불러일으키는 위험을 보고, "법적 허무주의"[70] 상태의 유발을 우려한다. 또 다른 방향은 니체의 구상에서 "범죄와 싸우는 기존 방식이 효과적일 수 없는"[71] 이유에 주목하거나, 처벌 욕구 자체에 대한 회의를 보면서, "유토피아적 사회"에 대한 "경건한 희망"을 찾아낸다.[72] 해석의 이런 극단적 차이는 이 사유실험이 제시하는 공동체를, '형벌과 법이 효용이 없고 완전 폐지된 사회'와 '새로운 유형의 법과 형벌이 여전히 요구되고 유지되는 사회'로 각각 다르게 보게 한다. 하지만 니체의 사유실험은 '법 없는 사회'라는 법적 아나키즘을 제시하는 것은 아니다. 오히려 그것은 이상적 성격을 띤 건강한 법공동체를 모색하려는 시도의 일환이다. 게다가 그것은 니체의 철학적 정치론이라는 큰 틀 속에서 전개된 것으로, 건강한 주권적 개인으로 인간을 고양시키는 것의 중요성을 알려준다. 그 이유는 다음과 같다.

인용문의 전반부에서 이야기된 '좀 더 부유해지는 채권자' 혹은 '힘과 자기의식이 커가는 공동체'는 공동체③에 해당한다고 볼 수 있다. 공동체③은 공동체②가 보여준 형벌 완화의 조건을 명백한 형태로 제시한다. 그것은 바로 공동체가 갖고 있는 고강도의 고통 감내력과 존속력이다. 이 공동체는 침해를 침해로 여기지 않고, 그 침해를 견딜 수 있다.[73] 이것이야말로 니체가 말하는 공동체의 '강화된 힘의식과 자기의

69 J.-C. Merle (2007), 141쪽, 151쪽.
70 E. Bodenheim (1978), 1쪽.
71 L. Gschwend (1999), 397쪽.
72 J. Bung (2007), 133쪽, 136쪽.
73 이러한 니체의 생각은 '국가의 존재 및 권위의 불확실성-위험하다는 인식의 증대-형벌의 강화'라는 포스트의 논의와 일맥상통한다. A. H. Post (1884), 364쪽, 421쪽.

식'의 표현이고, 그 의식의 정도에 따라 공동체의 강함이 측정되며, 공동체의 강함과 형벌의 강도는 반비례한다. 공동체의 강함이 등가적 보상에 대한 요구를 제한해도 무방하도록 만들기 때문이다. 이런 논리를 따른다면, 형벌의 강함은 당연히 약한 사회에 대한 증거가 된다. 공동체④는 이런 내용을 전제로 한다.

공동체④는 존속력과 고통 감내력이 '완전'에 가까운 공동체의 가설적 모델로, 이 공동체는 채권자로서의 권리를 완전히, 그것도 자발적으로 포기한다. 공동체가 채권자가 아니기에 거기서의 공형벌은 당연히 복수 기제를 갖지 않지만, 그런 공형벌마저 포기될 수 있다. 이 내용을 니체의 언어로 다시 한 번 확인해보자.

> 그 사회의 가해자를 **처벌하지 않고** 내버려두는 것 —이와 같이 사회를 위해 존재하는 가장 고귀한 사치를 허용할 수 있는 사회의 **힘의식**을 생각해볼 수 없는 것은 아니다. 그때 사회는 '내 기생충이 도대체 나와 무슨 상관이 있다는 말인가? 기생충을 살아가도록, 번성하도록 놓아두자 : 그럴 수 있을 만큼 나는 강하다!'고 말할 것이다… '모든 것은 변상될 수 있다. 모든 것은 변상되어야만 한다'라는 명제로 시작된 정의正義는 잘못을 너그럽게 봐주고 지불할 능력이 없는 자들을 놔주는 것으로 끝난다 —지상에서 좋은 모든 것들이 그러하듯 그것은 **자기 자신을 지양하는 것으로** 끝나는 것이다. 정의의 이러한 자기 지양 : 이것이 어떤 미명으로 불리는지 사람들은 알고 있다 —**자비**Gnade다 ; 잘 알려져 있듯이, 자비는 가장 강한 자의 특권이며, 더 잘 표현한다면, 그가 가진 법의 저편이다.

이 사유실험은 계몽 시대 이후 베카리아-필란지에리-헤겔로 이어진 형벌완화론의 니체 버전이며[74], 힘경제적 관계주의를 전제한다.[75] 힘경제적 관계주의는 대립적 힘들의 긴장과 갈등의 필연성 및 상호 승인을 말한다. 대립자의 힘을 무화시키거나 약화시키지 말고, 오히려 고무하고 강화시키라고 말한다. 그래서 '기생충의 번성'은 (병균과 싸우면서 우리 몸의 면역력이 증대되듯) 공동체의 힘을 강화하는 요소로 기능할 수 있으며, 공동체는 기생충의 번성을 막을 필요가 없다. "기생충을 살아가도록, 번성하도록 놓아두자"라는 말은 이런 관점에서 나온 것이다. 그런데 이런 상황은 공동체의 존속력과 고통 감내력이 침해를 견뎌낼 수 있을 정도로 클 때에만 가능하다. 즉 공동체가 그 정도로 건강해야 하는 것이다. 니체는 이런 생각을 젊은 시절부터 계속 견지한다. 《아침놀》에서부터 이미 그 생각이 노출된다. "아직 어떠한 사상가도 개인과 사회의 건강을 그것이 얼마나 많은 기생충들을 견뎌낼 수 있는지에 따라 평가하려는 용기를 갖지 못했다."[76] 성숙한 니체는 바로 그런 용기를 낸 것이다.

고통 감내력과 존속력이 매우 커서 침해를 침해로 여기지 않아도 되는 공동체. 그런 공동체에서라면 공격과 침해와 일탈, 긴장과 갈등은 당연히 공동체를 발전시키는 창조적 힘으로 기능하게 된다. 이런 공동

---

74 베카리아는 범죄를 저지를 가능성이 있는 자의 감수성의 증대를, 필란지에리는 사회의 민감성의 증대를, 헤겔은 사회의 강력해진 힘을 형벌 완화의 전제로 제시한다. C. Beccaria (2006), §47, 191쪽 ; G. Filangieri (1786), Bd. IV, 5쪽. 필란지에리의 형벌완화론에 대한 상세한 논의는 K. Seelmann (1985), 263~265쪽 ; G. W. F. Hegel (2008), 218번, 403~405쪽 참조.

75 이와는 달리 메를레는 여기서 힘에의 의지가 더 이상 심리적 기제로 작용하지 않는다고 본다. J.-C. Merle (2007), 140쪽.

76 M 202 : KGW V 1, 178쪽.

체야말로 니체가 힘경제적 관계주의를 통해 요청했던 '살아 있는 긴장 공동체'이자 건강한 공동체인 것이다.[77]

'형벌 없는 사회'라는 사유실험은 바로 이런 건강한 긴장 공동체를 전제한다. 거기서는 인용문에서처럼 '자비Gnade'가 행해진다. 자비는 등가원칙에 입각한 공동체의 형벌권 실행 절차가 '자기 지양'을 한 것으로, 이것의 법적 개념은 '사면Gnade, Begnadigung'이다. 니체의 구상에 따르면, 사면이 행해지는 정도는 공동체의 건강성에 비례할 것이다. 이런 내용을 니체는 '법의 저편'이라는 말로 요약한다. 그런데 이 '법의 저편'은 니체의 의도와는 달리 많은 문제를 안고 있다.

다. '법의 저편'과 등가원칙의 관계

먼저 니체의 사유실험에서는 '법의 저편'과 '등가원칙' 사이의 관계가 모호하게 제시되어 있다. 인용문의 표면적인 내용은 매우 간단하다. '이 공동체의 형벌에서 가치의 등가원칙은 더 이상 구속력이 없다. 오히려 자비 원칙이 적용되며, 그것이 바로 법의 저편이다'라고 말하는 것처럼 보인다. 그러면서 '채권자-채무자 모델을 전제하지 않은 등가원칙은 병리적이지 않다'고 전제하면서도, '범법 행위는 등가적 처벌 대상이 아니라 용서의 대상이 된다'는 결론을 내리고 있다. 여기서 니체가 등가원칙을 더 이상 법적 토대로 보지 않는 것은 아닌가 하는 의문이 생긴다. 니체 자신은 이에 대한 입장을 명시적으로 밝히지 않지만, 숨겨져 있는 그의 생각을 다음처럼 구성해볼 수는 있다. 니체는 범죄 성립의 원칙과

77 N : KGW VIII 2 11[140], 307쪽 ; JGB 259 : KGW VI 2, 218쪽.

형사 절차(형벌권 실행 절차)의 원칙을 구분하는 것처럼 보인다. 즉 니체에게서 등가원칙은 범죄 성립의 원칙으로는 여전히 유효하지만, 형사 절차의 원칙으로는 기능하지 않는다. 그래서 '법의 저편'은 형사 절차상의 법의 저편일 뿐이다. 등가원칙은 법적 토대로 (부분적이지만) 여전히 유효하다.

니체의 생각을 이렇게 추측해봐도 여전히 의문이 하나 남는다. 가치의 등가원칙이 병리적이지 않은데도 형사 절차의 원칙이 되지 않는 이유는 무엇인가? '공동체가 채권자의 보상 권리를 포기했기 때문'이라는 니체의 답을 다시 추측할 수는 있지만, 이것은 '채권자 권리의 포기는 곧 병리성의 포기다'를 되풀이하는 것에 지나지 않으며, '병리적이지 않은' 등가원칙을 '포기하는 이유'는 될 수 없다. 니체는 사실 이에 대해 적절한 답을 줄 수 없다. 그는 등가원칙의 보상을 오로지 병리적이고 반동적인 경우로만 주목하고, 그것이 능동적 힘의 표출일 경우를 생각하지 않기 때문이다. 이것은 분명 니체 사유의 문제점이다. 그런데 이 문제점을 니체는 살짝 회피한다. 등가원칙의 '포기'라는 용어 대신 '자기지양'이라는 표현을 쓰면서. 등가원칙을 적용할 수도 있었지만, 굳이 그럴 필요가 없어서 적용하지 않고 용서로 대신한다는 것이다. 과연 그 용서는 등가원칙보다 어떤 의미에서 고차적일까? 미리 말하자면, 용서에는 니체의 생각과는 달리 형벌의 자기 지양이라고 말할 수 없는 부분이 있다. 이것이 고차성 자체에 대한 의문을 남기게 된다(이에 대해서는 3부 3장 3절의 〈(4) 사면의 의미와 대상, 그리고 풀리지 않는 문제들〉에서 다룬다).

이런 문제는 있지만, 공동체③과 ④의 그림을 통해서 니체가 보내려는 메시지는 비교적 분명하다. '형벌 없는 사회' 구상은 채권자가 아닌 건강한 긴장 공동체를 전제하며, 거기서의 '법의 저편'은 형(법)의 무화나, 법적 토대로서의 등가원칙의 포기나, 공형벌의 전면적 폐기를 말하지 않는다. 그는 단지 공동체④의 공형벌이 복수 기제로부터 완전히 독립될 수 있다는 점을 강조하려 한다. 형벌은 이제 공동체①과 ②에서처럼 '본보기를 보여 위협하기 위한' 것이나, "가해자에게 가해하고 더 많은 손해를 입히는 것"[78]과는 다르다. 오히려 형벌은 '공동체 전체의 손상된 힘의식'의 상승을 고려하고 그것을 현실화하는 것이어야 한다. 이런 기능을 하는 법과 형벌은 여전히 필요하다. 니체가 양형의 임의성을 문제 삼아 형벌 절차 및 형벌 자체의 정당성을 단적으로 의심하면서도 그 의심의 끝을 다음과 같이 마무리할 때, 염두에 두었던 내용이 바로 이것이었을 것이다. "우리가 사실상 형벌을 포기해야만 하는 것인가? 이 얼마나 큰 손실인가! 그렇지 않은가? 따라서――"[79] 그렇다 하더라도 니체가 제시한 공동체④는 또 다른 의문을 낳는다. 그 사유실험이 그려내는 사면의 의미와 대상이 불분명하고, 그 사면에 논리적 모순도 있기 때문이다. 이런 점은 범죄와 범죄인을 그 성격에 따라 구별해서 다루려는 니체의 생각과 연관되어 있기에 3부 3장의 〈3. 범죄와 범죄인〉에서 따로 다룬다.

78 N : KGW VII 1 16[17], 531쪽.
79 N : KGW VIII 1 2[28], 75쪽.

2. 형벌의 목적과 의미

(1) '형벌이 왜 필요한가'라는 질문—예방론에 대한 비판

형벌은 왜 필요한가? 형벌을 시인하는 이유를 묻는 이 질문은 형벌론의 핵심이다. 니체에게도 이 질문은 매우 중요하다. 그런데 니체는 이 질문으로 여타의 형벌론과 자신의 생각의 차이를 확인한다. 플라톤, 체사레 베카리아, 벤담, 칸트, 포이어바흐, 헤겔의 법론은 물론이고, 19세기 법론 역시 그 질문을 형벌의 목적에 대한 물음으로 전환시키기 때문이다.[80] "그들은 형벌에서 예를 들면 복수나 위하威嚇Abschreckung라는 어떤 '목적'을 찾아내고, 그다음에는 순진하게 그 '목적'을 형벌을 만드는 원인으로 여겨 형벌의 시작점에 붙여놓고는 손을 털어버린다."[81] 하지만 니체는 형벌의 목적이 상황 의존적이자 '임시적이고 유동적'인 것일 뿐이라고 여긴다. 형벌의 목적으로 상정되었던 것들이 사회-정치적 조건이나 역사의 흐름에 따라 너무나도 많았고 계속 변경되어왔기 때문이다. 니체는 포스트의 작업[82]을 참고해 역사적으로 통용되었던 형벌의 목적 리스트를 다음처럼 제시해본다. "비교적 적은 우연한 자료를 근거로 내가 몰두했던 도식이 여기에 있다. 위해를 제거하는 것, 계속적으

---

80 물론 포이어바흐의 입장을 상대적 형벌론으로, 칸트와 헤겔의 입장을 절대적 형벌론으로 구분하고, 전자를 목적에 의한 형벌 정당화로, 후자를 근거 및 의미에 의한 형벌 정당화로 규정지을 수 있다. 하지만 니체에게 그런 구분은 무의미하게 여겨진다. 그에게 의미의 문제는 곧 목적 연관적일 수밖에 없기 때문이다.

81 GM II 12 : KGW VI 2, 329쪽.

82 A. H. Post (1872). 바로 뒤에 이어지는 GM II 13번 글의 인용문은 니체가 포스트 외에 예링과 콜러도 잘 알고 있었다는 증거이기도 하다.

로 해를 끼치는 것을 방지하는 것으로서의 형벌, 피해자에게 어떤 형태로든 손해를 보상하는 것으로서의 형벌, 소요가 확산되는 것을 방지하기 위해 균형의 교란 상태를 격리시키는 것으로서의 형벌, 형벌을 결정하고 집행하는 자들에 대한 공포를 일으키는 것으로서의 형벌, 이익을 조정하는 것으로서의 형벌 […] 교도하는 것으로서의 형벌, 기억을 새기게 하는 것으로서의 형벌, 사례비 지불로서의 형벌…"[83] "비교적 적은 우연한 자료"만 가지고도 니체가 찾아낸 목적들이 이렇게 많다는 것은 (니체는 이 밖에도 수많은 목적을 더 제시하지만 지면 관계상 여기서는 생략한다), 형벌의 소위 '목적'이라는 것이 임의적임을 알려준다. 따라서 그런 '목적'에서 형벌의 '왜?'에 대한 답을 찾는 것은 불합리하다. 니체가 앞의 목적 리스트의 끝에 다음처럼 조소 어린 단언을 추가하는 것은 자연스러운 일이다.

> 오늘날 도대체 왜 사람들이 형벌을 받는지 명확하게 말하는 것은 불가능하다.[84]

형벌의 '목적'이 그런 것이라면, 형벌을 시인하는 근거를 목적에서 찾으려는 모든 논의들도 자의적일 수밖에 없다. 니체는 그 자의성을 보여주기 위해 그가 형벌의 목적들 중 가장 핵심적인 것으로 여기는 것을 직접 문제 삼는다. 그것을 인용문의 목적 리스트에는 포함시키지 않고

---

83 GM II 13 : KGW VI 2, 333~334쪽.

84 GM II 13 : KGW VI 2, 333쪽.

따로 분리해 고찰하는 것이다. '죄지은 사람에게 죄책감을 불러일으킨다는 목적'이 바로 그것이다. 니체가 '법의 보복주의'라는 그의 기본 관점에 더하여 예링과 리스트를 참조한 것처럼 보이는[85] 이 생각은, 형벌을 목적과 더불어 정당화하는, 플라톤에서부터 칸트, 헤겔에 이르는 형벌론은 물론이고, 형벌에 관한 근대의 예방론적 관점 자체에 대한 극단적인 대결 장치로 사용된다.

> '형벌이 죄지은 사람에게 죄책감을 불러일으키는 가치를 지니고 있어야만 한다.' 사람들은 '양심의 가책'이나 '회한'이라고 불리는 저 영혼의 반응을 일으키는 도구를 형벌에서 찾는 것이다 […] 진정한 양심의 가책을 느끼는 것은 범죄인이나 수형자 사이에서는 극도로 드문 일이다 […] 이 점에 관해서는 […] 양심적인 관찰자들도 모두 의견을 같이한다. 대체적으로 말하면, 형벌은 사람들을 무감각하게 단련하며 냉혹하게 만든다 ; 사람들을 집중시킨다 ; 소외감을 격화한다 ; 저항력을 강화한다 […] 바로 형벌을 통해서 죄책감 발달이 가장 강력하게 억제되었다고 주저 없이 단정할 수 있을 것이다. ―적어도 형벌의 폭력을 당하는 희생자의 경우에는 그렇다고 말할 수 있다.[86]

"적어도 형벌의 폭력을 당하는 희생자"(니체에게서는 병리적 범죄인을 의미한다)라는 단서를 붙이고 있긴 하지만, 여기서 니체의 입장은 명

---

85 J.-C. Merle (2007), 145쪽 참조.
86 GM II 14 : KGW VI 2, 334~335쪽.

확하다. 형벌은 범죄인의 죄책감이나 죄의식을 불러일으키기는커녕, 그 반대의 결과를 초래할 수 있다는 것이다. 죄책감과 죄의식의 형성은 형벌에 의해 오히려 억제될 수도 있다. 그래서 범죄인의 개심이나 교화는 물론이고 범죄 억제력 역시 기대하기 어렵게 된다. 오히려 범죄 의지를 더 강화할 수도 있다. 이것은 형벌에 대한 19세기 형법론의 주요 시각인 '예방론'에 대한 니체의 문제 제기로 받아들일 수 있다.

예방론은 일반인과 범죄인 중 어디에 중점을 두는지에 따라 두 종류로 나눌 수 있다. 먼저 일반예방론은 형벌의 사회적 사용에 주목하여, 범죄인 처벌이 일반인의 유사 범죄를 위하Abschreckung하는 효용성이 있다고 본다. 특별예방론은 범죄인 자체에 대한 형벌의 효과에 중점을 두어, 형벌이 범죄인을 교화하여 재범을 방지하는 위하력을 갖는다고 본다. 니체는 이 두 가지를 다 거부하는 것처럼 보인다. 거부의 이유는 여러 가지며, 니체에게서 매우 일관적으로 표현된다.

첫째, 형벌은 범죄인에게 그 어떤 개선의 효과도 가져오지 못할 수 있다.《아침놀》에서 그것은 "형벌은 범죄인을 정화하지 않는다. 그것은 속죄도 아니다"[87]라는 말로 표명된다. 니체에 따르면 "발각된 범죄인은 자신의 범죄 때문에 괴로워하는 것은 아니다. 오히려 치욕이나 자신의 어리석음에 대한 혐오나 익숙한 생활필수품의 결여 때문에 괴로워한다 [⋯] 감옥이나 교화원에 자주 드나든 사람은 모두, 그곳에서 '양심의 가책'을 분명히 느끼는 사람이 얼마나 드문지를 보고 놀라워한다 : 그곳에서 더 많이 발견되는 것은 오래전부터 친근한, 악한 범죄에 대한 향수

---

87 M 236 : KGW V 1, 201쪽.

다."[88] 《도덕의 계보》에서도 유사한 내용이 발견된다. "진정한 양심의 가책을 느낀다는 것은 범죄인이나 수형자 사이에서는 대단히 드문 일이며, 감옥이나 교도소는 양심의 가책이라는 집게벌레 종족이 번식하기에 좋은 온상이 아니다 […] 범죄인이 재판 절차나 형 집행 절차 자체를 목도하면서, 그 자신의 행위나 행동 방식을 그 자체로 비난받아야 할 일로 여기는 데 얼마나 방해받고 있는지를 결코 경시해서는 안 된다."[89]

감옥에서 교화되고 개선되는 것이 어렵다고 했던 리스트를 떠올리게 하는 내용이지만, 니체는 리스트보다 한 발 더 나아간다. 그는 '범죄 그 자체'가 아니라 '누가' 그 범죄를 저지르는지가 형벌과 형량산정의 관건이 되어야 한다는 관점주의적 생각을 전제한다. 그래서 다음과 같은 이유가 추가된다. "범죄인은 [자신이 저지른 범죄와] 정확히 같은 종류의 행위가 정의를 위해 행해진다 이야기되고, 그런 후에 선이라 불리고, 선한 양심의 이름으로 행해지는 것을 본다 : 즉 간첩 행위, 계략, 매수, 모함, 교활하고 닳고 닳은 경찰과 검사의 술수 전체 […] 그는 재판관이 그 모든 것을 결코 그 자체로 비난받거나 처벌받아야 할 행위로는 생각하지 않는다고 보는 것이다."[90] 니체는 이 모든 내용을 골턴의 글[91]을 빌려 다음처럼 함축적으로 표현한다.

감옥에서 범죄인들은 단잠을 잔다 : 양심의 가책을 느끼지 않은 채.[92]

---

88 M 366 : KGW V 1, 245쪽.
89 GM II 14 : KGW VI 2, 335쪽.
90 GM II 14 : KGW VI 2, 335쪽.
91 3부 3장의 〈3. 범죄와 범죄인〉 참조.
92 N : KGW VII 2 25[18], 13쪽.

둘째, 예방론은 범죄인에 대한 형벌을 사회적 효과 및 사회적 유용성을 위한 수단으로 삼는다.《인간적인 너무나 인간적인》에서부터 니체의 이런 시각이 등장한다. 그는 정의를 처벌과 보상의 관계로 이해하는 시각을 문제 삼으면서 다음처럼 말한다. "처벌받는 사람은 앞으로 특정한 행위들을 하지 못하게 위협하는 수단으로 이용되고 있는 것에 불과하다 […] 보상은 그와 그리고 다른 사람들을 상대로, 앞으로의 행위에 동기를 부여하려는 격려의 의미만을 가질 뿐이다 […] 처벌과 보상은 효용성이라는 이유로 주어지는 것이다 […] 그것들이 폐지된다면, 특정 행위를 멀리하게 하고 특정 행위를 하게 하는 가장 강력한 동기도 사라질 것이다."[93] 이렇듯 형벌은 범죄인을 "그런 바보 같은 행위에 빠지지 않도록 하는 경각심"[94]을 불러일으키는 수단으로 사용하는 것에 불과하다. 그런데 바로 그 점 때문에 형벌의 위하력 자체에 대해 의구심이 들기도 한다. 예컨대 사형은 재판관의 냉혹함이나 고통스러운 준비 과정 때문만이 아니라, "한 인간이 여기서 각성시키기 위한 수단으로 이용된다는 통찰"[95] 때문에도 일반인의 감정을 더 상하게 하기 때문이다.

셋째, 예방론은 응보와 마찬가지로 보복주의적 응보형을 전제한다. 예방론이 표방하는 목적이 무엇이든 간에, 형벌이 복수의 심리학의 소산이라는 점은 변하지 않는다. 그래서 '가해 행위에 대한 보복'은 여전히 형벌의 중심에 놓여 있는 것이다. "형벌은 복수다. 사회가 형벌을

93 MA I 105 : KGW IV 2, 100쪽.
94 MA II-WS 323 : KGW IV 3, 333쪽.
95 MA I 70 : KGW IV 2, 79쪽.

통해 자신의 안전을 도모하고, 정당방위를 위해 반격을 하는 한, 그 형벌 속에는 […] 복수의 요소가 존재하고 있다"[96]라는 생각은 니체의 뇌리에서 결코 떠나지 않는다.

넷째, 보복주의적 형벌에 내포된 '범죄에 상응하는 형벌'이라는 응보 관점은 공정하지 않은 형량산정으로 이어진다(바로 뒤에 이어지는 〈(2) 형량산정의 문제〉 참조).

형벌의 필요성에 대한 이런 내용으로 미루어 니체가 리스트 외에도 콜러와 포스트 역시 참조하고 있음을 알 수 있다. 특히 콜러의 배상이론Restitutionstheorie 중에서 형벌의 핵심은 악에 대항하는 악인 '고통을 주는 것'이라는 것, 개선이나 격리라는 형벌의 목적이란 고통을 가하는 것에 수반되는 현상이라는 것, 형벌의 유용성은 시간 제약적이라는 것 등[97]에 주목하고, 포스트에게서는 형벌이 필연적으로 오로지 등가원칙만을 따를 수밖에 없다는 것에 주목한 것으로 보인다.[98]

그렇다면 형벌은 도대체 어떤 것이어야 할까? 이에 대한 니체의 최종적 답변은 다음의 두 유고를 통해 드러난다. 물론 그것은 건강한 공동체에 대한 그의 생각을 전제한 것이다.

> 형벌의 의미는 위하Abschreckung가 아니라, 사회 질서에서 어떤 자를 강등시키는 데 있다 : 그는 더 이상 우리와 동등한 자들의 일원이 아니다. 이

96 WS 33 : KGW IV 3, 205쪽 ; N : KGW VIII 2 14[193]. "오늘날의 형벌은 범행보다 더 고립적이다. 범행 후의 숙명은 치료 불가능할 정도다. 형벌은 사람을 사회의 적으로 만들어버린다. 보복법은 보복 정신(억제된 복수 본능)에 의해 부과되는 것."

97 J. Kohler (1888).

98 A. H. Post (1872).

> 러한 효과를 낳는 규범이라면 충분하다. '파문'. 이러한 방향으로 형벌 제도가 발전해야 한다![99]

설명하자면, ① 형벌은 힘경제적 계약을 파기하고 약속을 어긴 범죄인을 약속과 계약의 주체로 받아들이지 않겠다는 의지, 달리 말하면 그를 건강한 법공동체의 건강한 개인으로 더 이상 인정하지 않고 '강등' 시키겠다는 의지의 표출이어야 한다. 인용문은 그것을 '파문'의 형태로 보여주었지만 다른 형태도 가능하며, 그것이 어떤 형태이든 니체에게는 전혀 중요하지 않다. 니체에게 중요한 것은 그가 계속 견지하는 한 가지, 형벌의 의미는 보복과 복수 기제에서 자유롭고 예방적 관점과 무관한 곳에서 찾아야 한다는 것, 바로 그것이다. ② 형벌은 범죄인과 다른 개인, 범죄인과 공동체 전체를 다시 화해시켜 범죄인을 다시 공동체의 건강한 개인으로 받아들이고자 하는 의지의 표출이어야 한다. 즉 범죄인을 다시 계약의 주체로 인정하고 승인해주는 절차여야 한다는 것이다. 니체는 형벌이 이런 두 가지 의미를 모두 갖추어야 한다고 본다. 다음의 유고가 강조하듯이 말이다.

> 범죄인을 처벌하는 것만으로는 충분하지 않다. 그를 우리 자신과 화해시키고 축복해야만 한다 […] 그들을 위협의 도구로 사용해야만 했던 것 때문에 우리는 괴로워하지 않았던가?[100]

---

99 N : KGW VII 1 16[29], 536쪽.

100 N : KGW VII 1 3[1] 183, 75쪽.

니체는 그런 형벌을 건강한 개인들의 건강한 법공동체에서 찾고 싶어 한다. 그곳은 건강한 개인의 건강한 힘의식이 발휘되는 곳으로, 거기서는 범죄 자체가 아니라 그 범죄를 '누가' 저지르는지가 고려되며, 형벌 역시 그에 따라 차별화되어 적용된다. 거기서는 범죄인의 자기 처벌도 가능하며 사면도 얼마든지 가능하다. 그래서 니체는 다음처럼 말할 수 있는 것이다.

> 형벌은 사람들이 법을 위반한 후 자신의 권리와 명예로 그것을 요구하는 성질의 것이어야 한다.[101]

> 위협하기 위한 모든 형벌은 강자들에게서 흘러나오는 긍정적인 덕이 충분히 크지 않다는 표시다 : 자신의 힘에 대한 회의의 표시인 것이다.[102]

(2) 형량산정의 문제

응보적 형벌에 대한 니체의 비판은 형량산정의 임의성에 대한 지적에서도 나타난다. 여기서 니체는 매우 급진적인 입장을 드러낸다. 죄에 '적합한' 형량이라는 생각 자체가 문제가 있다는 것이다. 니체가 제시하는 이유들은 다음과 같다.

첫째, 형벌이 '범죄의 크기에 비례해proportional' 범죄인에게 고통을

---

101 N : KGW VII 1 3[1] 186, 75쪽.

102 N : KGW VII 1 7[180], 308~309쪽.

주는 것이라면, 형벌은 범죄인이 '고통을 느끼는 민감도'에 비례해서 부과되어야 한다.[103] 하지만 고통을 느끼는 민감도는 개인에 따라 다르며 결코 획일적 계량의 대상이 아니다. 공리주의가 말하는 쾌락과 행복의 측정이 실제로는 어려운 일이듯이 말이다. 따라서 '적합한' 형량에 관한 공공의 기준이나 표준적 지침을 만들기는 어렵다.

둘째, 형량의 판정이 공정하지 않을 수 있다. 니체는 형량이 범죄행위를 판관이 이해하는 정도, 그의 '경악의 정도'에 따라 정해진다고 지적한다. 판관이 그 행위가 일어난 이유와 배경에 대해 알수록, 즉 그의 이해의 정도가 높아질수록 범죄행위와 행위자에 대한 그의 경악도는 낮아진다.[104] 이것은 형량이라는 것이 판관의 재량과 해석의 장 속에서 결정될 수 있음에 대한 직접적인 비판이다. 그런데 여기에는 다른 문제 하나가 결부되어 있다. 판관의 경악도를 낮추고 이해도를 높이는 것은 범죄에 대한 설득력 있는 '참작 사유'의 제공과 직접적 관련이 있다. 범죄인의 개인사와 범죄의 배경을 정상참작의 사유로 만드는 데 성공하면 할수록 판관의 이해의 정도가 상승하기 때문이다. 그것이 완전히 성공하면 '범죄인이 그런 행위를 하지 않을 수 없었구나' 하는 공감이 이루어질 수 있으며, 그때에는 무죄 판결까지도 가능하다. 이 때문에 변호인의 능력과 역할이 양형에서 매우 중요해진다. 이런 상황을 모두 염두에 두고 니체는 이렇게 말한다. "어떤 범죄의 역사에 대해 갖고 있는 혹은 얻을 수 있는 지식의 정도에 따라 형벌의 양이 측정된다는 것 ―그

103 N : KGW VIII 1 2[28], 75쪽.
104 MA II-WS 24 : KGW IV 3, 197쪽.

것은 온갖 공정성에 위배되는 일이 아닐까?"[105]

셋째, 범죄인의 개인사에 대한 지식을 통해서 범죄에 대한 이해도를 높이는 것은 범죄인의 과거를 평가하고 처벌하는 것과 다름없는데, 사실 범죄인의 과거사 중에서 어느 시점과 어느 장면까지를 고려해야 하는지가 불분명하다. 이때 고려의 기준은 정상참작의 사유를 구성해 내는 변호 내용의 기준을 따르기 쉽다. 게다가 니체에 의하면 범죄인의 과거는 단지 범죄인만의 과거일 수 없다. 그의 역사는 그의 생물학적 계보와 환경과 시대와 동시대인의 연합 작품이기 때문이다. 그래서 범죄인의 과거를 평가하고 처벌한다는 것은, 그와 관련되어 있는 모든 것을 처벌해야 한다고 말하는 근거가 될 수도 있다. 하지만 그 반대도 가능하다. 범죄인 개인에 대한 절대적인 용서의 가능성을 옹호하는 근거도 될 수 있는 것이다.[106] 이런 논리적인 문제 역시 형량산정의 임의성을 낳는 또 다른 원인이 된다. "죄를 분리시켜, 결코 과거와 관련짓지 말아야 한다. 그렇지 않으면 인간은 논리를 거역하는 죄인이 될 것이다"[107]라는 니체의 말은 이런 맥락에서 나온다.

넷째, 형량과 형 집행은 '행위'가 아니라 '행위자'를 기준으로 결정되어야 한다. 이것은 법과 형벌에 관한 니체의 사유에서 일관되게 전제되는 것으로, 같은 행위라도 '누가' 그것을 하느냐에 따라 달리 평가되어야 할 뿐만 아니라, 형벌의 집행 방식도 달라야 한다는 것을 의미한다.

형량산정의 임의성을 내포하는 이런 복잡한 문제 상황 앞에서 니

105 MA II-WS 24 : KGW IV 3, 197쪽.
106 MA II-WS 28 : KGW VI 3, 199쪽.
107 MA II-WS 28 : KGW VI 3, 200쪽.

체는 다음처럼 단언할 수밖에 없다.

> 범행에 대한 형벌을 사전에 규정해서는 안 되며, 형법전이라는 것도 결코 있어서는 안 된다.[108]

그렇다면 니체는 모든 형벌과 형법 체제 자체를 부정하는 것인가? 그렇지 않다. 형벌의 임의성을 비판하면서도 그는 "우리가 사실상 형벌을 포기해야만 하는 것인가? 이 얼마나 큰 손실인가! 그렇지 않은가? 따라서──"라는 앞서의 고민을 놓을 수가 없다. 그래서 니체는 자신만의 대안을 제시하고 싶어 한다. 물론 그는 새로운 형법 '체계'를 만들지는 못한다. 하지만 그가 문제시한 것들만큼은 배제되는 형벌을 끊임없이 모색하며, 범죄와 범죄인에 대한 다음의 구상은 그러한 모색의 일환이다.

3. 범죄와 범죄인

범죄와 범죄인에 대한 니체의 사유는 전적으로 형벌에 관한 그의 기본 입장과 '형벌 없는 사회'라는 사유실험 속에서 전개된다. 니체는 범죄와 범죄인에 대한 형식적이고 획일적인 고찰을 하지 않는다. 게다가 범죄와 범죄인을 분리해 논하지도 않는다. 그의 의지는 확고하게 한 가지로 향한다. 범죄를 그 범죄를 저지른 사람이 '누구'인지에 따라 달

---

108 N : KGW VIII 1 2[28], 75쪽.

리 평가하고, 형벌의 종류와 형량 역시 그 범죄인이 '누구'인지에 따라 달리 결정하는 것, 바로 이것이다. 이 의도는 형벌이 '채무자-채권자'라는 병리적 상태를 전제하는 병리적 형벌이 되는 경우와 이 병리적 상태를 전제하지 않는 건강한 형벌이 되는 경우를 차별화하고, 후자를 건강한 법공동체에서 실현 가능한 경우로 제시하는 니체의 구상과 매우 정합적이다. 하지만 그 의도는 '형벌 없는 사회'라는 사유실험에서 말했던 '사면'의 의미를 밝혀냄으로써 그 사유실험의 한계를 드러내기도 한다.

범죄와 범죄인을 '누구'를 중심으로 평가하는 니체의 사유는 '범죄인 유형론'과 '형벌 대안론'으로 구성할 수 있다. 범죄인 유형론은 '병든-위축된' 범죄인과 '강력한-위대한' 범죄인이라는 두 유형의 범죄인을 제시하고, 형벌 대안론은 병리성 없는 형벌을 제시하면서 병리적 형벌의 문제점을 보여준다.

니체의 이러한 사유의 배경에는 당대의 범죄학에 대한 지식이 있었다. 그는 범죄에 관한 19세기의 신경학적-범죄인간학적-범죄심리학적-범죄학적 논의 경향들을 잘 알고 있었다. 특히 범죄인간학과 범죄학은 페레와 골턴의 저서를 통해서 접했고, 프랑스의 생리학자이자 정신과 의사인 페레에게서는 다양한 범죄인간학적-퇴화론적 인식을 수용했다. 특히 페레의 《퇴화와 범죄*Dégénérescence et criminalité*》에서[109] 개인의 소진 상태와 퇴화를 범죄의 원인으로 보는 시각, 특정인 및 가계의 퇴화적 도태에 대한 사회라마르크적 견해, 살인과 자살의 연관성(N : KGW VIII 3 15[31]에 발췌되어 있다) 등에 주목한다. 그가 《우상의 황혼》에서

109 Ch. Féré (1888).

"범죄인은 데카당이다"[110]라고 쓴 것도 페레의 입장을 수용한 것이다. 골턴은 우생학의 창시자였고, 우생학을 인류 개량에 응용해야 한다고 주장했는데, 니체는 물론 그의 우생학적 주장을 그대로 수용하지는 않는다. 단지 몇몇 맥락에서 선택적으로 받아들일 뿐이다. 니체가 형벌의 예방적 효과를 비판하면서 쓴 "감옥에서 범죄인들은 단잠을 잔다"(N : KGW VII 2 25[18])라는 문장과, "어정쩡하게-거친 인간들이 일거리가 없고 좋지 않은 교제를 하게 되면 문명화된 사회에서 범죄자가 되고, 그의 아이들이 범죄인 유형과 결탁하게 되면 신속하게 퇴화하게 된다"(N : KGW VII 2 25[19])라는 문장은 골턴의 책 《인간 재능과 그 발전에 대한 탐구*Inquires into Human Faculty and Its Development*》[111]에서 발췌한 것이다. 이 밖에도 이 책의 여러 부분들이 니체의 글에 발췌되어 있으며, 《차라투스트라는 이렇게 말했다》에 등장하는 "창백한 범죄인" 역시 골턴이 제시한 범죄자 유형에 기초한 것이다.[112] 또한 범죄인을 병자로 간주하는 것 또한 골턴의 견해를 따른 것이다.[113]

니체의 정신병적-신경학적 지식은 신경학자이자 정신과 의사였던 히치히E. Hitzig의 글을 통해서 얻은 것처럼 보인다.[114] 또한 법의학자이자 정신과 의사였던 롬브로소가 제시한 범죄인간학적 내용 중에서 유전질 및 퇴화 가설, 그리고 천재와 정신병증의 밀접한 관계는 니체에게

---

110 GD 〈소크라테스의 문제〉 3 : KGW VI 3, 63쪽.

111 F. Galton (1883), 61쪽, 64쪽. 니체와 골턴의 관련에 관해서는 Gschwend (1999), 332~334쪽 ; M.-L. Haase (1989) 참조.

112 M.-L. Haase (1989), 638쪽, 641쪽 참조.

113 F. Galton (1883), 65쪽.

114 E. Hitzig (1874). 니체는 N : KGW VII 1 1[99], 29쪽에서 다른 책들을 열거하면서 이 책을 함께 적어놓고 있다.

서도 유사하게 드러난다(예를 들면 N : KGW VIII 3 14[133]처럼 천재를 가장 숭고하고 깨지기 쉬운 존재로 묘사하는 글).

니체는 이렇듯 당대의 여러 범죄학 경향들의 영향권에 있긴 했지만 범죄학자는 아니었으며, 범죄학의 여러 이론들을 자신의 철학적 정치론의 과제 속에서 선택적으로 활용하고자 했을 뿐이다.

(1) 범죄

범죄란 무엇인가? 법적 의미에서 범죄는 최소한, 법질서에 반하는 행위로서 형벌을 부과할 필요가 있는 행위라고 말할 수 있다. 그래서 범죄는 행위의 위법성과 형벌 부과의 필요성이라는 조건을 충족시켜야 한다. 달리 말하면, 법적 의미에서 범죄행위가 성립되려면 위법행위(위법성) 중에서 어떤 위법행위가 처벌될 만한 것인지가 확인되어야 하고(범죄 구성 요건 해당성), 이 위법성과 범죄 구성 요건을 충족시키는 행위자에게 책임을 물을 수 있어야 한다(책임성). 니체는 범죄를 이렇게 직접적으로는 규정하지 않지만, 범죄를 매우 복잡하게 얽혀 있는 인간학적-도덕적-사회정치적 매트릭스 속에 위치시키면서 그 법적 의미를 간접적으로 노출시킨다.

니체는 범죄를 다양한 시각으로 바라본다. 그래서 니체에게 "법적 개념으로서의 하나의 통일된 범죄 개념은 없다"[115]는 평가가 나오기도 한다. 하지만 니체가 제시한 다양한 범죄 개념은 한 가지로 수렴될 수

115 L. Gschwend (1999), 342쪽.

있다. 그것은 형벌에 대한 니체의 시각에서 이미 확보된 것으로, 범죄는 '계약의 파기'이며, 동시에 '계약적 사회 질서에 대한 반동'이라는 것이다. 그렇다면 범죄인은 당연히 '계약 파기자'이자 '계약적 사회 질서에 대한 반동자'다. 이것은 앞에서 언급한 범죄의 법적 개념과 '문자적으로는' 다를 수 있지만, 내용상으로는 위법성과 범죄 구성 요건 해당성과 책임성이라는 범죄 성립의 세 요소를 모두 포함하고 있다. 게다가 니체는 이 세 요소를 법을 넘어 철학으로까지 지평을 확장해 좀 더 심도 깊게 논한다.

범죄가 속하는 개념 : '사회 질서에 대한 반동'[116]

모든 개인이 나름의 '계약'을 맺고 있는 현대 사회 : 범죄인은 계약 파기자다.[117]

유고에 나오는 이 두 구절은 범죄와 범죄인에 대한 니체의 근본적 인식을 보여준다. 개인과 개인, 개인과 공동체 전체를 힘경제적 계약 관계로 제시하는 니체이기에 그런 인식은 자연스럽다. 사회의 질서 자체가 곧 다양한 힘경제적 계약 관계의 소산이며, 그런 계약을 파기하는 것 자체가 범죄의 구성 요건이 된다. 그런데 니체는 여기서 멈추지 않는다. 그는 계약을 파기하는 것, 즉 반동의 형태를 차별화한다. 같은 '반동'이

116 N : KGW VIII 2 10[50], 144쪽.
117 N : KGW VIII 3 14[197], 174쪽.

라도 동일한 의미를 갖지는 않기 때문이다. 이는 곧 동일한 범죄행위라도 동일한 형벌의 대상이 아니라는 점을 의미하기도 한다. 그래서 니체는 범죄를 판단하는 기준을 세우는 데 고심하며, '누가' 그 반동 행위를 하는지를 그 기준으로 삼게 된다. 이것은 행위 '그 자체의 가치'란 없고, 행위의 가치는 '누가 행위를 하는가'에 의해 정해진다는 관점주의자 니체의 시각이 국가의 문제를 넘어 형벌의 문제에 이르기까지 계속 반영되고 있음을 알려준다. 이렇게 해서 니체는 범죄의 문제를 범죄인의 문제로 환원시켜버린다.

> 반동자는 불쌍하거나 경멸스러운 인간일 수 있다. 그러나 반동 그 자체에는 경멸할 게 아무것도 없다—그리고 우리 사회에 대해 반동적이라는 것은 그 자체로는 아직 한 인간의 가치를 떨어뜨리지 않는다. 반동자가 오히려 외경의 대상이 되어야 좋은 경우들이 있다. 그가 우리 사회에서 투쟁이 필요한 어떤 것을 느끼게 하는 경우 : 즉 그 반동자가 우리를 선잠에서 깨우는 경우.[118]

(2) 범죄인 유형론

당대의 범죄론에 대해 잘 알고 있었던 니체는 반동자로서의 범죄인에 대해서도 생물학적-사회심리학적-인간학적-도덕적-법적 측면에 이르기까지 다양한 생각을 남겨놓는다.[119] 물론 그렇다고 해서 그가

---

118 N : KGW VIII 2 10[50], 144~145쪽.

체계적인 범죄인 유형론을 제공하는 것은 아니다. 다만 니체가 최소한 두 가지 범죄인 유형을 구분하고 있다는 것은 그의 글을 통해서 확인할 수 있다. '병든-퇴화되고-위축된 범죄인'과 '강력한-위대한 범죄인'이 바로 그것이다.[120] 이 구분은 '주인(건강한-주권적 개인)과 노예(병든-원한 개인)'라는 니체의 인간 구분에 상응하는 것으로, 법적 측면에서의 구분 정도로 이해할 수 있다. 물론 니체에게는 이 중에서 후자만이 긍정적 평가의 대상이 된다. "세계사는 오직 위대한 범죄인들에게 달려 있다. 위대한 범죄인이 될 능력이 있었지만 우연 때문에 그렇게 되지 못한 저 다수의 사람들을 포함해서."[121]

'병든-퇴화되고-위축된 범죄인'의 특징은 다음과 같다. 첫째, 죄의식과 자기 부정의 심리를 보인다. 이 유형의 범죄인에게서 나타나는 자신의 행위에 대한 후회와 수치심, 자신에 대한 외부의 손가락질과 경멸, 그것이 불러일으키는 괴로움과 자책, 감옥이라는 공간에 갇히게 된다거나 갇혀 있다는 사실에 대한 원망과 분노 등은 자신의 행위에 대한 부정 및 자기 자신에 대한 부정으로 이어지며, 그런 상태에서 뒤틀리거나 위축되는 심리가 나타나는 것은 자연스러운 일이다. 이러한 범죄인들은 한마디로 자신의 행위를 "축소하고 비방하며, 사회의 경멸로 인해 위축"[122]된 존재들인 것이다. 니체는 이들의 이런 심리 상태에 대해 '비겁과 어리석음의 소치'라는 차가운 시선을 보낸다. 이들은 자신의 행위

119 K. Engelhardt (1985), 513쪽 이하 참조.

120 N : KGW VII 2 25[259], VIII 1 9[120], VIII 2 10[50] ; GD 〈어느 반시대적 인간의 편력〉 45 등 참조.

121 N : KGW VII 1 3[1] 113, 66~67쪽.

122 N : KGW VIII 2 9[120], 69쪽.

를 스스로 폄하함으로써 그 범죄가 다른 식으로 평가될 여지 자체를 없애버리고, 그 행위를 한 자신에 대한 경멸적 시선을 고착시켜버리기 때문이다.

> 범죄인의 범죄가 아니라 범죄행위 이후의 비겁과 어리석음이 범죄인을 경멸하게 만든다.[123]

차라투스트라가 말하는 '창백한 범죄인'의 '창백함'을 만든 '죄'는 바로 그런 '행위 이후의 비겁과 어리석음'의 소치다.

> 보라, 저 창백한 범죄인, 머리를 끄덕였으니. 그의 눈에는 커다란 경멸이 서려 있으니 […] 죄라는 무거운 납덩어리가 다시 한 번 그를 짓누르고 있다. 그러자 그의 가련한 이성은 다시금 몹시 굳어지고 몹시 마비되고 몹시 무거워진다.[124]

'죄라는 무거운 납덩어리', 즉 잘못했다는 후회, 잘못했기에 죄인이라는 의식. 그런 심적 상태는 니체가 《도덕의 계보》에서 양심의 가책이라고 부르기도 한 것으로, 자신이 채무자임을 인정하는 상태다. '채무자는 채권자에게 보상을 해야만 한다. 거기서 생기는 고통은 당연히 채무자가 감내해야만 한다.' 이렇게 후회와 가책에 젖어 있는 채무자의 이성

---

123 N : KGW VII 1 3[1] 320, 92쪽.

124 Za I 〈창백한 범죄인에 대하여〉 : KGW VI 1, 41~42쪽.

은 고통을 정당화한다. 차라투스트라의 눈에 그 이성이 '가련하고 몹시 굳어지고 마비되고 무거워진' 상태로 보이는 것은 당연한 일이다. 핏기가 가셔버린 병리적 상태인 것이다.

니체가 제시하는 '병든-퇴화되고-위축된 범죄인'의 두 번째 특징은 매우 흥미롭다. 즉 이 유형의 범죄인은 심리적-생리적 퇴행이나 환경의 영향으로 퇴화되어 채무자가 된, 약한 힘의 소유자일 수 있다는 것이다. 이러한 시각은 범죄를 퇴화 현상으로 보는 페레나 골턴의 논의와 고비노의 종에 관한 논의를 받아들인 것이라고 할 수 있는데[125], 요컨대 단순히 범죄인이 개인적 결단이나 자유 의지로 범죄행위를 한 것이라기보다는, 여러 선천적-후천적 환경과 조건들이 그를 '퇴화시켜' 범죄로 이끌었다는 것이다. 범죄인이었던 조상이나 좋지 않은 조건에서 불운하게 살아남아야 했던 조상들의 '불량한' 그 무엇이 후손의 유전자 속에 살아남아 있어서, 또는 퇴화된 환경과 사회적 조건 때문에 개인이 생리적으로나 심리적으로 불량한 상태가 되는 것이다. 니체의 다음 글은 이런 점을 말해주고 있다.

> 유전 과정에서 모든 가능한 우연들에 의해 뇌가 섬세하게 그리고 다방면으로 발달하지 못한 낙후된 인간들이 있다.[126]

병적 요소의 증대, 신경증적-정신병적 요소의 증대, 범죄적 요소의 증대

---

125 19세기와 20세기의 범죄인 유형론과 니체의 연관에 대한 추가 설명은 Gschwend (1999), 344~345쪽, 주석 1385 참조.

126 MA I 43 : KGW VI 2, 64쪽.

를 필연적으로 동반하는 문명의 증대…[127]

유전적 요인이나 문화나 문명이나 환경적 요소, 즉 생물학적 조건과 사회적 조건 일체가 범죄인을 만드는 계기에 포함된다면, 범죄는 더 이상 범죄인 개인만의 문제가 아니게 된다. 가계 구성원, 친족, 동시대와 동시대인, 그를 에워싼 시대 전체의 문제인 것이다(이것은 니체가 형량산정에 대해 이의를 제기하는 또 다른 이유라고도 할 수 있다). 그렇다면 니체가 '데카당스'라고 부르는 19세기 유럽이라는 시·공간에서 데카당 범죄인들이 만들어지는 것은 당연한 일이다. 그들의 범죄는 유럽의 정신적 퇴행의 징후이며, 동시에 그 퇴행을 가속화한다. 그 한 예로 니체는 자본주의와 연관된 범죄를 든다.

> 오늘날 사람들을 범죄인으로 만드는 이 과도한 초조함은 어디서 오는 것일까? […] 불공정한 저울을 사용하게 하고, 고액의 보험에 든 후에 자신의 집에 방화하고, 위조 화폐의 제조에 참여하고, 상류 사회의 4분의 3이 합법적 사기에 몰두할 때 […] 이들을 부추기는 것은 무엇인가? 그들이 실제로 궁핍해서가 아니다 […] 그들을 부추기는 것은 돈이 쌓이는 속도가 너무 느리다는 초조감이다. 그리고 축적된 돈에 대한 끔찍한 욕망과 애정이 그들을 밤낮으로 몰아대는 것이다. 그 초조함과 애정 속에서 힘-쾌감에 대한 열광이 나타난다 […] 초조함과 과도한 애정은 자신의 희생물을 원한다. 이전 사람들이 신을 위해 했던 일을 이제는 돈을 위

127 N : KGW VIII 3 14[182], 158쪽.

해 한다.[128]

19세기 유럽을 데카당스로 만든 요소 중 하나는 바로 천민자본주의였다(2부 3장 3절 (2)항의 〈나. 자본주의의 문제〉 참조). 자본주의의 천민적 상태 때문에 자본이나 부와 관련된 범죄도 증가한다. 그런 범죄의 시작에는 돈과 부야말로 힘과 권력과 지배권을 가져오는 가장 확실한 수단이라는 천민적 시각이 놓여 있다. 그것이 돈과 부에 대한 집착과 과도한 갈망으로 이어진다. 그리고 그것들을 빨리, 가능한 한 빨리 축적하려는 성급함, 그 축적 속도가 원하는 것보다 느리다는 데서 오는 초조감이 범죄를 야기한다. 물론 힘의 우위를 확보하고 지배하려는 의지는 니체에게 전혀 불만 사항일 수 없다. 다만 그 의지를 충족시키는 가장 확실한 수단을 돈과 부에서 찾는 것이 그 자체로 퇴화의 증후이자 퇴화를 조장하는 데카당스의 표현인 것이다. 니체의 다른 용어로는 천민적 상태인 것이다. 지배 의지와 힘 의지를 만족시키는 가장 고귀하고 건강한 수단은 정신력과 정신의 우위를 보여주는 것인데 말이다. 이런 예에서 보듯 범죄와 범죄인은 시대의 산물이기도 한 것이다. 19세기 유럽 자체가 데카당스이기에 데카당스 범죄를, 데카당에 불과한 범죄인을 만들어내는 것처럼 말이다.

한편 니체는 범죄인을 신경증이나 정신병이라는 병리적 상태에 있는 자로 이해하기도 한다. 《도덕의 계보》에서 제시되었던 '채무자가 된 개인=자기 지배력이 상실된 내적 아나키 상태'는 이제 니체에게서 정신

---

128 M 204 : KGW V 1, 180쪽.

의학적 선고를 받는다. 범죄인은 일종의 정신질환 상태에 놓여 있다는 것이다. 이런 생각은 범죄인에 대한 처벌에서 고려해야 할 사항을 하나 추가하게 만든다. 즉 범죄인을 환자로 보아야 한다는 것이다. 이는 곧 범죄인에 대한 법적 제재는 의사의 일처럼 행해져야 한다는 의미다. 범죄인이 환자이기에, 법적 제재인 공형벌은 의사의 처방이 된다. 그런데 의사에게 환자는 보복적 손해배상 절차의 대상이 아니다. 하나의 획일화된 병증의 대상도 아니다. 의사는 환자를 그렇게 차가운 시선으로 무차별적으로 대하지 않는다. 오히려 의사는 환자의 특성과 증상에 따라 차별화된 방식으로 처방하고 치료한다. 따뜻한 시선과 환자를 위한다는 마음과 공감을 갖추고서 말이다. 범죄인이 환자고 형벌이 의사의 따뜻한 처방이라면, 범죄인은 결코 복수로서의 형벌로 무차별적으로 대응해야 하는 적이나 패퇴시켜야 하는 악일 수 없다. 형벌은 범죄인을 세심하고 신중하게 고려하지 않으면 안 되는 의사의 처방전 역할을 해야 하는 것이다(M 202번 글 참조). 이런 사유는 니체를 형벌의 다양한 적용에 대한 생각으로 이끌지만(바로 뒤에 이어지는 〈(3) 형벌의 세분화 및 형벌의 대안 찾기〉 참조), 여기서는 니체의 '위축된-퇴화된 범죄인'이 '외경의 대상이 되어야 할' 반동의 주체와는 대립적인 '불쌍하거나 경멸스러운 개인'이라는 점만 확인하고 넘어간다.

'외경의 대상이 되어야 할' 강력한-위대한 범죄인의 특징은 강한 힘과 용기이며, 자신의 반동 행위에 대한 후회나 부끄러움이나 양심의 가책을 갖지 않는다는 것이다. 이 유형의 범죄인들은 가치를 전도시키려는 용기를 가지고 그 일을 실행함으로써 사회 체제에 대항한다. 혹은 우리의 선잠을 깨워, 우리 사회의 어떤 것에 대해서 투쟁이 필요하다는 점을 깨닫게 한다. 그런 의미에서 니체는 그 범죄인들을 '혁신적'인 존재, '영웅적'인 존재, '야생적'인 존재라고 부른다.[129] 그들이 대부분 당대 사회의 습관적 자명성을 의심하고, 그 자명성과 자신들의 시각 차이를 인지하며, 당대 사회를 넘어서려 하기 때문이다. 그래서 그들은 그 사회에서 '길들여져 저항적 힘이 거세되어버린' 평균적 개인들 속에서 거의 '필연적으로' 자신들을 노출시키지 않을 수 없다. 그들의 혁신성과 다름과 뛰어남 때문에 반동을 일으키지 않을 수 없는 것이다. 그래서 그들은 '영웅적'이다. 그러면서 그들은 기존의 것에 반하는 거친 야생성과 기존 문명에 대한 강력한 공격성을 보이게 된다. 이것이 니체가 도스토옙스키에 대해, 자신이 심리학을 배운 유일한 상대라고 과장 섞어 평가하는 이유다. 도스토옙스키는 그런 강력한-위대한 범죄인을 알아보는 눈을 갖고 있었던 것이다.

> 도스토옙스키는 내가 무언가를 배운 유일한 심리학자인데 […] 시베리아 형무소의 수감자들, 사회로의 복귀 가능성이 더 이상 없는 중범죄자들을 […] 그는 러시아 땅에서 자라는 것 중에서 최고의 재목으로, 가장 강하고 가치 있는 재목으로 만들어진 사람들이라고 느꼈다.[130]

도스토옙스키는 시베리아 형무소의 수감자들에 대해 그들이 러시아 민족의 가장 강력하고 가장 가치 있는 요소들을 형성하고 있다는 타당한

129 GD 〈어느 반시대적 인간의 편력〉 45 : KGW VI 3, 141쪽.
130 GD 〈어느 반시대적 인간의 편력〉 45 : KGW VI 3, 141쪽.

말을 했다.[131]

이런 유형의 범죄인은 '위대한 천재'나 '영웅'과 매우 유사하다고 니체는 생각한다. 체사레 보르자나 나폴레옹이나 카이사르 같은 존재들. 이들의 특징은 자기 보존에 무심하다는 것이다. 그들은 죽음도 불사하며 자신의 힘을 발산한다. 자신을 위한 안전장치나 보존을 꾀하는 신중함은 그들에게는 없다. 그들은 힘을 아끼지 않고 진력을 다하는 것이다. 그래서 힘의 허비를 겪기도 하고 심지어 힘을 탕진해버리기도 한다. 니체는 그들이 힘을 사용하는 방식을 이렇게 이해하며, 이런 방식이야말로 천재적이고 영웅적인 것이라고, 그들의 본성이자 숙명이라고 이해한다.[132] 게다가 니체는 천재와 영웅의 출현을 사적-개인적 측면으로 이해하려 하지 않는다. 즉 이들은 단지 가계혈통을 통해서 등장하는 것도, 한 개인에게 특별히 집중된 하늘의 축복 덕분에 등장하는 것도 아니라는 것이다. 오히려 이들은 힘에의 의지의 관계체 전체가 만들어낸다. 그들은 인류 역사를 통해 "축적되고 절약되고 보존"되었던 역사적-생리적 에너지가 그들에게 응축되어, 마치 "폭발"하듯 터져 나오는 그런 "현상"인 것이다. "위대한 인간은 종점이다"라는 니체의 표현처럼 말이다.[133]

이런 존재들과 유사한 위대한 범죄인. 그가 차라투스트라가 말하는 '창백한 범죄인'과 질적으로 다른 것은 당연하다. 위대한 범죄인은

---

131 N : KGW VIII 2 10[50], 146쪽.
132 GD 〈어느 반시대적 인간의 편력〉 44 : KGW VI 3, 139~140쪽.
133 GD 〈어느 반시대적 인간의 편력〉 44 : KGW VI 3, 139쪽.

자신의 행위에 대한 악의 어린 부정은 하지 않는다. 자기혐오에 빠지지 도 않고 자기 파괴를 하지도 않는다. 외부로부터의 손가락질 때문에 괴로워하지도 않는다. 오히려 그는 자신의 행위에 대해 긍지를 갖는다. 그 행위를 위해서 자유와 생명까지 포기해야 한다 해도 그것을 감행한다. "범죄인은 자신의 생명과 명예와 자유를 거는 인간-용기 있는 인간인 것이다."[134] 그런 범죄인에게 기존 사회의 도덕적-법적 지탄이나 명예의 실추 같은 것은 중요하지 않다. 그는 그것을 두려워하지도 않는다. 오히려 그것은 그런 범죄를 행할 기백이 없는 사람들과 스스로를 구별해주는 징표이자 '숙명적 낙인'이다. 그것도 '거리의 파토스'의 소유자로서 그 스스로가 원해서 받는 낙인인 것이다.[135] 이런 범죄인은 니체에게 외경의 대상이다. 강력한-위대한 범죄인을 이렇게 제시한 후 니체는 다음과 같이 말한다.

> 위대함을 꾀하는 인간들은 하나같이 온갖 범죄를 저질러왔다 ; 법률적인 문제인가 하는 것은 그 시대의 관대함과 허약함과 연관되어 있다.[136]

여기서 니체는 강력한-위대한 인간의 행위를 범죄로 간주할지 말지는 그 법공동체가 어떤 상태에 있는지에 의해 결정된다고 보고 있다. 갈릴레이가 교권이 강했던 시대에서 낙인이 찍혔듯이 말이다. 이 생각은 니체가 '형벌 없는 사회'라는 사유실험에서 공동체의 힘의식이 어느

---

134 N : KGW VIII 3 10[50], 145쪽.
135 GD 〈어느 반시대적 인간의 편력〉 45 : KGW VI 3, 142쪽.
136 N : KGW VII 2 25[259], 75쪽.

정도인지에 따라 형벌의 유형도 달라져야 한다고 했던 것과 같은 맥락이다. 단지 여기서는 범죄인이 누구인지에 따라 형벌도 차별화되어야 한다는 점이 추가되었을 뿐이다.

(3) 형벌의 세분화 및 형벌의 대안 찾기

앞의 (1)항과 (2)항의 내용은 '개인과 공동체의 근원적 건강을 가능하게 하고 유지시키는 수단이라면 법과 형벌은 필요하다. 하지만 형벌은 범죄인이 누구인지에 따라 차별화해 적용되어야 한다'라는 말로 요약할 수 있다. 그렇다면 두 유형의 범죄인에게 각각 어떤 형벌이 주어져야 개인과 공동체의 근원적 건강이 가능해질까?

그 답을 찾는 과정에서 전제되는 것은 다음과 같다. ① 보복 기제로서의 형벌은 어떤 것이든 일단 제외해야 한다. ② 형벌은 의사가 환자에게 하는 것과 같은 신중한 처방이어야 한다. ③ 형벌은 범죄인을 채무자 상태에서 회복시켜 자유로운 계약의 주체로 되돌리는 것이어야 한다. ①, ②, ③은 앞의 논의에 비추어 충분히 예상 가능한 내용들이다. 이에 기초해 '돌봄이자 치료이자 치유Pflege, Heilen/treatment로서의 형벌'이 만들어진다.[137] 이 모든 내용을 담고 있는 니체의 텍스트는 다음과 같다.

범죄인에게는 치유Geheitwerden(폭력적 충동의 근절, 변형, 승화)의 가능성과

137 범죄에 대한 적절한 대책은 가능하다면 '돌보고 치료'하는 것이어야 한다는 입장에는 형벌이 범죄자의 사회 복귀에 적합해야 한다는 생각이 전제되어 있다. 하지만 그 돌봄과 치료의 방식을 '비형벌적'인 것으로 보는 형벌폐지론(B. Wooton (1959))은 니체의 것과는 다르다.

수단을 아주 분명히 제시해야만 한다. 여건이 좋지 않을 경우의 비개연성마저도 ; 자기 자신에게마저 혐오의 대상이 된 치유 불가능한 범죄자에게는 자살의 기회가 제공되어야 한다. 이것을 최종적인 진정제로 남겨두고 : 무엇보다도 범죄인이 용기와 자유로운 기분을 다시 가질 수 있도록 무엇 하나 등한시해서는 안 된다 ; 양심의 가책을 불결한 것처럼 그의 영혼에서 닦아내야 하며, 그가 아마도 어떤 한 사람에게 끼쳤을 해를 타인에 대한, 아니 어쩌면 사회 전체에 대한 선행을 통해 어떻게 보상하고 어떻게 자신이 끼친 해 이상으로 보상할 수 있는지 알려주어야 한다. 모든 것을 극히 조심스럽게 살펴야 한다! 그리고 특히 익명이나 새로운 이름을 자주 사용하고 자주 거주지를 바꿈으로써 그의 평판과 장래의 삶이 가능한 한 적게 위험에 노출되도록 해야 한다. 물론 지금도 해를 입은 사람은 이 해가 어떻게 보상될 수 있는지는 전적으로 도외시하고 복수심에 차 재판에 호소한다—그리고 이를 통해 우리의 혐오스러운 형법 질서는 소매상인처럼 저울질하는 성격과 형벌에 의해 죄를 보상토록 하는 성격을 갖게 된다. 그러나 우리는 이러한 상태를 극복하고 더 나아갈 수 있어야 하지 않을까? […] 사회와 개인들이 범죄인들 때문에 입는 손실은 병자로 인해 입는 손실과 전적으로 동일한 종류의 것이라는 점을 생각해보라 : 병자들은 근심과 좋지 않은 기분을 퍼뜨리고 아무것도 생산하지 못하며 다른 사람들이 벌어들인 것을 소모하고 간호사와 의사와 위안을 필요로 하며, 건강한 사람들의 시간과 힘에 의존한 채 살아간다. 하지만 병자가 그러하기에 병자를 복수의 대상으로 삼으려 한다면, 오늘날에는 인간적이지 않다고 간주될 것이다 […] 아직 어떠한 사상가도 사회와 개인의 건강을 그것이 어느 만큼의 기생충들을 견뎌낼 수 있는지

에 따라 평가하려는 용기를 갖지 못하고 있다.[138]

이 인용문은 형벌의 세분화 및 형벌의 대안 찾기 작업에서 아리아드네의 실 역할을 한다. 여기에는 형벌의 여러 유형은 물론이고 '병자로서의 범죄인'과 치유라는 기본 관점이 제시되어 있고, '치유 불가능한 범죄인'이 일반 범죄인과 구별되어 있고, '최종적 진정제'로서의 자살과 '신중한 치유와 치료와 보호의 절차'가 구분되어 있다. 이를 단초 삼아 형벌의 유형을 다음처럼 구분해볼 수 있다.

먼저 강력한-위대한 범죄인 유형에만 허용되는, 니체가 일찌감치 제시한 '자기 처벌'이 있다.

범죄인이 자신이 만든 법을 존중하고, 자신을 처벌함으로써 자신의 힘, 즉 자신이 입법가로서의 힘을 행사한다는 자랑스러운 감정으로 자기 자신을 고발하고, 자신이 받아야 할 벌을 공적으로 자기 자신에게 부과하는 상태는 생각될 수 없을까? 그가 법을 위반할 수도 있다. 그러나 그는 자발적으로 자신을 처벌함으로써 자신의 범행을 극복한다. 그는 솔직함, 위대함, 평온함을 통해 범행을 불식할 뿐만 아니라 : 공공에 기여한다. ―이런 사람이야말로 미래에 있을 법한 범죄인일 것이다 […] 많은 시도가 행해져야만 한다![139]

138 M 202 : KGW V 1, 176~178쪽.
139 M 187 : KGW V 1, 160쪽.

강력한-위대한 범죄인은 자신의 척도와 기준에 따라 반동 행위를 하고 그것에 긍지를 느끼며 그것의 숙명성마저 인지하지만, 그렇다고 그가 법질서를 위반했다는(약속을 깨버렸다는) 사실이 사라지는 것은 아니다. 그는 그 사실을 솔직하게 고백하고 그에 합당한 처벌을 스스로 결정한다. 이런 자기 처벌을 통해 그는 다시 힘경제적 계약의 주체가 될 기회를, 공동체의 성원으로 돌아갈 기회를 얻는다. 자기 처벌로 자유형이나 재산형 등 그 어떤 것을 선택하든, 자기 처벌의 원칙은 그가 "자신의 권리와 명예로 요구하는 것이어야 한다"는 것이다.[140] 따라서 공권에 의한 외적 강제나 강요의 형태로 형벌이 부과될 수는 없다. 오히려 개인이 자율적으로 스스로를 처벌하고, 공권은 그가 그렇게 할 수 있는 조건을 창출하는 것에 그쳐야 한다. 이 자기 처벌에서는 원한이나 잔인한 복수 기제가 개입되지 않는다. 원한이나 복수 기제가 끼어들 경우 그의 능동적 힘은 '창백한 범죄인'의 경우처럼 은밀한 자기 학대에 쓰이게 되고, 이것은 그 자신에 대한 심리적 마조히즘, 즉 병리적 상태의 표현과 다를 바 없다.[141] 자기 처벌은 '그가 용기와 자유로운 기분을 느낄 수 있는' 처벌이다. 병리적 성격이 전혀 없는 자기 처벌.[142] 이것이 바로 강력한-위대한 범죄인을 주권적 범죄인으로 만드는 처벌이자, 그의 건강성을 고려하는 처벌이다.

그런데 여기서 흥미로운 점은 니체가 말하는 그 형벌이 더 이상은

---

140 N : KGW VII 1 3[1] 186, 75쪽.

141 GM II 17 : KGW VI 2, 341쪽.

142 메를레는 이런 자기 처벌의 가능성과, 형벌의 차별적 적용이라는 니체의 생각 자체를 간과한다. 그래서 '인간으로서의 범죄인'이 자신의 행위를 변제하고 다시 사회의 성원이 될 가능성 자체를 니체가 없애버렸다고 생각한다. J.-C. Merle (2007), 150쪽.

공형벌로 이해될 수 없다는 것이다. 오히려 이 형벌은 공동체의 공형벌권이 사적 처벌권으로 대체된 것, 즉 공형벌의 대안이라고 할 수 있다. 하지만 니체 스스로 '많은 실험과 시도가 이루어져야만 한다'고 말하듯, 주권적 범죄인 유형은 등장하기 어렵고, 자기 처벌이라는 공형벌의 대안도 현실화되기 어렵다. 그렇다고 해도 자기 처벌이 갖고 있는, 공형벌을 대체할 수 있는 의미 있는 대안이라는 지위는 사라지지 않는다.

병든 범죄자 유형의 건강성은 어떤 형벌을 통해 증진될 수 있는가? 니체는 이 범죄자 유형도 다시 세분화하며, 형벌 역시 그에 따라 차별화한다. 이 작업은 사회진화론적-라마르크 진화론적 입장을 보이는[143] 아주 위험한 발상 속에서 전개되며, 공형벌의 틀에 편입될 수 있는 형벌 유형을 제시한다. 355~357쪽의 인용문에서처럼 니체는 병든 범죄자가 "치유 불가능한" 경우, "자살"하게 하는 "최종적 진정제"를 사용할 수도 있고 "거세"나 "멸절" 등의 방식도 불사할 수 있다고 본다.[144] 하지만 '치유가 가능한 경우'에는 당연히 그는 치료의 대상이다. 그의 계약 파기 충동을 '근절하거나 변형하거나 승화'하는 치료를 통해 그가 '계약 가능한 자'로서의 자기 자신에 대한 신뢰를 회복할 여지가 있고, 따라서 그가 사회로 되돌아가 계약의 주체로 다시 인정받을 수 있기 때문이다. 병든 범죄자 유형 중에서 '치유 가능한 자'에게 의미 있게 적용될 수 있는 형벌은 바로 이런 치료적 성격을 가져야 한다.

---

143 진화론과 니체의 관계에 대해서는 백승영 ([6]2016), 258~264쪽 참조.

144 M 202 : KGW V 1, 176~177쪽. 그리고 N : KGW VII 1 16[29], 534~536쪽 ; VIII 2 10[50], 145쪽. '파문Ächtung'이나 '추방Freisetzung', '거세' 등은 니체가 말한 법공동체 유형 구분 중 오로지 채무자-채권자 관계를 전제하는 ①과 ② 유형에만 해당된다.

그런데 치료는 처벌받는 자의 병리 상태를 변화시키는 것이어야 하며, 변화는 변화하려는 자율적 의지를 전제해야만 한다. 따라서 형벌이 치료적 기능을 가지려면 처벌받는 자의 자율적 의지를 촉발해야 하며, 이것은 바로 교육의 기능이다. 이를 위해 니체는 다음과 같은 수단을 말하기도 한다. "우리의 빛으로 다른 자들을 더 어둡게 보이게 하자."[145] 즉 변화에의 의지는 처벌하는 자를 모범으로 삼을 때 촉발될 수 있다는 것이다. 처벌당하는 자와 처벌하는 자 사이의 차이, 즉 후자의 모습과 힘 사용 방식이 전자의 변화 의지를 촉구하고 고무하기 때문이다. 바로 이런 맥락에서 니체는 처벌당하는 자에 대한 교육적 치료뿐만 아니라, 처벌하는 자에 대한 교육도 필요하다고 주장하는 것이다. 형벌은 이제 '처벌당하는 자를 수단으로 삼아 처벌하는 자를 변화시키는' 것이 아니라, '처벌하는 자를 모범으로 삼아 처벌되는 자를 변화시키는' 것이 된다. 이렇듯 니체는 자기 처벌이 가능한 경우에는 공형벌의 대안을 모색하고, 자기 처벌이 가능하지 않은 경우에는 범죄인의 치유를 위한 '교육적 치료'로서의 공형벌에서 형벌의 의미를 포착한다.

(4) 사면의 의미와 대상, 그리고 풀리지 않는 문제들

그런데 '형벌 없는 사회'라는 사유실험에서 등장한 사면은 과연 누구를 대상으로 하며 어떤 의미를 갖는가? 니체가 '자비Gnade=등가원칙에 입각한 공동체의 형벌권 실행 절차가 자기 지양을 한 것=사면Gnade,

---

145 FW 321 : KGW V 2, 232쪽.

Begnadigung'이라는 등식으로 제시한 사면 개념은 답해야 할 세 가지 의문을 내포하고 있다. 그 의문들은 니체가 말하는 사면의 필요성에 대해 오히려 이의를 제기하게 만든다. 이런 점을 밝히기 위해서《도덕의 계보》 인용문을 한 번 더 자세히 들여다볼 필요가 있다.

> 그 사회의 가해자를 **처벌하지 않고** 내버려두는 것 — 이와 같이 사회를 위해 존재하는 가장 고귀한 사치를 허용할 수 있는 사회의 **힘의식**을 생각해볼 수 없는 것은 아니다. 그때 사회는 '내 기생충이 도대체 나와 무슨 상관이 있다는 말인가? 기생충을 살아가도록, 번성하도록 놓아두자 : 그럴 수 있을 만큼 나는 강하다!'고 말할 것이다… '모든 것은 변상될 수 있다. 모든 것은 변상되어야만 한다'라는 명제로 시작된 정의正義는 잘못을 너그럽게 봐주고 지불할 능력이 없는 자들을 놔주는 것으로 끝난다 — 지상에서 좋은 모든 것들이 그러하듯 그것은 **자기 자신을 지양하는 것으로** 끝나는 것이다. 정의의 이러한 자기 지양 : 이것이 어떤 미명으로 불리는지 사람들은 알고 있다 — **자비**Gnade다 ; 잘 알려져 있듯이, 자비는 가장 강한 자의 특권이며, 더 잘 표현한다면, 그가 가진 법의 저편이다.

첫 번째 의문. 사면 대상은 과연 누구인가? 자기 처벌이 가능한 범죄인에게 사면은 불필요하다. 정확히 말하면 공동체는 그를 사면할 수 없다. 등가원칙에 입각한 공동체의 보상 요구권이 그라는 개인에게 이미 양도되었기 때문이다. 그래서 사면을 '처벌권을 개인에게 양도하는 것'으로 이해하지 않는 한, 사면이라는 개념 자체가 무의미해진다. 그런데 니체는 이런 의미로 사면을 말하는 것 같지는 않다. 그가 사면 대상을 '지불 능력 없는 자'로 언급하기 때문이다. 그러니 자기 처벌로 지불 능력을 입증할 수 있는 자는 해당되지 않는다. 오로지 '지불 능력이 없는 자'만 사면의 대상이다. 그래서 그들의 범죄 성립 요건에는 등가원칙이, 형사 절차(형벌권 실행)의 원칙으로는 등가원칙의 파괴, 즉 자비-용서-사면이 적용된다. 관대함이 발휘되는 것이다. 그런데 '지불 능력 없는 자'는 누구인가? 자기 처벌은 물론이고 공형벌도 '적용될 필요가 없을 정도'의 범법자다. 공형벌을 통한 재사회화의 여지도 없고, 자신을 변화시키려는 의지도 결코 촉발되지 않는, 계약 주체로의 환원 가능성이나 보상 능력 자체가 완전히 상실된 자다. 이런 의미의 '지불 능력이 없는 자'의 경우에는 자살이나 거세, 교육적 치료 등의 형벌의 집행을 면제하거나, 선고의 효과를 소멸시키거나, 공소권 자체를 소멸시킨다. 이것은 분명 형벌과는 다른 형태의 침해 해결 방식이다.[146] 이미 보복적 보상이 아닌 형벌이라도 그에게는 적용되지 않는다. 그런데 이런 사면은 (자기 처벌과는 달리) 그의 자발적 선택 사항이 아니라, 공동체가 그에게 일방적으로 행사하는 것이다. 즉 일종의 타율적-외적 강제다. 여기에는 '그에게 보상 능력이 없다'는 공동체의 판단이 전제되어 있다. 그런데 형벌이 어차피 강제라면, 범죄인 개인에게 보상 능력이 있다고 전제하고 여러 형태로 그 강제를 행하는 공형벌이, 범죄인 개인에게 보상 능력 자체가 없다고 판단하는 강제적 사면보다 더 인간적이지 않을까?

---

146 헤겔이 제시한 사면Begnadigung은 군주의 주권에서 나오는 것이고 특별한 상황에 적용되는 것이다. 그래서 사면에 대한 헤겔의 사유는 니체의 사유와는 다르지만, 헤겔이 "형벌 외부에서 형벌과는 다른 형태의 침해 해결 방식을 고려한다"는 점은 니체와 유사하다고 할 수 있다. 헤겔의 사면에 대한 논의는 K. Seelmann (1979), 687~691쪽 ; (1998), 259~272쪽 참조.

전자가 후자보다 더 범죄인을 인간으로 인정하고 인간으로 대우해주는 것이기 때문이다. 이런 의문은 다음의 의문을 통해 더욱 강화된다.

두 번째 의문. 사면이 '등가적 보상의 자기 지양'이라는 것은 무슨 의미인가? 니체가 말하는 '자비', '관대함', '관용', '사면'이 두 얼굴을 갖고 있다는 점은 이 질문에 답하는 것을 어렵게 한다. 사면의 첫 얼굴은 힘의식을 표현하는 것이다. 즉 사면은 일종의 사치Luxus로서, 보복이나 처벌을 통해서 느끼게 되는 힘의식보다 더 큰 힘의식, "적에 대한 승리감의 형식"[147]이다. 자신의 힘이 충분히 강해서 자신의 힘을 그냥 나누어 줄 정도에 이르면 보복도 필요 없다.[148] 그래서 사면, 즉 등가적 보복을 하지 않는 사치를 누릴 수 있다. 이것은 힘경제적 관계주의의 관점을 적용하면 "약자의 소모를 방지하는 우월한 자의 영리함"[149]의 소산이기도 하다. 이렇게 보면 사면은 공동체의 강한 힘의식이 발휘되는, 공동체의 '최고의 자기 긍정 양식'이다. 그런데 첫 번째 의문을 다루면서 밝혔듯이 사면은 개인을 '지불 능력 없는 자'로 전제하는 얼굴도 동시에 갖고 있다. 이것은 공동체가 개인을 자신과 대등한 존재로는 여기지 않는다는 것을 의미한다.[150] 즉 그 개인을 등가 교환 계약의 주체로 인정조차 하지 않는다는 것을, 결국에는 그 개인의 '사회적 존재성' 자체를 인정하지 않는다는 것을 의미한다. 인간의 '자연적' 사회성을 말하는 니체이기에 이것은 인간 권리에 대한 부정이자 인간으로서의 존재 자체에

---

147 N : KGW V 2 15[45], 548쪽.
148 M 112 : KGW V 1, 99쪽.
149 MA II-WS 26 : KGW IV 3, 198쪽.
150 MA II-VM 383 : KGW IV 3, 164쪽.

대한 부정이다. 그래서 등가적 제재를 포기하는 것으로서의 사면은, '가격을 갖는 것은 동등한 가격의 다른 것에 의해 대체될 수 있다. 이에 반해 모든 가격을 넘어서 있기에 어떠한 등가물도 허용하지 않는 것은 존엄하며, 인간이 바로 그렇다'[151]라는 칸트 식의 훈훈한 이야기가 아니다. 오히려 사면은 인간을 부정하는 최고의 양식이다. '형벌 없는 사회'에 관한 사유실험의 '사면'은 이런 두 얼굴을 동시에 갖고 있다.

이런 상황에서 사면 대상에 대한 앞의 논의를 추가하면, 사면의 두 번째 얼굴이 더욱 부각된다. 니체의 사면은 실제로 '개인의 보호나 존중, 개인의 존엄과는 무관'한 것일 수 있는 것이다. 그런데 니체는 이 두 번째 얼굴을 은폐한다. 그가 사면에 대해 인용문에서처럼 '모든 좋은 것들이 그러하듯 등가적 보상이 자기 지양을 한 것'이라고 당당하게 말할 수 있는 것은 이런 은폐술 덕택이다. 이 은폐의 이유는 무엇일까? 공형벌이 개인 권리의 보호를 전제하는 것인 만큼 이 전제가 유지되어야 사면 역시 의미를 가질 수 있기 때문이다. 인간을 부정하는 최고의 양식은 사면의 동기여서도 의미여서도 안 되는 것이다. '형벌 없는 사회'의 사면은 이렇듯 은폐술 덕택에 '자기 지양'이라는 명예를 얻는다. 그렇다고 니체의 은폐술이 사면의 두 번째 얼굴인 인간 부정의 면모를 사라지게 만드는 마법일 수는 없다. '지불 능력 없는 자'라는 전제가 여전히 유지되고 있기 때문이다. 결코 사라지지 않는 이 두 번째 얼굴은 오히려 사면의 필요성에 대해 이의를 제기하게 한다.

세 번째 의문. 니체적 사면이 어떤 효과가 있을 것인가? 지불 능력

151 I. Kant (2005) B 77, 158쪽.

없는 자에 대한 사면은 그의 재범을 방지하는 힘을 가질 것인가? 이 문제는 (사회의 힘의식이 아무리 커도) 전적으로 사면 대상이 어떤 사람인지에 달려 있다. 그가 사면의 대상임을 수치스럽게 여겨 자신을 변화시키려는 의지를 갖는다면 재범 방지의 효과가 있을 것이고, 그렇지 않다면 효과가 없을 것이다. 그런데 '지불 능력 없음'이라는 속성은 후자의 가능성을 높인다. 그는 비웃음 가득한 얄궂은 미소를 지으며 재범하게 될 것이다. '처벌하는 자를 모범으로 하여 처벌받는 자를 변화'시키는 형벌에 대한 니체의 옹호를 이 상황에 적용시켜도 상황은 변하지 않는다. 이렇듯 사면해주는 공동체의 힘의식을 모범으로 삼아 범죄인이 변화하려는 의지를 갖게 된다는 니체의 기대는 유감스럽게도 입증될 수 없다. '지불 능력이 없다는 공동체의 판단'이 그를 자포자기 상태로 이끌거나 그에게서 억하심정을 불러일으켜 그의 변화 의지를 차단해버릴 수 있기 때문이다.

그렇다면 사면이 지불 능력 있는 자들의 유사 범죄를 방지하는 효과는 갖고 있을까? 니체의 논의에 따르면 오히려 그 반대일 가능성이 크다. 범죄 억제력의 측면에서 보면, 지불 능력 있는 자들이 지불 능력 없는 자들의 사면을 보는 것보다는, 지불 능력이 있는 '자기 자신에 대한 긍지'를 키우는 것이 더 효과적이다. '지불 능력 없는 자에 대한 사면'이라는, 인간에 대한 존중이 전제되지 않는 사면은 지불 능력 있는 자들에게도 아무런 효과를 발휘할 수 없다. 그렇다면 사면이 효과를 발휘할 수 있는 조건은 전적으로 사면 외부에, 즉 '지불 능력에 대한 의지 및 그것에 대한 긍지'라는 개인적 차원에 놓여 있다. 그 조건이 충족되지 않으면 사면의 범죄 억제력은 공형벌의 경우와 마찬가지로 입증될 수 없다. 상황이 이렇다면 사면은 도대체 무엇 때문에 필요한 것인가? 니체에게서 찾아낼 수 있는 '사회의 안전에 위협이 되지 않아서'라는 답은 사면의 발생 조건인 '사회의 건강성'에 대한 순환적 설명일 뿐, 사면의 필요성에 대한 답은 아니다. 물론 니체의 구상은 사면의 필요성을 거론하는 일 자체를 거부하는 것처럼 보인다. 그가 사면을 '사치'라고 못 박고 있기 때문이다. 사면이라는 것이 효용을 따지는 행위도, 필요를 따지는 행위도 아니라는 것이다. 그래서 사면은 대가를 고려하지 않는 선물Geschenk로서의 사랑처럼 낭비의 측면을 갖기도 한다.[152] 그럼에도 불구하고 사치가 행해지는 목적, 그 낭비의 목적은 있어야 한다. 사회의 강화된 힘의식을 '과시'해보는 것이 목적이 아닌 이상…

네 번째 의문. 사면이 과연 정의의 실현을 위한 것인가? 만일 그렇다면 사면은 정의의 어떤 규준을 충족시키는가? 니체에게서 등가적 정의는, 그것이 복수의 심리학에서 벗어나 있는 경우라도 일찌감치 제외된 것처럼 보인다. 니체가 사면에 대해 '등가적 정의의 자기 지양'이라고 말해버렸기 때문이다. 그런데 니체는 자신의 말을 뒤집어버리는, 뜻밖의 후보 하나를 제시한다. "정의는 […] '네가 나에게 ~이듯(하듯) 나도 너에게wie du mir, so ich dir'다 […] 계약에서 […] 상호 관계 속에 있는 두 힘이, 힘에의 의지의 제멋대로 사용을 억제하면서 서로를 동등한 존재로 허락할 뿐만 아니라 서로 동등하기를 원하는 것."[153] 이 정의의 후

152 Za I 〈서설〉: KGW VI 1, 7쪽.

153 N: KGW VIII 1 5[82], 225쪽. 이것은 니체가 "각자에게 각자의 몫을Jedem das Seine(suum cuique)"이라는 전통적인 정의 원칙을 건강한 공동체에서까지 포기하는 이유이기도 하다. 정의에 대한 니체의 논의는 4부에서 밝혀지듯 '형벌 없는 사회' 구상만큼이나 다층적이고 다면적이다.

보는 등가 교환 계약의 조건, 즉 힘의 평형에 대한 인정을 말하고 있다(정의의 다른 측면은 4부에서 논한다). 즉 정의는 '네가 나를 힘의 주체로 인정하는 만큼 나도 너를 힘의 주체로 인정한다'라는 의미를 갖고 있다. 그렇다면 여기서의 정의는 '일정 정도 동등한 힘에 대한 인정'이라는 등가원칙의 '원칙적 전제'에 대한 표현이나 다름없다. 그래서 '힘의 평형에 대한 인정=정당한 등가 교환=정의'라는 등식이 성립한다. 이 등식은 결국 '정의는 건강한 힘에의 의지의 공동체라면 어디서든 구현 가능하다. 그것도 등가적 정의의 형태로'라는 결론을 도출시킨다. 그렇다면 그 공동체에서 등가적 정의가 '자기 지양'을 하는 목적이 불분명하다. 그래서 니체에게서 사면의 목적이 무엇인지도 여전히 알 수가 없다.

그런데 니체의 글에서 정의를 '나Ich와 너Du'라는 개인들의 '힘의 등가 상태에 대한 인정'으로 해석해내고, 사면의 목적이 바로 그런 정의의 구현에 있다고 해석한다면, 사면의 의미와 효과는 결국 나와 네가 서로를 계약 주체로 인정하는 상태, 즉 개인들의 건강성에 의존하게 된다. 공동체의 강함도 마찬가지다. 이런 측면은 결국 '개인의 지불 능력 있음 혹은 건강함'과 '그런 개인의 존속'이야말로 니체 식 사면에서 결정적인 요소라고 말하게 한다. 이렇게 이해할 때에야 사면이 갖고 있는, 인간을 부정하는 의식을 드러내 보이는 두 번째 얼굴도 비로소 사라진다. 하지만 이것은 유감스럽게도 니체가 직접 보여준 구상 자체와는 다르다. 이런 문제점을 갖고 있는 사면을 니체는 어째서 그토록 옹호하는 것일까? 그것은 '형벌 없는 사회'라는 사유실험이 어떤 공동체를 그려내고 목표하고 있는지를 통해서 확인 가능하다.

(5) '형벌 없는 사회'라는 사유실험의 실체와 의미 —치유와 교육으로서의 형벌

먼저 니체가 직접 그린 실험적 법공동체에 대해서 다음과 같은 지적을 할 수 있다.

① 이 공동체는 채권자가 아니기에 병적이지 않은 공동체, 건강한 공동체임을 전제한다. 여기서 법과 공형벌은 복수의 기제에서 벗어나 있다. 하지만 모든 공형벌이 사면으로 대체되는 법의 완전한 저편은 불가능하다. ② 이 공동체는 휴머니즘이 구현되는 곳이라고 보기 어렵다. 거기서 주권적 범죄자는 인간으로 존중받지만, 지불 능력 없는 범죄자는 그렇지 않다.[154] 이런 상황은 인간의 가치를 존중하고 인간의 존엄을 인정하는 휴머니즘의 이상적 상태는 아니다. 사면의 대상이 된 개인마저 차라리 공형벌을 받는 것이 더 인간적인 처우라고 느낄 만한 상황이다. 하지만 니체는 이 가능성을 염두에 두지 않는다. 그 개인을 '자신의 인간 권리에 대한 부정을 수치스러워하는 존재'로조차 인정하지 않기 때문이다. 이것은 특정 인간에 대한 철저한 경멸이다. 그래서 이 공동체에서는 '인간으로서의 존엄'이 매우 제한적이다. ③ 이 공동체가 (법적으로든 사회적으로든) 유토피아인지도 불분명하다. 유토피아라면, 현실화 시도 자체가 무의미하게 느껴질 만한 것이든, 어렵더라도 현실화를 시도해볼 만하다고 느껴지는 것이든, 최소한 '이상'으로서의 의미는 확

---

154 이 점은 니체의 '형벌 없는 사회' 구상에서, "모든 내적 강제와 외적 강제로부터 자유롭고 완전히 자율적인 개인들만이 있는 사회, 실현 불가능한 유토피아"를 찾아내는 입장(J. Bung (2007), 133쪽)의 적절성을 의심하게 한다.

보하고 있어야 한다. 즉 추구할 만한 내용을 보여주어야 한다. 공동체의 '추구할 만함'의 지위는 정의로움에서 확보된다. 그런데 이 공동체는 등가적 정의보다 차원 높은 정의가 구현되는 것처럼 치장하고 있지만, 그것의 실체는 니체의 글 자체에서는 드러나 있지 않다. 이 공동체에서는 '인간의 존엄'이 제한적이고, 인간에 대한 원칙적 구별이 이루어지며, 이러한 점들에 기초해 사면 대상 역시 제한된다. 이런 모습이 과연 정의에 도움이 될지, 그래서 '이상'으로서의 의미를 갖게 할 수 있을지는 의문으로 남는다.

④ 이 공동체는 건강한, 그래서 사면이라는 사치의 지속을 누리는 공동체를 전제하지만, 그 건강성이 의심스럽다. 공동체의 건강은 구성원이 건강하다는 것의 표현이며, 특히 니체처럼 제도나 절차보다는 사람의 역할을 중시하는 경우, 건강한 구성원은 공동체의 건강에 절대적이다. 그런데 주권적 범죄자 유형은 거의 없고 병든 범죄자 유형은 난립하고 있다면, 그 공동체가 과연 건강할 것인가? 그래서 계속되는 사면의 사치를 누릴 수 있을 것인가? 그렇지 않을 것이다. 따라서 공동체의 강함을 위해서는 먼저 '지불 능력 없는' 개인을 '지불 능력 있는' 개인으로 만들 수 있어야 한다. 이 문제를 해결하지 못하면, 사면의 사치를 지속적으로 누리게 해주는 건강의 지속은 몽상에 불과하다.

이것이 '형벌 없는 사회' 사유실험이 제시한 법공동체 모델의 실상이다. 인간적이지도 않고, 유토피아도 아니며, 자칫 몽상에 불과할 공동체. 거기서는 사면의 명시적 목적도, 사면의 효용도 기대할 수 없다.

그런데 니체의 사유실험의 의도가 그런 자가당착적이면서 문제투성이인 공동체를 보여주고 손을 털어버리려는 것이었을까? 그렇지 않을 것이다. 앞서의 논의는 니체에게 다른 의도가 있었으리라는 추측을 하게 한다. 그 의도는 바로, '지불 능력 없는 개인의 지불 능력 있는 개인으로의 변화', 즉 '건강한 주권적 개인으로의 고양'이 법과 형벌과 사면이라는 문제 영역에서 핵심 요소임을 보여주려는 것이다. 그 구상에 내포된 여러 문제점들이 '지불 능력 있는 개인' 및 '건강한 주권적 개인'이 전제되면 일거에 해소되어버리는 구도가 이를 잘 보여준다. 자기 처벌의 의미와 효과는 물론이고 사면의 의미와 효과, 공형벌의 의미와 효과도 각각 나름의 이유에서 '지불 능력 있는 개인'과 '건강한 주권적 개인'의 존재에 좌우된다. 공동체의 건강성도 마찬가지다. 따라서 지불 능력 있는 개인, 그리고 그것의 완성태인 주권적 개인은 법 제도와 법질서에 의미를 부여하는 조건이 된다. 이 조건이 결여되면 니체가 그토록 우려했던 병든 채권자 국가와 복수로서의 형벌이 등장하며, 심지어 법적 허무주의의 위험도 커진다. 따라서 개인을 지불 능력 있는 존재로, 주권적 존재로 고양하는 것, 이것이 법공동체의 핵심일 수밖에 없다. 니체의 '형벌 없는 사회' 사유실험의 진정한 의도는 바로 '법공동체가 주목하고 고려해야 하는 바가 무엇인지'를 보여주려는 데 있다고 할 수 있다.

그것은 바로 치유와 교육이다. 지불 능력 있는 존재로 자신을 변화시키려는 개인 의지의 창출은 교육의 효과이기 때문이다. 사면이나 공형벌이라는 법 제도는 개인이 변화에의 의지를 갖는 한에서만 효과를 발휘할 수 있다. 법 제도나 법질서는 그래서 부차적이다. 교육적 치료의 측면이 강화된 법 제도나 법질서가 아닌 한은 말이다. 이런 면에 주목하면 '형벌 없는 사회'라는 사유실험은 니체 철학의 주안점인 '건강한 주권적 존재로의 인간 육성 프로그램'의 일환이 된다. 니체의 위대한 정치론과 국가론이 현실정치나 법률국가에 초점을 두지 않고 '교육을 통한 건강한 미래 국가와 미래 인간의 가능성'에 초점을 두고 있는 것처럼, 그의 '형벌 없는 사회' 구상 역시 건강한 법공동체의 모습을 보여주는 것으로써 그 프로그램을 수행하는 것이다.

> 훌륭하고 건강한 귀족주의의 근본 신념은 사회가 사회를 위해 존재해서는 안 되며, 오히려 선택된 부류의 인간 존재를 좀 더 차원 높은 과제로 이끌고, 대체로 보다 높은 존재로 고양시킬 수 있는 토대나 발판이어야 한다는 것이다.[155]

이상의 논의는 '형벌 없는 사회' 사유실험에 대해 다음과 같이 말하게 한다. 니체의 구상은 형법이나 법공동체에 대한 새로운 개론을 위한 것도, 전문적 연구를 위한 것도 아니다. 그 구상은 한편으로는 모호하고 애매한 개념 사용, 설명 부족, 내용상의 모순, 증거 은폐의 오류 같은 문제점을 안고 있고, 다른 한편으로는 여러 관점과 주제가 서로 교차하는 구조를 갖고 있으며, 또한 현란한 표피로 단색의 숨은 의도를 가리고 있다. 게다가 그 구상의 표피는 법론이나 공동체론에 현실적으로 실효성 있는 대안을 제공하기 어렵다. 하지만 그 구상의 숨겨진 의도를 들추어내고, 그것을 철학적 정치론의 과제와 연계시켜보면, 그 구상의 의미와 기능에 대해 다음과 같이 말할 수 있다.

첫째, 그 구상은 형법이나 형벌이 개인과 공동체를 약화시키는 경

155 JGB 258 : KGW VI 2, 216~217쪽.

우를 보여준다. 그래서 병리적 개인과 공동체로부터, 그리고 병리적 법과 형벌로부터 탈피해야 한다는 것, 법과 형벌에 기대하는 소위 '효용'이 경험적 사실이기 위해서는 개인의 건강성 회복이 선행되어야 한다는 것을 지적해준다. 결국 '외적인 법적 통제에 대한 내적인 교육의 우선권' 혹은 '법 제도의 교육적 기능의 강화'를 권유한다. 둘째, 그 구상은 우리 사회와 우리 시대를 반성하는 계기가 된다. 범죄의 호황기이자 법의 호황기이기도 한 현대가 과연 건강한 시대인지를 되묻게 하며, 형벌의 자기 제한이라는 근대적 이념의 의미를 되돌아보게 한다. '형벌 없는 사회'라는 철학적 구상이 비록 완전하지는 않더라도, 우리 시대와 사회의 건강을 회복하는 데 초석은 될 수 있지 않을까?

> 위대함이란 : 방향을 제시하는 것이다 […] 수많은 지류들이 흘러들어야 할 방향을.[156]

156 MA I 521 : KGW IV 2, 336쪽.

제4장

‘현대적인 너무나 현대적인’ 법철학, 그리고 남겨진 숙제

힘에의 의지의 관계주의가 적용된 니체의 법론에는 법에 대한 근대적 자명성에 대한 반박과 현대적 법의식을 선취하는 내용이 한데 뒤섞여 있다. 우리에게 숙고를 요하는 숙제들을 남긴 채로…

1. 근대법 이념을 넘어서는 법철학

니체가 제시한 법론은 근대적인 법의식에 대한 도전이자 그것을 넘어서는 측면을 갖고 있다. 먼저 ① 법에 대한 힘경제적 계보는 (형)법의 시작점이 ‘자유 의지와 필연적 관계에 있는 죄’가 아니라, 힘경제적 계약이라는 점을 명시한다. 이것은 법존재론적 토대에 대한 정면 도전이다. 법존재론에서는 ‘죄’ 개념과 ‘자유 의지’ 개념이 한 쌍을 이룬다. 자유로운 선택의 주체만이 죄를 지을 수 있기 때문이다. 형벌 및 법적 제재는 그런 '죄'에 대한 대응적 절차로 간주된다. 그래서 '자유'와 '죄'와 '법'과 '벌' 사이에는 논리적이고 인과적인 필연성이 확보된다. 힘경제적 계보론은 이런 근대적 법의식에 대해 힘의 균등과 힘경제적 논리로 맞서는 것이다. 법의 계보는 등가 교환을 할 수 있는 존재들의 힘 관계에 있고, 법의 실행도 그 힘 관계 속에서 이루어진다. 그렇기에 법도 형벌도 우연적이고 임의적인 수단에 불과하다.

② 니체의 법론은 법에 엄격한 규범성을 요구하면서도 동시에 해석적 성격을 부여해 법실증주의적 사유를 해소시킨다. 물론 법이 건강한 개인과 건강한 공동체를 위한 수단이어야 한다는 것. 이것은 법이 공동선을 추구해야 한다는 것에 대한 니체 식 사유이며, 법에 근대적 법의식처럼 엄격한 규범성을 요구하는 것이다. 하지만 니체는 동시에 법을 해석으로 제시해, 인간의 여러 사회적 조건들과 상황들로부터 법을 분리시킬 수 없다고 본다. 법이 해석이기에, 그리고 그런 한에서 법은 수단일 수 있는 것이다.

③ 자연법과 자연 권리의 허구성, '죄와 처벌'의 관계 속에 숨어 있는 보복 기제, 범죄와 범죄에 응대하는 방식에서 드러나는 논리적 모순, 예방과 응보라는 법 관념이 은폐하고 있는 잔인성과 비인간성, 형량산정 시의 불합리성 등에 대한 니체의 고발은 법에 대한 근대적 자명성에 대한 근본적이면서 급진적인 반성이기도 하다.

이렇듯 니체는 근대적 법의식 및 법적 자명성과 맞대결하면서 우리의 법 제도와 법의식을 동요시키고 해체시키며, 법에 대한 자유로운 시각과 법의 발전을 위한 창조적 고민을 보여준다. 이것은 곧 법적 사고 체계를 철학화하는, 온전한 법철학적 사유를 보여주는 것이라고 할 수 있다.

2. 니체의 법론과 현대 법의식의 공유점과 차이

니체의 법론은 20세기에 팽창했던 포스트모던 법론의 법의식을 선취하고 있다고 볼 수 있다. 포스트모던 법론은 법적 논의에 포스트모더니즘을 접목하려 한 시도로, 비판법학 운동의 한 경향이다. 비록 포스트모던 법론이 영어권에서 그들의 법을 대상으로 시작됐지만, 니체에게서 단초와 공유 지점을 찾는 것은 어렵지 않다.

물론 포스트모던 법론을 하나로 정의하기는 어렵다. 그러나 그것이 법에 대한 기존의 고정 관념들이나 이데올로기에 대한 해체적 논의를 제공하면서 다원주의적 시각을 강조하는 법론인 것만큼은 확실하다. 이 법론의 주요 테제는 본질주의와 실체주의로부터의 법의 분리, 법적 추론의 독자성 및 객관성에 대한 의심, 법에 대한 거시적인 접근의 포기, 법 개념의 정의 불가능성 등이다. 이러한 테제들을 구성하기 위해 구조주의, 포스트구조주의, 후기 프로이트 심리주의, 신실용주의 등에서 이론적 장치를 빌려 온다. 그러면서 기존 법론에 대한 안티테제 역할을 수행했지만 급속한 위축을 겪게 된다. 여기에는 포스트모던 법론이 자신의 학문 이론적 가능성을 확보하기 위해 데리다, 푸코, 피시, 라캉 등의 이론을 빌려 오고 타 학문과의 융합을 과감히 시도하면서 프로그램적-실험적 성격을 갖게 된 것이 중요한 이유가 되었다고 할 수 있다. 그것의 이론적 부정확성이 걸림돌이 되었던 것이다. 물론 그 법론에서 기존 법론에 대한 안티테제의 역할, 즉 해체적 측면이 과도하게 부각된 탓도 있다. 포스트모던 법론은 새로운 대안이라는 역할을 하지는 못했던 것이다.

하지만 포스트모던 법론의 문제의식과 관점 중에는 현대에도 여전히 유효하고 타당한 것들이 있다. 즉 법의 본질에 대한 물음 자체가 품고 있는 문제점에 대한 주목, 법적 추론의 안정성·객관성·자율성에 대한 의심 및 주관성 개입 여지에 대한 주목, 법적 권위의 확정성에 대한 회의, 그리고 법적 권위와 권력 및 이데올로기와의 유착 관계에 대한 지적, 법의 지배가 제도화된 억압 기제인지에 대한 물음 등이 그렇다. 그런데 이런 문제의식과 관점은 법의 내적 모순과 한계를 밝혀낸 니체에게서 때로는 직접적으로, 때로는 우회적으로 발견된다. 포스트모던 법론에서 니체라는 이름이 (비록 파편적이고 분절적이지만) 불쑥불쑥 튀어나오는 것은 이런 이유에서다.[157] 그렇다고 니체가 포스트모던 법학의 전적인 맹아인 것도, 포스트모던 법학 그 자체인 것도 아니다. 니체가 다원주의-탈실체주의-탈절대주의라는 포스트모더니즘의 기본적인 관점과 방향성을 제시했지만, 그가 포스트모더니즘 일체의 모태인 것도 아니고, 또 포스트모더니즘과 동일시될 수 있는 것도 아니듯이 말이다. 하지만 포스트모던 법론이 보여준 현대적인 법의식과 문제 제기 방식을 니체가 선취하고 있다는 점만큼은 확실하다. 그러나 니체는 거기에

---

157 포스트모던 법론은 니체를 단지 파편적·분절적으로 주목할 뿐인데, 이 때문에 포스트모던 법론의 이론적 정교화 작업에 니체 철학을 활용할 기회 자체를 스스로 없애버린 측면이 있다. 그 한 예가 법미학legal aesthetics의 한 분야인 '미적 정의론'이다. 법미학에서 니체가 주목된 지점, 법미학의 전망 및 문제점에 대해서는 백승영 (2014), 51~77쪽 참조.

머물지 않는다. 포스트모던 법론이 해체 작업의 실천적 유용성을 법적 논의에 활용하는 정도였다면, 니체는 그것을 넘어선다. 그는 '건강한 법 공동체와 건강한 개인의 육성'이라는 목표를 위해 법이 어떤 역할을 해야 하는지를 계속해서 묻는다. 그가 '법의 지배'의 모순과 폭력성과 딜레마를 폭로하는 것은, 바로 미래를 위한 법이 어떠해야 하는지를 묻기 위해서다. 그가 제시하는 법은 이렇듯 한 손에는 규범성을, 다른 한 손에는 해석성을 들고 있는 것이다.

3. 법의 권위에 대한 도전, 그리고 현대적인 너무나 현대적인 예감

법을 예외적 수단이자 해석으로 바라보는 니체. 형벌과 양형의 문제점을 적나라하게 보여준 니체. 그는 '현대적인 너무나 현대적인' 법 관련 사태를 미리 예감하고 있었던 것처럼 보인다. 두 가지 정도만 예로 들자면, 먼저 니체는 재판 과정에서 형량산정이 공정하게 이루어지지 않는 이유를 제시한 바 있다. 그러면서 그는 법체계와 법의 권위에 도전장을 내민다. 그 상황을 현대 언어로 약간 각색하자면, 법정은 판사와 검사와 변호인 간의 일종의 설득적 싸움이 벌어지는 장소인데, 거기서 판사와 검사와 변호인이 누구인지가 재판 과정이나 양형 과정에서 매우 중요한 역할을 한다. 특히 변호인의 변호 능력이 결정적인 경우가 많다. 의뢰인에게 유리한 증거를 사용하고, 의뢰인에게 유리한 법 지식을 활용하는 변호인의 자질과 능력에 따라 형량이 결정되는 일이 결코 드물지 않기 때문이다. 현대 사회에서 이런 경향은 더욱 심해지고 있다. 변호인 선정이 재판의 승패를 좌우하는 것은 물론이고 형벌의 정도와 범위도 결정한다고 말할 수 있을 정도다. 그래서 현란한 말솜씨와 정보 수집 능력과 연줄이 있는 변호인을 방패 삼아 유죄를 무죄로 바꾸고 유사 범죄를 계속 저지르는 것, 법 지식을 교활하게 활용하여 법의 사각지대나 허술한 구멍을 찾아 교묘하게 빠져나가는 것, 이런 일은 우리 시대에 너무나도 자주 목격된다. 판사나 검사가 늘 양심적이고 공정하게 재판을 진행하는 것도 아니다. 오히려 그들이 부디 그렇게 하기를 그저 간절히 빌 수밖에 없는 경우도 많다. 그들이 법 위에 군림하고 법을 수단으로 삼는 것은 너무나도 흔한 일이 되어 있다.

니체는 근대의 한복판에서 이런 사태를 예견이라도 한 것처럼 보인다. 그래서 이러한 법체계가 과연 공정하고 정의로운지를 묻고, 우리에게도 따져볼 것을 요청한다. 니체는 물론 이런 상황에 대해 실효성 있는 대안을 제시하지는 못한다. 그저 그런 식으로 행동하는 법조인들에 대해 '지불 능력 없는 자'로 스스로 강등시키는 천민에 불과하다고 비난하거나, 그들을 교육해야 한다거나, 법공동체가 그런 기생충 천민을 견뎌낼 수 있도록 강해져야 한다는 등의 원론적 발언을 푸념조로 되풀이할 것이다. 사실상 니체는 대안 모색을 우리의 숙제로 남겨두고 있는 것이다.

예외적인 수단이자 해석인 법을 통치의 기반으로 삼는 법률국가체제. 그 체제와 '법에 의한 지배'라는 이념이 과연 법적 권위에 대한 무조건적 추종과 추앙을 정당화할 수 있는 것인지 니체는 묻는다. 물론 그의 대답은 '아니오'다. 그는 '사람에 의한 지배'가 더 유용하다고 철석같이 믿기 때문이다. 거기에는 법 아닌 사람에 대한 니체의 근본적인 믿음이 놓여 있다. 인간이 맺는 사회적 관계는 예외 없이 힘경제적 교환이고, 그 교환이 정당하게 이루어지는 것이 인간의 자연적이고 건강한 사회성이며, 인간은 그런 사회성을 발휘할 수 있는 존재라는 믿음 말이다. 인간들이 그런 식으로 자연적 사회성을 발휘하며 살아가기만 한다면 채권법에서 시작되는 법은 불필요할 수도 있고, 형벌도 마찬가지다. 이것이 인간을 믿는 철학자 니체의 생각이다. 하지만 그의 시대에나 오늘날에나 그의 생각과는 정반대되는 현상이 목격된다. 인간의 자연적 사회성에 대한 믿음으로 도의와 책임 의식에 호소해 풀어갈 수 있는 문제들을 놓고도 사람들은 '법대로 하자!'고 소리를 높인다. 그러면서 현대는 점점 더 법의 호황기가 되어가고 있다. 니체의 시각으로 보면 인간을 채무자-채권자 관계로 전락시키는 병리적 상태가 만연하고 있는 것이다. 이런 상황에서 우리는 고심하지 않을 수 없다. 무엇이 인간적인 삶인지, 법이 과연 우리 사회를 인간적인 사회로 만들고 있는지에 대해서 말이다. 이것 역시 우리가 풀어야 할 숙제로 남아 있다.

제 4 부

사회 정의와 법적 정의

니체는 과연 정의에 대해 의미 있는 담론을 남겼으며, 그것은 니체의 철학적 정치론을 완성시키는가? 이 질문에 대한 답은 긍정이다. 그간의 학적 연구의 한 축이 완전히 상반되는 입장을 보이기도 하지만, 정의에 대한 니체의 담론은 철학적 정치론으로서의 니체의 실천철학을 완성시킨다고 할 만큼의 무게감을 자랑한다. 1~3부에서 설명한 개인과 국가와 법에 관한 사유가 니체의 철학적 정치론의 뿌리와 줄기와 잎에 해당한다면, 정의에 대한 담론은 바로 그것의 꽃이자 열매다.

주지하다시피 '정의'는 사회적 가치 개념이자 정치적 가치 개념으로, 사회적 삶에서의 관계와 질서를 전제한다. 물론 진리와 선과 아름다움도 가치 개념이고 마찬가지로 중요하며 또 정의와 연계되기도 하지만, 인간의 사회적·정치적 실존에서 정의의 자리를 대체하기는 어렵다. 정의가 그런 것이기에, 인간 삶의 사회성과 관계성을 무엇보다 중시하는 니체의 실천철학에서 정의의 문제는 구조적으로 이미 핵심적인 역할을 할 수밖에 없다. 그런데 니체는 개인과 국가와 법에 대한 숙고에서 그러했듯이 정의를 다룸에 있어서도 제도적 차원이나 정책적 차원에서 접근하지 않는다. 어떤 제도가 정의로운 제도인지, 어떤 정책이 그가 말하는 정의를 어느 정도 구현할 것인지는 그의 관심사가 아니다. 그는 철저히 정의에 대한 원리적 접근을, 그것도 철학적 정치론의 문제의식 속에서 시도한다. 그래서 그는 인간과 사회를 건강하게 하는 정의는 어떤 것이고, 그런 정의를 판단하는 기준은 무엇이어야 하며, 더 나아가 정의를 가장 확실하게 보증할 수 있는 조건이 무엇인지를 묻는다. 그런 물음에 답하기 위해 니체는 개인과 국가와 법을 다루던 방법적 절차인 힘에의 의지의 관계론을 그대로 적용하고, 분배 정의와 교환 정의, 그리고 서양의 어느 전통에서도 찾아볼 수 없는 독특한 관계 정의 Relationsgerechtigkeit라는 세 가지 분리 불가능한 정의 개념을 동시에 제시한다. 게다가 감성적 영역 대 이성적 영역, 사적 영역 대 공적 영역으로의 분리가 당연시되었던 사랑과 정의를, '사랑하는 정의'의 형태로 통합해버리는 획기적 시도도 보여준다.

그 과정을 통해 니체는 '정의의 구현은 바로 개인의 의지적 노력에 달려 있다'는 결론을 내린다. 이렇게 해서 정의의 문제는 니체에게서 인간의 문제로, 인간 의지의 문제로 수렴된다. 의지의 철학자 니체의 진면목이 발휘되는 지점이다. 그런데 그는 정의의 해명에서 일반적인 해명 방식과 달리 인간 권리에 대한 본질주의를 전제하지도 않고 공리주의를 요청하지도 않는다. 하지만 흥미롭게도 그가 찾아낸 정의 개념은, 천부인권으로서의 자유와 평등을 전제하지 않으면서도 자유와 평등을 담보하고, 공리주의적 유용성을 앞세우지 않으면서도 매우 큰 실천적 구속력을 확보한다.

니체의 정의론은 법적 정의와 사회 정의를 구분(분리라는 의미는 아니다)할 수 있는 조건 하나를 제시한다. 물론 '법에 의한 지배'를 구현하려는 법치 사회에서 정의와 법은 불가분적이고, 정의는 법을 통해 가장 잘 구현될 수 있다. "정의가 행해지고 올바로 유지되는 곳"에서 반동적 원한 감정을 없애는 "가장 결정적인 요소는 법의 제정"이라는 니체의 표현처럼 말이다.[1] 하지만 니체는 법이 정의만을 내용으로 하는 것도 아니고, 정의의 구현만을 목표로 하는 것도 아니라고 생각한다. 오히려 법이 정의의 구현을 방해할 수도 있고, 정의와 일치하지 않을 수도 있다. 법이 보복법이나 응보법일 경우다. 니체가 법적 정의를 넘어서는 정의를 찾는 이유 중 하나도 바로 거기에 있다. 법적 정의를 포함하지만 그것을 넘어서는 정의. 그것은 사회 정의라고 부를 수 있는 것으로, 니체에게는 바로 그것이 본연의 정의라고 할 수 있다. '관계 정의'는 바로 그것을 위한 결정적 역할을 한다. 관계 정의는 사람들을 힘계약적 관계의 힘 주체로 '인정Anerkennung'하는 것이다. 사람들의 힘이 크든 작든, 지위가 높든 낮든, 사회적 역할이 중요하게 여겨지든 아니든 간에, 그들이 관계 공동체를 함께 만들어가는 계약의 주체이자 관계의 주체임을 인정한다는 말이다. 그래서 관계 정의는 곧 인정하는 정의Anerkennungsgerechtigkeit이며, 이것이야말로 니체에게는 인간에 대한 사랑 그 자체다. 그래서 '관계 정의=인정하는 정의=사랑하는 정의'라는 등식이 성립된다. 하지만 니체는 이러한 정의의 구현 가능성을 법과 제도라는 강

---

1 GM II 11 : KGW VI 2, 327~328쪽.

제적 절차보다는 개인들의 의지적 노력에 의해 확보하려 한다. 그 정의는 함께 살아가는 개인들이 함께 추구해야 비로소 구현 가능한 것이기 때문이다. 그런 개인이야말로 니체가 그토록 강조하는 건강한 개인이다.

그래서 니체가 생각하는 정의로운 사회는 분배 정의Verteilungsgerechtigkeit와 교환 정의Tauschgerechtigkeit가, 인정하는 관계 정의Anerkennungs-Relationsgerechtigkeit와 '함께' 트라이앵글을 이루고 그 내부에 '건강한 인간의 의지적 노력'이 놓일 때 비로소 가능한 것이다. 정의에 대한 니체의 이런 그림은 결국 교육에 대한 강조로 수렴되지 않을 수 없다. 위대한 정치론이 그랬고, 치료적 기능을 강조하는 법론이 그랬듯이 말이다. 그래서 개인들의 의지적 노력을 이끌어내는 것은 사회와 국가가 가장 주목해야 하는 바이자, 가장 많은 공을 들여야 하는 과제가 된다. 니체의 믿음처럼 오로지 건강한 개인이 건강한 사회를 만들 수 있기 때문이다. 이렇듯 정의에 대한 니체의 담론은 그의 거대한 인간 교육론의 정점이자 완결이라고 할 수 있다.

이런 내용은 니체가 한편으로는 유럽의 사유 전통이 보여준 정의에 대한 숙고를 자신의 방식으로 발전시키고, 다른 한편으로는 정의를 다루는 기존의 방식을 수정한 것이다. 이를테면 '좋은 국가=정의 국가'라는 플라톤의 기본 입장을 '건강한 국가=정의 국가'로 변경하고, 재산이나 지위 같은 현실적이고 구체적인 몫을 분배 대상에 포함시켰던 아리스토텔레스의 분배 이념을, 권리의 몫에 대한 것으로서 원칙적인 차원에서 고찰한다. '각자에게 그의 것을, 혹은 각자에게 각자의 몫을suum cuique'이라는, 울피아누스Domitius Ulpianus가 정립한 정의 원리에서 보복적 측면을 배제해버리기도 한다. 게다가 자유와 평등이라는 근대적 이념을 획득 권리로서의 자유와 평등으로 전환해 비례적 분배의 원칙으로 삼기도 한다. 또한 니체는 '법이 정의를 추구하지 않는다고 해서 법이 아니라고 할 수 없고, 법의 본질을 정의와의 관계에서 파악하지 않아도 무방하다'는 법실증주의(부분적으로는 법현실주의)의 모토에 '법과 정의는 본질적으로 연계되어 있고, 그것이 깨지면 병리적 왜곡 상태가 된다'는 주장으로 맞서기도 한다.

이러한 니체의 정의론은 현대 정치철학이 풀어야 하는 여러 문제에 의미 있는 답을 제공한다. 예컨대 현대의 공동체주의가 풀고자 하는 문제, 즉 '공동체를 유지하기 위해 필요한 소속감 및 연대성은 어디에서 유래하는가?'에 대해 니체는 '정의 원칙에 대한 존중과 그것에 대한 의식적-의지적 노력'이야말로 연대성의 기초라는 답을 제공한다. 또한 현대 정치철학에서 이루어지는 시민권citizenship에 대한 논의를 니체가 선취하고 있다고도 할 수 있다. 시민권 이론가들은 정의를 모색할 때 사회의 구조 못지않게 시민의 수준과 성격과 자질에도 주목해야 한다고 말한다. 아무리 정의로운 제도와 절차라도 시민들의 동의와 협조와 공조 없이는 무용지물이 될 수 있기 때문이다. 니체도 바로 그런 생각을 일찌감치 보여준다. 그가 강조하는 '사랑하는 정의'는 인정하려는 의지와 정의를 추구하는 의지의 중요성을 주지시키면서, 정의의 문제가 곧 사람의 문제임을 시사하기 때문이다.

제1장
니체와 정의

1. '니체와 정의'에 관한 학적 담론 및 배경

'니체와 정의'를 말하는 것은 '니체와 법'을 말하는 것만큼이나 의미 없다는 학적 연구들이 있다. '니체 철학에는 사회 정의에 대한 담론이 없고, 그것이 다른 여러 이유들과 함께 니체에게서 의미 있는 실천 철학을 발견할 수 없다고 말하게 한다'는 것이다. 이러한 맥락의 연구들은 예컨대 '니체 철학에는 적절한 정치론 자체가 없고, 니체의 귀족 정치라는 것도 사회 정의에 대한 요구와 무관하다'는 선입견[2], '니체에게서 정의는 권력의 수단일 뿐, 그 자체로 가치가 있는 것으로 간주되지 않는다'는 오해[3], '니체 철학의 정의 개념은 절대 친해지기 어려운 것'이

2 K. Ansell-Pearson (1994), 41쪽, 51쪽.
3 J.-C. Merle (2007), 146쪽.

라는 소견[4], '니체는 정치철학을 위해 아무것도 제공해줄 수 없다'는 편견[5]을 드러낸다. 이런 연구 경향이 있는 반면에 이에 맞서는 또 다른 연구 경향, 즉 '사회 정의에 대한 니체의 담론은 의미 있으며, 니체의 실천철학에 실질적인 기여를 한다'고 보는 경향도 있다. '니체의 정의 개념에서는 법 개념과 마찬가지로 약자의 원한과 관계된 측면뿐 아니라, 인간의 진보에 필요한 강자의 규범적 이상도 발견할 수 있다'[6], 정의 개념은 '니체 후기 사유에서 핵심적인 개념이자 니체 철학의 주도적 계기와 연계된 것이다'[7], '니체 정의 개념의 고유한 문제 영역은 다름 아닌 인간이다'[8]라는 견해가 대표적이다.

이 두 시각은 오랫동안 평행선을 이루어왔는데, 이런 평행을 깨뜨리는 시도들이 비교적 최근에 나타나고 있다. 거기에는 페테르젠J. Petersen에 의한 니체의 법적 정의 개념에 대한 연구와 크놀M. Knoll에 의한 니체의 사회 정의 개념에 대한 연구가 기여한 바 크다. 특히 크놀[9]은 정의 개념이야말로 니체 정치론의 '핵심'이라고까지 이야기하며, 그 근거로 플라톤의 정의 개념이 니체의 정의 개념의 모범이라는 점, 니체의 정의 개념이 인간학적 토대 위에서 전개된다는 점을 설득력 있게 보여준다. '니체의 사회 정의 개념은 의무와 권리의 정의로운 분배에 관한 것이고, 게다가 인간의 원칙적이면서 자연적인 불평등에 상응하는 것으

4 V. Gerhardt (2004), 82쪽.
5 M. Nussbaum (1997), 1~13쪽.
6 L. Gschwend (1999), 245쪽.
7 H. Ottmann (^{2}1999), 390쪽.
8 J. Petersen (2008), 237쪽.
9 M. Knoll (2009), 156~181쪽.

로, 바로 이 점이 니체의 사회 정의 개념의 핵심'이라는 것이[10] 크놀의 연구의 자연스러운 귀결이다. 그의 연구를 통해 니체의 정의 개념의 실천철학적 중요성이 한층 더 확보된다.

크놀의 연구의 큰 틀과 방향, 그리고 니체의 정의 개념이 그의 다른 실천철학적 주제들과 정합적 구도를 형성한다는 그의 설명에는 이론의 여지가 없지만 유감스러운 부분은 있다. 그가 찾아낸 분배 정의만으로는 니체의 정의 개념의 전모가 밝혀지지 않기 때문이다. 니체의 정의 개념은 매우 애매하고 모호하면서 다층적이다. 그것은 분배 정의와 교환 정의라는 낯설지 않은 형태를 지시하기도 하지만, '관계 정의'라고 명명될 수 있는 형태로 주제화되기도 한다. 물론 이 세 가지 개념은 모두 니체의 철학적 정치론 전체를 관통하는 독특한 구분인 '주인적 개인-노예적 개인' 혹은 '정신적 귀족성을 갖춘 건강한 주권적 개인-병든 원한 개인'을 전제한다. 게다가 그 세 가지 정의 개념은 상호 보완적이다. 교환 정의와 분배 정의는 당연히 서로를 지지하며, 관계 정의는 그것들의 전제 역할을 한다. 이런 독특한 구도가 가능한 것은 첫째, 정의에 대한 니체의 논의가 '힘에의 의지의 관계론'이라는 니체 철학의 전체 틀 속에서 정합적으로 이루어지기 때문이다. 둘째, 정의에 대한 니체의 논의는 국가에 관한 논의에서와 마찬가지로 '인간 유형의 향상', '위대한 개인의 산출', '인류의 훈육'이라는 교육적 목적을 띠기 때문이다. 그 구도 속에서 관계 정의는 '개인과 사회의 이상적인 관계'를 보여주고, 동시에 그런 관계를 맺을 수 있는 개인의 '덕목'이나 '자질'의 형태로도 제공되면

10 M. Knoll (2009), 156쪽, 166쪽, 167쪽, 180쪽.

서, 교환 정의와 분배 정의가 추구되고 구현될 수 있는 '조건'의 역할을 한다. 니체의 정의 개념이 갖고 있는 이런 특징들과 구도를 주목해야 비로소 플라톤이 니체에게 모범이 된 이유와, 아리스토텔레스와 니체의 공유점과 차이, 그리고 인간학이 니체 정의론의 토대인 이유도 좀 더 구체화될 수 있다.

'니체의 정의론은 전적으로 인간학적 토대 위에 수립된 것으로, 정의 자체의 제도적 구현보다는 정의를 추구하는 개인의 양성을 목적으로 하는, 교육적 기획의 일환이다. 그래서 니체의 철학적 정치론의 다른 내용들과 정합적 관계에 있다'는 인식. 이는 정의라는 문제 영역이 정치학이나 윤리학이나 법학을 넘어 필연적으로 인간학의 문제 영역으로 귀착될 수밖에 없다는 점, 정의로운 인간의 양성과 육성이야말로 사회 정의의 현실적 구현을 위한 결정적 조건이라는 점을 시사한다. 그래서 개인의 자질과 덕목과 수준의 향상을 위한 교육이 사회의 가장 중요한 과제가 되는 것이다.

2. 정의 개념의 넓은 스펙트럼

(1) 정의에 대한 니체의 관심

정의에 대한 니체의 관심은 그의 청년기부터 성숙기에 이르기까지 지속되며, 넓은 외연 속에서 매우 다양하게 변주된다. 그런데 법에 대한 니체의 사유가 그러하듯 정의에 대한 사유 역시 내용상으로나 형식상으로나 전기 사유와 후기 사유에서 결코 단절적이지 않다. 전기의 사유가 후기로 가면서 좀 더 구체적으로 보완되고, 한층 넓은 시각을 통해 확대된다고 보는 것이 더 적절하다.

젊은 니체는 이미 넓은 스펙트럼 속에서 정의 개념을 제시한다. 정의 개념은 예술 충동의 활동에 대해 설명하는 맥락에서부터 등장하고, 삶의 근본적인 특징으로도 제시되고, 인식이론적 측면 및 진리 추구 방식과 연계되기도 하며, 법적 측면과 사회정치적 측면을 넘어 개인의 덕목과 자질의 형태로도 출현한다. 그렇기에 그의 정의 개념은 정치사회론 및 법론의 개념과 사유 범주는 물론이고, 인식론, 도덕론, 심지어는 인간론의 개념과 사유 범주들과도 연계된다. 정의 개념의 이런 넓은 외연과 다양한 변주는 그 자체로 관점주의자인 니체의 수미일관성의 표현일 수 있다. 하지만 그것은 정의에 대한 니체의 '관심의 크기'와 니체 철학에서 정의 개념이 갖고 있는 '무게'를 보여주는 증거가 되기도 한다. 그중에서 정의의 법적·사회적 측면은 의미와 기능 면에서 개인의 덕목과 자질이라는 인간학적 숙고와 연계되어 비로소 그의 철학적 정치론의 핵심을 이루게 되는 것이다.

이런 특징은 니체의 철학적 정치론에 대해 '정의를 구현하려는 노력 그 자체'라고 말하게 한다. 실천철학자 니체는 시대의 병증을 진단하고 치료하는 철학적 계몽가이자 철학적 의사이고자 했다. '데카당스!' 그리고 '허무주의!' 그의 진단서에 적혀 있는 병명은 이것이었다. 2부와 3부에서 이야기한 대중 취향의 천박함, 학문의 기계화와 퇴락, 저널리즘과 문학의 천민화, 정신적 고귀함의 상실, 정신에 대한 물질의 승리, 노예근성의 지배 등은 그가 정의라는 철학적 메스를 들이대어 하나하나 도려내야 했던 환부였다. 그 치료 과정은 정의롭지 않은 시대에 자신만의 정의를 찾아가는 니체의 철학적 여정 그 자체라고 할 수 있다. 니체가 자유정신의 소유자로 등장했던《인간적인 너무나 인간적인》에 대한 1880년대의 유고(《인간적인 너무나 인간적인》의 새로운 서문을 위한 유고)는 그 과정을 '방랑의 시간'으로 묘사한다.

> 높고 까다로운 영혼의 욕구를 지닌 사람의 위험 […] 내게 완전히 결여되어 있던 것이 정의라는 사실을 알게 된 것은 나중의 일이다 —나는 이미 스무 살이 넘어 있었다—. '정의가 무엇인가? 정의란 가능한 것인가? 가능하지 않다면 이때 나는 어떻게 삶을 견딜 것인가?' —이런 질문을 나는 계속해서 던졌다. 그러면서 나는 깊은 불안에 빠졌다. 내가 열정만을 찾고, 구석의 시각만을 찾고, 정의의 전제 조건을 이미 결여한 채 안전만을 찾았던 그 모든 곳에서 말이다 […] 나는 가능하면 내 구석진 시각으로부터 멀리 떨어져 혹독하고 기나긴 과정의 새로운 학교로 가기로 결단했다. 아마도 그 과정에서 나는 다시 정의 자체를 만나게 되리라! 그렇게 내게 방랑의 시간이 시작되었다.[11]

"높고 까다로운 영혼의 욕구를 지닌" 자유정신 니체. 그의 철학적 여정은 정의에서 시작해 정의로 끝난다. 그런데 니체는 자신이 스무 살이 넘어서도 정의의 문제에 제대로 직면하지 못했노라고 고백한다. 너무나도 협소한 관점과 부족한 사색 때문이었다는 비판을 곁들여서. 그

11 N : KGW VII 3 40[65], 395~396쪽.

시점은 니체가 고전문헌학을 전문적으로 공부하던 때다. 니체는 그리스 문화를 들여다보면서 스물두 살에 이미 디오게네스 라에르티오스에 관한 연구로 상을 받고 스물다섯 살에 이미 바젤대학의 문헌학 교수가 될 정도로 문헌학적 성취를 보여주었지만, 자신의 문헌학자 시절을 편협함과 좁음과 비겁의 시간으로 생각한다.[12] 물론 그때에도 니체에게 정의의 문제가 완전히 생소하지는 않았을 것이다. 그가 문헌학자로서 다음의 몇 사람을 만나지 않을 수 없었기 때문이다. '생성을 불의'와 연계시키는 아낙시만드로스[13], 헤시오도스의 "불화의 여신 에리스를 세계 원리로 변용시켜"[14] "다수의 투쟁 자체가 정의"[15]라고 보는 헤라클레이토스, "법의 계약적 성격"과 "힘의 균등을 정의와 연계"시키는 투키디데스 등을 말이다. 게다가 '정의로운 폴리스=이성적 지배자의 통치'를 말하는 플라톤이나, 비례 정의와 비례적 평등을 제시하는 아리스토텔레스도 니체는 알고 있었다. 니체의 자기비판에도 불구하고 그 모든 것이 정의에 대한 니체의 통찰 속으로 흡수된다. 하지만 니체는 자신이 우물 속의 개구리 시각에서 관점주의적 시각으로, 안전에서 혼돈으로, 편안함에서 혹독한 자기 훈련으로, 낙타의 정신에서 자유로운 새의 정신으로 변한 이후의 시간만을 정의 찾기의 여정으로 보는 것 같다. 하지만 그 시간이 그렇게 제한될 수는 없다. 오히려 정의를 찾는 것이 니체의 철학자로서의 여정 그 자체라고 보는 것이 적절하다. 결코 짧지 않은 그

---

12 니체의 문헌학에 대한 회의와 철학으로의 전환에 대해서는 잘 알려져 있기에 여기서는 자세히 다루지 않는다.

13 PHG 4 : KGW III 2, 312쪽.

14 PHG 5 : KGW III 2, 319쪽.

15 PHG 6 : KGW III 2, 321쪽.

시간 속에서 니체는 자신만의 정의를 만나게 된다. 때로는 철학적 계몽가로서, 때로는 철학적 시대 진단가로서, 또 때로는 철학적 의사로서 말이다.

(2) 정의 개념의 넓은 외연과 다양한 변주

가. 디오니소스적인 것과 아폴론적인 것의 비례적 활동

정의 개념의 다양한 변주는 니체의 첫 저작인《비극의 탄생》(1872)에서부터 시작된다. 거기서 니체는 '디오니소스적인 것Das Dionysische'과 '아폴론적인 것Das Apollonische'이라는 예술 충동이자 예술적 힘을 제시한 바 있다. 그 두 예술 충동은 세계라는 거대한 예술 작품과 인간이라는 작은 예술 작품, 그리고 전문 예술인의 예술적 활동 일체를 가능하게 만드는 근원적 원리들이다. 그것들은 서로를 추동하고 보완하면서 상호작용을 하는 힘(충동)들로, 양극적인 관계Polarität에 있으면서, 세계와 인간과 예술을 아폴론적이자 동시에 디오니소스적인 것으로 만든다.[16] 이런 활동 자체를 니체는 "그 두 예술 충동은 영원한 정의의 법칙에 따라 서로 엄격하게 비례proportion를 유지하면서 자신의 힘을 발휘하게 되어 있다"[17]라고 묘사한다. 물론 여기서 니체가 정의의 사회적 측면을 고려하는 것은 아니지만, 청년 니체에게서 이미 예술은 물론이거니와 세계와 인간 그리고 삶마저도 그 두 가지 근원 원칙들의 공존과 비례적 활동

---

16 백승영 (2007②), (⁶2016)

17 GT 25 : KGW III 1, 151쪽.

을 따르고 있다는 것, 그런 상태에서야 우리는 정의라는 말을 떠올릴 수 있다는 것이 드러나고 있음을 알 수 있다. 게다가 정의라는 개념의 스펙트럼이 인간과 인간의 삶 그리고 자연 현상에 이르기까지 확대될 수 있다는 것도 여기서 확인된다.

나. 인식과 진리, 그리고 정의

니체의 정의 개념의 파격성은 그가 정의 개념을 인식 방법 및 인식 태도, 진리 추구 태도, 넓게 말해 사유 방식 일체와 연계시키는 데서 잘 드러난다. 니체는 관점주의Perspektivismus를 자신의 인식론의 대표 명사이자, 자신의 철학하는 태도와 방식 그 자체로 제시한 바 있다. 그는 이제 관점주의를 인식에서의 정의(=공정한 인식)를 찾아내는 과정 그 자체로 이해하려 한다.

관점주의의 기본 명제는 '인식은 힘에의 의지가 규제적 원리로 작용하는 관점적 해석이며, 그렇기에 삶에 대한 유용성 전략이 반영된 것이다'라고 할 수 있다. 이런 기본 명제에 입각해서 니체는 한편으로는 해석적 인식의 불가피한 '한계'를 인정하면서도 동시에 한계를 넘어서려는 인간의 능동적 노력을 강조한다. 해석으로서의 인식은 원칙적으로 객관성을 확보할 수 없다. 진리 역시 객관적 진리일 수 없다. 오히려 진리는 해석적 진리일 뿐이다. 즉 삶에 대한 유용성 때문에 우리가 진리로 간주하는 시간 제약적 해석인 것이다. 그런 해석은 언제든 더 큰 유용성을 보이는 해석에 자리를 내주게 된다. 그래서 해석은 늘 열려 있는 과정이고, 그것도 삶을 위해 유용한 진리를 찾아가는 과정 그 자체다. 인식을 이렇게 이해하는 것은 곧 해석으로서의 인식을 할 수밖에 없는 인간의 유한성을 인정하는 것이며, 또한 독단적 주장과 절대주의적 태도의 허구성과 위험성을 폭로하는 것이기도 하다.

니체는 이런 관점적 인식 방식과 인식 태도를 정의에 이르는 가장 확실한 방법으로 생각한다. 좁은 의미의 철학적 인식에서도 그렇고, 세상과 사태를 바라보는 태도라는 넓은 의미의 인식에서도 마찬가지다. 그래서 니체에게서 관점적 태도 일체는 지성적 존재로서의 인간이 갖추어야 하는 사유의 덕이라고도 할 수 있다. 그런 태도를 갖는 것 자체가 정의에 다가가는 중요한 발걸음이기 때문이다. 니체가 관점적 태도를 가리켜 미래 철학자의 "덕목"[18]이라고까지 일컫는 것은 그런 이유에서다.

니체의 이런 생각은《반시대적 고찰》과《인간적인 너무나 인간적인》에서부터 드러난다.

ㄱ. 비판적 역사 서술과 학문에서의 정의로움

정의 개념의 인식적 측면에 대한 첫 논의는《반시대적 고찰》에서, 역사학과 역사적 객관성을 주제로 진리 추구와 정의의 관계를 살피는 맥락에서 나온다. 니체에게 "진리 충동의 가장 고귀한 핵심"은 바로 정의다.[19] 그 '정의로운 진리 충동'은 지식을 개인의 이기적 소유물로 생각하지 않는 것, 지식과 진리에 대한 무분별한 숭배 의지를 버리는 것, '순수하고' '결과 없는' 소위 객관적인 지식 찾기를 중지하고 삶을 위한 효

18 UB II-HL 6 : KGW III 1, 282쪽.

19 UB II-HL 6 : KGW III 1, 284쪽.

능을 갖는 진리를 추구하는 것 등으로 제시된다. 니체에게 당대의 역사 서술이 정의롭지 않은 진리 추구의 전형이 되는 것은 바로 이런 속성을 결여하고 있어서다. 그런 역사 서술은 "의도적인 중립성과 어디서 찾아냈는지 모를 무미건조하고 평범한 동기를 따르는 기술"이자 객관성을 갖출 수 있다는 "허영심"의 산물일 뿐이다.[20] 니체에게 역사는 '객관적'인 서술이 아니라, "현재가 가진 최고의 힘을 가지고 과거를 해석"[21]해서 "미래를 건설하는 데"[22] 활용하는 것이어야 한다. 이런 역사를 니체는 '비판적kritisch 역사'라고 부른다. 그것은 과거를 기념비처럼 고찰하고 서술하여 그 권위를 빌려 효과를 보려는 '기념비적monumentalisch 역사'나 과거를 보존과 공경의 대상으로 삼아 삶의 새로운 창조에 기여하지 못하게 만드는 '골동품적antiquarisch 역사'의 위험에 노출되지 않는다.[23] 비판적 역사 서술만이 역사를 정직하지도 정의롭지도 않은 학문이 될 위험에서 구할 수 있다.

역사 서술에 대한 이러한 사유에는 니체의 후기 사유에까지 이어지는 '진리 추구 및 인식 방법의 정의로움'에 대한 생각이 담겨 있다. 그 생각을 담은 관점주의에서도 "진실로 정의에 대한 충동과 힘을 소유한 사람보다 더 우리의 존경을 요구할 수 있는 사람은 없다"[24]와 "단지 소수만이 진리에 봉사한다. 왜냐하면 단지 소수만이 정의로워지려는 순수한 의지를 가졌고, 그중 또 극소수만이 정의로울 수 있는 힘을 지녔기

20 UB II-HL 6 : KGW III 1, 289쪽.
21 UB II-HL 6 : KGW III 1, 289~290쪽.
22 UB II-HL 6 : KGW III 1, 290쪽.
23 UB II-HL 2 : KGW III 1, 254쪽.
24 UB II-HL 6 : KGW III 1, 282쪽.

때문이다"[25]라는《반시대적 고찰》의 입장은 불변의 전제가 된다.

ㄴ. 관점적 태도로서의 정의와 공정한 인식에 대한 추구

《인간적인 너무나 인간적인》의 유명한 서론은 관점주의의 기본 입장을 다음처럼 제시한다.[26]

> 너는 모든 가치 평가에서 관점성을 포착하는 법을 배워야 했다 […] 모든 찬성과 반대 속에 있는 필연적인 불공정Ungerechtigkeit을 파악하는 법을 배우고, 그 불공정함이 삶에서 분리될 수 없는 것이며, 삶 자체가 관점적인 것과 그 불공정함에 의해 제약되는 것임을 터득해야 했다.[27]

관점주의는 우리의 인식적 태도 일체를 '관점적 가치 평가인 해석Interpretation'이라고 본다. 우리는 주어진 사태를 있는 그대로 받아들이는 것이 아니라, '삶에 대한 유용성 전략'에 입각해 거기에 어떤 의미와 가치가 있는지를 평가한다는 것이다. 이런 평가가 가능한 것은 힘에의 의지가 인식의 규제적 원리로 작용하기 때문이다. 그래서 관점주의에서는 사실fact 인식은 가능하지 않다고 한다. 그 어떤 인식이든(수학적 인식이든 물리학적 인식이든 심리학적 인식이든) 의미 인식이자 가치 인식일 뿐이다. 인식이 이런 것이라면 우리는 특정 사태를 이미 '공정하지 않

25 UB II-HL 6 : KGW III 1, 283쪽.

26 관점주의에 대해서는 이미 연구되어 있기에(백승영 (⁶2016), 419~500쪽 참조), 여기서는 실천철학적 관점에서 주목할 만한 부분만을 소개한다.

27 MA I 서문 6 : KGW IV 2, 14쪽.

게' 바라보는 것이나 마찬가지다. 사태 자체가 아니라, 그 사태를 바라보는 우리의 전략적 행위에 의해 사태가 해석되기 때문이다. 니체는 이런 상황을 우리의 존재적 특징에서 비롯된, 우리가 벗어날 수 없는 불가피한 한계로 이해한다. 그래서 그것은 비극적 상황이기도 하다. 하지만 그런 비극적 상황이야말로 우리의 인식적 노력을 의미 있게 만들어주는 것이다. 우리에게 유용한, 우리에게 효과와 결과로 입증되는 그런 인식을 우리가 추구하는 것이기 때문이다. 그래서 해석적 인식 상황은 처음부터 결코 공정할 수 없지만, 그 불공정함은 우리 스스로 우리의 삶을 위해 선택한 것이다. 불공정함은 우리가 해석을 포기하지 않는 한 결코 해소되지 않는다. 우리가 힘에의 의지를 포기하지 않는 한, 달리 말하면 상승적 삶을 위한 해석적 노력을 포기하지 않는 한 말이다. 이런 맥락에서 니체는 다음처럼 말하기도 한다.

> 공정하지 않음은 불가피하다 […] 우리와 가까운 사람일지라도 그에 대한 우리의 경험은 그에 대한 총체적 평가를 위한 논리적 정당성을 제공할 만큼 완전할 수는 없다 ; 모든 평가는 성급하며 그것은 어쩔 수 없다… 이상의 모든 면에서 본다면 사람은 아예 판단을 하지 않는 것이 낫다는 결론이 아마도 도출될 것이다 ; 그러나 평가하지 않고 혐오와 애착 없이 사람이 살아갈 수 있다면 얼마나 좋겠는가! […] 우리는 처음부터 비논리적인, 공정하지 않은 존재이며, 우리가 이렇다는 것을 인식할 수 있다 : 이것이 인간 삶의 가장 크고 가장 해결하기 어려운 부조화 중의 하나다.[28]

불공정함이 결코 사라지지 않지만, 그럼에도 불구하고 해석적 노력을 하면서 살아갈 수밖에 없는 것이 인간이다. 상승적 삶을 추구하는 한, 우리는 '평가하지 않고 혐오하지 않고 애착을 갖지 않고' 살아갈 수 없다. 인간은 그런 존재이고, 인간의 삶도 철저히 관점적으로 구성되고 진행된다. 그래서 인간의 삶 역시 불공정함이 지배한다. 앞의 인용문들이 말하고 있듯이 '공정하지 않음은 삶에 속하는 것'이다. 그런데 니체는 이런 비극적 통찰과 비극적 상황에서 우리가 좌초해버리기를 원치 않는다. 그가 '인간 삶의 가장 크고 가장 해결하기 어려운 부조화' 상태를 제시하는 것은 그 때문이다. 그는, 우리가 처음부터 공정하지 않은 존재지만, 바로 그 사실을 '인식하고 통찰'할 수 있는 존재임을 우리에게 알려주고자 하는 것이다. 즉 인식의 해석적 성격과 삶의 해석적 성격 자체를, 우리가 그런 한계 상황과 비극적 상황에 불가피하게 처해 있음을 인식시키려 하는 것이다. 니체는 이런 '인식과 통찰'이야말로 공정한 인식을 지향하는 노력을 끌어낼 수 있다고 본다. 다음의 인용은 바로 이에 대한 표현이다.

> 이 모순에 찬 피조물은 본성상 탁월한 인식 방식을 갖고 있다 : 그는 다양한 찬성과 반대를 느낀다 —그는 정의로 자신을 고양한다—선악의 평가 저편에 대한 파악으로.[29]

---

28 MA I 32 : KGW IV 2, 47~48쪽.

29 N : KGW VII 2 26[119], 180쪽.

'탁월한 인식 방식'이라고 표현된 그것을 니체는 정의로 우리 자신을 고양할 수 있는 방식으로 간주한다. 그 방식은 '다양한 찬성과 반대를 느끼는 것'으로 제시되어 있다. 이런 방식의 인식을 위해서는 "더 많은 눈과 다양한 눈"[30]을 사용하고, 대상을 "적대화하지 않으면서도 분리시키며, 그 어떤 것도 섞거나 화해시켜버리지 않는"[31] 기술인 '거리의 파토스Pathos der Distanz'가 필요하다. 그런 방식의 인식에서는 독단이 설 자리가 없다. 인식하는 자가 처음부터 불공정한 자신의 한계를 알고 있기 때문이다. 또한 그러한 인식에서는 다양성과 차이에 대한 주목도 이루어진다. 게다가 ① 그 다양성의 정도가 크면 클수록 해석의 지평도 넓어진다. ② 다양성에 대한 찬성과 반대의 힘, 즉 선택과 조절의 능력 역시 커진다. 그것은 곧 판정하는 힘과 능력의 강화를 의미한다. ③ 다양성들이 갖고 있는 개별적 특징과 차이가 하나의 통일적 범주로 획일화되지 않는다. 오히려 다양성과 차이가 주목되고 인정되며 관용적으로 받아들여진다. 그것을 통해 ④ 다양한 해석적 실험과 실험적 기투도 가능해진다. ⑤ 그 다양성들에 가치상의 질서가 부여된다. ⑥ 더욱 멀리 조망하는 힘도 강화된다.

이런 내용을 담아 니체는 인식적 측면에서의 정의를 일찌감치 "확신에 대한 적대자"라고[32], 정의 그 자체를 "다수성에 대한 사랑"이자 "인식에 이르는 길"이라고 부르는 것이다.[33] 거기에는 우물 속의 좁디좁

---

30 GM III 12 : KGW VI 2, 383쪽.
31 EH 〈나는 왜 이렇게 현명한지〉 9 : KGW VI 3, 292쪽.
32 MA I 636 : KGW IV 2, 373쪽.
33 N : KGW VII 1 3[1] 214, 78쪽.

은 '개구리 관점'을 넘어서는, 우리의 상승적 삶을 위한 유용성 전략이 전제되어 있다. 그래서 앞의 인용문에서는 '선악의 평가', 즉 사태에 대한 도덕적 관점이라는 협소한 관점을 넘어서는 것 자체가 인식적 정의가 구현되는 한 가지 절차로 소개되기도 한다. 유고에 나오는 다음 글도 바로 이런 점을 다시 한 번 강조한다. "멀리 조망하는 힘의 작용으로서의 정의. 이 힘은 선과 악이라는 협소한 관점들을 넘어서서 본다. 이점 Vorteil이라는 더 넓은 지평을 갖는다."[34]

이렇듯 인식의 원칙적인 불공정성에도 불구하고, 그 불공정성을 완화하는 길은 늘 열려 있다. 그렇다고 원칙적 불공정성이 완전히 제거될 수 있다는 의미는 아니다. 인식의 원칙적 불공정성은 공정성에 의해 극복되어야 하는 것은 아니기 때문이다. 그래서 니체가 말하는 인식적 정의는 ① 인식의 원칙적 불공정성을 통찰하면서 독단을 지양하고, ② 차이와 다양성을 인정하면서 관용적 태도를 취하며, ③ 삶을 위한 유용성 전략을 적용하여 인식을 열려 있는 과정으로서 계속 추구해나갈 때 '좀 더' 완전해지는 것이다. 그렇기에 인식에서 정의로움을 추구하는 사람은 '하나의 유일한 진리'라는 절대성 요구를 하지 않는다. '이것만이 옳다'는 독단적 태도도 갖지 않는다. 니체가 정의를 "믿음의 적"으로, "밝은 빛 속에서 신중한 눈빛으로 모든 것에 의미를 부여하는 방식"으로 설명하면서, "정의의 천재성Genialität der Gerechtigkeit"[35]이라는 말까지 서슴지 않는 것은 바로 이런 이유에서다.

---

34 N : KGW VII 2 26[149], 186쪽.
35 MA I 636 : KGW IV 2, 373쪽.

니체가 제시한 관점적 태도는 많은 연구의 대상이 된다. 칸트 철학 연구자인 카울바흐F. Kaulbach는 그것을 칸트의 초월적 변증론의 맥을 잇는 것으로 이해한다. 그것이 모순적인 관점들에 대한 공정한 판정 능력 자체를 전제하기 때문이다. 물론 칸트에게서 그 능력은 이성의 것이지만, 카울바흐는 니체의 관점적 상황에서도 판정의 능력과 판관적 능력 자체를 주목하는 것이다. 그래서 그는 "인식자가 판관의 역할을 수행하고 정의로움을 행하는 것이 니체 인식 이론의 핵심 사유"라고까지 말하게 된다.[36] 반면에 호프만J. N. Hofmann은 관점적 태도를 "해석적 능력hermeneutisches Vermögen"이라고 본다. 이 능력은 인식의 해석적 성격에 대한 비극적 지혜와 해석의 실용적 요구 사이의 균형을 유지시키며, 인간을 '오류 없는 진리'라는 형이상학적 강박에서 벗어나게 하는 긍정적 기능을 갖는다. 하지만 호프만은 그 능력을, 결국에는 개인적 한계를 넘어서지 못해 대화와 합의를 불가능하게 만드는 것이라고 결론짓는다. 그렇기에 해석에서의 정의는 해석학적 유토피아 혹은 일종의 규제적 이념에 불과한 것이 된다.[37] 이것은 니체가 보여주는 정의로운 인식 상황에 대한 적절한 평가는 아니다.

ㄷ. 삶의 관점성과 원칙적 부정의

니체는 관점성 및 불공정성을 단순히 인간의 인식 상황과 인식 태도에만 국한시키지 않는다. 관점성과 불공정성을 띠기는 자연 세계도

---

36 F. Kaulbach (1981), 59~77쪽 ; (1990), 246~254쪽.

37 J. N. Hofmann (1994), 41~44쪽, 53~54쪽, 89쪽, 158쪽.

마찬가지다. 생명을 가진 것 일체, 살아 있는 것 일체는 늘 (힘에의 의지의 규제를 받는) 유용성 전략에 입각한 선택과 평가와 판정을 하지 않을 수 없기 때문이다. 즉 살아 있는 것이라면 예외 없이 관점적 평가 작용의 주체이기 때문이다. 이 점을 니체는 "필연적 관점주의"[38]라는 명칭으로 표현하기도 한다. 인간의 삶도 거기서 예외가 아니다. 삶이 그렇게 관점적이라면, 삶 역시 인식과 마찬가지로 원칙적으로 불공정할 수밖에 없다. 399쪽의 인용문에서 '불공정함은 삶에서 분리될 수 없는 것이며, 삶 자체가 관점적인 것과 그 불공정함에 의해 제약되는 것'이라고 했듯이 말이다. 하지만 이미 말했듯이 우리는 우리의 삶이 그렇다는 사실을 '인식'하는 존재이기도 하다. 이런 이중성이 400쪽의 인용문이 말하듯 우리 삶의 '원칙적인 부조화'인 것이다. 삶을 포기하지 않는 한 결코 넘어설 수 없는…

> 가치 평가를 통해서 건축하고 잘라내고 파괴하는 사유 방식으로서의 정의 : 삶 자체에 대한 최고의 대변자.[39]

니체가 이렇듯 정의를 삶과 우리의 인식적 태도와 사유 방식 일체와 연계시켜 강조하는 것은 그의 실천철학을 이해하는 데 매우 중요한 역할을 한다. 실천철학자 니체는 인간은 인간에게 어떤 존재여야 하는지, 인간은 인간을 어떻게 대하고 인간과 어떻게 관계를 맺어야 하는지

---

38 N : KGW VIII 3 14[186], 165쪽. 구체적인 설명은 백승영 ([6]2016), 336쪽.

39 N : KGW VII 2 25[484], 137쪽.

를 말하고자 한다. 니체는 타인을 관점적으로 바라보기를 원한다. 타인의 개별성과 차이를 인정하고 타인을 관용적으로 대하기를 원한다. 자신의 한계를 인정하면서 개방적 태도를 견지하기를 바란다. 독단적 단정과 확언을 버리기를 바란다. 이런 삶의 태도야말로 니체에게는 사회 정의의 알파이자 오메가가 된다. 그래서 니체가 말하는 사회 정의는 태도 및 사유, 그리고 삶이 함께 형성해내는 인간학적 토대 위에서 이해될 수밖에 없다.

제2장
정의론

정의에 관한 니체의 다양한 논의는 법적 정의와, 법적 정의를 포함하면서도 넘어서는 사회 정의로 체계화할 수 있다. 법적 정의는 현대적 개념으로 규정하자면 교환 정의와 분배 정의이며, 사회 정의는 교환 및 분배의 정의, 그리고 그것의 토대이자 전제인 관계 정의가 '같이' 구현되는 상태라고 할 수 있다. 정의와 법이 불가분적이며 법을 통해서 정의가 잘 구현될 수 있다는 것을 알고 있음에도[40] 니체는 법적 정의로 만족할 수 없다. 니체에게서 법적 정의는 분배와 교환의 차원에서 고려되어, '각자에게 각자의 몫을'과 '등가 교환Äquivalenz im Tausch'은 법적 정의의 실체가 된다. 하지만 '법적 지배'보다는 '사람에 의한 지배'라는 플라톤의 이상을 품고 있는 니체에게 법적 지배는 이미 확인되었듯 차선일 뿐이다. 또한 니체에게서 법률은 그 자체로 목적이 아니고, "좀 더 거대

---

40 GM II 11 : KGW VI 2, 328쪽.

한 힘의 단위를 창조하는 수단", 즉 건강한 긴장 공동체를 구현하고 유지시키는 목적을 위해서만 정당화되는 "예외적 상태"[41]이기도 하다. 하지만 법적 정의에 대한 니체의 불만이 법 자체의 이런 이차적 위계 때문은 아니다. 결정적 이유는 법이 복수법의 형태로 표출될 가능성, 그래서 소위 법적 정의라는 것이 복수적 응보의 형태로 표출될 가능성이 있기 때문이다. 그래서 '정의가 반드시 법을 통해서만 구현되는 것이 아니고, 법이 정의만을 내용으로 하거나 정의의 구현만을 목표로 하는 것도 아니며, 법에 표현된 정의가 반드시 본연의 정의와 일치하는 것도 아님'은 니체에게는 매우 자명하다. 이런 상황을 벗어날 수 있는 것은 바로 법적 정의가 특정한 전제를 충족시키는 경우이며, 그 전제를 니체는 다름 아닌 관계 정의의 형태로 구체화하는 것이다. 니체가 법적 규제와 무관할 수도 있는 것으로 제시한 이 전제는[42], 법적 정의의 전제이자 동시에 법적 정의를 넘어서는 것이다. 그런데 니체에게서는 사회 정의의 엄밀한 형식이 구현되는 경우가 '분배와 교환과 관계' 차원의 정의가 함께 어우러지는 경우이기에, 법적 정의가 그 자체로 사회 정의일 수도 있다. 바로 이런 경우를 보여주는 것이 니체에게는 주요 과제가 되며, 법적 정의가 어떤 법적·사회적 제도나 절차를 통해서 어떤 방식으로 현실화되는지의 문제는 부차적이다.

관계 정의란 서양의 어떤 사유 체계에서도 제시된 적이 없고, 현대 정치론 그 어디에서도 등장하지 않지만, 니체의 철학적 정치론을 관통

41 GM II 11 : KGW VI 2, 329쪽.
42 MA II-WS 32 : KGW IV 3, 202쪽.

하는 것이자 힘에의 의지의 관계론이라는 방법적 절차에 의해 보증되는 것으로, 니체의 철학적 정치론의 정점이라고 할 수 있다.

1. '처벌적-보상적 정의Richtende-Strafende Gerechtigkeit' 개념과의 결별

공적 정의를 찾아가는 니체의 시작점은 그의 법철학의 연장선상에 있다. 3부에서 법이 응보와 보복 기제에서 벗어나야 하는 니체의 이유와 당위에 대해 설명한 바 있다. 그 내용들이 이제 정의의 문제와 연계되어, 정의로운 법이 무엇인지, 그리고 사회 정의는 무엇이어야 하는지를 설명하는 데 사용된다. 법적 정의든 사회 정의든, 일단 정의에 대해 말할 수 있으려면 응보와 보복 기제를 품고 있는 '처벌하고-보상하는' 구도에서 독립해야 한다. 아래의 인용문은 '처벌-보상'의 문제점을 보여준다.

> 완전한 무책임성에 대한 가르침을 완벽히 이해하는 사람은[43] 소위 처벌하고 보상하는 정의를 정의라는 개념 속에 더 이상은 넣을 수 없게 된다 : 정의가 각자에게 각자의 몫을 주는 데서 성립한다고 하는 경우에 말이다. 왜냐하면 처벌받는 자는 처벌받을 만하지 않기 때문이다 : 그는 단지 특정한 행위들에 대한 경고 수단으로 이용되고 있는 것에 불과하다

43 '완전한 무책임'에 대해서는 4부 2장 1절의 〈(4) '완전한 무책임성'의 의미〉에서 설명된다.

; 마찬가지로 보상을 받는 사람도 그 보상을 받을 만하지 않다 : 그는 자신이 행한 것 말고는 달리 할 수가 없었던 것뿐이다. 따라서 보상은 그와 그 밖의 다른 사람들에 대한 격려의 의미밖에는 갖지 못하며, 앞으로의 행위에 동기를 부여하기 위한 것일 뿐이다 […] 처벌과 보상은 각자에게 그의 것을 주는 것이 아니다 ; 효용성이라는 이유로 주어지는 것이다.[44]

여기서 먼저 주목할 부분은 '각자에게 각자의 몫을'이 정의로운 상태로 표현되어 있다는 점과 '처벌-보상'이 그런 정의를 해치는 경우가 있다는 점이다.

(1) 전제—'각자에게 각자의 몫을'

'각자에게 각자의 몫을suum cuique/Jedem das Seine'은 로마의 법사상가 울피아누스가 정의를 '각자에게 그의 것을 주려는 항구 불변의 의지'로 제시한 이후, 정의의 본질적 내용으로 오랫동안 인정되어온 것이다. '각자에게 각자의 몫을 주려는' 것이기에 분배 정의로도 알려져 있는 이것은 플라톤, 아리스토텔레스, 키케로, 암브로시우스, 아우구스티누스, 로마법을 거친 긴 역사를 가지고 있는, 서양 지적 전통의 공유 재산이다.[45] 분배 정의에 관한 논의에서 다시 구체화되겠지만, 정의에 대한 본질주의적 규정을 포기한 니체도 그런 정의 개념을 무엇보다 먼저 받아들인

---

44 MA I 105 : KGW IV 2, 100쪽.

45 Platon ②, 332 ; Aristoteles (1999), 1366b 등, 법철학의 근본 명제인 'suum cuique'의 다양한 표현에 대해서는 J. Petersen (2008), 53쪽, 각주 272 참조.

다. "모든 사회적 갈등은 분배를 둘러싸고 일어난다"[46]라는 말처럼 정의의 문제에서 분배의 문제는 중요하며, 그것은 서양의 전통에서도, 니체에게서도 마찬가지인 것이다.

물론 니체는 '각자에게 각자의 몫을 주는' 분배의 원칙을 결코 그대로 받아들이지도 않고, 때로는 그것을 부정하는 듯한 모습을 보이기도 한다. "내 어찌 각자에게 그의 것을 줄 수 있단 말인가! 나는 각자에게 나의 것을 준다"[47]라는 차라투스트라의 단언이 단적인 예다. 하지만 니체는 분명 분배 정의 형태로 개념화할 수 있는 사유를 전개한다. '만사에 자기 식의 것(의미)'을 부여하는 독단적 신념에 대립되는 것을 니체가 "정의의 천재성"으로 인정[48]하는 것도 그 일환이다. 하지만 그보다 더 결정적인 증거는 니체가 인간에 대한 독특한 이원적 규정을 '분배의 원리'를 해명하는 데 사용한다는 점이다. 그 결과 니체는 매우 독특한, 니체적인 너무나 니체적인 '각자에게 각자의 몫을'로서의 분배 원리를 제공한다(이에 대해서는 4부 2장의 〈2. 분배 정의〉에서 설명한다). 여기서는 '처벌과 보상'이라는 기제가 '각자에게 그 자신의 것을'이라는 분배적 정의를 훼손하는 경우만을 먼저 살펴보려 한다.

---

46 M. Walzer (1999), 43쪽.

47 Za I 〈뱀에 물린 상처에 대하여〉 : KGW VI 1, 84쪽. 유고에 나오는 다음의 글도 같은 맥락이다. "너는 정의롭고자 하는가? 불행한 자여, 어찌 너는 각자에게 그의 것을 주고자 하는가? — 아니, 나는 그것을 원치 않는다. 나는 각자에게 나의 것을 준다 : 가장 부유한 사람이 아닌 자에게는 그것만으로 충분하다." N : KGW VII 1 3[1] 116, 67쪽.

48 MA I 636 : KGW IV 2, 373쪽.

(2) '처벌과 보상'의 보복 기제

'처벌과 보상은 각자에게 그의 것을 주는 것이 아니며 정의롭지 않다'는 앞의 인용문의 주장은 처벌과 보상 기제에 '보복과 복수의 심리'가 숨어 있다는 구체적인 이유를 갖고 있다. 정리하자면 다음과 같다. ① 처벌받고 보상받는 자들은 그들이 처벌받을 만해서 혹은 보상받을 만해서 처벌과 보상을 받는 것이 아니다. 오히려 처벌과 보상은 유용성, 즉 경각심을 불러일으킨다든지 향후의 특정 행위를 예방한다든지 하는 특정 행위에 대한 위하력 때문에 주어진다. 이것은 3부에서 형벌이라는 법적 제재가 갖는 문제점을 지적하면서 설명한 바 있다. 요컨대 형벌은 그 '예상되고 기대되는' 범죄 억제력이라는 유용성 때문에 집행되지만, 그런 효과와 효능은 범죄인에게도 일반인에게도 사실상 발생하지 않고, 오히려 그 속에 숨어 있는 보복 기제가 사람들을 병리적 상태로 이끈다. ② 그 보복 기제는 피해를 입은 사람의 손실에만 주목하여 가해자로 하여금 그에 상응하는 대가를 치르게 하는 것이지만, 그것은 피해자와 가해자 모두를 건강한 계약 주체 상태에서 끌어내, 채권자와 채무자라는 병리적 관계로 만들어버리는 것에 불과하다. ③ 그 보복 기제는 판관에게서도 확인된다. 판결을 내리는 자 역시 처벌과 보상이 효과를 가질 것이라 전제하고 피해자의 손실에 주목한다. 그래서 그는 가해자를 존엄한 존재가 아니라 일반 예방이나 특수 예방 같은 효과를 위한 '수단'으로만 간주하는 것이다. 차라투스트라가 "나는 너희의 냉혹한 정의를 좋아하지 않는다. 너희 판관의 눈에서는 언제나 형리와 그의 차디찬 칼날이 번뜩인다"[49]라고 말하는 것은 바로 이 때문이다.

니체는 처벌과 보상 기제 속에 숨어 있는 이런 복수와 보복의 심리학을 병리적이라고 진단한 바 있다. 그가 아래의 인용문에서 제시하는, 보복 기제와 대립각을 세우는 '올바른' 개인의 '올바른' 태도는 건강하고 고귀한 개인의 것이다. 판결하는 눈을 갖되 심판하지 않고, 자신의 관점적 한계를 인정하면서 대상을 바라보고, 심지어 관용까지 베푸는 개인 말이다. 니체는 이런 개인에게서 복수 기제를 넘어서는 고귀한 품성과 건강성을 보며, 그것을 진정한 정의의 전제로 삼는다.

> 복수를 정의의 이름으로 신성시하려는 시도와 ―마치 정의가 근본적으로 단지 피해 감정이 발전한 것에 불과한 것처럼― 복수와 함께 반동적 감정을 대체로 모두 포괄하여 추가적으로 영예롭게 하려는 시도의 재현을 보는 것은 그리 놀라운 일이 아닐 것이다. 나는 후자의 시도 자체 때문에 기분을 상하고 싶지는 않다 […] 올바른 인간이 자신의 가해자에게조차 올바른 태도를 지니며(단순히 냉정하거나 신중하거나 낯설어하거나 무관심한 것만이 아니다 : 올바른 태도를 지닌다는 것은 언제나 적극적인 태도다), 개인적 훼손과 모욕과 비방을 당할지라도 올바른 눈, 즉 판결하는 눈이 가진 높고 맑은, 깊고 부드럽게 응시하는 객관성을 흐리지 않는다면, 이것이야말로 지상에서의 완성품이며 최고의 원숙함이다 […] 능동적인 인간에게는 반동적 인간이 하거나 할 수밖에 없는 식으로, 대상을 그릇되게 편파적으로 평가할 이유가 전혀 없는 것이다.[50]

---

49 Za I 〈뱀에 물린 상처에 대하여〉 : KGW VI 1, 84쪽.

50 GM II 11 : KGW VI 2, 326~327쪽.

(3) 의지의 자유라는 문제

'처벌하고 보상하는 정의'가 문제가 되는 또 다른 이유는 자유 의지가 처벌과 보상의 또 다른 전제로 '오용'된다는 데 있다. 힘에의 의지의 철학자 니체는 일찌감치 '자유로운 의지'를 존재적 측면에서의 허구라고 이야기한다. '자유 의지'나 '자유롭지 않은 의지'라는 개념이 의지 작용의 자연성과 관계성과 상호성 대신에 의식성과 자기 원인성과 실체성을 전제하고서 사용되었다는 이유에서다. 니체에게 의지는 의식 이전의 현상이자 자연적 현상이며, 의지의 일부이자 귀결점이 우리에게 의식될 뿐이다. 또한 의지는 상호적인 힘 운동들의 매트릭스 속에서 그 매트릭스 자체를 구성해가는 힘이다. 그런 의지를 의식적이고 실체적이고 자기 원인적인 그 무엇으로, 즉 "내적 사실"[51]로 상정하는 것은 정신이나 이성을 그런 방식으로 설명하던 형이상학적 사유 방식의 파편에 불과할 뿐이다. 니체에게 그런 내적 사실이라는 것은 존재하지 않는다. 하지만 '자유 의지'나 '자유롭지 않은 의지'라는 개념은 의지를 바로 그런 내적 사실로 전제한다. 또한 그 개념은 개인을 의지의 담지자이자 '행위자-실체' 주체로 상정한다. 즉 특정 행위를 일으키는 행위자인 동시에 행위가 사라져도 남아 있는 그 무엇이자, 다른 것들과의 힘 관계에서도 분리되어 홀로 있을 수 있는 자존적인 그 무엇이며, 게다가 그 행위를 의식적-의지적으로 선택하는 그 무엇으로 말이다. 하지만 그런 실체적인 의지의 담지자이자 의지의 주체 역시 힘에의 의지의 관계 세계

51 GD 〈네 가지 중대한 오류들〉 3 : KGW VI 3, 84~85쪽.

에서는 있을 수 없다. 이렇듯 니체에게는 '행위자-실체' 주체에 각각 귀속되고 그의 전적인 책임 아래 있다는 의지라는 개념 자체가 불가능하다. 그런데도 자유 의지 개념에서는 의지가 여전히 관계적으로가 아니라 실체적으로, 자연성의 일환이 아니라 의식성의 일환으로 고찰된다.[52] 그렇기에 실천적 상황에서 특정 개인에게 그 자신의 행동에 대한 전적인 책임을 묻는 것이다. 그의 행동이 전적으로 그의 자유로운 의식적·개별적 선택이며, 그래서 바로 '그'가 '달리 행위를 할 수 있었음에도 그 행위를 했다'고 판단되기 때문이다. 그렇기에 문제적 행위를 한 '바로 그' 개인에게 분노와 적의를 보내는 일도 일어난다. 우리는 동물이 내 농장을 파헤치는 것에 대해서는 먹거리를 찾는 자기 보존 본능의 결과로 이해하면서도, 어떤 개인이 내 농장을 파헤치는 것에 대해서는 오로지 그의 의식적이고 자유로운 선택으로 보며, 전자보다 후자에 더 크게 분노하고 악의를 품고 후자를 보복의 대상으로 삼는다. 이렇듯 의식적-실체적으로 고찰된 자유로운 의지의 주체라는 개념 자체가 복수심과 악의와 원한이라는 반동적 기제를 작동시키는 것이다.[53]

자유로운 의지라는 것 자체가 허구에 불과한데 그 개념이 도대체 왜 필요했던 것일까? 《우상의 황혼》에서 니체는 최종적인 답변을 내놓는다.

책임이 찾아지는 곳 그 어디서든, 그 책임을 찾는 것은 벌을 원하고 판결

52 백승영 ([6]2016), 298~301쪽, 444~450쪽 ; (2012), 19~25쪽.

53 MA I 99 : KGW IV 2, 94쪽.

을 원하는 본능이기 마련이다 […] 의지에 대한 학설은 근본적으로 벌을 목적으로 고안되었다. 즉 죄 있다고-여기도록-원하게 하려는 목적에서 […] 판결하고 처벌될 수 있기 위해-죄지을 수 있기 위해, 인간은 '자유롭다'고 생각되었다.[54]

즉 자유 의지는 도덕적 측면이나 종교적 측면, 그리고 법적 측면에서 개인에게 책임을 묻기 위해 조작된 개념일 뿐이다. 자유로운 선택과 결정의 주체에게만 그의 선택과 결정에 책임을 물을 수 있기 때문이다. 그렇지 않을 경우, 외적 강제로 인한 행위가 용서의 대상이 되듯이, 그 행위는 면죄부를 받는다. 이렇듯 니체에게 '자유로운 의지'란 보상 기제와 처벌 기제를 공고히 하려는 맥락에서 조작된 개념일 뿐, 그 이상은 아니다.

니체의 이런 생각은 매우 파격적인 함축을 갖는다. '자유 의지와 죄와 벌'을 필연적 관계로 전제하는 법 관념 자체를 뒤흔들기 때문이다. '인간은 자유 선택의 주체이고, 그 자유를 잘못 사용할 경우 죄가 발생하고, 그 죄에 상응하는 응분의 처벌을 받으면서 자신의 행위에 책임을 진다'는 법 관념은 근대 법학을 넘어 현재까지 이어지고 있다. 니체는 그 법 관념에 내재한 의지-죄-벌로 이어지는 인과적 필연성을 자유 의지 개념과 죄 개념의 허구성을 보여주면서 우연적 관계로 해체해버리는 것이다. '의지-선-보상'이 형성하는 관계도 마찬가지다. 거기서도 인과적 필연성은 확보되지 않는다. 그렇다면 니체는 인간이 자유롭지

---

54 GD 〈네 가지 중대한 오류들〉 7 : KGW VI 3, 89쪽.

않다고, 그래서 법 주체라는 것 자체가 불가능하다고, 결국에는 법 자체도 불가능하다고 말하려는 것일까?

물론 니체는 그런 생각을 갖고 있지는 않다. 니체에게서도 인간은 당연히, 그리고 여전히 자유롭다. 아니 자유롭기를 추구하며, 자유라는 권리를 요구하기 위해 자격을 먼저 갖추어야 하는 존재다. 니체에게서 그런 자유는 힘 관계에서 확보되고 힘 관계를 통해 보증되는 자유이고, 관계 세계를 함께 만들어가는 자유다. 또한 그 자유는 2부에서도 설명했듯이 자발적이고 주권적인 자기 책임 의지에 대한 다른 표현이다.[55] 단지 니체는 처벌되기 위한 수단으로 사용되는 인간의 자유를 거절할 뿐이며, 그것을 통해 처벌과 보상 기제에 숨어 있는 그 어두운 그림자를 보여주고자 할 뿐이다. 그의 이런 의도는 오해를 유발할 여지가 큰 '완전한 무책임'에 관한 주장에도 담겨 있다.

(4) '완전한 무책임성'의 의미

앞서 살펴본 인용문의 시작 부분을 다시 보자.

> 완전한 무책임성에 대한 가르침을 완벽히 이해하는 사람은 소위 처벌하고 보상하는 정의를 정의라는 개념 속에 더 이상은 넣을 수 없게 된다 : 정의가 각자에게 각자의 몫을 주는 데서 성립한다고 하는 경우에 말이

55 "의지의 자유. 이것은 명령하고 동시에 자기 자신을 명령을 수행하는 자와 일치시키는, 의지하는 자의 저 복잡한 쾌의 상태를 나타내기 위한 말이다." JGB 19 : KGW VI 2, 27쪽.

다.[56]

'특정 개인은 죄의 전적인 주체도, 책임의 고립된 소재지도 아니다. 그가 행위자-실체 주체도 아니고, 그의 의지 활동이 자기 원인적인 것도 아니기 때문이다'라는 니체의 생각을 전제하면, '완전한 무책임'이라는 표현은 아주 자연스럽다. 젊은 니체는 이런 생각을 통해 특정 주체에만 책임을 물을 수는 없다고 말하고 있다. 우리의 행위는 여러 가지 환경과 조건 속에서 형성되는 것이기 때문이다. 이런 내용을 담은 '완전한 무책임성'은 그의 후기 사유에까지 이어져, 후기 사유에서 그는 이 '완전한'의 의미를 책임의 주체인 관계적 개인을 매개로 해명하려 한다. 게다가 관계적 개인의 책임 의식 역시 전기 사유에서 제시된 개인의 책임 의식을 훨씬 상회하는 형태로 그려낸다. 책임을 관계 세계 전체에 대한 책임으로도 보기 때문이다.

어쨌든 '완전한 무책임성'은 전기 사유에서 다양한 방식으로 보증받는다. 그중에서 특히 주목할 만한 방식은 다음 글 속에 나타난다. 범죄인이 생물학적으로 물려받은 범죄 유전자나 살아가면서 겪은 여러 악조건들에 의해 범죄로 내몰리는 경우(3부에서 언급된)를 떠올리게 하는 니체의 글이다.

> 죄는 교육하는 자, 부모, 환경 그리고 우리 자신에게 있는 것이지 살인자에게 있는 것이 아니다 ―내가 의미하는 것은 살인을 야기한 환경들이다.[57]

56 MA I 105 : KGW IV 2, 100쪽.

'어떤 행동을 야기하는 환경'을 말한다는 것은 곧 개인이 자기 혼자의 힘만으로는 '어찌할 수 없었음'을, '달리 행동할 수 없었음'을 인정하는 것이다. 즉 그 행동이 그의 자유로운 선택과 결정이 아님을 말하는 것이다. "부당하게 심판을 받고 살해되거나 고문을 당한 아버지, 부정한 아내, 잔인한 적의 습격 등과 같은 충격적인 광경과 인상을 겪었는지 아닌지에 따라, 우리의 열정이 불타올라 전 생애를 좌우하게 되는지 아닌지가 결정된다. 환경, 동정, 격분 등이 자신을 어디로 몰고 갈지는 아무도 모른다"[58]라는 글도 그 입장을 강화한다. 상황이 이렇다면 오로지 특정 행위의 주체에게만 행위에 대한 책임을 물을 수는 없다. 그 행위에 대해 처벌도 할 수 없고 보상도 할 수 없다.

청년 니체의 이런 시각은 후기에는 도덕 비판과 종교 비판의 맥락에서 다음처럼 전개된다.

> 오늘날 우리는 '자유 의지'라는 개념을 더 이상 동정하지 않는다 : 우리는 그것이 무엇인지 너무나 잘 알고 있다 [...] 의지에 대한 학설은 근본적으로 벌을 목적으로 고안되었다. 즉 죄 있다고-여기도록-원하게 하려는 목적에서 [...] 옛 심리학, 의지의 심리학에는 전제 조건이 있다. 그 심리학의 창시자이며 공동 사회의 우두머리 격인 성직자들이 벌을 규정하는 권한을 자신들이 갖고자 한다는 것이다 ―또는 신에게 그런 권리를 부여하고자 한다는 것이다. 판결하고 처벌될 수 있기 위해―죄지을 수

57 MA I 70 : KGW IV 2, 79쪽.
58 MA I 72 : KGW VI 2, 80쪽.

있기 위해 인간은 자유롭다고 생각되었다.[59]

'처벌하고 보상하는 정의'가 유럽 사회를 지배한 데에는 그리스도교의 역할이 컸다고 니체는 생각한다. 신을 심판하는 신으로, 즉 판결하고 처벌하고 보상하는 신으로 상정하고, 인간을 처벌과 보상의 대상으로 만든 것. 니체는 여기서 복수의 심리학을 본다. 신을 사랑의 신이 아니라 채권자 신으로 만들어버리고, 인간 역시 채무자로 만들어버렸기 때문이다. 그래서 신과 인간 사이에는 '일정 정도 동등한 힘을 가진 계약 주체들이 맺는 건강한 교환 관계' 대신 병리적인 채무자-채권자 관계가 성립된다. 거기에 '신의 대속'이라는 그리스도교 교리는 그 관계를 영원히 고정시켜버린다. 인간은 이제 계약 주체로서의 자격과 권리를 스스로의 힘으로 회복할 가능성을 잃어버린 채, '영원한 죄인'이 되어버린다. 대속하는 신은 인간의 채무를 대신 변제하는 채무자가 되어버린다. 이것은 인간에 대한 복수의 심리학일 뿐만 아니라 신에 대한 복수의 심리학이기도 하다. 니체는 이런 그리스도교적 복수의 심리학의 출처가 사제 집단의 권력욕과 지배욕이라고 단언한다. 사제들은 인간과 신 사이에서 자신들의 존재 의미와 가치를 보증받아야 했다. 그래서 인간을 죄를 지을 수 있는 존재로, 자유로운 의지의 주체로 전제하고, 죄의 목록과 벌의 목록과 보상의 목록을 그리스도교 도덕 계율로 만든다. 인간은 이제 다양한 유형의 죄인이 되고, 사제는 신의 이름으로 보상하고 처벌한다. 그런 일을 하면서 사제는 일반인에 대한 자신의 지배권과 힘

59 GD 〈네 가지 중대한 오류들〉 7 : KGW VI 3, 89쪽.

을 확인하는 것이다. 물론 자신의 존재적 우위도 확인한다.[60] 그리스도교 사회인 유럽은 그리스도교 사제의 심리학에서 나온 처벌하고 보상하는 정의를 유감없이 수용한다. 그리스도교를 데카당스 유럽과 허무주의 유럽을 야기한 가장 큰 원인으로 제시하는 니체가 처벌하고 보상하는 정의 그 자체에 대해 불만을 품는 것은 자연스럽다. 니체가 제시하는 대안은 다음과 같다.

> 우리의 유일한 가르침이 될 수 있는 것은 무엇이겠는가? […] 인간이 존재한다는 것, 그가 이러저러한 성질을 갖고 있다는 것, 그가 바로 그런 상황과 바로 그런 환경에 처해 있다는 것에 대해 누구도 책임이 없다. 그의 존재의 숙명은 이미 존재했었고 또 앞으로도 존재할 모든 것의 숙명에서 분리될 수 없다 […] 사람들은 필연이며, 한 조각 숙명이다. 사람들은 전체에 속하며, 전체 안에 있다 —우리의 존재를 판결하고 측정하고 비교하고 단죄할 수 있는 것은 없다. 왜냐하면 그런 일은 전체를 판결하고 측정하고 비교하고 단죄할 수 있음을 의미하기 때문이다. 그런데 전체의 외부에 존재하는 것은 아무것도 없다![61]

청년 니체의 생각이 힘에의 의지의 관계 세계에 대한 생각으로 확대되어 있는 유고다. 관계체로서의 세상에서는 모든 것은 힘에의 의지의 합법칙적 활동이 보증하는 관계적 필연성을 확보한다. 개인도 마찬

---

60 백승영 (2007①) 참조.

61 GD 〈네 가지 중대한 오류들〉 8 : KGW VI 3, 90쪽.

가지고, 그의 개별 행위도 마찬가지다. 그래서 개인은 전체 세계와 공동으로 함께 구성되어가며, 그의 행위 하나하나도 마찬가지다. 개인의 선택과 결정이라는 것도, 힘에의 의지의 관계 세계 전체가 '동시에' '함께' 결정한다. 즉 개별은 늘 전체가 '동시에' '함께' 결정한다. 그래서 하나의 개별을 판결하는 것은 곧 전체를 함께 판결한다는 것을 의미하게 된다. 하지만 전체를 판결하는 것은 불가능한 일이다. 전체를 판결하려면 전체의 외부로 나가야 하는데, 전체의 '외부'라는 것 자체가 불가능하기 때문이다. '모든 것은 힘에의 의지'라는 니체의 말처럼, 힘에의 의지 관계망 밖에는 아무것도 없다. 무無는 판결할 수 없다. 신은 그런 무다. 따라서 판결권과 처벌권과 보상권은 신에게 귀속될 수 없다. 이런 내용은 처벌하고 보상하는 정의가 더 이상은 적용될 수 없다는 것에 대한 니체식 존재론적 보증이라고 할 수 있다.

그렇다고 개인이 완전히 무책임하다는 것은 아니다. '누구도 책임이 없다'는 표현은 어느 누구도 책임지지 않아도 된다는 위험 상황처럼 들리기도 하지만, 그 뒤를 잇는 문장은 그 위험에 대한 우려를 불식해버린다. '그의 존재의 숙명은… 모든 것의 숙명에서 분리될 수 없다… 전체에 속한다.' 이 말이 함의하는 것은 놀랍게도 '책임'이다. 개인은 전체를 함께 구성해가고 전체의 운명을 함께 결정하는 한 요소이자 한 계기로서, 자기 자신뿐만 아니라 전체에 대해서도 더 큰 책임을 지는 존재가 된다. 자신의 행위와 삶이 오로지 자신에게만 귀속되고 자신과 함께 끝나버리는 경우와, 전체의 운명을 함께 결정하는 경우 중에서 어느 쪽에 더 큰 책임이 요구되는지는 자명하다. 게다가 '누구도 책임이 없다'고 하는 앞의 인용문은 심판과 처벌과 보상의 권리를 갖는다는 초월적 신격에 대해 그리스도교를 예로 들어 비판하는 가운데 나오는 글이다. 따라서 '처벌하고 보상하는' 기제를 비판하는 맥락에 속하는 것이지, 우리가 '완전히 무책임'하다는 주장을 위한 논거는 아니니다.

그렇기에 '사람들은 필연이며, 한 조각 숙명'이라는 말도, 모든 것은 '이미 결정되어 있어서 자유로운 의지도 자유로운 선택도 불가능하다'는 결정론에 대한 옹호일 수 없다. 도덕적 측면에서든 존재론적 측면에서든 마찬가지다. 왜냐하면 니체에게 인간은 여전히 자유로운 존재이기 때문이다. 힘에의 의지의 주체로서의 자유, 자기 자신과 자신의 모든 행위를 전체 세계와 함께 동시에 만들어가는 자유, 그런 자기 자신과 세계에 대해 무한한 책임을 느낄 권리를 갖는 자유의 주체인 것이다. 니체가 말하는 '아모르 파티amor fati', 즉 운명에 대한 사랑은 바로 그런 자유에 대한 사랑이기도 하다.

2. 분배 정의Verteilungsgerechtigkeit —'각자에게 각자의 몫을suum cuique'

니체가 제시하는 첫 번째 법적 정의이자 사회 정의는 분배 정의다. 니체는 가장 오래된 법철학적 근본 명제인 '각자에게 그의 것을, 혹은 각자에게 각자의 몫을'을 그대로 수용하지 않는다. 오히려 비례적 평등과 인간에 대한 자신의 독특한 규정 그리고 인간 권리에 대한 내용을 추가해 자신의 방식으로 전개시킨다.

일반적으로 분배 정의 개념에서 가장 먼저 해명되어야 할 사항은 분배의 원리이며, 그것은 다음의 두 가지와 관계있다. 첫째, 각자에게 돌아가야 할 '각자의 몫, 그의 것'은 무엇인가? 둘째, 무엇을 기준으로 각자에게 돌아갈 것을 정하는가? 즉 분배의 척도는 무엇인가? 니체 역시 이 문제를 고심하며, 인간에 대한 그의 규정 속에서 이 두 질문에 대한 답을 찾는 것은 어렵지 않다.

(1) 분배의 척도—플라톤, 아리스토텔레스와의 연계

먼저 분배의 척도를 묻는 두 번째 질문에 대한 니체의 답변은 다음과 같은 말로 시작된다. "인간은 평등하지 않다. 이렇게 말한다. 정의는."[62] 니체의 이 불친절한 단언은 악명 높은 그의 인간 불평등론을 대변하는 것으로 알려져 있다. 하지만 표면의 단순성과 달리 그 말의 내용은 그리 단순하지 않다. 물론 니체에게 (2부에서 보았듯이) 산술적-기계적-무차별적 평등은 정의의 전제일 수 없다. 그의 인간 구별에서 강자와 약자 사이, 주인적 유형과 노예적 유형 사이, 건강한 주권적 개인과 병든 원한 개인 사이에는 질적 차이와 간격이 존재하며, 거기서 동등성은 철저하게 배제된다. 그들 사이에 '거리의 파토스'가 덕목으로 요청될 정도로 말이다. 이런 점은 당연히 두 유형 간의 '형식적이며 기계적인 동등'을 말할 수 없게 한다. 니체가 다음처럼 말하는 것은 그 자연스러운 귀결이다.

---

62 N : KGW VII 1 3[1] 39, 58쪽. 같은 표현이 N : KGW VII 1 12[1] 119, 411쪽, 그리고 Za II 〈타란툴라에 대하여〉, 〈학자들에 대하여〉 : KGW VI 1, 126쪽, 158쪽에도 나온다.

동등한 자에게는 동등을, 동등하지 않은 자에게는 동등하지 않음을 — 정의에 대한 진정한 표현은 바로 이것일 것이다 : 그 결과로서, 동등하지 않은 자를 결코 동등하게 만들지 말라.[63]

만일 그와 반대라면, 즉 질적 차이가 있는 두 유형에 획일적이고 산술적인 동등한 분배가 이루어진다면 그것은 공정하지 않으며, 오히려 '각자에게 그의 것을'이라는 정의에 반하는 것이다. 이렇듯 니체는 산술적이고 기계적이고 무차별적인 분배에 대해 차이와 '거리의 파토스'를 들어 원칙적인 반대 입장을 표하는 것이다.

그런데 "동등한 자에게는 동등을, 동등하지 않은 자에게는 동등하지 않음을"이라는 니체의 말은 다른 유형의 분배의 원칙을 암시한다. 이 말은 아리스토텔레스가 공공재 분배와 관련해 제시했던 분배의 두 번째 원칙인 '동등한 자는 동등한 몫을, 동등하지 않은 자는 동등하지 않은 몫을'[64]의 니체 버전이다. 아리스토텔레스의 말이 개인들의 가치와 서열에 따른 합리적 차별에 대한 것이라면, 니체의 '동등한 자에게는 동등, 동등하지 않은 자에게는 동등하지 않음' 역시 당연히 그렇다. 예컨대 주인적 인간과 노예적 인간 사이에는 차이가 있기에, 그들에게 차별적인 몫이 돌아가는 것에 대해 문제가 있다고 말할 수는 없는 일이다. 오히려 '동등한 자는 동등한 몫을, 동등하지 않은 자는 동등하지 않

---

63 GD 〈어느 반시대적 인간의 편력〉 48 : KGW VI 3, 144쪽.

64 Aristoteles (2011), 1131a : "당사자들이 동등함에도 동등하지 않은 몫을, 혹은 동등하지 않은 사람들이 동등한 몫을 분배받아 갖게 되면, 바로 거기서 싸움과 불평이 생겨난다." 1131b : "공동의 것에 대한 분배와 관련된 정의는 항상 앞서 언급한 비례를 따르니까."

은 몫을'이 이행된다면 '각자에게 각자의 몫을' 역시 제대로 적용되고 실현되고 있다고 할 수 있다. 달리 말하면 '동등한 자는 동등한 몫을, 동등하지 않은 자는 동등하지 않은 몫을'은 '각자에게 각자의 몫을'이라는 더 기본적인 원칙이 제대로 적용되고 있는지를 검증하는 원칙이 되기도 한다. 따라서 주인적 유형과 노예적 유형에게 그들의 '차이'에 입각해 차별화된 몫을 주는 것은 곧 '그들에게 맞는 각자의 다른 몫'을 주는 것이며, 이것은 '각자에게 각자의 몫을'이라는 분배 정의를 제대로 구현하는 것이라고 할 수 있다. 이런 내용은 아리스토텔레스와 니체의 연계에 대한 근거가 된다. '분배 정의는 비례적이며, 합리적 차별을 전제한다'는 의미에서 그렇다. 이렇듯 아리스토텔레스뿐만 아니라 니체에게도 "정의로운 것은 비례적인 것이다".[65]

그런데 이런 내용은 플라톤과 니체의 연계 또한 추측하게 한다. 물론 분배 정의는 아리스토텔레스에게서 명시적으로 처음 등장했으며, 플라톤은 분배 정의를 말하지 않았다고 반박할 수 있다. 실제로 거의 모든 분배 정의 논의는 아리스토텔레스에게서 시발점을 찾는다. 아리스토텔레스가 최초로 법질서의 이념으로서 특화된 정의관을 제시했기 때문이다. 그에게 정의는 기본적으로는 법의 준수(합법성)다. 이것은 일반적 정의iustitia univeralis로, "법을 어기는 사람은 부정의한 사람이고, 법을 지키는 사람은 정의로운 사람이므로, 법을 따르는 것은 분명 어떤 의미에서 모두 정의로운 것이다"[66]로 표명된다. 그러면서 그는 동시에, 앞

65 Aristoteles (2011), 1131b.

66 Aristoteles (2011), 1129b.

에서 언급한 것처럼, 인간의 공동생활에 필요한 것을 개인의 차별화된 '가치'와 '서열'에 맞게 분배하는, 합리적 차별이라는 분배 원리를 제시한다.[67] 여기서 적용되는 '동등한 자는 동등한 몫을, 동등하지 않은 자는 동등하지 않은 몫을'이라는 정의의 두 번째 원칙은 '같은 사람에게는 같게, 같지 않은 사람에게는 같지 않게 대우하는 것'을 의미하기도 한다. 이것은 모든 개인이 동등한 권리와 의무를 갖는다고 말하는 것이라기보다는, 권리와 의무 역시 비례적 분배의 대상이며, 그 분배는 개인의 가치와 서열에 맞게 조정되어야 한다는 점을 명시한 것이라고 할 수 있다. 그런데 바로 이런 내용이 플라톤에게서도 발견된다.

먼저《폴리테이아》에는 명시적이지는 않더라도 분배 정의에 대한 생각이 들어 있다. 거기서 폴리스는 개인의 차별화된 위치와 처지와 능력의 차이를 전제한다. 그리고 그 차이에 상응하는 역할의 분배, 즉 능력과 기능에 적합한 역할의 분배를 정당화한다. 그래서 '각자가 자신의 역할'을 하는 것은 곧 정의의 내용이 된다.[68] 게다가 플라톤은《고르기아스》에서도 이미 비례적 평등을 말한 바 있으며[69],《법률》에서는 명예의 공정한 (비례적) 분배가 필요할 뿐만 아니라 심지어 나라를 세울 때에도 이를 실현해야 한다는 것을 명시적으로 밝히고 있다. "노예들과 주인들은 결코 친구가 될 수 없습니다. 변변찮은 사람들과 빼어난 사람들이 동등한 명예를 누리는 것으로 선언될지라도, 그것은 안 되는 일입

---

67 Aristoteles (2011), 1131a. 아리스토텔레스는 이 밖에도 산술적 균형을 이루는 교환 정의와 판관의 권위에 의해 불법을 배상시키는 교정적 정의, 그리고 정의의 보충 원리인 형평성을 이야기한다.

68 Platon ②, 331e.

69 Platon ①, 508a~508e.

니다 […] 더 큰 것에는 더 많이, 더 작은 것에는 더 적게 나눠 주니, 그 것들의 성격에 맞게 […] 그에 비례해서 알맞게 주는 거지요 […] 지금 세워지고 있는 이 나라도 이런 평등을 주목하면서 수립해야만 합니다."[70] 이렇듯 플라톤에게서도 공정한 분배는 핵심적인 문제고,[71] 그 역시 아리스토텔레스처럼 비례적 평등에 입각한 분배 정의를 유념하고 있다고 말할 수 있다. 사실 플라톤이 제시한 이상국가론이나 '능력의 귀족주의' 입장은 구조상 이미 분배와 정의를 연계시키지 않을 수 없다. 플라톤에게 많은 영감을 받았고, 특히 '능력의 귀족주의'에 주목했던 니체의 철학적 정치론이 유독 분배와 정의의 관계만을 도외시했다고 생각하기는 어렵다. 니체의 구체적 언명이 없을지라도 말이다. 따라서 니체의 사유를 아리스토텔레스뿐만 아니라 플라톤과도 연계시켜 이해하는 것은 적절하다.

비례적 평등은 형식적인 산술적 평등과는 다르다. 모든 시민에게 동등한 선거권을 균일하게 부여하는 기계적 평등이 산술적 평등이라면, 비례적 평등은 획일성과 무차별성을 넘어 능력과 업적에 따른 분배를 추구한다. 이런 합리적 차별, 예컨대 노동의 질에 따라 노동력을 배치하고 능력에 따라 공직 수행의 기회를 주는 등 적재적소에 사람을 배분하는 것은 비례적 평등의 원칙을 따르는 것이며, 그 점에서 비례적 평등은 실질적 평등을 지향한다. 그 '지향성'은 비례적 평등이 실질적 평등을 실제로 현실에서 구현하는지의 문제와는 별개이며, 비례적 평등

70 Platon ④, 757b~758a.

71 M. Knoll (2010).

이 시간이 지나면서 불평등을 심각하게 야기할 수도 있다는 약점과도 별개다. 분명 산술적-형식적-기계적 평등이나 동등성 자체를 거부하는 니체지만, '각자에게 그의 것을'이라고 주장하는 그의 지향점은 틀림없이 이런 비례적 평등 이념과 맞닿아 있다. 이렇듯 형식적 평등은 니체가 제시한 분배 정의의 전제일 수 없지만, 비례적 평등은 분명 니체 식 분배 정의의 전제다. 그리고 니체에게 분배의 척도는 그가 '누구'이며 '어떤 사람'인가다.

(2) 분배의 내용—권리와 의무와 가치

이제 니체는 분배 원리 해명에서 첫 번째 문제였던, 각자에게 돌아갈 '그의 것 혹은 각자의 몫'은 무엇인가에 대해 답해야 한다. '그의 것과 몫'으로 니체가 경제적 부나 소득과 같은 물질적 재화 등 일반적으로 상정되는 자원을 직접적으로 염두에 둔 것 같지는 않다. 그의 관심은 일차적으로 인간으로서 가져야 하는 권리 목록들, 의무 목록들, 개인적-사회적 덕목들 등의 무형적 가치에 집중된다. 여기에 보상이나 형벌이나 제재 등의 부정적 가치와, 권력과 지배, 명예, 행복 같은 사회적 가치 자산도 추가된다. 하지만 두 번째 것들은 모두 첫 번째 것들로 소급되거나 첫 번째 것들로부터 파급될 수 있는 것들이며, 니체 역시 첫 번째 것들, 즉 인간의 조건conditio humana과 관계된 것들에 관심을 더 기울인다. 그래서 원칙적으로는 인간의 권리와 의무와 가치라는, 인간을 인간으로 만들고 인간으로 대우받게 만드는 바로 그것에 비례적 평등과 합리적 차별 그리고 분배 정의가 적용되는 것이다.[72] 니체의 이런 입장은 권리를 획득 권리로, 의무와 가치 역시 획득 의무이자 획득 가치로 간주하는 데에서 결정적으로 확인된다. 니체에게 자유와 평등, 약속 혹은 계약, 책임 등의 인간 권리는 2부에서 살펴보았듯이 주인 유형 혹은 귀족적 개인 혹은 주권적 유형에만 부여되고 요구되는 특권이다. 그런 특권을 갖게 되면 그것을 행사할 권리는 곧 행사해야만 하는 의무가 된다. 권리와 의무의 획득은 곧 권리와 의무를 획득한 자의 가치 또한 결정한다. 그 권리와 의무에 적합한 가치를 결정하는 것이다.

한 인간의 가치는 입증해야 한다. 그가 어떤 권리를 자기 것으로 해도 되는지를.[73]

획득 권리와 획득 의무와 획득 가치. 니체는 바로 이런 점을 주시하면서 전통적인 비례적 평등의 이념을 인간의 가장 핵심적이고 본질적인 부분에 적용하는 것이다. 그런데 권리와 의무와 가치만이 니체가 제시한 비례적 평등의 목록에 들어 있는 것은 아니다. 그는 여기에 인간의 덕목도 포함시킨다. 그래서 그는 자긍심이나 명예심, 이기심이나 지배욕, 용서와 사랑과 자비 같은 덕목을 모든 유형의 인간에게 허락하지 않는다. 오로지 특정 유형의 개인에게만(주인-주권적-귀족적 유형) 부여한

---

72 니체는 노동과 궁핍에 대해서도 차별적 분배를 이야기한 바 있지만 그것은 드문 경우다. MA I 462 : KGW IV 2, 309쪽. "좀 더 나은 사회 질서 속에서 삶의 고된 노동과 궁핍은, 그것에 대한 고통을 가장 적게 느끼는 사람, 즉 가장 둔감한 사람에게 돌아가야 할 것이며, 가장 최고로 고상한 종류의 고통에 가장 민감해서 가장 가벼워진 삶에서도 여전히 고통받는 사람에게로 단계적으로 분배되어야 할 것이다."

73 N : KGW VII 2 25[343], 97쪽.

다. 이것은 한편으로는 '가치 자체'도 '사실 자체'도 인정하지 않고, 그것이 '누구의 것'이며 '어떤 효용을 갖는지'를 묻는 관점주의자 니체의 일관된 얼굴이다. 하지만 다른 한편으로는 그는 이기심이든 지배욕이든 사랑이든, 그 어떤 것이든 간에 오로지 주인-주권적 유형에게서만 병들거나 왜곡되지 않은 채로 건강하고 긍정적인 덕목으로 유지될 수 있다고 생각한다.[74] 그가 이기심이나 지배욕이나 육욕을 그 자체로 도덕적이지 않다거나 문제가 있다고 단정하지 않고, 오히려 건강한 경우와 병리적인 경우로 나누어 고찰하는 것도 그런 이유에서다.

이런 방식으로 '분배 정의의 문제를 비례적 평등을 매개로 인간의 조건과 연계'시킨 것은 니체에게 정의의 문제가 곧 정치론이나 도덕론의 차원을 넘어서 일차적으로 인간론의 문제로 고려된다는 것을 의미한다. 이런 특징은 다시 주인-귀족적-주권적 존재의 배출에 관한 관심으로 이어진다. 인간론의 문제가 된 정의의 문제는 그래서 결국 인간 교육의 문제가 되는 것이다. 이는 니체의 철학적 정치론이 궁극적으로 교육의 문제로 수렴된다는 또 하나의 예다.

3. 교환 정의Tauschgerechtigkeit

니체가 제시한 두 번째 정의 개념은 교환 정의다. 2부에서 설명했

74 "고귀한 인간의 원한 자체는 그것이 나타나는 일이 있을지라도 바로 잇달아 오는 반작용 속에서 수행되고 약해지기에 해독을 끼치지 않는다." GM I 10 : KGW VI 2, 287쪽.

듯이, 이것은 니체가 '힘경제적 계약(약속) 및 교환의 관계'를 개인의 자연적 사회성의 근거로, 그리고 힘경제적 계약 및 교환 관계 성립의 원칙을 '가치의 등가원칙'으로 전제하기에 가능하다. 니체는 가치의 등가원칙에 입각한 교환이 정상적으로 이루어지는 경우를 정의로운 상태로 보는 것이다. 여기서 주목할 점은 교환에서의 정의를 찾기 위해 니체가 평등이라는 요소를 다시 끌어들인다는 점이다. 등가적 교환의 실현을 위해서는 교환 당사자들의 '교환 주체'로서의 교섭적 대등성이 전제되어야 하기 때문이다. 그래서 평등의 문제는 분배 정의에서처럼 교환 정의에서도 중요하다.

(1) 교환 정의의 기원 찾기, 투키디데스라는 모범

정의의 기원 —정의(공정, 형평)는 거의 동등한 힘들 사이에서 그 기원을 갖는다. 투키디데스가 (아테네와 멜로스 사절들 사이의 살벌한 대화 속에서) 올바르게 파악한 것처럼 말이다 ; 뚜렷하게 확인되는 우세한 힘이 없고, 싸움이 아무런 성과도 없이 서로에게 해를 끼치기만 하는 경우에, 서로를 이해시키고 상호 간의 요구를 놓고 협상하려는 생각이 생겨난다 : 정의의 시원적 성격은 교환Tausch이다. 각자는 자신이 상대보다 더 높게 평가하는 것을 얻음으로써 서로를 만족시킨다. 그들은 상대가 자기 것으로 갖고 싶어 하는 것을 내주고, 그 대신에 자신이 원하는 것을 얻는 것이다. 그러므로 정의는 거의 대등한 힘의 상태를 전제한 보상이자 교환이다.[75]

---

75 MA I 92 : KGW IV 2, 87쪽.

이 인용문은 젊은 니체가 교환 정의의 시원적 성격을《펠로폰네소스 전쟁사》 5권 88절에 나오는 아테네 사절과 멜로스 사절 간의 대등하지 않은 회담에서 찾아내는 것으로 시작된다. 중립을 주장하지만 힘이 약한 멜로스 사절에게 막강한 군사력을 가진 아테네의 사절은 이렇게 말한다. "세상의 이치에 따르면 정의냐 아니냐 하는 것은 양자의 세력이 대등할 때 결정될 수 있는 것이오. 강자와 약자 사이에서는 강자가 어떻게 큰 몫을 차지하며 약자가 어떻게 작은 양보로 위기를 모면하느냐 하는 것이 문제일 뿐이오 […] 우리는 지배권의 차원에서 득을 보고 […] 그대들은 종속국이 되어 멸절이라는 최악의 상황을 모면하는 것이 상호 이익이오." 투키디데스가 묘사한, 힘의 불균형이 빚어내는 이 장면을 보면서 니체는 정의의 구현에 '거의 대등한 힘의 상태'가 불가결하다는 것을 알아차린다. 그런데 주지하다시피 '거의 대등한 힘의 상태'라는 것은 힘에의 의지의 관계 세계에서는 전제될 수 없다. 거기서는 힘의 차이가 전제된다. 하지만 니체는 '거의 대등한' 힘 관계의 '필요성'을 떨칠 수가 없다. 그가 법 관계를 쌍무 계약적인 것으로 제시할 때도 마찬가지였다. 그 이유는 두 가지다.

첫째, '거의 대등한 힘'이 전제되지 않으면 (법이나 권리는 물론이고) 인간의 사회적 관계 일체가 불가능해지기 때문이다. 그러한 힘을 갖지 못한 사람은 공정한 계약적 교섭의 대상자로 인정되지 않을 수 있다. 등가적 교환 관계가 사회성의 토대라고 보는 니체에게, 그런 상황은 인간의 사회성 자체를 부정하는 것이나 다름없다. 둘째, 교환 행위의 부등가 행위를 방지하기 위해서다. 니체에게 교환 행위는 당사자의 이익과 목적을 추구하고 실현하기 위해 상대를 이용하는 이기적 행위다. 그래서 교환의 계약 역시 니체도 인정하듯 철저히 이기적 관심에 의한 것이다. 그런 교환에서 한쪽만이 만족하는 부등가 교환은 언제든 나타날 수 있다. 하지만 니체는 그런 부등가 교환을 억제하려 한다. '가치상의 등가'를 전제하는 교환, 자신에게 필요해서 가치 있다고 각자가 인정하는 것들을 주고받으며 '서로를 동시에' 만족시키는 교환을 강조하면서 말이다. 이런 등가 교환은 오로지 당사자들 간에 교섭력이 거의 동등한 경우에만 가능하다. 그렇지 않으면 예의 회담 같은 상황, 즉 한쪽의 힘의 우세가 확실할 때의 상황이 연출될 수 있다. 그 경우에는 당사자들의 자유로운 계약이나 협약도, 공정한 교환도 이루어지지 않는다. 오히려 폭압이나 폭력에 의한 부등가 교환이 요구되거나 수행된다.

바로 이런 이유에서 니체는 '거의 대등한 힘' 관계를 정의의 토대로 삼는 것이다. 이렇듯 니체의 실천철학의 주요 테제들은 원칙적으로는 힘에의 의지의 관계론에 따라 수용되지만, 계약의 조건으로서의 '거의 대등한 힘'만큼은 일견 예외인 것처럼 보인다. 하지만 겉보기와는 달리 그것은 힘에의 의지의 관계론의 틀을 깨는 것도, 그것을 넘어서는 것도 아니다. 오히려 힘에의 의지의 관계론의 수미일관함을 보여주는 것이다. '거의 대등한 힘'은 힘에의 의지의 폭압이나 압제나 강제나 침해 및 폭력 상황을 방어하려는 의도에서 나오는 것이기 때문이다. 이렇듯 힘에의 의지의 정상적이고 건강한 활동이 상대에 대한 멸절이나 무화를 추구하지 않는 한, 그리고 추구하지 않기 때문에, '거의 대등한 힘'은 힘에의 의지의 관계론의 틀 속에서 요청된다. 서로를 상승시키는 의지 활동으로서의 힘에의 의지. 그 의지의 활동에서 니체가 생각하듯 '진정한 적이 곧 진정한 벗'이 되는 조건은 이렇듯 '거의 대등한 힘'이다. 따라서

'대등한 힘', '거의 동등한 힘'은 힘에의 의지의 건강성 확보를 위해 니체가 설정해놓은 일종의 안전장치다.

이런 이유에서 제시된 '거의-대략-대등한' 힘 관계는, 현대적 의미의 시장market이 상정하는 '경쟁의 완전한 자유'라는 이상적 상황을 위한 전제라고도 할 수 있다. 더불어 그것은 근대 시민법의 근본 이념에도 어긋나지 않는다. 니체는 그런 '이상적'인 자유 경쟁 상태와 법의 '근본적' 이념을 만족시킬 만한 정의 개념을 제시하는 것이라고 할 수 있다. 정의의 '시작'은 '거의-대략-대등한' 힘이 전제된 교환에서 찾을 수 있는 것이다. 니체는 후에 《도덕의 계보》에서도 정의에 대한 자신의 사유를 이해하기 위해서는 '계약적 대등성'을 계속 유념할 것을 명백히 밝힌다.

> 대략 동등한 힘을 지닌 사람들 사이를 조절하는 것(모든 계약, 따라서 모든 법의 전제 조건인 균형)으로서의 정의의 유래에 관해서는 92절, 〈방랑자와 그의 그림자〉의 26절, 《아침놀》의 112절을 참조하기 바란다. 테러 같은 목적은 형벌의 본질적인 것도 근원적인 것도 아니다.[76]

(2) 가치의 등가원칙과 자유로운 교섭의 주체

젊은 니체의 교환 정의에 대한 생각은 후기에도 이어져, "모든 것은 변상될 수 있으며, 변상되어야만 한다"[77] 혹은 "어느 사물이나 그 가

---

76 GM 서문 : KGW VI 2, 263쪽.
77 GM II 10 : KGW VI 2, 325쪽.

격을 지닌다. 모든 것은 대가로 지불될 수 있다"[78] 같은 언명들로 표출되면서 좀 더 상세한 설명을 얻게 된다. 그런데 거기서 전제되어 있는 '가치의 등가Äquivalenz der Werte원칙'에서 '가치'는 철저히 상대적이다. 가치는 교환 당사자들이 자신의 '힘 상승을 위한 유용성'을 측정해서 매기는 값이기 때문이다. 따라서 '가치 그 자체' 혹은 '절대적 가치'라는 것은 불가능하다. 한 조각의 빵이 누구에게는 버려도 되는 것인 반면, 또 다른 누군가에게는 귀중한 것인 것처럼 말이다. 그러므로 가치의 등가는 각자가 가치 있다고 여기는 것들 사이의 등가이며, 이 원칙이 적용되는 교환은 당연히 서로를 만족시키게 된다. 힘경제적 교환 행위에는 이런 방식으로 가치의 등가원칙을 충족시키겠다는 약속(혹은 계약), 등가적 교환을 통해 계약 당사자들을 만족시키겠다는 약속, 자신의 신용에 대해 책임을 지겠다는 약속이 이미 전제되어 있다. 그 약속이 지켜지는 교환, 즉 등가 교환이 바로 정의로운 상태인 것이다. 만일 그 약속이 이행되지 않아서 부등가 교환이 발생하게 되면, 개인과 개인의 자연적인 관계가 채무자-채권자 관계로 변질되어버린다. 이때 손해를 본 개인은 부채 상환 및 보상을 요구할 권리를 획득하고, 손해를 끼친 개인은 이제 채무자로서 보상 의무를 지게 된다. 그 보상이 이루어져야 다시 가치의 등가원칙이 이행되며, 교환 정의가 다시 실현된다. 니체가 그 보상을 심리적이고 권력적인 것으로 이해하는 것은 당연한 일이다.[79]

78 GM II 8 : KGW VI 2, 322쪽.

79 이것은 3부에서 이야기된 죄와 사적 처벌 및 공형벌의 계보이기도 하다. 사적 처벌과 공형벌은 모두 '보상'을 통한 등가원칙의 구현 및 교환 정의의 구현을 목적으로 한다.

> 존재하는 가장 오래되고 가장 근원적인 개인 관계 […] 여기서 비로소 개인이 개인과 상대했으며, 여기서 비로소 개인이 스스로를 다른 개인과 견주었다. 이러한 관계를 알아차릴 수 없을 정도로 저급한 문명은 발견된 적이 없다. 값을 정하고 가치를 측정하고 등가물을 생각해내며 교환하는 것—이것은 어떤 의미에서는 사유라고 할 수 있을 만한, 인간의 가장 오래된 사유에 이미 자리 잡고 있었다 […] 고대인의 사유에 특유한 저 둔중한 일관성으로 곧 '어느 것이나 그 가격을 지닌다 ; 모든 것은 대가로 지불될 수 있다'는 중요한 일반화가 이루어진다—이것은 정의의 가장 오래되고 가장 소박한 도덕-규준이다 […] 이러한 최초 단계에서의 정의란 거의 동등한 힘을 지니고 있는 사람들 사이의 서로 타협하고 보상을 통해 다시 '합의'하려는 좋은 의지다. —그리고 힘이 열등한 자들과 관련해서는 그들 상호 간에 보상하도록 강제하는 좋은 의지인 것이다.[80]

가치의 등가원칙에 충실한 힘경제적 교환. 이것이 바로 교환 정의에 대한 니체 식 표현이다. 인간의 사회성, 즉 힘경제적 관계 맺음을 본성적인 것으로 이해하는 니체이기에 교환 정의는 시장에서의 경제 행위를 넘어 '인간의 사회적 행위 전반'에서 요구되는 것이라고 할 수 있다.

그런데 이런 의미의 교환 정의는 한 가지 조건을 전제해야 한다. 즉 관계를 맺는 당사자들에 대한 '인정'이다. 이것은 개인을 계약 수행 능력과 보상 능력을 가진 존재, 달리 말하면 가치의 등가원칙을 지키겠다고 약속하며 그 약속을 지킬 수 있는 존재, 즉 약속에 대한 책임을 질

---

80 GM II 8 : KGW VI 2, 321~322쪽.

수 있는 존재로 전제한다는 것을 의미한다. 그리고 이것은 다시, 개인을 자유로운 존재로 인정한다는 것을 의미한다.[81] 앞에서의 표현을 빌리자면, 개인을 계약적 대등성을 지닌 교섭의 주체로 인정하는 것이다. 이 전제가 결여된다면, 계약은 왜곡되거나 폭력 행위가 되고, 보상 요구권 역시 제한될 것이다. 따라서 인간의 사회성을 가치의 등가원칙에 의해 설명하기 위해서는 개인과 개인의 계약 당사자로서의 동등성이 이미 전제되어 있어야 한다(힘에의 의지의 관계론에서 그 동등성은 관계 세계를 함께 구성해가는 참여의 동등으로 표출된 바 있다). 이것은 니체가 개인들 사이의 "일정 정도 동등한 힘"[82]을 전제하거나 혹은 서로를 "동등하거나 비슷하게"[83] 전제하는 것에 대한 객관적 측면에서의 정당화다. 교환 정의의 이 전제는 관계 정의의 형태로 다시 한 번 등장한다(이어지는 〈4. 관계 정의의 실체〉).

(3) 교환 정의의 법적 측면과 사회적 측면

여기서 흥미로운 것은 니체가 교환 정의에 관한 전통적인 논의의 틀을 따르면서도 그것을 벗어나고 있다는 점이다. 교환 정의에서 모든 사람들의 동등을 전제하는 전통적인 시각은 니체에게서도 마찬가지다. 니체는 이것을 '일정 정도 동등하고 대등한 힘'에 대한 인정의 형태

---

81 GM II 2 : KGW VI 2, 310쪽. "책임이라는 이상한 특권에 대한 자랑스러운 인식. 이 희한한, 자유에 대한 의식."

82 MA I 92, 93, 105 등.

83 MA II-WS 26 : KGW IV 3, 198쪽 ; M 112 : KGW V 1, 98쪽. 계약 자체의 전제로 제시된 이것은 니체에게서 물론 법 제정의 조건이기도 하다.

로 제시한다. 또한 그는 교환 정의와 분배 정의의 분리 불가능한 측면에 대해서도 동의하지 않을 수 없다. '각자에게 그의 것을'은 당연히 교환에서도 구현되어야 하는 것이기 때문이다. 하지만 전통적인 방식과 차별화되는 지점도 있다. 먼저 교환 정의를 개인들 사이의 관계에, 그리고 분배 정의를 사회 전체와 개인의 관계에 구별하여 적용하는 것을 니체는 받아들일 수 없다. 그에게 개인-개인의 관계는 곧 개인-공동체 관계의 '모델'이다. 그래서 개인과 개인의 관계에서 등가원칙을 요청하는 것과 동일한 논리와 구도가 개인-공동체에도 적용된다. 니체가 사적 처벌이나 공형벌의 계보를 모두 보상을 통한 교환 정의의 회복에서 찾으려 한 것은 바로 그런 이유에서다. 또한 니체는 교환 정의를 법적 정의의 영역에만 귀속시킬 수 없다. 교환이 힘경제적 교환이고, 힘경제적 교환이 인간의 사회성의 출발인 한, 교환에서 요구되는 정의는 힘에의 의지의 관계주의가 적용되는 사회적 관계 전체에서 요구되는 것이다.

그런데 니체는 법적 정의의 교환적 성격을 주장하면서도, 그것을 지양하는 내용을 제시한 바 있다. '형벌 없는 사회'라는 사유실험에서 이야기된 '정의의 자기 지양'이 바로 그것이다. "'모든 것은 변상될 수 있다. 모든 것은 변상되어야만 한다'라는 명제로 시작된 정의正義는 잘못을 너그럽게 봐주고 지불할 능력이 없는 자들을 놔주는 것으로 끝난다 […] 정의의 이러한 자기 지양 […] 자비Gnade다 ; 잘 알려져 있듯이, 자비는 가장 강한 자의 특권이며, 더 잘 표현한다면, 그가 가진 법의 저편이다"[84] 라는 텍스트를 보면, '모든 것은 변상될 수 있다. 모든 것은 변

84 GM II 10 : KGW VI 2, 324~325쪽.

상되어야 한다'라는 명제로 표현된 교환 정의가 '사면'의 형태로 깨진다. 사면을 가리켜 니체는 매우 긍정적인 의미로(아주 많은 문제점이 있음에도 불구하고[85]) 정의의 자기 지양이라고 말한다. 하지만 니체의 사면에 대한 생각을 분석할 때도 드러났듯이 그런 사면은 정의롭지 않을 수 있다. 니체에게 법 관계는 근본적으로 개인들의 쌍무 계약이며, 그 점에서 법은 계보적 측면에서나 수행적 측면에서나 단순한 폭력도 아니고, 물리적 힘의 강세나 우세일 수도 없다. "한쪽의 힘이 다른 쪽보다 결정적으로 약해지면 법은 끝난다 : 종속이라는 것이 나타나고 법은 중지된다"[86]라는 니체의 단언처럼 말이다. 그래서 법은 상대의 힘과의 일정 정도의 동등성, 달리 말하면 힘의 균형Gleichgewicht 상태에서 나오고, 또 그 상태를 지속시키는 것을 지향하지 않을 수 없다. 그래야 건강한 법이고, 개인의 건강한 상호 관계를 유지시키는 법일 수 있다. 채무자가 된 범죄인에게 채권자인 국가가 가하는 법적 제재는 범죄인을 여전히 동등한 계약의 주체이자 책임의 주체로 인정한다는 것을 의미하기도 한다. 사면은 바로 그런 법 관계의 전제를 버리는 것을 의미한다. 사면 대상자는 계약의 주체도 책임의 주체도 아닌 것이다.

이런 상황이 정의의 자기 지양이라는 긍정적인 의미를 가질 수 있으려면 두 가지 조건을 만족시켜야 한다. 공동체의 입장에서는 자기 존속력과 고통 감내력이 매우 커야 하며, 사면 대상자의 입장에서는 그 사면을 통해 동등한 계약 주체로서의 권리를 회복할 수 있는 힘을 갖추고

85 3부 참조.

86 MA II-WS 26 : KGW IV 3, 198쪽.

있어야 한다. 오로지 이런 상황에서만 교환 정의로서의 법적 정의는 자기 지양을 해도 된다. '정의 원칙을 깨지만 여전히 정의로운' 이중적 모습으로 말이다. 그런데 그것은 니체 스스로 말하듯이 '법의 저편'이기도 하다. 교환 정의가 구현되는 법의 저편인 것이다. 니체가 비록 사유실험이지만 이런 가능성을 생각하는 것은 그것이 교환 정의와는 다른 그 무엇, 법적 정의를 넘어서는 그 무엇을 정의의 또 다른 조건이자 형태로 요구하기 때문이다. 그것이 바로 관계 정의이며, 관계 정의는 교환과 분배 시의 정의와 불가분적으로 연계되어 '사회 정의'로 명명할 수 있는 내용을 도출시킨다.

4. 관계 정의Relationsgerechtigkeit의 실체 —인정하는 정의와 '정의를 원하는 좋은 의지'

(1) 관계와 인정, 분배와 교환의 전제

니체는 분배 정의와 교환 정의만으로 만족하지 않는다. "내 어찌 각자에게 그의 것을 줄 수 있단 말인가! 나는 각자에게 나의 것을 준다"[87]라는 차라투스트라의 단언이나, '정의의 자기 지양과 법의 저편' 등에 대한 언급이 단적인 증거다. 니체가 분배 정의와 교환 정의로 만족하지 못하는 이유는 분배 시의 정의로움과 교환 시의 정의로움에는 충족

87 Za I 〈뱀에 물린 상처에 대하여〉: KGW VI 1, 84쪽.

되어야 할 전제가 있다고 생각하기 때문이다. 그 전제가 바로 니체가 다음처럼 제시하는 새로운 내용의 정의다.

> 정의는 '각자에게 그의 것을Jedem das Seine'이 아니다. 오히려 '네가 나에게 ~이듯(하듯) 나도 너에게wie du mir, so ich dir'이다. 상호 관계 속에 있는 두 힘이, 힘에의 의지의 제멋대로 사용을 억제하면서 서로를 동등한 존재로 허락할 뿐만 아니라 서로 동등하기를 원하는 것. 그것이 지상의 모든 좋은 의지의 시작이다. 계약은 힘의 기존 양을 긍정하는 것뿐만 아니라, 양측에 존재하는 힘의 양을 지속되는 것으로 인정하고 그렇게 함으로써 그 양이 일정 정도 스스로 유지될 수 있게 하려는 의지도 담고 있는 것이다.[88]

이 인용문에서 '네가 나에게 ~이듯(하듯) 나도 너에게wie du mir, so ich dir'는 '분배 정의'를 대신하는 것처럼 표현되어 있지만, 내용상으로는 분배의 원리를 대신하는 새로운 대안은 아니다. 오히려 분배의 '전제'를 함축하고 있는 표현으로, 니체의 젊은 시절의 글에서 이에 대한 실마리를 찾을 수 있다. "공정성. —정의가 발전된 한 가지 형태는 공정성으로, 공동 사회의 동등을 위반하지 않는 사람들 사이에서 성립한다 : 법이 규제하지 않는 경우에도, 앞과 뒤를 바라보고 '네가 나에게 ~이듯(하듯) 나도 너에게'라는 격률을 갖는, 섬세하게 균형을 고려하는 것이다."[89]

---

88 N : KGW VIII 1 5[82], 225쪽.
89 MA II-WS 32 : KGW IV 3, 202쪽.

여기서 '네가 나에게 ~이듯(하듯) 나도 너에게'는 법적 상태와 무관하게 제시되어 있다. 즉 법적 규제가 없을 때라도, 법적 규제가 있든 말든, 힘의 균형을 섬세하게 고려하는 상태로, 사람들 사이의 관계 맺는 방식 자체를 지시한다. 이 '힘의 균형에 대한 섬세한 고려'를 앞의 《유고》에서는 '서로를 동등한 존재로 허락하고 서로가 동등하기를 원하고, 힘에의 의지의 제멋대로 사용을 억제하며, 서로를 유지시키려는'과 관련된 것으로 설명한다. 그렇다면 균형에 대한 섬세한 고려란, 서로를 힘경제적 계약 관계를 맺을 수 있는 동등한 주체로 인정하려는 것, 힘에의 의지의 방임과 폭력을 제어하려는 것과 마찬가지다. 이것은 곧 개인과 개인, 개인과 공동체를 동등한 계약 주체이자 대등한 교섭력을 갖는 주체로 인정한다는 것이며, 이는 상대를 자유로운 계약의 주체로 전제해야 가능한 일이다.

상대를 계약적 대등성 및 교섭력을 지닌 자유로운 합의의 주체로 인정하는 것. 그것은 상대를 계약과 등가 교환에 대한 의무와 권리의 주체로 인정한다는 것을 함의한다. 그러한 인정을 니체는 '좋은 의지'의 소산으로 본다. 즉 상대에 대한 적극적 인정은 처음부터 주어지는 것이 아니라, 의지적 노력의 차원인 것이다. 그런 의지가 있어야 비로소 인정의 상태도 가능하다. 그래서 '네가 나에게 ~이듯(하듯) 나도 너에게'는 개인의 자기 자신과의 관계 맺음을 넘어서 타인과의 관계 맺음에서 불가결한 조건을 지시하는 것이다. 한마디로 니체는 '타인에 대한 인정 및 상호 간의 인정 관계의 지속'에서 정의로움이 확보된다고 말하고 싶은 것이다. 서로를 힘경제적 관계를 맺을 수 있는 주체로 인정하는 것, 이것이 전제되지 않는다면 교환 정의도 배분 정의도 구현되기 어려울 것이다.

그런 인정이야말로 '관계 정의'라고 명명할 수 있는 정의의 내용이다.

관계 정의는 교환 정의와 배분 정의의 전제이자 토대가 된다. 물론 니체는 그 세 가지 정의의 관계를 명시적으로 밝히고 있지는 않다. 오히려 앞의 인용문에서처럼 관계 정의가 '각자에게 그의 것을'이라는 원칙을 부정하고 대체하는 듯한 뉘앙스를 풍기기도 한다. 하지만 니체의 의도가 분배 정의 자체를 (그래서 교환 정의까지도) 부정하는 것일 수는 없다. 오히려 그는 분배 정의가 제대로 된 분배 정의이기 위한 토대이자 전제, 교환 정의가 제대로 된 교환 정의이기 위한 토대이자 전제를 부각하려 한다고 볼 수 있다. 분배와 교환이 니체가 그토록 부정하고 없애고자 하는 '보복적 정의'의 형태로 등장할 가능성 때문만은 아니다.[90] 그보다 더 근본적인 이유는 '각자에게 그의 것을'이라는 원칙이 정당한 교환의 '전제'일 뿐, 실제의 교환 과정에서는 지켜지지 않는 경우가 있기 때문이다.

엄밀한 의미에서 말하자면(그리고 앞의 〈3. 교환 정의〉에서도 잠시 언급했듯이), 힘경제적 관계에서는 등가 교환이 성립하지 않을 수 있다. 힘경제적 관계가 옹호하는 행위 원칙이 이기심이기 때문이다.[91] 그래서

---

90 니체는 보복적 정의를 탈리오 원칙에 대한 이의 제기를 통해 표출한다. 함무라비 법전에 명시된 '눈에는 눈, 이에는 이'라는 탈리오 원칙은 '모든 것은 변상될 수 있으며 변상되어야만 한다'는 교환 정의와 분배 정의 모두를 충족시킨다. 하지만 탈리오 원칙이 갖고 있는 규범성이 보상 요구와 처벌권 행사의 '병리적 성격'에서 확보되는 경우를 보며 니체는 매우 강도 높은 불만을 표출한다. 즉 보복적 정의는 복수와 원한의 심리학의 소산이라는 것이다. MA II-WS 22 ; N : KGW VII 1 7[55], 16[15], 16[17], 16[29] ; GM II 11 등. 3부 참조.

91 GD 〈어느 반시대적 인간의 편력〉 35 : KGW VI 3, 127쪽. "이기심이 결여되면 최고의 것이 결여되는 것이다. 본능적으로 자기 자신에게 해로운 것을 선택하는 것, 이해관계 없는 동기에 유혹되는 것은 거의 데카당스의 공식이나 다름없다. '자기에게 이익이 되는 것을 찾지 않는다.' 이것은 다음과 같은 생리적인 사실을 숨기는 도덕적인 덮개에 불과하다. '내게 이익이 되

관계된 자들이 모두 자신의 목적을 최대한 추구하고 실현하려 한다. 그래서 그들의 교환 행위에서는 부등가 교환이 정상적인 것으로 등장할 수도 있다. 그런데 니체는 이런 부등가 교환을 정의로운 상태로 인정할 수 없다. 손해를 봤다는 감정이나 인식, 힘의식과 권력의 손실에 대한 감정이나 인식이 '불만'의 형태로 표출될 것이기 때문이다. 또한 그것이 상대의 힘을 무화하거나 멸절하는 폭압이자 폭력으로 행사될 수도 있기 때문이다. 전자는 복수나 앙갚음이나 원한 감정이 개입된 변제와 보상을 요구하게 되고, 후자는 관계 세계 전체의 힘의식의 손실이나 심지어 멸절로 이어질 수도 있다. 그래서 니체는 계약에서 이기심을 포기하든지 아니면 등가 교환 및 교환 정의를 포기하든지 둘 중 하나를 선택해야 한다. 물론 니체는 둘 다 포기할 마음이 없다. '이기적이면서도 등가 교환이 우연이 아닐 수 있는' 경우를 알기 때문이다. 그것은 세 가지 조건을 충족시키면 가능하다.

첫 번째 조건은 이기심이 "모든 것을 나를 위해Alles für mich"[92]라는 병리적이고 자기중심적인 이기심이 아니라, 관계 맺는 주체들 전체의 힘 상승을 고려하는 이기심인 경우다. 이 이기심은 나의 힘에의 의지의 상승이 이에 대항하는 힘에의 의지의 상승과 동시에 가능하다는 것을 아는 이기심, 즉 "적의 성공을 곧 나의 성공"[93]으로 알고, "자기 자신과 사회 공동체의 성취를 동일시"[94]하는 이기심이다. 이런 이기심은 이타

는 것을 어떻게 찾아야 할지 더 이상 모르겠다'라는…"

92 Za I 〈선사하는 덕에 대하여〉 : KGW VI 1, 94쪽.

93 Za I 〈싸움과 전사에 대하여〉 : KGW VI 1, 55쪽. 힘에의 의지의 관계적-힘 협조적 운동 법칙을 보라.

94 JGB 19 : KGW VI 2, 27쪽.

심과 분리되지 않는다. 두 번째 조건은 교환 대상자들의 교섭력이 거의 동등한 경우, 즉 니체의 표현을 적용하면 잠재적 계약 당사자들의 힘이 대등한 경우다. 세 번째 조건은 계약 당사자들이 언제든 서로 합의하여 계약을 체결할 수 있는 자유로운 상태다. 이 세 조건이 충족되어야 개인의 계약적 대등성이 유지되고, 자유로운 합의에 의한 교환이 이루어지고, 더 나아가 '힘에의 의지의 제멋대로 사용이 제어되어' 폭압이나 폭력도 사라지며, 자신의 이익만이 아니라 계약을 맺고 있는 타인의 이익도 동시에 고려하는 등가 교환이 추구된다. 그 결과 등가 교환이 실제로 구현될 가능성도 높아진다. 우연이 아닐 수 있는 것이다. "정의는 '각자에게 그의 것을'이 아니다. 오히려 '네가 나에게 ~이듯(하듯) 나도 너에게'일 뿐이다"라는 문장은 바로 이런 경우를 염두에 둔 것이다.

이런 관계 정의는 타인과 관계 맺는 이상적인 방식을 보여준다. 하지만 그것의 구현은 우리의 선택에 달려 있다. 타인을 나와 동등한 계약 주체로 인정하고, 나와 타인의 상승을 함께 추구하는, 니체가 말하는 '좋은 의지'의 소유자가 될 것인지 아닌지는 전적으로 우리의 몫이다.

(2) 사랑하는 정의 —정의의 새로운 지평과 플라톤의 우려를 불식하는 방식

관계 정의와 인정하는 정의. 실천적 구속력이 '정의를 원하는' 우리의 '좋은 의지'에 의해 확보되는 정의. 이런 정의를 니체는 차라투스트라의 입을 빌려 '사랑하는 정의liebende Gerechtigkeit'로 제시한다.

말하라, 바라보는 눈으로 하는 사랑Liebe mit sehenden Augen인 정의는 어디 있는가?[95]

이 정의 개념은 시작부터 독특하다. '정의와 사랑'을 일치시키기 때문이다. 이것은 사회 정의를 논하는 곳에서 사랑을 말하는 것이 의미 있음을 전제한다. 그런데 '정의=사랑'이라는 등식을 말하는 것이 과연 정당한가? 이 질문은 해명이 필요한 몇 가지 문제 영역과 관련되어 있다.

첫 번째 문제 영역은 '정의와 사랑이 이원적인가?'라는 질문과 관련 있다. 일반적으로 정의는 사회적 관계와 질서에, 사랑은 사람들 상호 간의 인격적 관계에 의미를 두고 있다고 이해된다. 정의는 의무론적 의미 양태여서 청구되고 요구되는 것인 반면, 사랑은 바람Wunsch의 양태이고, 사랑에 의무나 명령을 요구하는 것은 스캔들적 성격을 띠게 된다. 이런 이해 방식에 의하면 사랑과 정의는 본질적으로 다른 것이다. 그런데 사랑과 정의가 진정 본질적으로 다른 것인가?

두 번째와 세 번째 문제 영역은 '정의와 사랑이 실천적 중재를 필요로 하는가?'라는 질문으로 통합된다. 정의로운 개인과 사회가 늘 추구되어왔음에도 인류 역사의 사례들은 정의의 한계와 부재를 말하게 한다. 이런 상황은 사랑을 정의의 보완책으로 제시하거나, 정의를 사랑 위에 근거 짓는 계기가 될 수 있다. 반면, 인간의 불완전성에 기인한 맹목성이나 감정의 변덕이라는 측면 때문에 사랑을 오히려 사회 정의에 위협이 되는 것으로 판단하는 경우도 있다. 이때 정의는 이성적인 절차로,

---

95 Za I 〈뱀에 물린 상처에 대하여〉 : KGW VI 1, 84쪽.

사랑은 감성적인 것으로 간주되고, 전자는 후자를 배제할수록 더 완전해지는 것으로 이해된다. 이런 방식의 중재는 과연 적절한가? 이것이 두 번째 문제 영역이다. 세 번째 문제 영역은 사랑이 정의를 좀 더 완전하게 만들 수 있다면 '어떤 사랑이 그런 역할을 하게 될 것인가?'와 연계된다. 종교적 성격을 띤 신의 사랑인가? 아니면 단순한 감성으로 환원될 수 없는 아주 특수한 인간적 사랑인가?[96]

차라투스트라가 정의의 한 경우로 요청하는 사랑, 그것은 정의와 사랑의 이원적 대립을 없애버리고, 감정의 차원이나 정서적 차원의 사랑 개념도 넘어서며, 그리스도교 색채를 완전히 배제해버린 '인간적'인 사랑을, '정의와 사랑' 담론의 유의미성을 확보하는 데 적용한 경우다. 여기서 정의와 사랑은 오로지 일치된 하나로서만 의미가 있다. 분리될 경우 정의는 정의가 아니다. 오로지 일치된 하나로서만 사랑은 감정과 이성의 구분까지도 넘어선다. 그런 사랑이야말로 위험하지 않고 그 속에서 정의도 완전해진다. 레비나스[97] 이전에 이미 니체에게서 이렇

---

96 '사랑과 정의'를 함께 말하는 것이 의미가 있다는 담론은 이 세 가지 문제 영역이 한데 어우러져 전개되지만, 어떤 문제를 중심에 놓고 어떤 관점을 선택하는지는 경우에 따라 다르다. 사랑과 정의 담론의 큰 축인 그리스도교 사회윤리는 그 예를 잘 보여준다. 예컨대 니부어R. Niebuhr는 사랑과 정의의 이원적 구분을 전제하지만, '정의는 사랑에 의존하고 사랑의 자비Gnade라는 것이 없다면 정의는 잘못될 것'이라며 정의와 사랑의 접합을 시도한다. 물론 여기서의 사랑은 신의 사랑이다(R. Niebuhr (1957/1992), 27~29쪽). 차이를 전제하지만 양자의 접합 지점을 찾으려 하는 니부어와 달리 브루너E. Brunner는 사랑과 정의의 본질적 차이를 부각한다. 그에게서 정의는 행위의 차원에 속하는 동시에 제도적인 공동의 삶에서 필요한 질서의 윤리Ordnungsethik에 속하고, 사랑은 개인 윤리Personenethik에 속한다. 물론 브루너는 '신적 사랑으로서의 아가페는 정의와는 다르고 정의를 초월해 있지만, 제도 속에서 살아가는 인간은 그 사랑을 정의의 형태로 바꾸어, 정의를 통해 정의를 완수하면서 초월한다'고 보기도 한다. 그럼에도 불구하고 그에게서 사랑과 정의의 본질적 차이는 극복될 수 없는 것으로 남는다(E. Brunner (2003), 172~174쪽).

듯 사랑과 정의는 하나인 것이다. 그래서 "잉여의 논리logique de la surabondance"와 "동등의 논리logique d'équivalence"로 사랑과 정의의 작용 절차를 구분할 수 있다는 리쾨르P. Ricoeur의 이분법은[98] 여기서 유효성을 상실한다. 또한 니체가 말하는 사랑과 정의의 적용 대상에는 전체가 포괄된다. 개인, 가족과 사회와 제도, 세계 전체가 모두 그 대상인 것이다. 사랑과 정의의 이런 관계가 가능한 것은 니체가 사랑과 정의를 '인정Anerkennung과 긍정Bejahung'으로, 즉 모든 것이 '관계성과 필연성'을 갖고 있다는 점에 대한 인정과 긍정으로 이해하기 때문이다. 사랑도 인정이고 정의도 인정이다. 사랑도 긍정이고 정의도 긍정이다. 인정하고 긍정하는 사랑이 곧 정의다. 그렇다면 정의와 사랑 사이에는, "실천적 중재" 따위가 필요 없으며, 정의와 사랑의 연합도 "늘 깨지기 쉽고 잠정적"[99]이라고 이야기될 만한 것이 아니다. 그런 사랑이 바로 정의이며, 여기서의

---

97 레비나스는 그리스도교 사회윤리나 신학적 지평을 넘어, 책임윤리의 차원에서 사랑과 정의 개념을 연계시키려 하는데, 그에 따르면 '사랑은 타자에 대한 책임의 지평에서 정의로운 판단을 이끄는 지혜'인 카리타스caritas이며, 정의는 이런 사랑에 근거해야 한다. 그래서 "카리타스는 정의 없이는 불가능하고, 카리타스 없는 정의는 퇴화할 것이다"가 그의 결론이 될 수 있다(E. Levinas (1991), 153쪽). 여기서 사랑과 정의의 이원적 대립과 차이는 지양되고, 책임과 사랑과 정의가 연계됨으로써, 사랑은 이제 단순한 감성적 차원의 것도 아니고, 그리스도교의 신적 사랑으로만 귀속되는 제한성도 넘게 된다. 그럼에도 불구하고 레비나스가 선택한 사랑은 여전히 유대적-그리스도교적인 신적 사랑이기도 하다. 레비나스가 제시하는 '사랑으로서의 정의'를 차라투스트라의 '바라보는 눈으로 하는 사랑으로서의 정의'와 같은 지평에서 이해하는 한병철은 물론 'Intimität des face-à-face'(레비나스)와 'Liebe der Ferne'(니체)의 차이는 잊지 않았지만, 레비나스가 제시한 사랑의 '신적' 속성을 유념하지는 않는 것처럼 보인다. 자세한 내용은 B.-C. Han (2001), 81쪽.

98 사랑과 정의는 서로 불균형적인 "양극단Extreme"으로, 각각 잉여의 논리와 동등의 논리를 갖고 있고, 사랑과 정의의 실천적 중재는 가능하지만, 그 중재는 언제나 깨지기 쉽고 잠정적이라는 내용을 리쾨르P. Ricoeur는 "사랑과 정의의 변증법"으로 제시한다. P. Ricoeur (2006), 439쪽.

99 P. Ricoeur (2006), 439쪽.

정의는 물론 법적 정의와 사회 정의를 포함한다.

사랑하는 정의로서의 관계 정의 개념은 따라서 정의와 사랑을 대립 관계나 대척 관계로 전제하는 철학적 전통 및 신학적 전통의 파괴, 감정적 차원이나 정서적 차원의 사랑이 아닌 새로운 사랑 개념의 제시, 정의에 대한 총체적 고찰 방식의 적용이라는 특징을 갖게 된다. 게다가 그 개념은 다음과 같은 실천적 함축도 갖게 될 것임을 예견할 수 있다. 첫째, 정의라는 이념은 산술적 평등에 입각한 인간 존엄성이나 인간 권리에 대한 인식이 아니라, 공동 존재와 상호 교환에 대한 인정과 개별과 전체에 대한 인정이라는 인식이 결합된 것이다. 그래서 정의의 문제 역시 인간 권리의 측면에서 '나는 누구이며, 우리는 무엇인가?'라는 인간에 대한 본질주의적 규정을 전제하는 것이 아니라, '나는 어떤 사람이 되고자 하고, 우리는 어떤 세상을 만들어나가려 하는가?'라는 인간 의지의 차원에서 다루어진다. 이것은 곧 '나와 우리'에 대한 문제 제기 방식의 변경을 의미하는 것이기도 하다. 둘째, 정의 개념은 인간에 대한 자아주의(혹은 자아학Egologie)를 극복하는 방식 하나를 제공하게 된다. 자기 충족적인 스토아적 개인이나 원자적 주체로서의 근대적 개인 개념은 이제 관계적-공동적인 존재로 대체되기 때문이다. 셋째, 정의라는 문제 영역이 형이상학이나 종교나 윤리나 정치를 넘어 결국 인간 의지의 영역으로 환원되기에, 정의의 현실적 구현에 대한 기대치는 더 높아지며, 그 점에서 니체의 것은 효율성이 높은 정의 개념일 수 있다. 아무리 정의로운 제도나 절차라도 그것을 지키려는 우리의 의지가 전제되지 않는다면 정의의 구현 가능성은 보증될 수 없기 때문이다. 이것이 바로 사랑과 정의의 대립 관계를 말하면서, 사랑이 사회의 정의로움에 대한 위협이 될 것이라는 플라톤의 우려[100]를 불식하는 니체의 방식이다.

(3) '사랑하는 정의' 개념의 도출 과정

그렇다면 니체는 어떤 경로로 '사랑하는 정의'를 도출하는 것일까? 아래의《차라투스트라는 이렇게 말했다》 인용문은 그 경로를 보여준다.

> 나는 너희의 차가운 정의를 좋아하지 않는다 ; 너희 판관의 눈에서는 언제나 형리와 그의 차디찬 칼날이 번쩍인다.
> 말하라, 바라보는 눈으로 하는 사랑인 정의는 어디 있는가?
> 그래, 모든 처벌뿐만 아니라 모든 죄도 짊어질 수 있는 그런 사랑을 내게 고안해다오.
> 이 이야기도 듣고 싶은가? 바탕에서부터 철저히 정의롭기 원하는 자에게서는 거짓조차도 인간에 대한 호의가 된다는 것을.
> 하지만 내 어찌 바탕에서부터 철저히 정의롭기를 바랄 것인가! 내 어찌 각자에게 그의 것을 줄 수 있단 말인가!
> 나는 각자에게 나의 것을 준다 : 이것으로 충분하다.[101]

여기서 보복 기제와의 단절, 삶의 정의롭지 않음에 대한 통찰, 인식과 사유 태도, 분배와 교환의 제한적 사용 등 정의와 관련된 니체의 생

---

100 Platon ①, 731e.
101 Za I 〈뱀에 물린 상처에 대하여〉 : KGW VI 1, 84쪽.

각들이 메타포의 형식을 빌려 등장한다. 정의 역시 "바라보는 눈으로 하는 사랑"(혹은 바라보는 눈을 지닌 사랑)으로 표현되어 있다. 그런데 '눈'이나 '바라봄'은 서양의 전통이 보여주듯 일차적으로는 인식 및 사유와 관련된 것이다. 그래서 차라투스트라가 말하는 사랑은 인식 방식 및 인식 태도의 범주에서 출발하며, 그가 정의를 사랑으로 이해하는 한, 정의 역시 같은 출발점을 갖게 된다. 이는 정의의 문제를 관점적 인식 방식 및 사유 태도 일체와 연계시키는 니체 사유의 연장선이라고 할 수 있다.

가. 판결richten 대신에 바라봄sehen

사랑이 정의가 될 수 있는 첫 번째 조건은 사랑이 '바라보고 주시하는 역할을 수행하는 눈'으로 하는 행위라는 것이다. 사랑은 눈이 멀지도 않았고 눈을 감지도 않으며 두 눈을 뜨고 바라보고 주시한다. 결코 외면하지도 무시하지도 않는다. 그렇게 바라보는 것이 바로 사랑하는 눈길이며, 이런 눈길이 니체에게는 바로 인식자의 눈길이다. 그런데 니체 철학에서 인식(과 사유) 일체는 원칙적으로 관점적 측정 작용이자 평가 작용이며, 그래서 판결richten도 한다. 하지만 앞의 인용문에서 니체는 판결과 판관Richter의 역할을 배제해버린다. 인용문의 맥락에서는 판결과 판관을 죄Schuld와 연결시켜 제시하고 있기 때문이다. 관점적 사유와 인식은 평가 작용이지만, 결코 대상을 '죄' 있다고 평가하지는 않는다. 오히려 이어지는 〈나. '가치' 창조적 주시〉에서 구체화되듯 '가치'의 정도를 판결할 뿐이다. 죄 있다고 판결하지 않기에 응보적 처벌을 고려하지도 않는다. 그래서 "형리Henker와 그의 차디찬 칼날"은 거기에는 없다. 이런 관점적 인식과 사유의 방식이 바로 "바라보는 눈으로 하는 사랑"

의 눈길이다.

그런데 차라투스트라는 사랑이 '모든 처벌Strafe과 모든 죄Schuld를 짊어지는tragen' 것이라고 말한다. 여기에는 두 가지 이유가 있다. 첫째, 힘경제적 관계주의가 전제되어 있기 때문이다. 세계 전체는 힘에의 의지들의 거대한 힘경제적 상호 관계에 의해 구성된다. 인간의 행위도 마찬가지다. 그래서 어떤 행위도 오로지 당사자에게만 귀속되지 않는다. 그 행위에 대한 책임도 마찬가지다. '죄'라고 불리는 행위도 예외일 수 없다. 우리 모두가, 연계되어 있는 세계 전체가 그 행위를 같이 구성해내기에, 그 행위에 대한 책임은 개인과 전체가 함께 진다. 이것이 힘에의 의지로 세계를 설명해내는 니체 식 관계주의의 특징인 것이다. 둘째, 사랑은 모든 죄와 처벌이 불필요하게 여겨질 정도로 큰 힘을 갖고 있기 때문이다. 힘의식이 큰 건강한 법공동체가 사면을 행하고, 힘의식이 큰 건강한 개인이 자비롭듯이 말이다. 이처럼 사랑은 판결하고 처벌할 때 느껴지고 발휘되는 힘의 정도보다 더 큰 힘의 상태에, 더 강한 상태에 놓여 있는 것이다. 판결과 처벌을 포기한 채, 주시하고 평가하는 것만으로 충분한, 이런 관점적 인식을 하는 사랑. 이런 인식적 태도와 인식하는 사랑에서 차라투스트라는 정의가 될 수 있는 조건 하나를 보는 것이다.

차라투스트라는 여기서 멈추지 않고 "내 어찌 각자에게 그의 것을 줄 수 있단 말인가! 나는 각자에게 나의 것을 준다Jedem das Meine : 이것으로 충분하다"라고 큰소리를 친다. 인식하는 사랑을 정의의 조건으로 생각하기에, 분배 정의는 (더불어 분배 정의의 비례성을 전제하는 교환 정의는) 더 이상 정의의 후보일 수 없다고 생각하는 것일까? 혹은 정의는 단지 '인식 윤리나 인식 태도의 문제에만 귀속된다'고 생각[102]하는 것일까? 니체의 생각은 다르다. 그는 서양의 지적 전통에서 견고하게 유지되어온 분배 정의를 (그리고 교환 정의도) 포기할 마음이 전혀 없다. 그는 사회 질서와 법질서에서 산술적-기계적 평등에 입각한 분배는 부정하면서도, '비례적 분배와 합리적 차별'만큼은 적극 옹호한다. 그렇지 않다면 니체의 주인-노예(병든 인간-건강한 인간, 정신적 천민-정신적 귀족, 인간 말종-위버멘쉬)의 구분 자체가 무의미해진다. 차라투스트라가 "위버멘쉬에 대한 나의 사랑은 어찌 되겠는가?"[103]라고 반문하는 것은 바로 그런 이유에서다.

그렇다면 어째서 차라투스트라는 얼핏 보기에 분배 정의를 포기하는 것처럼, '각자에게 그의 것 대신 각자에게 나의 것을'이라고 말하는 것일까? 첫째, '죄와 벌' 개념이나 '심판과 판결과 처벌' 개념이 수용하는 복수의 심리학 때문이다. 복수의 심리학이 분배 정의의 계보가 되면, 복수로서의 응보, 복수로서의 처벌이 등장하게 된다. 차라투스트라는 그리스도교 도덕이나 신 관념을 복수의 심리학의 대표적인 경우로 보지만, 우리의 법질서와 사회 질서에서도 복수의 심리학이 끼어들 가능성을 배제할 수 없다. 그래서 복수의 심리학을 포함하는 분배 정의의 경우를 배제하고자 차라투스트라는 자신의 '사랑하는 정의'를 일컬어 '나의 것'이라고 부르는 것이다. 그렇다고 그가 복수의 심리학으로부터 자유로운 분배 정의마저 포기하는 것은 아니다. 둘째, 복수적 응보 기제가

---

102 피아체시C. Piazzesi가 바로 이런 입장을 취한다. C. Piazzesi (2010).
103 Za II 〈타란툴라에 대하여〉: KGW VI 1, 126쪽.

아닌 분배 정의라도 필요치 않을 정도의 상황도 가능하기 때문이다. 그것이 정의롭지 않아서가 아니라, 굳이 그것을 적용할 필요가 없어서다. 이 상황은 '죄와 처벌'의 비례적 분배와 등가적 교환보다 더 고차적인 정의가 있을 수 있음을 보여주며, 차라투스트라는 그러한 정의를 "바라보는 눈으로 하는 사랑"이 구현되는 경우로 이해하는 것이다. 그래서 그 사랑은 앞서 말했듯 모든 죄도 감당하고 모든 처벌도 감당할 수 있을 정도의 힘의 크기에 도달해 있으며, 바로 그 때문에 죄와 처벌 기제를 굳이 요청하지 않아도 된다. 그 정도의 강력한 힘을 지닌 사랑, 그 사랑이 구현될 때 분배와 교환보다 좀 더 차원 높은 정의가 구현된다.

나. '가치' 창조적 주시

사랑이 정의가 될 수 있는 두 번째 조건은 그 사랑의 '바라봄과 주시'가 '가치 창조'의 힘을 갖는다는 것이다. 이것은 니체적 관점성의 또 다른 측면이다. 사랑하는 여성의 눈길이 그것이 향하는 남성의 가치를 포착해내기도 하고 높이기도 하는 힘을 갖는 것처럼, 관점적 인식으로서의 사랑은 주목되는 대상의 가치를 보게 한다. 물론 그 눈길은 '대상 그 자체'의 '가치 그 자체'를 '발견'하는 것일 수는 없다. 니체의 관점주의 인식론이 강조하듯이, 그 눈길은 오히려 가치를 '부여'하여 대상을 '가치 있게 만든다'. 대상의 가치를 창조해내는 것이다. 물론 이때의 가치 창조 행위는 니체에게는 목적적이다. 힘에의 의지가 관점을 설정하는 힘으로서 그 눈길을 규제하기 때문이다. 대상에 가치를 부여하여 그 대상을 가치 있는 것으로 만드는 이런 사랑의 질서는, 바로 그런 이유에서 창조의 질서와 같은 것이 된다. 니체가 인식자와 창조자와 사랑하는 자를 동일시하는 것은 이런 이유에서다.[104] 이렇듯 가치를 부여하면서 가치를 창조해내는 사랑은 분배나 교환이 전제하는 '각자의 것'이나 '등가적 교환'과는 다른 그 무엇을 지향한다. 차라투스트라의 '각자에게 나의 것을'에는 이런 의미도 담겨 있는 것이다.

그래서 차라투스트라는 "바탕에서부터 정의롭기를" 원하지 않는다. 눈길을 주는 가치 창조자는 눈길을 규제하는 힘에의 의지의 활동 혹은 눈길의 관점적 움직임 때문에 결코 공정할 수 없다. 그래서 '바탕에서부터 정의롭기를' 원하는 것은 불가능하지만, 그럼에도 불구하고 정의는 추구된다. '인간에 대한 호의' 때문이다. "정의가 무엇인가? 정의란 가능한 것인가? 가능하지 않다면 이때 나는 어떻게 삶을 견딜 것인가?"[105]라고 말하는 우리가 삶을 위해 결코 포기할 수 없는 것이 정의이기 때문이다. 여기서 요청되는 정의는 차라투스트라의 '각자에게 나의 것을'이다. 즉 사랑으로서의 정의다. 대상에 가치를 만들어 부여하면서 대상을 가치 있게 하는 행위는 정의를 예상하게 한다. 사랑의 질서와 창조의 질서 자체가 정의로움을 구현하는 것이다. 차라투스트라가 다음처럼 말하는 것은 그래서 당연한 수순이다. 물론 그 정의는 사랑하는 정의다.

> 형제여, 너의 사랑과 창조와 더불어 고독 속으로 들어가라 ; 그래야 비로소 정의가 절뚝거리며 네 뒤를 따르리니.[106]

---

104 Za I 〈창조자의 길에 대하여〉 : KGW VI 1, 78쪽.
105 N : KGW VII 3 40[65], 395쪽.
106 Za I 〈창조자의 길에 대하여〉 : KGW VI 1, 78쪽.

다. 줌Geben과 선물Geschenk

사랑이 정의가 될 수 있는 세 번째 조건은 사랑이 바로 '주는' 행위라는 것이다. 사랑은 준다. 그것도 '그냥' 준다. 자기의 줄 권리도 묻지 않고, 타인의 받을 권리도 묻지 않는다. 받을 대상을 구별하지도 가리지도 않는다. 모든 제한을 초월해버리고, '비처럼 누구든 가리지 않고 젖게 만들어버린다'.[107] 아리스토텔레스의 필리아philia처럼 받을 만한 가치가 있어서 주는 사랑이[108] 아니다. 그것은 브루너E. Brunner의 표현을 빌리자면 '~때문에' 하는 사랑Liebe-weil이 아니라 '~에도 불구하고'의 사랑Trotzdem-Liebe이다.[109] 이런 사랑은 어떤 대가도 변제도 바라지 않고 그냥 주는 것이다. 그래서 그것은 되받을 것을 고려하면서 주는 뇌물과는 다른 "선물Geschenk"이며[110], 허비하는 것일 수도 있다. 바보스러운 짓일 수도 있다.[111] 사랑이 갖고 있는 이런 특징들은 물론 사랑을 주는 측의 풍요로움을 전제해야 한다. 그가 풍요롭기에 자신의 사랑을 선물로, 상대가 받을 권리가 있는지 따지지도 않고, 그것을 받을 대상을 구별하지도 않고, 자신이 돌려받을 것을 계산하지도 않은 채로 줄 수 있는 것이다. "사랑하는 자는 허비하는 자가 된다. 그는 그럴 수 있을 만큼 풍요롭다."[112] 바보스럽고-허비하고-'불구하는' 선물로서의 사랑. 이런 사랑

107 MA I 69 : KGW IV 2, 79쪽.

108 정의와 사랑을 필리아philia와 필로스philos 개념을 동원하여 매개한 아리스토텔레스에게서 필리아로서의 사랑은 필로스들끼리 나누는 사랑이다. 아리스토텔레스 (2011), 8권 참조.

109 니체에게서는 이런 특징이 인간의 사랑에 귀속되지만, 브루너에게서는 신적 사랑의 속성으로 이해된다. E. Brunner (2003), 169쪽 참조.

110 Za I 〈서설〉 2 : KGW VI 1, 7쪽.

111 MA I 69 : KGW IV 2, 79쪽.

112 N : KGW VIII 3 14[120], 92쪽.

은 주는 자에게는 '사치'를 부려보는 것일 수도 있다. 그 사치는 그의 풍요로움이 허용한다.

그런데 사랑이 선물이라는 것은 사랑이 뇌물이 아니라는 점이나 사치라는 점만으로는 충분히 설명되지 않는다. 사랑이 선물이 되려면 사랑을 받는 자의 '능동적'인 '받음'이 추가되어야 한다. 사랑을 받는 자가 그것을 통해 삶의 상승 운동과 창조적 고양을 일으켜야 비로소 사랑이 선물로서의 의미를 갖게 되는 것이다. 주는 자의 입장에서는 그 어떤 것도 돌려받기를 기대하지 않지만, 받는 자는 그것을 자신을 위해 능동적으로 활용해야 한다. 그래서 줌과 받음이 일종의 역동적 상승 운동이어야 하는 것이다. 이것이 보답을 바라지 않고 주는 자에 대한 받는 자의 보답이다. 만일 줌과 받음의 이런 관계가 없다면, 사랑은 뇌물이 아니라 할지라도 독이 될 수도 있다. 동정이나 연민이 그것을 받는 사람에게서 심리적 의존이나 무기력을 촉발해 삶에의 의지의 퇴행으로 이끄는 경우처럼 말이다.[113]

차라투스트라가 메타포를 동원하여 제시한, 정의가 될 수 있는 사랑은 이런 성격을 갖고 있다. 그것은 분명 일차적으로는 인식적 차원과 관련되어 있으며, 관점적 '판단'-'가치 창조'-'선물을 줌'이라는 세 가지 계기를 갖고 있다. 이 계기들이 한데 합쳐져, 각각의 계기를 포괄하면서도 동시에 그것을 넘어서는 정의의 모습을 만들어낸다. 그 모습이 바로 니체가 "바라보는 눈으로 하는 사랑"이라는 결정체로 보여주고자 하는 정의의 온전한 모습이다. 이러한 정의의 내용은 '필연성과 관계성에 대

113 이것은 니체가 동정과 연민을 진정한 사랑이 아니라고 보는 이유 중 하나다.

한 인정과 긍정'이다.

(4) 관계 정의의 구체화 —'아모르 파티'라는 필연성과 관계성에 대한 사랑

정의로서의 사랑, 사랑하는 정의는 존재하는 모든 것의 관계성과 필연성을 인정하는 사랑이자 긍정하는 사랑이다. '각자에게 그의 것을' 대신에 '각자에게 나의 것을'이라는 대안을 보여준 차라투스트라의 '나의 것'은 바로 이런 사랑이고, 이것이 바로 '각자에게 그의 것을 주는' 것보다 더 고차적인 정의다.

"내 가장 내적인 본성이 가리키는 것처럼 모든 것은 필연적이다"[114] 라는 고백처럼 니체의 철학은 존재하는 모든 것의 필연성을 확보하려 한다. 그런데 모든 것의 필연성에 대한 인정은 각 계기의 비교 불가능하고 교환 불가능한 개별성과 특수성에 대한 주목으로는 충분하지 않다. 그것이 맺고 있는 전체와의 연계가 동시에 주목되어야 한다. 그래야 전체 속에서, 전체와 함께, 전체를 전제하는 특수와 개별의 필연성이 비로소 드러날 수 있는 것이다. 따라서 특수에 대한 인정은 전체에 대한 인정 없이는 불가능하고, 필연성에 대한 인정은 곧 관계성에 대한 인정 없이는 불가능하다. 니체가 힘에의 의지의 관계주의라는 모델을 구성하는 데 심혈을 기울인 것은 바로 그런 구조를 보증하기 위해서다. 결국 세계 전체를 힘에의 의지의 관계적 질서로 인정하고, 동시에 세계 전체

114 NW 〈후기〉 1 : KGW VI 3, 434쪽.

의 필연성을 인정하는 것. 이것이 바로 힘경제적 정의의 구체적인 모습인 것이다. 사랑하는 정의는 이렇듯 필연성과 관계성에 대한 인정이다.

> 무언가를 소중하게 여기고schätzen 사랑할 수 있기 위해, 나는 그것을 존재하는 모든 것과 절대적 · 필연적으로 묶여 있는 것으로 파악해야 한다.[115]

사랑하는 정의가 인정이라면, 그 인정은 곧 관계 세계의 모든 것에 대한 긍정이다. 모든 것은 힘에의 의지의 관계 속에서 발생하는 생기生起Geschehen이며, 관계 세계에서는 하나의 중심은 없고, 오히려 중심이 어디에나 있다. 그렇듯 관계 세계 속 생기들은 일종의 참여의 동등을 누리며, 거기서 없어도 좋은 것은 아무것도 없다. 모든 것이 전체와 상입Ineinander적으로 결합되어 있어서, 어떤 것 하나의 변화는 곧 전체의 변화이고, 그 하나를 배제하는 것은 모든 것을 배제하는 것을 의미하기 때문이다. 그래서 인정하는 정의는 곧 존재하는 모든 것을 관계성 속에서 긍정하는 정의인 것이다. "오직 개별적으로 있는 것만이 비난받아 마땅하며 전체 속에서는 모든 것이 구원받고 긍정될 수 있다"[116]라는 믿음은 사랑하는 정의에 대한 표현이기도 하다.

인정이자 긍정으로서의 정의. 이런 정의 개념은 그런데 특수한 사랑의 종류와 연계되어, 사랑 개념과 정의 개념 둘 다를 의지의 영역으로 귀속시킨다. 그 사랑이 바로 '아모르 파티amor fati'다. 아모르 파티는 전

---

115 N : KGW VII 2 26[117], 179쪽.

116 GD 〈어느 반시대적 인간의 편력〉 49 : KGW VI 3, 146쪽.

체 세계의 필연성을 담보해내고 관계적 질서를 '함께' 만들어가는 우리 자신의 '운명에 대한 사랑'이다. 물론 아모르 파티의 일차적 의미는 스스로 구성해가고 스스로 책임을 지는 자신의 운명에 대한 사랑이자, 그런 운명을 만들어가는 자신의 창조 의지에 대한 사랑이다. 하지만 그것이 다가 아니다. 아모르 파티는 독자적 개체로서의 자신에게만 오로지 집중하고, 자신의 개별적 삶만을 독립적으로 구성해가는 퇴화된 이기적 사랑이 아니기 때문이다. 아모르 파티의 진정한 의미는 나와 세계 전체의 운명을 '같이 짊어지는' 사랑이라는 데에 있다. 나와 세계는 불가분적으로 연계되어 있고, 나의 삶을 어떻게 만들어가는지에 따라 세계의 모습 역시 동시에 달라지기 때문이다. 그런 운명적인 사랑이 바로 필연성과 관계성에 대한 사랑인 것이다. 그래서 니체는 다음처럼 말할 수 있다.

> 인간에게서의 위대함에 대한 나의 정식은 아모르 파티다. 필연성을 견뎌내는 것도 아니고 은폐하는 것도 아니며 —모든 이상주의는 필연성 앞에서의 은폐다— 오히려 필연성을 사랑한다.[117]

이런 사랑에 에로스와 아가페의 구별을 적용할 수 있는가?[118] 이런

---

117 EH 〈나는 왜 이렇게 똑똑한지〉 10 : KGW VI 3, 295쪽.

118 에로스와 아가페의 고전적이면서 범형적인 구별을 보여준 사람은 뉘그렌A. Nygren이다. 그는 '자기중심적인 사랑인 에로스'와 '무사selbstlos와 헌신Hingabe으로서의 아가페'라는 두 양태로 인간이 신과 맺는 관계를 구분한다. 물론 이 구별은 아우구스티누스가 civitas terenna와 cinitas dei에 상응하여 구분했던 사랑의 두 종류, 즉 amor sui와 amor dei의 구분을 받아들인 것인데(A. Nygren (1954)), 이 구별법의 문제점은 이미 여러 측면에서 제시되어왔다. 그런 구별을 통해서는 예수 그리스도의 사랑을 적절히 설명할 수 없다는 신학적 측면에서의 이의 제

사랑에 이성과 감성의 이원적 구별을 전제한 분류를 할 수 있는가? 필연성에 대한 운명적 사랑, 전체와의 연계에 대한 운명적 사랑, 그래서 전체를 책임지려는 운명적 사랑에? 대답은 부정이다.

그런데 니체는 이런 사랑의 귀속처를 어디에서 찾으려고 하는 것일까? 그 사랑이 필연성과 관계성에 대한 인정이자 긍정이라는 것은, 그 사랑이 힘경제의 역학이 구성해내는 관계 세계에 대한 인정이자 긍정이라는 것이며, 이것은 다시 관계 세계를 함께 만들어가는 힘에의 의지들 모두에 대한 인정이자 긍정이라는 것이다. 그렇다면 아모르 파티는 곧 힘에의 의지에 대한 사랑이다. 하지만 그것은 그 의지로부터 나오는 사랑이기도 하다. 힘에의 의지가 그런 운명적 사랑을 하는 것이다. 그렇지 않다면 힘에의 의지들은 관계 세계를 함께 구성해나가기는커녕 원자적 실체가 되고, 힘경제의 역학은 기계적 인과론의 적용 대상이 되어버릴 것이다. 그것은 더 이상 힘에의 의지일 수 없다. 힘에의 의지는 운명적 사랑을 하기에 힘에의 의지일 수 있는 것이다. 이렇듯 아모르 파티는 의지의 활동이고 의지의 사랑이다. 그런데 니체가 아모르 파티의 귀속처를 의지로 본다는 것은 니체에게서는 신체 혹은 몸으로서의 인간이 총체적으로 그 사랑을 수행한다는 것과 같은 말이다. 아모르 파티는 그렇다면 인간이 온몸으로 하는 총체적 사랑이다.

그런 사랑은 의지적 노력의 대상이다. 그런 사랑이 추구되지 않는다면, 필연성과 관계성에 대한 인정이자 개체와 전체에 대한 긍정이라

기(W. Huber (1996), 202쪽)나 주석적 문제와 은유 유추에서의 문제점을 중심에 놓은 이의 제기(P. Ricoeur (2006), 447쪽)가 그 예다.

는 관계 정의는 현실화되기 어렵다. 그런 사랑이 없다면, 앞서 설명한 죄와 처벌의 역학에서도 자유로울 수 없다. 사멸적인 이 세상에 사멸적 존재로 있는 모든 것의 죄 없음을 말하는 니체의 '생성의 무죄Unschuld des Werdens'도 불가능해진다.[119] 그래서 힘경제적 정의는 우리에게 그런 사랑을 추구하게끔, 의지의 힘을 강화할 것을 요구하는 것이다. 이렇듯 인정이자 긍정으로서의 정의는 아모르 파티라는 특수한 종류의 사랑을 매개로 의지의 영역으로 들어온다. 정의는 '사랑하려는 의지'의 소산인 것이다.

힘경제적 정의가 의지의 사랑이고 의지가 해내는 인정과 긍정의 상태라면, 그 정의를 인식적 차원에만 국한시켜 '인식 윤리적 태도' 혹은 '인식 윤리적 상관체'로 이해하는 것[120]은 협소한 관점일 것이다. 물론 정의에 대한 니체의 숙고가 인식적 문제 영역에서 출발한 것은 사실이지만, 그 의미층과 적용 범위는 인식 윤리를 넘어선다. 물론 그 정의는 일반적인 의무 요구를 하는 도덕률과도 무관하다. 또한 비츨러R. Witzler의 평가[121]처럼 세계의 이상적 모델을 하나 세워놓고 그것에 대한 추구를 당위로 요구하는 것도 아니다. 니체의 정의는 인간과 인간 사이의 건강한 관계에 대한 그의 또 다른 표현인 것이다. 인정과 승인의 관계 말이다.

---

119 백승영 (^{6}2016), 295~310쪽.
120 C. Piazzesi (2010), 372쪽, 377쪽.
121 R. Witzler (1998), 53쪽.

(5) 사회 정의와 '정의를 원하는 좋은 의지'

차라투스트라가 '사랑하는 정의'로 힌트를 주었고 '의지의 사랑이자 총체적 사랑으로서의 아모르 파티'가 좀 더 구체화시킨 관계 정의. 그것은 여러 번 등장했듯이 '힘에의 의지의 제멋대로 사용을 억제하고, 서로를 동등한 존재로 허락하며, 서로 동등하기를 원하는 좋은 의지'의 표현이다. 그런 '의지의 힘'에 의해 서로를 힘경제적 교환의 당사자로, 교섭의 주체로 승인하고 인정하는 것이 가능해진다. 상대에 대한 인정은, 인간의 본질적 권리나 자연적 소여를 전제해서 처음부터 주어지는 것이 아니라, 이렇듯 의지의 노력의 결과다. 그런 좋은 의지가 있어야 개인과 개인, 개인과 사회의 힘경제적 관계가 왜곡되지 않고 지속될 수 있다. 이런 의미를 모두 담아 니체는 "네가 나에게 ~이듯(하듯) 나도 너에게"를 말하는 것이다. 이런 의지적 노력이 전제되면 개인과 개인, 개인과 공동체 사이에 상호 간의 인정 관계가 지속되고, 그러면 정의로운 상태도 지속된다. 그런 의지적 노력에 대한, 그런 노력을 하지 않을 수 없는 의지에 대한 운명적 사랑을 니체는 '아모르 파티'라고 부르는 것이다. 이렇듯 서로를 힘경제적 관계를 맺을 수 있는 존재로 인정하고, 인정하려는 의욕을 갖는 것. 이것이야말로 교환 정의와 배분 정의의 구현을 위한 전제가 되고 토대가 되는, '정의가 곧 사랑'이라는 차라투스트라의 말을 구체화한 정의의 모델이라고 할 수 있다. 정의는 '정의를 원하는 좋은 의지Der gute Wille zur Gerechtigkeit'의 소산인 것이다.

정의를 원하는 좋은 의지만이 선물이자 사치로서의 사랑을 할 수 있다. 그래야 3부에서 이야기한 법적 사면도 비로소 그 의미를 보증받는다. 힘의식이 완전에 가까운 건강한 법공동체는 '범죄와 처벌' 사이의 등가적 교환 정의나 '범죄자와 처벌' 사이의 분배적 정의를 구현하자는 사회의 요구가 약화되는 곳이다. 하지만 그것은 교환과 분배의 정의로운 구현이 불편해서도 아니고 그것이 정의에 어긋나서도 아니다. 사면이라는 정의의 자기 지양은 교환과 분배의 정의를 여전히 구현할 수 있지만, 그것을 넘어선다. 그럴 필요가 없기 때문이다. 공동체가 건강하다는 것이 그 이유인데, 그 건강성의 척도는 자기 존속력이나 고통 감내력에 더하여, 바로 개인들의 '좋은 의지가 있다'는 것이다. 개인들과 공동체가 비록 분배와 교환의 제도 속에서 살아가지만, 그것을 넘어서서 인정하려는 좋은 의지를 갖출 때, '사면'이 그리고 법적 정의의 지양이 온전히 가능해진다. 그런 사회가 건강한 사회고, 건강한 사회는 최대화된 힘의식을 자랑한다. 힘의 최대화가 바로 사랑으로서의 정의를 요청하는 것이다.

사랑=인정=정의가 구현되는 사회. 여기서 사랑 혹은 정의는 "동화에의 의지를 뒤에 숨긴 아름다운 가상"[122] 따위가 아니다. 오히려 관대와 대범과 아량Generosität이며, 이것은 타인을 동화시키거나 장악하는 데서 표출되는 의지와는 다른 것이다. 오히려 동화에의 의지가 '자기 지양'을 하는 경우다. 그 자기 지양은 '그냥' 일어난다. 선물로서, 그리고 사랑으로서. 굳이 이유와 목적을 찾으라면 그 유일한 이유이자 목적은 (힘에의 의지의) '관계 세계의 유지와 존속'일 것이다.

---

122 B.-C. Han (1999), 79쪽.

(6) 관계 정의의 실천적 구속력과 의지의 중요성

관계 정의 개념은 실천적 구속력에 있어서 주목할 만하다. 정의는 현실의 게임이며, 정의가 무엇인지는 사회에 따라 일정 정도 합의가 되어 있다. 그런데 정의는 제도와 규칙 등의 공공 영역에만 관계하는 것이 아니다. 개인도 정의의 이념을 따라야 한다. 하지만 그 구속력이 늘 문제가 된다. 정의에 대한 인식이 부족해서라기보다는 정의를 추구하려는 의지가 여타의 조건들보다 약하기 때문이다. 돈이나 개인의 욕심 혹은 사적 집단의 이익 등이 정의로움을 추구하려는 의지보다 앞서는 경우는 비일비재하다. 그렇게 되면 인간의 공동적 삶에서의 최후의 요구이자 공동 존재를 정당화하는 최후의 근거인 정의 개념은 상처를 입게 된다. 이런 상황에서 '정의의 이성성보다는 차라리 우리의 감성에 호소하자'[123]는 것은 적절한 방법이 될 수 없다. 예컨대 증오에 가득 찬 나치 당원이 교육을 잘 받은 교양 있고 이성적인 사람임을 목도하고서 그러니 이성을 포기하고 '이성과 대립되는 감성'에 정의의 이념을 맡겨야 한다고 생각한다면 이는 지극히 위험한 발상이다. 니체도 이렇게 생각하는 것 같다. 니체가 보여주는 정의는 이 문제를 의지 차원에서 해결해보려고 한다. 여러 유혹과 악조건 속에서도 타자에 대한 인정과 긍정을 놓지 않는 것, 아모르 파티라는 운명적 사랑을 하는 것은 우리 의지의 힘

---

123 로티는 이성주의 도덕의 한계를, '서로를 느낄 수 있는 존재'인 우리의 감정 교육을 통해, 부모가 아이에게 보여주는 것과 같은 '사랑'으로, '공동성에 관한 합의로서의 사랑'으로 극복하자고 제안한 바 있다. 그는 그런 사랑이야말로 타자를 고려하는 가장 확실한 방식이며, 이성보다 더 지속력이 클 것이라고 생각한다. R. Rorty (1993/1996), 155쪽.

이다. 그래서 여기서는 형이상학적 세계의 도움도, 신의 사랑에 대한 신앙도, 당위로서의 윤리도, 실천이성의 '순수'한 별빛도 요청할 필요가 없다. 정의는 오히려 개개인의 의지가 추구해야 하는 것, 의지적 노력의 대상이 되어야 한다. 나를 공동의 나로, 우리를 공동의 우리로 인정하고 인정하려 노력하는 것, 그래서 '나는 나고, 너는 너다'라는 존재적 원자주의와 '네가 죽어야 내가 산다'라는 퇴화된 이기주의를 넘어서려는 것, 그 대신에 '네가 살아야 내가 살고, 네가 있어야 나도 있다'를 삶의 덕목으로 삼으려 노력하는 것. 니체의 관계 정의는 바로 이런 의지적 노력을 촉구하는 것이다.

이렇듯, 개인에 대한 존재론적 원자주의를 힘 관계적 관계주의로 대체하고, 개인 권리에 대한 본질주의적이면서 절대적인 요청을 '공동의 나'와 '공동의 우리'에 대한 인식으로 대체하고, 상호 의존과 상호 교환과 상호 책임을 인간의 자연성에 속하는 것으로 간주하며, 정의를 원하는 좋은 의지의 활동을 촉구하는 것. 이것이 정의를 사랑과 연계시켜 고찰하는 니체의 방식이다. 이러한 니체의 사유를 통해서 우리는 서로를 이 세상을 함께 구성해나가는 존재로 인정하기를 요구받는다. 인정하려는 의지적 노력을 기울일 것을 요구받는다. 그런 의지의 활동이 바로 사랑의 실천이며, 그것이 바로 정의다. 개인과 사회를 정의롭게 만드는 것은 이렇듯 우리의 사랑하려는 의지인 것이다. 이런 의지의 힘을 강화하는 것이야말로 무사무욕이나 이웃 사랑의 계명을 추가하거나 종교의 힘을 빌리거나 실천이성의 의무를 환기하는 것보다 정의로운 세계를 구현하는 데 좀 더 효율적이면서도 쉬운 길이 아닌가?

내 가장 내적인 본성이 가르치듯이 높은 곳에서 바라보면 모든 것은 다 필연적이며 거시경제적 의미에서는 모든 것은 다 그 자체로 유용하기도 하다. 그것들을 사람들은 견뎌야 할 뿐만 아니라 사랑해야 한다.[124]

(7) 관계 정의와 정의의 조건—건강한 귀족적 개인

니체는 정의 개념을 개인이 갖추어야 할 자질과 덕목의 형태로 제공하는 데 결코 인색하지 않다. 아니 인색할 수가 없다. 관계 정의의 구현을 위해서는 개인의 의지적 노력이 필요하기 때문이며, 그 의지적 노력은 다시 그런 의지를 지닐 수 있는 개인의 자질과 연계되기 때문이다. 그래서 의지적 노력을 지닌 개인을 만들어내는 조건에 니체가 전념하는 것은 자연스러운 수순이다. '정의의 문제는 곧 인간론의 문제이자 인간 교육의 문제'라는 니체 철학의 특징이 바로 여기서 정점에 이르게 된다. 니체는 메타포의 형식이나 설명적 형식으로 다양한 텍스트를 통해 이런 관계를 풀어낸다. 그중에서 개인이 창조자가 되면 당연히 따라오는 것[125], 증오와 복수심과 연계된 반동적 감정과는 다른 것[126] 등으로 제시된 정의의 여러 면모들은 개인이 갖추어야 하는 자질과 덕목을 잘 설명해주며, 이것들에 대한 총괄 개념이 차라투스트라의 입을 통해 전해진 '사랑하는 정의'인 것이다. '바라보는 눈을 갖춘 사랑, 그래서 눈멀거나 눈 감지 않는 사랑'이야말로 포괄적으로 통찰하는 관점적 태도[127]

---

124 NW 〈후기〉 1 : KGW VI 3, 434쪽.
125 Za I 〈창조자의 길에 대하여〉 : KGW VI 1, 78쪽.
126 GM II 11 : KGW VI 2, 328쪽.

이자 "능동적 태도"[128]다. 그리고 동시에 그런 태도에서 나오는 사랑, 즉 대가나 변제를 바라지 않는 사랑[129], "풍요로워서 나누어 주는" 사랑이자 "누구든 젖게 만들어버리는" 사랑[130], "보복이나 앙갚음이 익사해버리는" 사랑이다.[131] 그래서 그러한 사랑은 개인의 덕목이자 자질이고, 그것을 갖추려는 의지적 추구와 노력이야말로 '힘에의 의지의 관계세계에 대한 관점적 주시 그 자체이며, 그것이 니체가 말하는, 모든 것의 필연성과 관계성에 대한 디오니소스적 긍정을 가능하게 하는 것이다.[132]

사랑하는 정의, 인정하는 정의. 그런 정의를 원하는 좋은 의지의 소유자에게 니체는《선악의 저편》에서 '고귀함Vornehmheit'이라는 용어를 귀속시킨다. 고귀한 개인은 '자신에 대한 긍정과 경외'를 품고 있음은 물론이거니와[133] '자신의 책임을 양도하거나 분담하려고 하지 않고, 자신의 특권과 그것의 행사를 자신의 의무에 속하는 것으로 여긴다'[134]. 그는 '흘러넘쳐 사람과 사물에 전해지는 자기만족'의 소유자[135]이며, '가치를 창조하고 넘쳐흐르는 힘의 느낌과 베풀어주고 싶어 하는 부유함

127 N : KGW VII 3 40[65], 395~396쪽.
128 GM II 11 : KGW VI 2, 326쪽.
129 N : KGW VII 3 31[54], 101쪽.
130 MA I 69 : KGW IV 2, 79쪽.
131 N : KGW VII 3 31[54], 101쪽.
132 마우러R. Maurer는 이것을 새로운 인간 사랑으로, 종교적 차원과는 무관한 '신적인 사랑'으로 이해한다. 그래서 그에게 니체의 정의는 곧 "현실적 휴머니즘realistische Humanismus"을 말하는 것이 된다. R. Maurer (1994), 11쪽, 14쪽.
133 JGB 287 : KGW VI 2, 243쪽.
134 JGB 272 : KGW VI 2, 237쪽.
135 FW 55 : KGW V 2, 92쪽.

의 의식'[136]을 갖춘 자다. 그래서 니체는 그를 가리켜 '관대'한 존재이며 '호의'를 지닌 존재라고도 말한다.

> 관대하고 풍요로운 정신의 소유자인 우리는 길가의 공동 우물처럼 우리에게서 물을 길어 가는 것을 누구에게도 거부하지 않는다 : 유감스럽게도 우리는 거절하고 싶어도 거절할 줄 모르고, 사람들이 우리를 우울하고 어둡게 만들어도 막을 줄 모른다 […] 우리는 사람들이 우리 안의 깊은 곳에 던져 넣는 것을 받아들일 것이다. 우리는 깊으며 잊지 않기 때문이다. 그리고 다시 맑아질 것이다.[137]

> 위대한 것을 얻고자 노력하는 사람은 자신의 진로 위에서 만나는 모든 사람을 수단으로 여기거나 지연시키는 것 또는 장애물로 여긴다 ―아니면 일시적인 휴식용 침대로 여긴다. 그의 고유한, 함께 사는 인간들에 대한 고귀한 성품인 호의Güte는 그가 그 높이에 있으면서 지배하게 될 때 비로소 가능하다.[138]

관대와 호의. 니체라는 철학자가 이런 단어를 사용하는 것 자체가 매우 낯설게 들릴 수도 있다. 하지만 힘에의 의지의 관계를 전제하면 이해 가능하다. 상대와의 힘 싸움과 그것을 통한 자기 극복과 성장은 힘에의 의지의 특징이자 건강성 그 자체다. 인용문의 '수단이나 장애물이나

---

136 JGB 260 : KGW VI 2, 219쪽.
137 FW 378 : KGW V 2, 313쪽.
138 JGB 273 : KGW VI 2, 273쪽.

일시적인 휴식용 침대'라는 표현은 그런 건강한 힘 싸움 관계에 대한 다른 표현일 뿐, (힘에의 의지의 운동 방식이 확인시켜주듯) 결코 상대의 무화나 상대에 대한 폭력이나 압제를 의미하는 것이 아니다. 관대와 호의 같은 특징은 고귀한 개인들의 건강한 힘에의 의지를 전제한다. 즉 관계적 실존과 관계적 필연성을 전제하는 힘 싸움을 하면서 정의를 원하는 '좋은 의지'의 활동을 말이다. 그래서 고귀한 개인들은 본능적 건강함과 자기 긍정의 소유자이기도 하다. 이런 고귀한 개인이야말로《차라투스트라는 이렇게 말했다》에서는 위버멘쉬로,《도덕의 계보》에서는 주인이자 주권적 개인이자 귀족적 개인으로 표현된 존재로서, '위대한 정치'가 배출하고 싶어 하는 건강한 정신적 귀족인 것이다. 그는 건강하기에 주인이 되기를 원하고, 주인이기에 권리 주장도 할 수 있고 동시에 흘러넘치는 사랑도 할 수 있으며, 모든 것을 전체라는 관계 그물망 속에서 고려할 수도 있다. 그의 이런 건강성이 이기심마저 병리적이지 않은 이기심으로, 건강한 이기심으로 만들 수 있다. 그때 그의 이기적 행위는 곧 관계 정의를 추구하는 행위가 될 것이고, 관계 정의를 추구하기에 병리성이 제거된 분배와 교환의 정의도 구현할 수 있다. 다음과 같은 니체의 단언은 이런 맥락에서 나온다고 할 수 있다.

> 고귀한 영혼은 자신의 이기주의라는 이 사실을 […] 사물의 근본 법칙에 근거하는 것으로 받아들인다 : ㅡ그것에 대한 이름을 찾는다면 그 영혼은 그것은 '정의 그 자체'라고 말할 것이다. 이 영혼은 […] 자기와 동등한 권리를 가진 사람들이 있다는 것을 인정한다. 이 영혼은 […] 그들과 교류하며 […] 그들과 그리고 그 자신이 스스로 그들에게 주는 권리 속

에서 스스로를 존경한다.[139]

이런 존재야말로 디오니소스적 긍정인 위대한 사랑을 할 수 있다. 니체가 괴테를 바라보면서 구상했던 디오니소스적 인간은 바로 그런 개인인 것이다.

그런 자유로운 정신은 즐겁고 신뢰가 가는 숙명론을 겸비한 채 우주 한 가운데 서 있다. 오직 개별적으로 있는 것만이 비난받아 마땅하며 전체 속에서는 모든 것이 구원받고 긍정될 수 있다는 믿음을 가지고서 —그는 더 이상 부정하지 않는다… 그런데 그런 믿음은 가능한 온갖 믿음들 중에서 가장 최고의 믿음이다 : 나는 그 믿음에 디오니소스라는 이름으로 세례를 주었다.[140]

그런데 건강한 귀족적 개인에게서도 역설적으로 분배와 교환의 정의가 구현되지 않는 상황이 발생할 수 있다. 그는 손해를 보면서도 불만 없이 교환할 수 있는 존재이기 때문이다. 달리 말하면 대가를 바라지 않는 선물로서의 사랑, 관대와 관용과 자비를 일종의 '사치'와 '허비'로서 누릴 수 있는 존재이기 때문이다.[141] 그의 자기 긍정과 힘의식이 그토록 강하고 건강하기 때문이다. 그것은 '바보짓'이나 '합목적적이지 않은' '비이성적 행위'로 간주될 수도 있다. 물론 비속하고 천민적인 사람들

---

139 JGB 265 : KGW VI 2, 230쪽.
140 GD 〈어느 반시대적 인간의 편력〉 49 : KGW VI 3, 146쪽.
141 FW 49, 378 ; JGB 273 등.

의 시각에서는 말이다.[142] 하지만 니체는 바로 그런 사치를 누릴 수 있는 상태를 건강하고 고귀한 상태로 생각한다. 법공동체가 자비로서의 사면을 행하는 것이 그 사회의 귀족성과 건강성의 척도가 되듯이 말이다.[143] 그런 건강하고 귀족적이며 정의로운 개인에 대한 니체의 또 다른 표현이 바로 '강자Der Mächtige'다. 그런 개인의 육성과 양성이야말로 정의로운 공동체 형성을 위한 전제가 된다. 강한 개인이 강한 공동체를 만드는 것이다.

5. 현대 사회에서 정의 찾기와 니체의 답변— '정의는 무엇인가' 이전에 '정의를 원하는 의지가 있는가'를

니체는 법철학을 만들어내지도 완성하지도 않았듯이, 정의론을 만들어내지도 완성하지도 않았다. 하지만 그의 정의론은 고대 그리스부터 내려온 서양의 정의론 전통과 우리의 현실 사이에 자리를 잡고 있으며, 이론적 측면뿐만 아니라 실천적 구속력의 측면에서도 매우 흥미로운 모델을 제공한다.

---

142 FW 3 : KGW V 2, 48쪽.

143 3부 참조. 그리고 GM II 10 : KGW VI 2, 324~325쪽.

(1) '정의를 원하는 좋은 의지'를 말하는 이유

정의에 대한 원리적이고 철학적인 접근을 시도한 니체. 그는 교환과 분배와 관계의 정의가 트라이앵글을 이루고 그 내부에 '정의를 원하는 좋은 의지'가 놓여 있는 모델을 제시했다. 그는 말한다. '정의로운 사회나 공동체를 원하는가? 그렇다면 먼저 정의로운 사람이 되어라. 정의를 추구하는 의지의 힘을 강화해라.' 그는 이렇듯 정의의 문제를 인간 의지의 문제로 만들어버린다. 니체가 분배와 교환을 말하면서도 그것의 현실적 수행을 위한 제도나 절차에 관심을 두지 않는 것이나, 비례적 평등 원칙과 가치의 등가원칙을 중시하면서도 비율이나 정도, 등가적 수행의 현실적 기준을 제시하지 않는 것은 그것들이 중요하지 않아서가 아니다. 그것보다 더 중요한 것이 있기 때문이다. 제도와 절차와 시행 방식이 아무리 그럴듯해도 그것들을 운용하는 사람들이 정의롭지 않다면 무용지물이 되는 것은 당연하다. 니체가 법론이나 사회정치론에서 '누구?'를 중요시하는 것도 같은 이유에서다. 천부인권을 부정하는 것도, 권리와 의무를 획득 권리와 의무로 말하는 것도, 인간을 구분하는 것도 마찬가지다. 그런 사유들을 통해 니체는 개인의 사적 삶의 문제들은 물론이고 공적 삶에서 발생하는 여러 문제들 또한 결국에는 사람에 의해 발생하고 사람에 의해 해결될 수 있으리라고 보는 것이다. 그래서 니체는 정의의 문제를 해명하면서도 시작과 끝을 사람에게서 찾는다. 그것도 정의를 추구하는 좋은 의지를 가졌는지 여부에 따라서 말이다. 그의 이런 생각은 '정의는 무엇인가?'라는 질문 방식을 '우리에게 정의를 원하고 추구하는 의지가 도대체 있는가?'라는 질문 방식으로 전환시키는 것이다. 두 번째 질문에 대한 긍정적 답이 전제되어야 비로소 첫 번째 질문에 대한 답으로서의 정의의 내용이 공허한 이상이 아닐 수 있게 된다. 정의라는 것이 의미를 확보하고 현실적으로 실행될 수 있는 가장 확실한 장치는 '정의를 원하는 좋은 의지'인 것이다. 그것도 개인과 공동체, 더 나아가 세상 전체의 건강을 원하는 좋은 의지 말이다. 이렇듯 정의의 내용이 무엇이든 간에, 정의의 실행과 구현은 전적으로 우리에게 달려 있다.

(2) 해석으로서의 정의—정의는 추구되는 과정 속에 놓여 있다

분배와 교환과 관계의 정의가 트라이앵글을 이루고 그 내부에 좋은 의지가 놓여 있는 모델. 이것은 니체가 제시하는 규범적 정의다. 인간과 사회가 건강하려면 그런 정의 모델이 '추구되어야 한다'는 당위를 제시하는 것이기 때문이다. 하지만 관점주의자 니체는 그것을 정의에 대한 절대적 진리나 초시간적 구속력을 지닌 보편적 진리로는 생각하지 않는다. 관점주의자 니체에게 그 정의 모델은 정의에 대한 해석적 진리일 뿐이다. 즉 그것이 유용성을 지니기 때문에, 또 오로지 그런 한에서, 잠정적으로 그것은 '진리로-간주für-wahr-halten'된다. 그것이 우리를, 우리의 삶을, 그리고 우리의 세상을 건강하게 해주는 한에서 우리는 그것을 진리로 간주할 뿐인 것이다. 절대성 요구를 버리고, 그 대신에 관점적 태도이자 해석적 태도를 지니고서 말이다. 이런 태도는 절대성과 확실성과 안전 대신에 임의성과 불확실성과 새로운 시도를 선택하는 것이다. 그런 선택은 우리에게 심리적 불안과 동요를 일으킨다. 그래서 그런 선택을 하는 것은 매우 어려운 일이다. 하지만 니체는 그런 사유 태도와 방식 자체를 정의롭다고 본다. 그런 선택이야말로 우리를 절대 요구와 독단에서 해방시키고, 늘 더 큰 유용성을 갖는 정의를 찾아가게 만들기 때문이다. 정의는 이미 완결되어 있어서 우리가 사다리를 가지고 찾기만 하면 되는 것이 아니다. 정의는 우리의 추구하는 과정 속에 놓여 있는 것이다.

(3) '보복 기제 없는 정의'와 행위 이론적 성격

니체는 정의를 복수나 보복 기제나 폭력이나 폭압적 권력욕으로부터 완전히 독립시키고자 한다. 그 무엇이든 이런 요소들을 포함하는 것은 모두 니체에게는 병리적 현상, 상대에 대한 적극적인 상해 의지에서 나온 것에 불과하다. 그것은 우리 자신을, 상대를, 세상 전체를 병들게 한다. 그런 병리성을 없애려는 니체가 찾아낸 정의는 좀 더 차원 높은 것이다. 적절한 분배와 정당한 교환이 서로에 대한 상호 승인과 서로를 인정하려는 '의지'에 입각해서 이루어지는 정의. 이것이 바로 건강성을 담보한다. 힘에의 의지가 정상적으로 운행되어 빚어내는 건강성, "있는 것은 아무것도 버릴 것이 없으며, 없어도 좋은 것이란 없다"[144]라고 말하는 디오니소스적 건강성을 말이다.

이런 정의 개념은 서로 영향을 주고받고 서로에게 기대를 하는 인간 행위에 대한 설명이기도 하다. 규칙에 의해 조정되고 규칙에 의해 규

144 EH 〈나는 왜 이렇게 좋은 책들을 쓰는지〉-GT 3 : KGW VI 3, 309쪽.

정되는 행위가 아니라, 건강성 확보라는 목표를 의식적으로 추구하는, 지향적-합목적적인 행위 말이다. 니체의 정의론이 보여주는 이런 특징은, 인간 행위를 행위의 결과보다는 의식적인 지향과 목적적 행위를 통해 설명하려는 행위 이론Handlungstheorie의 근본 테제를 공유하는 지점이다.[145]

(4) 차이와 다양성에 대한 존중과 의지의 문제 해결 능력

'정의는 차이와 다양성을 전제하고 인정하고 존중한다.' 니체의 정의론이 전달하려는 메시지 중 하나다. 그런데 정의를 다양성에 대한 존중과 연계시키는 것은 현대의 정의 담론에서도 매우 중요한 화두다. 현대 사회가 다원적이기 때문이다. 하지만 그런 인정과 존중이 늘 실현되지는 않는다. 동성애나 다문화 가정 등에 대한 이해의 부족이 우리 사회에서 여전히 낯설지 않은 것처럼 말이다. 그 부족한 이해는 니체의 시각으로는 차이와 다름을 전체의 한 요소로, 전체를 같이 구성해가는 공동협력자이자 공동 참여자로 인정하려는 의지가 부족해서 생긴다. 차이와 다름을 보여주는 요소들을 쌍무 계약의 대상이자 비례적 배분의 대상으로 인정하려는 의지가 부족하기 때문인 것이다. 그래서 니체는 인정 의지와 인정하려는 의지적 노력을, 인정하는 사랑에 대한 의지적 노력을 요청하지 않을 수 없다. 이것은 곧 의지를 실천적 문제 해결의 장소로 상정하는 것이며, 이처럼 의지를 중시하는 것은 합리성과 분별성,

---

145 H. Kerger (2001).

즉 이성성을 인간의 제1조건으로 상정하고, 윤리적 실천이나 사회적 실천에서 발생하는 문제들을 그 이성성을 통해서 해결하려는 모든 이성주의적 노력들에 대한 니체의 대안이다. 서양의 이성주의 윤리학이나 사회정치론은 (플라톤적이든, 아리스토텔레스적이든, 칸트적이든 아니면 현대의 칸트주의적 자유주의자의 것이든) 인간을 합리적이고 분별력 있는 존재로 상정한다. 여기에는 인간 이성의 능력과 힘에 대한 낙관적인 믿음이 반영되어 있으며, 홉스나 흄이 주목했던 욕구와 욕망은 인간의 이성성과 합리성에 종속되어야 하고 종속될 수 있다고 여겨진다. 이런 이성주의는 니체에게는 고상한 허구, 관념상의 유토피아에 불과하다.

니체에게 이성성은 힘에의 의지의 규제를 받는 "작은 이성"[146]일 뿐이다. 그러니 이성성에서 근거를 얻고 보증을 받는 실천적 격률들이 실천적 구속력에서 늘 문제를 일으키는 것은 어찌 보면 그리 이상한 일도 아니다. '인간이 이성성을 보호하고 추구하는 것은 인간이 비이성적이고 비합리적인 동물이기 때문'이라는 역설도 이해가 된다. 이성주의의 관념적 유토피아 측면을 잘 알고 있는 의지의 철학자 니체. 그의 선택은 의지를 실천적 문제 상황의 열쇠로 상정하는 것이다. 그것이야말로 인정의 현실화를 위한 최선의 방법이자, 인간의 역설적 상황을 충분히 고려한 조치라고 할 수 있다. 늘 욕망과 욕구에 노출되어 있는 우리는, '그래야 하는 당위'와 '현실' 사이에서 고민하다가 현실의 힘에 종속당하기 쉽다. 그래서 의지적 노력이 필요한 것이다. 니체의 정의론이 결국 '정의로운 상태'를 '정의를 원하는 좋은 의지'의 소산이자 '정의를 추구하

146 Za I 〈신체를 경멸하는 자들에 대하여〉 : KGW VI 1, 33쪽.

는 의지적 노력이 진행되는 경우'로 제시하는 것은 결코 우연이 아니다. 문제의 해결은 '해결하려는 의지'에 달려 있는 것이다.

(5) 사람에 의한 지배와 정의

니체의 정의론은 개인의 행복을 희생하지 않고도 전체의 행복을 도모하는 방식을 알려준다. 개인은 자신의 행복과 공동체 전체의 행복 사이의 괴리를 염려할 필요가 없으며, 전체를 위해 자신을 희생할 이유도 없다. 개인의 행복과 국가의 행복, 국가의 이상과 개인의 이상이 모순되지 않으며, 사적 정의와 공적 정의 역시 모순되지 않기 때문이다. 물론 그러기 위해서는 전제 조건이 필요하다. 개인은 자신을 건강하게 만들려고 노력해야 하고, 권력은 건강한 의지에서 나와야 한다. 모두를 관계적 주체로 동등하게 대하려는 의지가 없는 개인은 정치권력을 맡지 말아야 한다. 그렇지 않으면 정치권력은 개인과 국가의 행복을 일치시키기는커녕 파괴해버린다. 그래서 니체는 건강한 개인의 지배를 요청하고 그것을 정당화하려 노력한다. 그래야 법에 의한 지배에서 발생하는 문제도 해소될 수 있다. 법에 의한 지배가 이루어지고는 있지만 불의가 늘 되풀이되는 역사 앞에서, 니체는 개인을 건강하게 만들어 그런 개인들에게 지배권을 맡기는 것이야말로 공동체에 행복을 가져오는 효과적인 방식이라고 말하는 것이다.

(6) 강자의 철학이 제공하는 자유주의 이념

정의론뿐만 아니라 니체의 철학적 정치론 전체는 강자의 철학을 제시한다. 여기서 제시된 '강자'는 '진정한 강자는 누구인가?'에 대해 생각하게 만든다. 물론 니체에게 진정한 강자는 정신적 귀족성을 갖춘 건강한 개인과 그런 개인들이 만들어가는 귀족적인 긴장 공동체다. 그런 강자는 무자비한 압제 대신에 계약 주체로서의 권리를, 파괴와 멸절 대신에 존재에 대한 인정을, 타산적 자기 이익 대신에 전체에 대한 책임을 고려하는 좋은 의지의 주체다. 계약 위반에 대해 보복과 처벌 대신 용서와 관용과 자비를 보여주고, 정의를 관계 세계 전체에 대한 사랑이라는 모습으로 구현하려는 건강한 의지의 소유자이기도 하다. 이런 건강한 좋은 의지야말로 우리를 강한 존재로 만드는 것이다. 이렇듯 니체의 '강자'는 (개인이든 공동체든 간에) 내면의 힘이 보증한다. 결코 물리력이나 정치권력이나 경제권력이 보증하지 않는다. 물론 경우에 따라서 그것들이 필요조건으로 등장할 수는 있어도 결코 충분조건일 수는 없다. '강자'에 대립하는 '약자'도 마찬가지다. 경제적 결핍과 배움의 결여와 소수자나 이방인이라는 이유로 약자가 되지는 않는다. 약자는 '모든 것을 나를 위해'라는 천박한 이기주의, 책임지지 않아도 되는 더부살이를 추구하는 천민 본능과 거지 근성, 작은 상처와 공격에도 보복 기제로 응대하는 허약, '네가 죽어야 내가 산다'는 자아론적egologisch 파괴주의의 산물이다. 니체가 이런 강자와 약자를 '거리의 파토스'로 구별하고, '강자에게 지배권을 주어도 무방하다!'는 결론을 내리는 것은 당연한 일이다. 선천적 귀족 계급과 지배 계층이 폐지된 민주 사회에서 그런 강자를 니체는 옛 용어를 차용하여, 고귀한-정신적 '귀족'이라고 부르는 것이다. 민주주의 현대는 누구라도 그런 귀족이 될 수 있는 시대다. 그 가능성은 누구에게나 열려 있다. 그런 존재가 될 것인지 말 것인지는 개인의 선택의 몫이다. 이것이 자유주의 이념이 아니라면 무엇이 자유주의 이념일 것인가?

(7) 연대성과 공동체 감각 대신 정의 원칙에 대한 존중

니체의 정의론은 공동체 감각 및 연대성의 근원을 찾으려는 현대 정치철학의 논의에 나름의 답을 제시한다. 서로를 계약 주체이자 권리와 의무의 주체로 인정하자는 것, 나의 이익과 타인의 이익이 배타적이지 않다는 것, 고귀한 덕목과 자질을 지닌 개인이 되자는 것, 그래서 교환과 분배와 관계적 정의를 추구하자는 것. 곧 정의로운 개인이 되자는 것. 니체가 정의 개념을 통해 보여준 이런 전언들은 니체의 사유를 통해서 공동체 감각이나 연대성을 운위할 수 있는 직접적 근거가 된다. 이 전언들은 각 개인에게 '함께 살아가기'를 바라는 욕구와 의지를, 즉 공동체 감각을 갖기를 촉구하는 것이나 다름없다. 더구나 그 공동체 감각과 연대성의 근원을 니체는 다름 아닌 '정의 원칙을 존중하고 추구하려는 의지'에서 찾고 있다고 할 수 있다. 그래서 공동의 생활 방식을 강조하거나(공동체주의적 접근 방식), 공통의 민족성을 강조하거나(자유주의적, 민족주의적 접근 방식), 정치적 참여를 강조하는(공화주의적 접근 방식) 것과 같은 현대의 해결책은 니체에게는 근본적인 해결책이 될 수 없다. 그에게는 "정의 원칙을 공유하는 것보다 훨씬 더 깊은 공동체에 대한 감각"[147]이란 없으며, 있을 필요도 없다. 오히려 공동체 감각이나 연대성 감각은 바로 정의 원칙에 대한 존중과 추구에서 나오며, 정의 원칙에 대한 교육에 공동체 감각의 형성이 달려 있다고 니체는 말하고 싶어 할지도 모른다.

정의 없는 세계의 허무적 상태를 직감한 니체의 질문, "정의가 무엇인가? 정의란 가능한 것인가? 가능하지 않다면 이때 나는 어떻게 삶을 견딜 것인가?"[148]는 이제 다음과 같은 대답을 얻는다. '정의의 추구와 정의의 구현은 정의로운 개인을 양성해야 비로소 가능하다.'

---

147 W. Kymlicka (2006), 358~359쪽.

148 N : KGW VII 3 40[65], 395쪽.

— 참고문헌

I. 니체의 글

1. 저서 및 단편

Die Geburt der Tragödie, Nietzsche Werke. Kritische Gesamtausgabe(=KGW) III 1 (Berlin · New York, 1972).

Unzeitgemäße Betrachtungen, KGW III 1 (Berlin · New York, 1972).

Der griechische Staat, KGW III 2 (Berlin · New York, 1973).

Die Philosophie im tragischen Zeitalter der Griechen, KGW III 2 (Berlin ·New York, 1973).

Menschliches, Allzumenschliches I, KGW IV 2 (Berlin · New York, 1967).

Menschliches, Allzumenschliches II, KGW IV 3 (Berlin · New York, 1967).

Morgenröthe, KGW V 1 (Berlin · New York, 1971).

Die fröliche Wissenschaft, KGW V 2 (Berlin · New York, 1973).

Also sprach Zarathustra, KGW VI 1 (Berlin · New York, 1968).

Jenseits von Gut und Böse, KGW VI 2 (Berlin · New York, 1968).

Zur Genealogie der Moral, KGW VI 2 (Berlin · New York, 1968).

Der Fall Wagner, KGW VI 3 (Berlin · New York, 1969).

Götzen-Dämerung, KGW VI 3 (Berlin · New York, 1969).

Ecce Homo, KGW VI 3 (Berlin · New York, 1969).

Der Antichrist, KGW VI 3 (Berlin · New York, 1969).

Nietzsche contra Wagner, KGW VI 3 (Berlin · New York, 1969).

2. 유고

Philologische Schriften 1857~1873, Werke. Kritische Gesamtausgabe(=KGW) II 1 (Berlin ·

New York, 1982).
Vorlesungsaufzeichnungen SS 1869~WS 1869/70, KGW II 2 (Berlin · New York, 1993).
Vorlesungsaufzeichnungen SS 1870~SS 1871, KGW II 3 (Berlin · New York, 1993).
Vorlesungsaufzeichnungen WS 1871~WS 1874/75, KGW II 4 (Berlin · New York, 1995).
Vorlesungsaufzeichnungen WS 1874/75~WS 1878/79, KGW II 5 (Berlin · New York, 1995).
Nachgelassene Fragmente 1870~1873, KGW III 2 (Berlin · New York, 1973).
Nachgelassene Fragmente Herbst 1869 bis Herbst 1872, KGW III 3 (Berlin · New York, 1978).
Nachgelassene Fragmente Sommer 1872 bis Ende 1874, KGW III 4 (Berlin · New York, 1978).
Nachgelassene Fragmente Anfang 1875 bis Frühling 1876, KGW IV 1 (Berlin · New York, 1967).
Nachgelassene Fragmente Anfang 1876 bis Winter 1877~1878, KGW IV 2 (Berlin · New York, 1967).
Nachgelassene Fragmente Frühling 1878 bis November 1879, KGW IV 3 (Berlin · New York, 1967).
Nachgelassene Fragmente Anfang 1880 bis Früjahr 1881, KGW V 1 (Berlin · New York, 1971).
Nachgelassene Fragmente Früjahr 1881 bis Sommer 1882, KGW V 2 (Berlin · New York, 1973).
Nachgelassene Fragmente Juni 1882 bis Winter 1883~1884, KGW VII 1 (Berlin · New York, 1977).
Nachgelassene Fragmente Früjahr bis Herbst 1884, KGW VII 2 (Berlin · New York, 1974).
Nachgelassene Fragmente Herbst 1884 bis Herbst 1885, KGW VII 3 (Berlin · New York, 1974).
Nachgelassene Fragmente Früjahr 1884 bis Herbst 1885, KGW VII 4/2 (Berlin · New York, 1986).

Nachgelassene Fragmente Herbst 1885 bis Herbst 1887, KGW VIII 1 (Berlin · New York, 1974).

Nachgelassene Fragmente Herbst 1887 bis März Herbst 1888, KGW VIII 2 (Berlin · New York, 1970).

Nachgelassene Fragmente Anfang 1888 bis Anfang Januar 1889, KGW VIII 3 (Berlin · New York, 1972).

3. 서간문

Sämtliche Briefe Kritische Studienausgabe(=KSB), Giorgio Colli · Mazzino Montinari (Hg.), bisher 8 Bände (Berlin · New York, 1975~).

II. 기타 참고문헌

1. 외국 문헌

Adorno, Th. W., *Ästhetische Theorie, Gesammelte Schriften*, Bd. 7 (Frankfurt a. M., 1970①).

———, *Die musikalischen Monographien, Versuch der Wagner, Gesammelte Schriften*, Bd. 13 (Frankfurt a. M., 1970②).

———, *Minima Moralia. Reflexionen aus dem besichtigten Leben* (Stuttgart, 1956).

Ahern, D. R., *Nietzsche as Cultural Physician* (University Park, 1995).

Algermissen, K., *Nietzsche und das Dritte Reich* (Celle, 1947).

Aloni, N., *Beyond Nihilism. Nietzsche's Healing and Edifying Philosophy* (Lanham · New York · London, 1991).

Annas, J., *An Introduction to Platos Republic* (Oxford, 1981).

———, "Politics and Ethics in Plato's Republic", O. Höffe (Hg.), *Platon, Politeia* (Berlin, 1997), 141~160쪽.

Ansell-Pearson, K., *An Introduction to Nietzsche as a political thinker. The perfect nihilist* (Cambridge, 1994).

Aristoteles,《니코마코스 윤리학》, 이창우 옮김 (길, 2011).

———, *Rhetorik*, G. Krapinger (Hg. · Übers.) (Stuttgart, 1999).

Bartel, E., *Nietzsche als Verführer* (Baden-Baden, 1947).

Bataille, G., *Wiedergutmachung an Nietzsche*, G. Bergfleth · B. Mattheus (Hg. · Übers.) (München, 1999).

Baeumler, A., *Nietzsche, der Philosoph und Politiker* (Leipzig, 1931/³1940).

Bauer, K., *Der Übermensch Friedrich Nietzsches im Verhältnis zu den biologischen Lehren, zum Stadt, und zu Verbrechen und Strafe*. Diss. (Greifswald, 1925).

Beccaria, C.,《범죄와 형벌》, 한인섭 옮김 (박영사, 2006).

Bodenheim, E., *Power, Law, and Society : A Study of Will to Power and the Will to Law* (Crane Russak, 1978).

Bremer, D., "Platonisches, Antiplatonisches. Aspekte des Platon-Rezeption in Nietzsches einer Wiederherstellung des frühgriechischen Daseinsverständnisses", *Nietzsche Studien* 8(1979), 39~103쪽.

Brennecke, D., "Die blonde Bestie. Vom Missverständnis eines Schlagwortes", *Nietzsche Studien* 5(1976), 113~145쪽.

Brunner, E.,《정의와 사회질서》, 전택부 옮김 (대한기독교서회, 2003).

Brusotti, M., "Die Selbstverkleinerung des Menschen", *Nietzsche Studien* 21(1992), 81~136쪽.

Bung, J., "Nietzsche über Strafe", *Zeitschrift für die gesamte Strafrechts -wissenschaft* 119(2007) Heft 1, 120~134쪽.

Connolly, W., *Political Theory and Modernity* (Oxford, 1988).

Conway, D., *Nietzsche and the Political* (London · New York, 1997).

Cooper, D. E., *Authenticity and Learning. Nietzsche's Educational Philosophy* (London · Boston · Melbourne · Henley, 1983).

Derrida, J., *The Truth in Painting* (University of Chicago Press, 1987).

———, "Before the Law", Derek Attridge (ed.), *Act of Literature* (New York · London, 1992), 181~220쪽.

Detwiler, B., *Nietzsche and the Politics of Aristocratic Radicalism* (Chicago · London, 1990).

Diamantides, M., "Law's Ignoble Compassion", P. Goodrich · M. Valverde (eds.), *Nietzsche and Legal Theory : Half-Written Laws* (Routledge, 2005), 89~104쪽.

Düring, E., *Sache, Leben und Feinde* (Karlsruhe · Leipzig, 1882).

Dworkin, R.,《자유주의적 평등》, 염수균 옮김 (한길사, 2005).

Engelhardt, K., *Die Transformation des Willens zur Macht* (Stuttgart, 1985).

Féré, Ch., *Dégénérescence et criminalité* (Paris, 1888).

Fichte, J. G., *Grundlage des Naturrechts nach Prinzipien der Wissenschaftslehre*(1796/97), R. Lauth · H. Jacobs · H. Gliwitzky (Hg.), *Gesamtausgabe*, Reihe I, Bd. 4 (Stuttgart-Bad Cannstatt, 1966~1970).

Filangieri, G., *La Scienza Della Legislazione del Cavaliere Gaetano Filangieri. Edizione seconda veneta*, Tomo IV (Venezia, 1786). [deutsch, *System der Gesetzgebung*, Bd. 4 (Haueisen, 1787)]

Fischer, K. R., "Nazism as a Nietzschean Experiment", *Nietzsche Studien*(1977), 116~123쪽.

Fischmann, L., "Nietzsche und das Strafrecht", *Österreicher Rundschau* 38(1914), 388~395쪽.

Flake, O., *Nietzsche. Ein Rückblick auf eine Philosophie* (Frankfurt a. M., 1946/1980).

Flashar, H., "Der platonische Staat als Utopie", O. Gigon · M. W. Fischer (Hg.), *Antike Rechts-und Sozialphilosophie* (Frankfurt a. M., 1988), 23~26쪽.

Frank, E. · Fritzie, P., *Utopian Thoughts in the Western World* (Cambridge, 1979).

Gadamer, H.-G., "Platons Denken in Utopien. Ein Vortrag vor Philologen", *Gesammelte Werke*, Bd. 7 (Tübingen, 1991), 270~289쪽.

Galton, F., *Inquires into Human Faculty and Its Development* (London · New York, 1883).

Gearey, A., "We Fearless Ones : Nietzsche and Critical Studies", *Law and Critique*, vol. 11, no. 2(2000), 167~184쪽.

———, *Law and Aesthetics* (Oxford, 2001).

———, "The Fourth Book of the Legislator : Nietzsche and John Neville Figgis", P. Goodrich · M. Valverde (eds.), *Nietzsche and Legal Theory. Half-Written Laws* (New York · London, 2005), 165~184쪽.

Gerhardt, V., "〈Das Thier, das versprechen darf〉. Mensch, Gesellschaft und Politik bei Nietzsche", O. Höffe (Hg.), *Der Mensch-ein politisches Tier?* (Stuttgart, 1992), 134~156쪽.

———, "'Schuld', 'schlechtes Gewissen' und Verwandtes", O. Höffe (Hg.), *Friedrich Nietzsche. Zur Genealogie der Moral* (Berlin, 2004), 81~95쪽.

———, *Vom Willen zur Macht, Anthropologie und Metaphysik der Macht am examplarischen Fall Friedrich Nietzsche* (Berlin · New York, 1996).

Gobineau, A., *Die Ungleichheit der Menschenrassen* (Berlin, 1935).

Golding, M., *Philosophy of Law* (New Jersey, 1975). [《법철학》, 장영민 옮김 (세창출판사, 2004)]

Golomb, J. · Westrich, R. S., *Nietzsche, Godfather of Facism?* (Princeton, 2002).

Goodrich, P., "Slow reading", P. Goodrich · M. Valverde (eds.), *Nietzsche and Legal Theory. Half-Written Laws* (New York · London, 2005), 185~200쪽.

Goodrich, P. · Valverde, M., "Introduction : Nietzsche's Half-Written Laws", P. Goodrich · M. Valverde (eds.), *Nietzsche and Legal Theory. Half-Written Laws* (New York · London, 2005), 1~22쪽.

Gschwend, L., "Nietzsche und die Strafrechtswissenschaft des 19. Jahrhunderts", K. Seelmann (Hg.), *Nietzsche und das Recht* (Stuttgart, 2001), 127~150쪽.

———, *Nietzsche und die Kriminalwissenschaft*(=Zürcher Studien zur Rechtsgeschichte), Bd. 36 (Zürich, 1999).

Haase, M.-L., "Friedrich Nietzsche liest Galton", *Nietzsche Studien* 18(1989), 633~658쪽.

Habermas, J., *Der philosophische Diskurs der Moderne* (Frankfurt a. M., 1985).

Han, B.-C., "Liebe und Gerechtigkeit bei F. Nietzsche", K. Seelmann (Hg.), *Nietzsche und das Recht* (Stuttgart, 2001), 77~84쪽.

Hart, H. L. A., *Punishment and Responsibility* (Oxford, 1968).

Hatab, L. J., *A Nietzschean Defense of Democracy, An Experiment in Postmodern Politics* (Chicago, 1995).

Hegel, G. W. F., *Grundlinien zur Philosophie des Rechts, Werke in 20 Bänden* (Frankfurt a.

M., 1980), Bd. VII. [《법철학》, 임석진 옮김 (한길사, 2008)]

Hitzig, E., *Untersuchungen über das Gehirn Abhandlungen physiologischen und pathologischen Inhalts* (Berlin, 1874).

Hobbes, T., *De Cive* (Paris, 1642).

Höffe, O., "Kants Begründung der Rechtszwangs und der Kriminalstrafe", R. Brand (Hg.), *Rechtsphilosophie der Aufklärung* (Berlin · New York, 1982).

———, *Ethik und Politik* (Frankfurt a. M., 1979).

———, *Immanuel Kant. Metaphysische Anfangsgründe der Rechtslehre* (Berlin, 1999).

———, "Ein Thier heranzüchten, das versprechen darf", O. Höffe (Hg.), *Friedrich Nietzsche. Zur Genealogie der Moral* (Berlin, 2004), 65~79쪽.

———, "Zur Analogie von Individuum und Polis", Platon, *Politeia* (Berlin, 1997), 69~94쪽.

Hofmann, J. N., *Wahrheit, Perspektive, Interpretation. Nietzsche und die philosophische Hermeneutik* (Berlin · New York, 1994).

Horkheimer, M., *Dämmerung, Notizen in Deutschland*, W. Brede (Hg.), zus. mit, Notizen 1950~1969 (Frankfurt a. M., 1974).

———, *Kritische Theorie. Eine Dokumentation*, A. Schmidt (Hg.) (Frankfurt a. M., 1968).

Horkheimer, M. · Adorno, Th. W., *Dialektik der Aufkrälung. Philosophische Fragmente* (Amsterdam, 1947), Gesammelte Schriften, Bd. 3 (Frankfurt a. M., 1981).

Huber, W., *Gerechtigkeit und Recht* (Gütersloh, 1996).

Janz, C. P., *Friedrich Nietzsche : Biographie* 3 Bde. (München · Wien, 1978~1979 ; München, 1981).

Jhering, R. v., *Der Zweck im Recht*①, Bd. 1 (Leipzig, 1877), Bd. 2 (Leipzig, 1883).

———, *Geist des römischen Rechts auf den verschiedenen Stufen seiner Entwicklung*②, Bd. 1~4 (Leipzig, 1852~1865).

Just, D., *Nietzsche kontra Nietzsche, Zur Psycho-Logie seines Philosophierens* (Würzburg, 1998).

Kant, I., *Kant's gesammelte Schriften*, Akademie-Ausgabe, *Grundlegung zur Metaphysik der*

Sitten(1785), Bd. IV. [《윤리형이상학정초》, 백종현 옮김 (아카넷, 2005)]

———, *Die Metaphysik der Sitten*(Erster Teil, *Metaphysische Anfangsgründe der Rechtslehre*) (1797), Bd. VI.

Kariel, H. S., *In Search of Authority. Twentieth Century Political Thought* (New Work, 1964).

Kaulbach, F., *Philosophie des Perspektivismus, Wahrheit und Perspektive bei Kant, Hegel, Nietzsche* (Tübingen, 1990).

———, "Die Tugend der Gerechtigkeit und das philosophische Erkennen", R. Berlinger · W. Schräder (Hg.), *Nietzsche Kontrovers I* (Würzburg, 1981), 59~77쪽.

Keith, A.-P., *Nietzsche contra Rousseau. A Study of Nietzsche's Moral and Political Thought* (Cambridge, 1991).

Kerger, H., "Verhältnis von normativer Regel und Handlungsrationalität bei Nietzsche", K. Seelmann (Hg.), *Nietzsche und das Recht* (Stuttgart, 2001), 39~55쪽.

———, "Die institutionalistische Bedeutung der Relation bei Nietzsche und Luhmann", *Nietzsche Studien* 20(1991), 284~308쪽.

———, "Nomativität und Selektivität der 'Willens-Kausalität'", *Nietzsche Studien* 19 (1990), 81~111쪽.

———, *Autorität und Recht im Denken Nietzsches* (Berlin, 1988).

Knoll, M., "Nietzsches Begriff der sozialen Gerechtigkeit", *Nietzsche Studien* 38(2009), 156~181쪽.

———, "Die distributive Gerechtigkeit bei Platon und Aristoteles", *Zeitschrift für Politik* 57, Nr. 1(2010), 3~30쪽.

Kohler, J., *Das Wesen der Strafe. Eine Studie* (Würzburg, 1888).

———, *Das Recht als Kulturerscheinung* (Würzburg, 1885①).

———, *Zur Lehre von der Blutrache* (Würzburg, 1885②).

———, *Das chinesische Strafrecht* (Würzburg, 1886).

Kymlicka, W., "Liberalism and Communitarianism", *Canadian Journal of Philosophy* 18, no. 2(1988), 181~203쪽.

———, 《현대정치철학의 이해》, 장동진 외 옮김 (동명사, 2006).

Levinas, E., "Philosophie Gerechtigkeit und Liebe"(대담), M. Krüger (Hg.), *Zwischen uns, Versuche über das Denden an den Anderen* (München, 1995), 132~153쪽.

Levine, P., *Nietzsche and the Modern Crisis of the Humanities* (Albany NY, 1995).

Lukács, G., *Die Zerstörung der Vernunft* (Berlin, 1955).

———, *Von Nietzsche zu Hitler oder der Irrationalismus und die deutsche Politik* (Berlin, 1962).

Machiavelli, N.,《군주론》, 강정인 · 엄관용 옮김 (살림출판사, 2007).

Marcuse, H., *Triebstruktur und Gesellschaft*(1957), Schriften, Bd. 5 (Frankfurt a. M., 1979).

Martin, A. v., *Geistige Wegbreiter des deutschen Zusammenbruchs (Hegel. Nietzsche. Spengler)* (Recklinghausen, 1948).

Maurer, R., "Der andere Nietzsche. Gerechtigkeit kontra moralische Utopie", *Aletheia* 5(1994), 9~20쪽.

McIntyre, A., *After Virtue* (Nortre Dame, 1981).

Merle, J.-C., "Nietzsches Strafetheorie", O. Höffe (Hg.), *Friedrich Nietzsche. Zur Genealogie der Moral* (Berlin, 2004), 97~113쪽.

———, *Strafen aus Respekt vor der Menschenwürde* (Berlin, 2007).

Mohl, R. v., *Staatsrecht, Völkerrecht und Politik*, 3 Bde. (1860~1869).

Murphy, T. F., *Nietzsche as Educator* (Lanham, 1984).

Nehamas, A., *Nietzsche : Life as Literature* (Cambridge · London, 1985).

Niebuhr, R., "Justice and Love", D. B. Robertson (ed.), *Love and Justice. Selections from the Shorter Writings of Reinhold Niebuhr* (Louiswille, 1957/1992), 27~29쪽.

Nolte, E., "Marx und Nietzsche im Sozialismus des jungen Mussolini", *Historische Zeitschrift* 191(1960), 249~345쪽.

———, *Der Faschismus in seiner Epoche* (München, 1963/1971).

Nonet, P., "What is positive Law?", *The Yale Law Journal*, vol. 100, no. 3(1990년 12월), 667~699쪽.

Nussbaum, M., "Is Nietzsche a political Thinker?", *International Journal of Philosophical Studies*, vol. 5(1997), 1~13쪽.

Nygren, A., *Eros und Agape, Gestaltwandlungen der christlichen Liebe*(1930/1937) (Gütersloh, ²1954).

Oehler, M., "Musollini und Nietzsche. Ein Beitrag zur Ethik des Faschismus", *GSA* 100/1187.

Ottmann, H., *Philosophie und Politik bei Nietzsche* (Berlin · New York, 1987/²1999).

———, *Geschichte des politischen Denkens. Die Neuzeit*, Bd. 3/3 (Stuttgart · Weimar, 2008).

——— (Hg.), *Nietzsche Handbuch* (Stuttgart · Weimar, 2000).

Owen, D., *Nietzsche, Politics and Modernity. A Critique of Liberal Reason* (London, 1995).

Parekh, B., "The nature of Political Philosophy", P. King · B. Parekh (eds.), *Politics and Experience* (Cambridge, 1968).

Pavur, C. N., *How One Lets Nietzsche Become Who He Is. Interpreting Nietzsche as a Humanist*, Ph. Diss. Emory Univ. (Ann Arbor, 1990).

Petersen, J., *Nietzsche's Genialität der Gerechtigkeit* (Berlin, 2008).

Petterson, D., *A Companion to Philosophy of Law and Legal Theory* (Oxford, 1999).

Piazzesi, C., "Liebe und Gerechtigkeit. Eine Ethik der Erkenntnis", *Nietzsche Studien* 39 (2010), 352~381쪽.

Platon, ① *Gorgias, Platon Werke*, Bd. 2 (Darmstadt, 1971).

———, ② *Politeia, Platon Werke*, Bd. 4 (Darmstadt, 1971). [《폴리테이아》(《국가 · 정체》), 박종현 역주 (서광사, 1997)]

———, ③ *Politikos, Platon Werke*, Bd. 6 (Darmstadt, 1971). [《정치가》, 김태경 옮김 (한길사, 2000)]

———, ④ *Nomoi, Platon Werke*, Bd. 8/2 (Darmstadt, 1971). [《법률》, 박종현 역주 (서광사, 2009)]

Posner, R., "Past Dependency, Pragmatism, and Critique of History in Adjudication and Legal Scholarship", *U. Chicago L. Rev.* 67, no. 3(2000), 573~606쪽.

Post, A. H., *Einleitung in eine Naturwissenschaft des Rechts* (Oldenburg, 1872).

———, *Die Grundlage des Rechts und die Grundzüge seiner Entwicklungsgeschichte. Leitfaden für den Aufbau einer allgemeinen Rechtswissenschaft auf soziologischer Basis*

(Oldenburg, 1884).

———, *Bausteine für eine allgemeine Rechtswissenschaft auf vergleichend-ethnologischer Basis* (Oldenburg, 1881).

Rauschning, H., *Gespräche mit Hitler* (Wien o. J., 1940).

Rawls, J., *Political Liberalism* (New York, 1993).

Reeve, C. D. C., *Philosopher Kings. The Argument of Plato's Republic* (Princeton NJ, 1988).

Ricoeur, P., 〈사랑과 정의〉(부록), 《역사와 진리》, 박건택 옮김 (솔몬, 2006), 439~460쪽.

Rorty, R., "Menschenrechte, Rationalität und Gefühl", S. Schute · S. Hurley (Hg.), *Die Idee der Menschenrechte* (Frankfurt a. M., 1993/1996), 144~170쪽.

———, *Contingency, Irony, and Solidarity* (Cambridge, 1989).

Rosen, S., *The Question of Being, A Reversal of Heidegger* (London, 1993).

Ross, W., *Der ängstliche Adler* (Stuttgart, 1984/[4]1999).

Sandvoss, E., *Hitler und Nietzsche* (Göttingen, 1969).

Schacht, R., *Nietzsche, Genealogy, Morality. Essays on Nietzsche's On the Genealogy of Morals* (Berkeley · Los Angeles · London, 1994).

———, "Moral und Mensch", O. Höffe (Hg.), *Friedrich Nietzsche. Zur Genealogie der Moral* (Berlin, 2004).

Schild, W., "Zwischen triebhafter Rache und autonomer Selbstbestrafung", K. Seelmann (Hg.), *Nietzsche und das Recht* (Stuttgart, 2001), 107~126쪽.

———, "Der Strafbegriff Friedrich Nietzsches, Eine philosophische Annährung", *Festschrift für Günter Bemmann zum 70. Geburtstag* (Baden-Baden, 1997), 101~124쪽.

Schmidt, R., *Die Rückkehr zu Hegel und die strafrechtliche Verbrechenslehre* (Stuttgart, 1913).

Schmidt, W., "Die Aktualität des Hegelschen Strafbegriffs", E. Heintel (Hg.), *Philosopohische Elemente der Tradition des politischen Denkens* (München, 1979), 199~233쪽.

Seelmann, K., "Gaetano Filangieri und die Proportinalität von Straftat und Strafe. Imputation und Prävention in der Strafrechtsphilosophie der Aufklärung", *ZStW*, 97(1985), 241~267쪽.

———, "Hegels Straftheorie in seinen Grundlinien des Philosophie des Rechts", *JuS*

(1979), 687~691쪽. [〈헤겔의 형벌이론〉, 《법철학연구》 1권(한국법철학회, 1998), 259~272쪽]
———, (Hg.), *Nietzsche und das Recht. Archiv für Rechts-und Sozialphilosophie*, Beiheft 77 (Stuttgart, 2001).
———, *Anerkennungsverlust und Selbstsubsumtion. Hegels Straftheorie* (München, 1995).
Seelmann, K. · Becchi, P., *Gaetano Filangieri und die europäische Aufklärung* (Frankfurt a. M., 2000).
Spaemann, R., *Zur Kritik der politischen Utopie : zehn Kapitel politischer Philosophie* (Stuttgart, 1977).
Spyke, N. P., "The Instrumental Value of Beauty in the Pursuit of Justice", *University of San Francisco Law Review*(2006년 겨울), 451~478쪽.
Stegmaier, W., *Nietzsches 'Genealogie der Moral'* (Darmstadt, 1994).
Stern, J. P., *Die Moralite der äussersten Anstrengungen* (Köln, 1988).
Stettenheimer, E., "Friedrich Nietzsche als Kriminalist. Versuch einer individualistischen Kriminaltheorie", *ZStW* 20(1900), 385~400쪽.
Stingelin, M., "Zur Genealogie der Genealogie. Josef Kohler, Albert Hermann Post, Friedrich Nietzsche und Michel Foucault : Vergleichend-ethnologische Strafrechtsgeschichte als Paradigma methodologischer Instrumentalisierungen", K. Seelmann (Hg.), *Nietzsche und das Recht* (Stuttgart, 2001), 169~179쪽.
———, "Nietzsche und die Lehre vom Verbrecher", *Jahresschrift der Förder-und Forschungsgemeinschaft Friedrich Nietzsche e. V.* 3(1992~1993), 102~114쪽.
———, "Konkordanz zu Friedrich Nietzsches Exzerpten aus Albert Hermann Post, *Bausteine für eine allgemeine Rechtswissenschaft auf vergleichende-ethnologischer Basis*, im Nachlaß von Frühjahr-Sommer 1883", *Nietzsche Studien*(1991), 400~432쪽.
Strauss, L., "What is Political Philosophy?", H. Gildin (ed.), *An Introduction to Political Philosophy* (Detroit, 1989), 3~57쪽.
Strong, T. B., *Nietzsche and the Politics of Transfiguration* (Berkeley · Los Angeles · London, 1975).

Taureck, B. H. F., *Nietzsche und der Faschismus* (Hamburg, 1989).

Valverde, M., "Pain, Memory, and the Creation of the Liberal Legal Subject : Nietzsche on the Criminal Law", P. Goodrich · M. Valverde (eds.), *Nietzsche and Legal Theory : Half-Written Laws* (New York · London, 2005), 67~87쪽.

Wallat, H., *Kritik der politischen Philosophie* (Wiesbaden, 2017).

Walzer, M., 《정의와 다원적 평등》, 정원섭 외 옮김 (철학과 현실사, 1999).

Warren, M., *Nietzsche and Political Thought* (Cambridge, 1988/²1991).

Wiehl, R., *Zweiwelten : Philosophisches Denken an Rändern von Natur und Geschichte* (Frankfurt a. M., 1998).

Witzler, R., "Recht ohne Moral bei Nietzsche. Zum Problem der Gerechtigkeit", *Ethica* 6/3(1998), 227~257쪽.

Wolin, S., *Politics and Vision* (Boston, 1960).

Wooton, B., *Social Science and Social Pathology* (London, 1959).

Zachriat, W. G., *Die Ambivalenz des Fortschritts. Friedrich Nietzsches Kulturkritik* (Berlin, 2001).

2. 국내 문헌

강성훈, 〈《국가》에서 철학자가 아닌 지혜를 사랑하는 사람〉, 《철학논집》 12집 (서강대학교 철학연구소, 2006), 31~61쪽.

강진철, 〈포스트모더니즘 법학〉, 《법철학과 사회철학》 3집(1993), 187~208쪽.

김수배, 〈칸트 법철학에서 '등가성의 원리'와 형벌의 균형 사이의 긴장관계〉, 《칸트연구》 19집 (한국칸트학회, 2007), 55~76쪽.

김재원, 〈포스트모더니즘과 법〉, 《법과 사회》 7호 (법과사회이론학회, 1993), 285~298쪽.

———, 〈포스트모던 법이론—법의 해체적 논의〉, 《현대법철학의 흐름》 (법문사, 1996), 323~348쪽.

김정오, 〈비판법학의 원천과 쟁점들〉, 《현대법철학의 흐름》 (법문사, 1996), 240~270쪽.

김정현, 《니체와 몸철학》 (문학과 현실사, 2000).

김진석, 《니체는 왜 민주주의에 반대했는가?》 (개마고원, 2009).

남경희,《플라톤. 서양철학의 기원과 토대》(아카넷, 2006).
백승영,《니체, 디오니소스적 긍정의 철학》(책세상, 2005/[6]2016).
———,〈양심과 양심의 가책. 그 계보의 차이〉,《철학》90집(2007①), 107~133쪽.
———,〈신화적 상징과 철학적 개념 — 디오니소스와 디오니소스적인 것 —〉,《니체연구》 12집 (한국니체학회, 2007②), 69~102쪽.
———,〈플라톤과 니체, 플라톤 대 니체 — 니체의 국가론에 나타난 플라톤 철학의 계승과 전복〉,《니체연구》16집 (한국니체학회, 2009), 67~97쪽.
———,〈니체 정치철학과 포스트모던 정치철학〉,《니체연구》17집 (한국니체학회, 2010①), 62~86쪽.
———,〈니체의 법공동체론의 의미와 한계〉,《니체연구》18집 (한국니체학회, 2010②), 33~65쪽.
———,《니체, 건강한 삶을 위한 긍정의 철학을 기획하다》(한길사, 2011/[2]2016).
———,〈생리학으로 해명한 나와 의식〉,《마음과 철학》(서울대학교출판문화원, 2012①), 2~29쪽.
———,〈사회정의에 대한 니체의 구상, 그 정치철학적 의미〉,《니체연구》21집 (한국니체학회, 2012②), 7~35쪽.
———,〈사랑하는 정의, 정의를 위하는 좋은 의지〉,《니체연구》22집 (한국니체학회, 2012③), 163~185쪽.
———,〈힘에의 의지의 관계론, 그 실천철학적 함축〉,《니체연구》24집 (한국니체학회, 2013), 122~147쪽.
———,〈니체가 제시한 미적 정의 — 예술생리학과 법철학의 융합을 통한 법미학의 가능성 제고〉,《니체연구》26집 (한국니체학회, 2014), 51~77쪽.
———,〈'개인윤리와 정치윤리의 합일'이 의미하는 것〉,《니체연구》28집 (한국니체학회, 2015), 223~252쪽.
———,〈형이상학적 일원론 모델로서의 '예술가-형이상학'—〈비극의 탄생〉을 읽는 한 가지 방식—〉,《철학사상》61호 (서울대학교 철학사상연구소, 2016), 281~306쪽.
오세혁,《법철학사》(세창출판사, 2004).
윤철홍,〈예링의 법사상〉,《법철학연구》10권 1호 (한국법철학회, 2007), 107~148쪽.

이상돈, 《법미학. 법과 아름다움의 포스트모던적 이해》(법문사, 2008).
이상인, 《플라톤과 유럽의 전통》(이제이북스, 2006).
이영희, 《정의론》(법문사, 2005).
이은영, 〈계약에 관한 법철학적 고찰—약속이론과 신뢰이론을 중심으로〉, 《현대법철학의 흐름》(법문사, 1996), 414~438쪽.

— 찾아보기 | 인명 · 서명

ㅈ

— 찾아보기 | 주제

니체, 철학적 정치를 말하다

국가, 법, 정의란 무엇인가

펴낸날 초판 1쇄 2018년 2월 28일

지은이 백승영
펴낸이 김현태

펴낸곳 책세상
주소 서울시 마포구 잔다리로 62-1, 3층(04031)
전화 02-704-1251(영업부), 02-3273-1334(편집부)
팩스 02-719-1258
이메일 bkworld11@gmail.com
홈페이지 chaeksesang.com
등록 1975. 5. 21. 제1-517호

ISBN 979-11-5931-217-5 93160

* 잘못되거나 파손된 책은 구입하신 서점에서 교환해드립니다.
* 책값은 뒤표지에 있습니다.

이 도서의 국립중앙도서관 출판시도서목록(CIP)은 서지정보유통지원시스템 홈페이지(http://seoji.nl.go.kr)와 국가자료공동목록시스템(http://www.nl.go.kr/kolisnet)에서 이용하실 수 있습니다.(CIP제어번호 : CIP2018006049)